编写人员

主　编：朱桂华　徐宏辉　张孝友

副主编：吴珺琴　李保清　吕　迪

参　编：刘春花　贾　珈　朱　豫　李　颜

　　　　李　晗　张宇宁　孙雅丹

新时代司法职业教育"双高"建设精品教材

高 职 语 文

朱桂华　徐宏辉　张孝友 ◎ 主编

华中科技大学出版社
http://press.hust.edu.cn
中国·武汉

图书在版编目（CIP）数据

高职语文/朱桂华，徐宏辉，张孝友主编．—武汉：华中科技大学出版社，2023.8
ISBN 978-7-5680-9567-9

Ⅰ.①高… Ⅱ.①朱… ②徐… ③张… Ⅲ.①大学语文课-高等职业教育-教材
Ⅳ.① H19

中国国家版本馆 CIP 数据核字（2023）第 162816 号

高职语文　　　　　　　　　　　　　　　　朱桂华　徐宏辉　张孝友　主编
Gaozhi Yuwen

策划编辑：张馨芳
责任编辑：吴柯静
封面设计：孙雅丽
版式设计：赵慧萍
责任校对：张汇娟
责任监印：周治超

出版发行：华中科技大学出版社（中国·武汉）　　　电　话：（027）81321913
　　　　　武汉市东湖新技术开发区华工科技园　　　邮　编：430223
录　　排：华中科技大学出版社美编室
印　　刷：武汉科源印刷设计有限公司
开　　本：787mm×1092mm　1/16
印　　张：22.25　插页：2
字　　数：503 千字
版　　次：2023 年 8 月第 1 版第 1 次印刷
定　　价：68.00 元

本书若有印装质量问题，请向出版社营销中心调换
全国免费服务热线：400-6679-118　竭诚为您服务
版权所有　侵权必究

前言

一、高职语文课程功能定位

高等职业教育有别于普通高等教育，是职业教育体系中的高层次教育，着重培养服务区域经济社会发展的高素质技术技能人才。正确把握高素质技术技能人才的内涵，对高职院校培养合格人才意义重大。新时期，高素质技术技能人才应该具备高尚的道德品质、扎实的基础知识、良好的人文素养、高阶的技术技能。

探讨高职语文课程的功能定位，应该厘清高职语文的概念。高职语文依据教育类型进行界定，区别于以教育阶段进行界定的大学语文。高职语文强调对高职教育各专业人才培养目标的支撑，属职业教育课程体系，体现职业教育类型化特征。高职语文重点解决高职院校传统大学语文课程教学内容泛化、教学模式老化、课程地位边缘化的问题，加强语文课程对于人的发展和职业发展的支撑。

高职语文课程突出如下六个方面的功能。第一，夯实职业基础。语言文字是支撑职业发展的重要基础，高职学生字、词、句、文体等基础知识普遍偏弱，与现代职业的要求尚存在差距，需要从工具性的角度加强语文教学。第二，提升职业能力。听说读写能力是职场交流沟通的重要能力，从大语文观出发，让说和写回归高职语文教材，提升高职语文课程的应用性，培养学生职业综合能力。第三，培育职业素养。高职语文蕴含丰富的德育元素，对于培育职业道德、职业理想与职业信仰有着重要作用。第四，涵养人文精神。职业教育除了要突出职业性外，还要突出教育性。高职语文能引导人自我观照，实现人的价值，维护人的尊严。第五，增强美育熏陶。通过对经典作品的品鉴，可以帮助学生认识美、热爱美、创造美和传播美。第六，促进文化传承。语文是中华优秀传统文化精神的重要载体，学习高职语文有利于延续民族精神与文脉，弘扬中华优秀传统文化。

二、本教材编写说明

本教材符合新时期高职语文课程的功能定位，以立德树人为根本，着力培养学生良好的政治素质、道德品质和健全人格，着力提升学生语言文字知识和应用水平，着力提高学生沟通与表达技能，着力培养学生人文素养和审美能力。

本教材的编写原则是：凸显职业教育"面向人人""合格教育""学用结合""行动导向"等类型特征，构建"能力本位""服务就业"的课程体系，按照国家法律法规以及相关专业教学标准和课程标准进行内容和体例设计，着力打造一本具有新内容、新形态、新功能的新教材。

本教材以模块为一级构架，分为阅读训练、写作训练、口语训练三个模块。每个模块下设训练项目，项目下设训练任务，每项任务又进行了梯度分解，包括单项训练、综合训练、拓展训练三级。单项训练侧重基础，综合训练侧重能力，拓展训练侧重思维。

本教材有如下几个方面的特征。一是选文经典化。选取反映中华优秀传统文化、革命文化、社会主义先进文化、世界杰出进步文化的经典名篇，着重挖掘经典中伟大的品德、思想、智慧、情怀、精神和力量的内涵，着重体现对人性的塑造和灵性的培养，重点挖掘经典选文的当代价值，确保意识形态安全，尤其强调经典选文在语文基础知识传授和职业基础能力培养方面对职业教育人才培养目标的支撑。二是应用情境化。淡化学科思维，突出行动导向，精心设计知识应用的情境。阅读训练侧重文本情境的"归纳概括""综合分析"，写作与口语训练强调"在真实的语言运用情境中"提升表达能力。三是训练梯度化。训练设计体现模块之间、项目之间、任务之间的进阶特征，摒弃了"思考与练习"的传统模式，强调学习成果生成，促进学习成果可测、可评、可转化。

三、本教材使用建议

由于各校各专业开设高职语文课程的时长不同，学生又存在个性差异，使用本教材时要根据实际情况进行灵活处理。在此，提出几点建议供教师参考。

第一，内容要有所侧重。教师可根据院校人才培养定位以及专业人才培养目标，结合学生实际，有所侧重地选择教学内容，不必求多，但求重点突出且有针对性。

第二，方法要不断创新。本教材突出实训教学，建议教师改变重理论讲授的方法，了解项目化教学的精髓，进行课程项目化开发和研究，系统开展听说读写训练，并进行学习成果综合验收。要根据本教材的特点，推进项目化教学评价改革。

第三，资源要持续开发。本教材只是教学的核心材料，教师在使用本教材过程中，应根据需要补充课程资源，或以此为基础进行新的资源建设，确保课程资源与时俱进。

目录

模块一　阅读训练

❋ **项目一　诗歌阅读训练** // 003
　　任务一　哀郢 // 005
　　任务二　古风(其十九) // 010
　　任务三　春江花月夜 // 013
　　任务四　秋兴八首(其一) // 016
　　任务五　北方 // 018
　　任务六　相信未来 // 023
　　任务七　当你老了 // 026

❋ **项目二　散文阅读训练** // 029
　　任务一　《论语》节选 // 031
　　任务二　《大学》节选 // 035
　　任务三　《老子》二章 // 038
　　任务四　逍遥游 // 041
　　任务五　赵威后问齐使 // 048
　　任务六　谏逐客书 // 051
　　任务七　谏太宗十思疏 // 056
　　任务八　五代史伶官传序 // 060
　　任务九　论快乐 // 064
　　任务十　论毅力 // 069

任务十一　星星之火，可以燎原　// 072
　　任务十二　我与地坛（节选）　// 080
　　任务十三　听听那冷雨　// 087
　　任务十四　都江堰　// 093
　　任务十五　"慢慢走，欣赏啊！"——人生的艺术化　// 098
　　任务十六　我的空中楼阁　// 105
　　任务十七　三体2·黑暗森林（节选）　// 109
　　任务十八　十八岁出门远行　// 117
　　任务十九　论读书　// 123
　　任务二十　青年在选择职业时的考虑　// 126
　　任务二十一　我有一个梦想　// 130
　　任务二十二　像山那样思考　// 135

❋ 项目三　时文论文阅读训练　// **139**
　　任务一　中国共产党百年奋斗的历史经验　// 141
　　任务二　依靠学习走向未来　// 147
　　任务三　健全农村金融服务体系　// 152
　　任务四　杭州西湖生成的原因　// 156

模块二　写作训练

❋ 项目一　常用应用文写作训练　// **165**
　　任务一　通知写作训练　// 167
　　任务二　通报写作训练　// 173
　　任务三　报告写作训练　// 178
　　任务四　请示写作训练　// 187
　　任务五　计划写作训练　// 192
　　任务六　总结写作训练　// 200
　　任务七　讲话稿写作训练　// 209
　　任务八　实习报告写作训练　// 218
　　任务九　产品说明书写作训练　// 225

❋ 项目二　申论写作训练　// 231
　　任务一　归纳概括写作训练　// 234
　　任务二　综合分析写作训练　// 243
　　任务三　提出对策写作训练　// 255
　　任务四　申论文章写作训练　// 263

模块三　口语训练

❋ 项目一　公职招录面试口语训练　// 277
　　任务一　人际交往类题型训练　// 279
　　任务二　计划组织协调类题型训练　// 284
　　任务三　应急应变类题型训练　// 290
　　任务四　综合分析类题型训练　// 295

❋ 项目二　求职面试口语训练　// 301
　　任务一　求职面试礼仪训练　// 303
　　任务二　自我介绍类题型训练　// 308
　　任务三　能力岗位匹配类题型训练　// 312
　　任务四　薪资福利类题型训练　// 316

❋ 项目三　职场沟通口语训练　// 321
　　任务一　与领导沟通口语训练　// 323
　　任务二　与同事沟通口语训练　// 331
　　任务三　与客户沟通口语训练　// 336
　　任务四　与媒体沟通口语训练　// 342

❋ 后记　// 347

❋ 参考文献　// 348

模块一 阅读训练

项目一 诗歌阅读训练

一、中国诗歌发展脉络

中国诗歌的发展，总体而言，歌而诗，诗而词，词而曲。中国诗词歌曲源于民间，虽然各自经历了漫长的演变发展过程，有不同的表达方式，但血脉相通，有着共同的文化渊源与精神家园。从发展历程看，中国诗歌经历了诗经、楚辞、汉赋、魏晋南北朝民歌、格律诗、宋词、元曲、现代诗等发展阶段。从艺术特色看，中国诗歌重抒情，善于借客观事物抒发主观情感。中国诗歌对中国文化和语言产生了深远的影响，具有唤起情感和表达思想的能力，是中国文化的重要组成部分。

二、诗歌鉴赏方法

诗歌以最精巧的语言形式表达最深挚最丰富的情感。诗歌常见的表现手法有象征、对比、用典、动静相衬、虚实结合、托物言志、联想想象、寓情于景、借物喻人、借景抒情等。

鉴赏诗歌应从三个方面入手。一是体会诗歌语言之美。用心体会作者选择的字词，一两个关键词往往揭示诗人在写作中的感受和所描述事物的特点。二是感受诗歌的韵律之美。诗歌的节奏优美，充满韵律感。三是体验诗歌描绘的意象之美。意象是客观对象通过创作主体独特的情感活动创造的艺术形象。通过阅读诗歌，我们可以了解当时发生了什么、诗歌描绘了什么，感受诗歌的深刻含义，分析作品的思想。诗歌的意境是由意象构成的，意象是诗人主观情感与客观意象相融合而形成的艺术境界。诗人创作的目的是表达内心的情感，通过阅读诗歌来理解和体验作者所处的时代背景和个人经历的悲欢离合，以在更深层次上理解诗歌的内容。

（张孝友）

任务一

哀郢①

屈原

【题解】

屈原（约前340—约前278），芈姓，屈氏，名平，字原；又自云名正则，字灵均。战国时期楚国丹阳（今湖北秭归）人。先秦时期诗人、政治家。出身贵族，早年受楚怀王信任，任左徒、三闾大夫，兼管内政外交大事，对内主张举贤任能，对外主张联齐抗秦。后因遭贵族排挤毁谤，被流放至汉北、沅湘流域。前278年，楚国国都被秦军攻破后，自沉于汨罗江，以身殉国。

屈原是中国浪漫主义文学的奠基人，是"楚辞"的创立者和代表作者，开创了"香草美人"的传统。他的出现，标志着中国诗歌进入了一个由集体歌唱到个人独唱的新时代。主要作品有《离骚》《九歌》《九章》《天问》等。

　　皇天之不纯命兮②，何百姓之震愆③？民离散而相失兮，方仲春而东迁④。去故乡而就远兮⑤，遵江夏以流亡⑥。出国门而轸怀兮⑦，甲之鼂吾以行⑧。发郢都而去闾兮⑨，怊荒忽其焉极⑩？楫齐扬以容与兮⑪，哀见君而不再得。望长楸而太息兮⑫，

---

① 哀郢（yǐng）：选自《九章》，楚顷襄王二十一年（前278），秦将白起攻破郢都，国家迁都，百姓流亡。屈原写下了这首哀悼郢都沦亡的诗篇，抒写自己对破国亡家的哀思及对人民苦难的同情。郢，战国时期楚国都城，位于今湖北江陵。
② 皇天：上天。纯命：指天命有常。皇天不纯命，意即天命不常。
③ 震愆（qiān）：指震惊、遭罪。愆，过失，罪过。指百姓心怀震惧，恐获罪过。
④ 仲春：旧历二月。迁：迁徙，指逃难。
⑤ 去：离开。就：往。远：远方。
⑥ 遵：循，沿着。江夏：指长江和夏水。夏水是古水名，在今湖北境内，是长江的支流。
⑦ 国门：国都的门。轸（zhěn）怀：悲痛。怀，怀念。
⑧ 甲：古时以干支记时，甲指名字是甲的那一天。鼂（zhāo）：同"朝"，早晨。
⑨ 闾（lǘ）：代指里巷，即家乡故居。
⑩ 怊（chāo）：悲伤。一说同"超"，遥远。荒忽：恍惚，迷惘。极：尽头。
⑪ 楫（jí）：船桨。容与：徘徊犹豫，踌躇不前。
⑫ 楸（qiū）：楸树，一种落叶乔木。太息：叹息。

涕淫淫其若霰①。过夏首而西浮兮②，顾龙门而不见③。心婵媛而伤怀兮④，眇不知其所蹠⑤。顺风波以从流兮，焉洋洋而为客⑥。凌阳侯之泛滥兮⑦，忽翱翔之焉薄⑧。心絓结而不解兮⑨，思蹇产而不释⑩。

将运舟而下浮兮⑪，上洞庭而下江⑫。去终古之所居兮⑬，今逍遥而来东⑭。羌灵魂之欲归兮⑮，何须臾而忘反⑯。背夏浦而西思兮⑰，哀故都之日远。登大坟以远望兮⑱，聊以舒吾忧心⑲。哀州土之平乐兮⑳，悲江介之遗风㉑。

当陵阳之焉至兮㉒，淼南渡之焉如㉓。曾不知夏之为丘兮㉔，孰两东门之可芜㉕？心不怡之长久兮㉖，忧与愁其相接。惟郢路之辽远兮㉗，江与夏之不可涉。忽若去不信兮㉘，至今九年而不复㉙。惨郁郁而不通兮㉚，蹇侘傺而含戚㉛。

---

① 涕：眼泪。淫淫：泪流满面的样子。霰（xiàn）：雪珠，空中降落的白色不透明的小冰粒。
② 夏首：地名，位于楚郢都东南（今湖北荆州附近），长江在此分出支流夏水。西浮：船随水向西漂行。
③ 顾：回头看。龙门：郢都的东门。
④ 婵媛（chán yuán）：牵引，萦绕。
⑤ 眇：同"渺"，渺茫。蹠（zhí）：踩踏，指落脚之处。
⑥ 焉：于是。洋洋：飘飘不定的样子。
⑦ 凌：乘。阳侯：传说中的波涛之神，这里指波涛。
⑧ 焉薄：止于何处。焉，何。薄，止。
⑨ 絓（guà）：牵挂。结：郁结。
⑩ 蹇（jiǎn）产：思绪郁结，不顺畅。释：解开，消除。
⑪ 运舟：行船。下浮：向下游漂行。
⑫ 上洞庭：指入洞庭湖。下江：下入长江。
⑬ 去：离开。终古之所居：祖先世世代代居住的地方，指郢都。
⑭ 逍遥：无拘无束，自由自在的样子。这里指漂泊不定。
⑮ 羌（qiāng）：发语词，楚地方言。
⑯ 须臾：片刻。反：同"返"。
⑰ 背：背向，指离开。夏浦：地名。西思：指思念西面的郢都。
⑱ 坟：水边的高地。一说指水边高堤。
⑲ 聊：姑且。舒：舒展。
⑳ 州土：这里指楚国国土。平乐：土地平阔，人民安乐。
㉑ 江介：江岸，指楚地。遗风：古代遗留下来的淳朴风气。
㉒ 当：面对。陵阳：地名，在今安徽青阳，一说在今安徽宣城。
㉓ 淼（miǎo）：大水茫茫的样子。焉如：何往。
㉔ 曾不知：怎不知。夏：通"厦"，大屋，这里当指楚都之宫殿。丘：土丘，废墟。
㉕ 两东门：郢都东向有二门。
㉖ 怡：快乐。
㉗ 惟：思。郢路：通向郢都的路。辽远：遥远。
㉘ 忽若去不信：突然被逐是因为不被信任。
㉙ 九年：指被流放的时间。复：指返回郢都。
㉚ 郁郁：忧虑沉闷的样子。不通：指心情不通畅。
㉛ 蹇：发语词，楚地方言。侘傺（chà chì）：形容失意的样子。戚（qī）：忧伤。

外承欢之汋约兮①，谌荏弱而难持②。忠湛湛而愿进兮③，妒被离而鄣之④。尧舜之抗行兮⑤，瞭杳杳而薄天⑥。众谗人之嫉妒兮，被以不慈之伪名⑦。憎愠惀之修美兮⑧，好夫人之忼慨⑨。众踥蹀而日进兮⑩，美超远而逾迈⑪。

乱曰⑫：曼余目以流观兮⑬，冀壹反之何时⑭？鸟飞反故乡兮，狐死必首丘⑮。信非吾罪而弃逐兮⑯，何日夜而忘之！

【导读】

《哀郢》是《九章》中的一篇代表性作品，是屈原被流放江南多年，听闻楚国郢都被秦将白起攻破后写下的悲愤填膺的哀歌。这首诗描写了诗人离别郢都、被迫流亡时的情景，抒发了诗人对祖国的无限热爱、对人民流离失所的深切同情和对误国小人的无比痛恨之情。

此诗可分为六层。第一层总写自己被流放离开郢都时的情与景。第二层写乘船离开后仍然心系故都，不知该何去何从。第三层写继续东行时的凄怆心情。随着一步步的远离，对于故土的怀念之情越来越深。第四层写想返乡却不得的苦闷。这时诗人才点明之前所写皆是回忆，九年前的往事，诗人魂牵梦萦，从未忘却。第五层承接第四层的正面抒情，揭示出造成国家危难、个人悲剧之根源在于楚王昏聩、小人谄媚误国。第六层在情志、结构两方面总括全诗，写诗人虽日夜思念郢都，却因被放逐而不能回朝效力祖国的痛苦和悲伤。

---

① 外：表面。承欢：侍奉君主邀取欢心。汋（chuò）约：同"绰约"，姿态柔媚的样子，在这里指谄媚。
② 谌（chén）：诚然，的确。荏（rěn）弱：软弱。持：同"恃"。
③ 湛（zhàn）湛：厚重的样子。进：进用。
④ 被离：同"披离"，纷乱的样子。鄣：同"障"，阻隔。
⑤ 抗行：高尚的德行。
⑥ 瞭杳杳：高远的样子。瞭，同"辽"。薄：近。
⑦ 被：同"披"，这里指加在身上。不慈之伪名：无慈爱之心的虚假的恶名。尧、舜传位于贤人，不传儿子，又传说尧曾杀长子考监明，所以战国时有人说他们不慈。《庄子·盗跖》篇曰："尧不慈，舜不孝。"又曰："尧杀长子，舜流母弟。"
⑧ 愠惀（wěn lǔn）：诚信蕴积于心而不善表达，指忠厚诚朴的人。
⑨ 夫（fú）人：那些人（指小人）。忼慨：同"慷慨"，这里指善于装腔作势、高谈阔论的人。
⑩ 踥蹀（qiè dié）：奔走，小步趋进。这里指奔走钻营。
⑪ 美：指贤人。超远：疏远。逾迈：越来越。
⑫ 乱：乐章最末一章叫乱，后来借用作为辞赋最后总结全篇内容的收尾。
⑬ 曼：张开，展开。流观：四处张望。
⑭ 冀：希望。壹反：有一个返回的机会。反：同"返"。
⑮ 首丘：相传狐狸将死时，头会朝向它出生的土丘。
⑯ 信：确实，的确。弃逐：指放逐。

本诗在写法上有以下特点。一是采用了倒叙法的结构。开头从九年前秦军进攻楚国之时，自己被放逐，随流亡百姓一起东行的情况写起，后面才交代前面所写皆是回忆，然后再抒写作诗时的心情。二是将叙事与抒情紧密结合在一起。屈原在叙述自己流亡过程的同时，不断抒发自己对故都的思念和对祖国命运的忧虑。在抒情上，既有放逐不归的悲愤，又有忧国忧民的哀痛，自始至终浸润着浓郁的爱国深情。三是综合运用对比、比喻等修辞手法。如第五层，通过善恶忠奸的鲜明对比，深刻揭示了楚国朝政昏聩腐朽的政治现实。"憎愠愉之修美兮，好夫人之忼慨"，便是屈原对顷襄王的评价，将批判的矛头直接指向最高统治者。最后的乱辞以"鸟飞反故乡兮，狐死必首丘"为喻，表达了诗人对故都家园至死不渝的深切思念。

【训练】

一、单项训练

1. 解释加点词语。
(1) 何百姓之震愆
(2) 怊荒忽其焉极
(3) 心婵媛而伤怀兮
(4) 焉洋洋而为客
(5) 去终古之所居兮
(6) 登大坟以远望兮
(7) 心不怡之长久兮
(8) 惨郁郁而不通兮
(9) 外承欢之汋约兮
(10) 信非吾罪而弃逐兮

2. 翻译下列句子。
(1) 凌阳侯之泛滥兮，忽翱翔之焉薄。
(2) 羌灵魂之欲归兮，何须臾而忘反。
(3) 众踥蹀而日进兮，美超远而逾迈。

二、综合训练

1. "哀"是全诗的诗眼，请找出《哀郢》中寄托哀思的意象，体会其营造的意境。

2. 以小组形式研读课文内容，讨论回答下列问题。
(1) 本诗详细记叙了作者离开国都流亡的情景，请结合注释内容，分析屈原的流亡路线。
(2) "哀郢"意为哀悼郢都沦亡，但在内容上却强烈抨击楚王昏庸，你认为这两者是否矛盾？

（3）本诗具有回环往复、再三致志的特点，请找出诗中能体现这一特点的诗句。

三、拓展训练

1. 清徐焕龙在《楚辞洗髓》中认为《哀郢》是《九章》中最为凄婉的一篇，"读之实一字一泪也"。请结合注释，演读全文，体会诗人复杂而哀婉的情感。

2. 请你根据本课所学及对下文的理解和感悟，写一段话。

要求：500字左右，观点鲜明，条理清楚。

太史公曰："余读《离骚》《天问》《招魂》《哀郢》，悲其志。适长沙，过屈原所自沉渊，未尝不垂涕，想见其为人。及见贾生吊之，又怪屈原以彼其材游诸侯，何国不容，而自令若是！读《鵩鸟赋》，同死生，轻去就，又爽然自失矣。"

——《史记·屈原贾生列传》

（张宇宁）

任务二

古风（其十九）①

李白

【题解】

李白（701—762），字太白，号青莲居士。唐代伟大的浪漫主义诗人。李白自言祖籍陇西成纪（今甘肃省天水市秦安县），五岁随家人迁到四川江油定居。二十五岁出蜀远游。四十二岁应召入京，供奉翰林，一年半后遭谗谤离去。安史之乱爆发后，成为永王李璘幕僚，永王兵败，李白受牵连被判罪，流放夜郎。乾元二年（759），关中大旱，朝廷宣布大赦，李白因此重获自由。晚年投奔族叔当涂县令李阳冰，不久即病逝，终年六十二岁。

李白被贺知章称为"谪仙人"，被后人誉为"诗仙"，其诗带有强烈的主观色彩，风格豪放飘逸，俊逸清新，而且想象奇特，意境瑰丽动人，极具浪漫主义特色，对后世影响极大。李白存世诗文千余篇，有《李太白集》传世。

> 西上莲花山②，迢迢见明星③。
> 素手把芙蓉，虚步蹑太清④。
> 霓裳曳广带⑤，飘拂升天行。
> 邀我登云台⑥，高揖卫叔卿⑦。
> 恍恍与之去⑧，驾鸿凌紫冥⑨。

---

① 本篇选自李白组诗作品《古风五十九首》。
② 莲花山：华山的最高峰莲花峰。《华山记》："山顶有池，生千叶莲花，服之羽化，因曰华山。"
③ 明星：传说中的华山仙女。《太平广记》："明星玉女者，居华山，服玉浆，白日升天。"
④ 虚步：凌空而行。蹑（niè）：登，踏。太清：高空。
⑤ 霓裳：用云霓做的衣裙。曳：拖，牵引。广带：衣裙上宽阔的飘带。
⑥ 云台：云台峰，是华山东北部的高峰。
⑦ 卫叔卿：传说中的仙人。据《神仙传》载，仙人卫叔卿曾乘云车，驾百鹿去见汉武帝，但武帝只以臣下相待，他大失所望，飘然离去。
⑧ 恍恍：恍惚。之：代指卫叔卿。
⑨ 凌：飞跃。紫冥：天空。

俯视洛阳川①，茫茫走胡兵②。
流血涂野草，豺狼尽冠缨③。

【导读】

　　此诗大约写在安禄山叛乱，于洛阳称帝之后。当时，李白正在今安徽宣城一带过着隐居生活。这是一首游仙体古诗，全诗可为两部分。前十句为第一部分，运用浪漫的手法描绘洁净的神仙极乐世界。诗人在想象中登上西岳华山的最高峰莲花峰，远远看见了仙女明星，仙女邀请诗人同游云台峰，拜访仙人卫叔卿；诗人神思恍惚，与之同行。后四句为第二部分，采用现实的手法再现污俗现实。诗人于天际俯视地界，看见洛阳一带叛军横行、人民遭难的残酷景象，而那些乱臣贼子们却衣冠簪缨，坐列朝廷。

　　统观全诗，诗人既渴望超脱尘世、追求自由的理想生活，又正视现实，憎恨安史叛军，关切祖国前途命运，同情人民悲惨遭遇。美妙洁净的仙境和血腥污秽的人间这样两种情景的强烈对比，表现出诗人出世与用世的思想矛盾和忧国忧民的浓烈感情。这就造成了诗歌情调从悠扬到悲壮的急速变换，风格从飘逸到沉郁的强烈反差。

【训练】

一、单项训练

1. 解释加点词语。
（1）迢迢见明星
（2）虚步蹑太清
（3）驾鸿凌紫冥
（4）豺狼尽冠缨

2. 关于古典诗歌翻译，主要有两种观点：一是以诗译诗，二是散体翻译。请结合注释，任选一种方式翻译全诗。

二、综合训练

以小组为单位研读课文内容，讨论回答下列问题。

1. 有人认为这首诗重在表达李白崇信道教、隐遁游仙的思想，你是否赞成这种说法？为什么？

2. "浪漫主义和现实主义的完美结合"是这首诗最突出的艺术特点。请从内容和形式两方面对此进行评析。

---

① 川：平原，平地。
② 茫茫：比喻胡兵数量众多。走：奔跑。胡兵：指安史叛军。
③ 豺狼：比喻安史叛军。至德元年（756）安禄山在洛阳称帝，国号大燕。冠缨：穿戴上官吏的衣帽，代指做官。

3. 体会这首诗的意境，说说末四句表达了诗人怎样的思想感情。

三、拓展训练

1. 本诗前写神仙境界，后写苦难的现实。请结合注释，演读全诗，体味诗人在理想与现实的矛盾中所蕴藏的悲愤和不平。

2. 请结合自身经历，模仿《古风》（其十九），以浪漫主义和现实主义相结合的手法，写一首五言古诗或者现代诗歌，体现对理想的追求和对现实的关注。

（张宇宁）

任务三

春江花月夜①

张若虚

【题解】

张若虚（约670—约730），扬州（今江苏扬州）人，唐代诗人。曾任兖州兵曹。中宗神龙（705—707）年间以文词俊秀驰名于京都，与贺知章、张旭、包融并称为"吴中四士"。其诗作大部散佚，《全唐诗》仅存2首，其一为《春江花月夜》，另一首诗是《代答闺梦还》。

春江潮水连海平，海上明月共潮生。
滟滟随波千万里②，何处春江无月明。
江流宛转绕芳甸③，月照花林皆似霰④。
空里流霜不觉飞⑤，汀上白沙看不见⑥。
江天一色无纤尘，皎皎空中孤月轮。
江畔何人初见月，江月何年初照人。
人生代代无穷已⑦，江月年年望相似。
不知江月待何人⑧，但见长江送流水⑨。
白云一片去悠悠⑩，青枫浦上不胜愁⑪。

---

① 春江花月夜：乐府旧题，属清商曲辞中的吴声歌曲，相传为南朝陈后主所作。
② 滟（yàn）滟：水面闪光的样子。
③ 芳甸（diàn）：花草丛生的郊野。甸，郊外之地。
④ 霰（xiàn）：雪珠，空中降落的白色不透明的小冰粒。
⑤ 流霜：飞霜，古人以为霜像雪一样从空中落下，在这里比喻月光如水般泻满大地。
⑥ 汀（tīng）：水边沙地。
⑦ 无穷已：没有止息。已：止，止息。
⑧ 待：一本作"照"。
⑨ 但见：只见。
⑩ 白云：此处喻指游子。
⑪ 青枫浦：地名，今湖南浏阳境内。浦：指江河与其支流的交汇处。暗用《楚辞·招魂》"湛湛江水兮上有枫，目极千里兮伤春心"和《九歌·河伯》"送美人兮南浦"句意，隐含离别之意。

谁家今夜扁舟子①，何处相思明月楼②。
可怜楼上月徘徊③，应照离人妆镜台④。
玉户帘中卷不去⑤，捣衣砧上拂还来⑥。
此时相望不相闻，愿逐月华流照君⑦。
鸿雁长飞光不度⑧，鱼龙潜跃水成文⑨。
昨夜闲潭梦落花⑩，可怜春半不还家⑪。
江水流春去欲尽，江潭落月复西斜。
斜月沉沉藏海雾，碣石潇湘无限路⑫。
不知乘月几人归，落月摇情满江树⑬。

【导读】

  这首七言诗描绘了春江花月夜的美丽景色，借以烘托渲染游子思妇真挚动人的离情别绪。诗人面对无边风月和永恒的江山，感悟到自身存在的有限，在流连美景之际，生发出一系列对宇宙自然与人生的哲理性思索，在审美的愉悦中又夹杂着几分惆怅和哀伤。

  全诗共三十六句，每四句一换韵，通篇融诗情、画意、哲理为一体。第一至八句为第一部分，写春江的美景。诗人以春江、潮水、明月等为意象，开篇点题，构成一幅恬静幽美、空明澄澈的水墨长卷。第九至十六句为第二部分，写面对江月产生的哲思。如此良辰美景，引发了作者对宇宙和人生的思索，既有人生短暂、宇宙永恒的惆怅，又有人类代代相传、无穷无尽，与明月共存于天地的欣慰。最后第十七至三十六句为第三部分，写人间思妇游子的离愁别绪。

  本篇在内容上有别于描写宫廷享乐和男女私情的宫体诗，在艺术上也洗净六朝宫体的浓脂腻粉，文辞清丽，音调优美，意境深沉，具有很强的艺术魅力。

---

① 扁（piān）舟子：飘荡江湖的游子。扁舟，小舟。
② 明月楼：思妇的闺楼。曹植《七哀诗》："明月照高楼，流光正徘徊。上有愁思妇，悲叹有余哀。"
③ 月徘徊：指月影缓缓移动，也暗示思妇心绪不宁。
④ 妆镜台：梳妆台。
⑤ 玉户：闺房的美称。
⑥ 捣衣砧（zhēn）：捣衣时的垫石。
⑦ 逐：追随。月华：月光。
⑧ 鸿雁：此处指信使。《汉书·苏武传》中记录有用鸿雁传递书信之事。
⑨ 鱼龙：此处指鲤鱼。《古诗·饮马长城窟行》："客从远方来，遗我双鲤鱼。呼儿烹鲤鱼，中有尺素书。"说鲤鱼也能传递书信。文：同"纹"，波纹。
⑩ 闲潭：幽静的水潭。
⑪ 可怜：可惜。
⑫ 碣石：山名，在今河南。潇湘：水名。这里碣石代表北方，潇湘代表南方，形容距离之远。
⑬ 落月摇情满江树：落月的余辉，摇荡着江边的树影，牵系着思妇的愁绪。

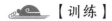【训练】

一、单项训练

1. 解释加点词语。
(1) 滟滟随波千万里
(2) 空里流霜不觉飞
(3) 皎皎空中孤月轮
(4) 白云一片去悠悠
(5) 青枫浦上不胜愁
(6) 鸿雁长飞光不度
(7) 鱼龙潜跃水成文
(8) 不知乘月几人归

2. 翻译下列句子。
(1) 空里流霜不觉飞,汀上白沙看不见。
(2) 玉户帘中卷不去,捣衣砧上拂还来。
(3) 斜月沉沉藏海雾,碣石潇湘无限路。

二、综合训练

1.《春江花月夜》,题目共五个字,代表五种事物。你认为作者重点写的是哪一个字?为什么?

2. 以小组为单位研读课文内容,讨论回答下列问题。
(1) 这首诗蕴含怎样的人生哲理?
(2) 请结合诗歌内容,简要分析诗中的"离人"形象。
(3) 有人说本诗中"游子思妇的相望、相思之情"哀而不伤,你是否赞同这种观点?为什么?
(4)《春江花月夜》的整体结构,有人认为是前后脱节的,"白云一片去悠悠,青枫浦上不胜愁"一句前后缺少严谨的关联;有人认为全诗浑然一体,不脱节。你如何看待这个问题?

三、拓展训练

1. 晚清经学家王闿运在《湘绮楼诗文集》中评论道:"孤篇横绝,竟为大家。……宋词、元诗尽其支流,宫体之巨澜也。"指出本篇对后世诗歌创作影响深远。请结合注释,演读全文,领略中华文辞之美。

2. 张若虚的《春江花月夜》被闻一多先生誉为"诗中的诗,顶峰上的顶峰",其中"人生代代无穷已,江月年年望相似"引发了人们的沉思。你读了此句诗有何感触,请自选一个角度写一段话。

要求:500字左右,观点鲜明,条理清楚。

(张宇宁)

任务四

秋兴八首（其一）①

杜甫

【题解】

杜甫（712—770），字子美，自称少陵野老。举进士不第，曾任检校工部员外郎，故世称杜工部。他是唐代最伟大的现实主义诗人，宋以后被尊为"诗圣"，与李白并称"李杜"。杜甫生活在唐由盛转衰的历史时期，其诗多涉笔社会动荡、政治黑暗、人民疾苦，他的诗反映当时的社会矛盾和人民疾苦，记录了唐代由盛转衰的历史巨变，表达了崇高的儒家仁爱精神和强烈的忧患意识，因而被誉为"诗史"。

杜甫出身世代"奉儒守官"之家。他的思想核心是儒家的仁政思想，诗风沉郁顿挫，忧国忧民。他有"致君尧舜上，再使风俗淳"的宏伟抱负。他热爱生活，热爱人民，热爱祖国的大好河山。他嫉恶如仇，对朝廷的腐败、社会生活中的黑暗现象都给予揭露和批评。在艺术上，他善于运用各种诗歌形式，尤长于律诗；风格多样，而以沉郁为主；语言精练，具有高度的表达能力。有《杜工部集》。

玉露凋伤枫树林②，巫山巫峡气萧森③。
江间波浪兼天涌④，塞上风云接地阴⑤。
丛菊两开他日泪⑥，孤舟一系故园心⑦。
寒衣处处催刀尺⑧，白帝城高急暮砧⑨。

---

① 《秋兴八首》是杜甫寄居四川夔州（今四川奉节）时所作，也是他七言律诗的代表作。《秋兴八首》为次第相连、首尾呼应的组诗，杜甫时处夔府西阁，因秋而起兴，分咏为八首，这是第一首，也为八诗之总领。

② 玉露：秋天的霜露，因其白，故以玉喻之。凋伤：草木因霜打而凋落衰败。

③ 巫山巫峡：即指夔州一带的长江和峡谷。萧森：萧瑟阴森。

④ 兼天涌：波浪滔天。

⑤ 塞上：指巫峡两边的高山。接地阴：风云盖地。"接地"，一本作"匝地"。

⑥ 丛菊两开：杜甫寄居夔州已历两秋，每见菊花绽放就流泪。故云"两开"。"开"字双关，一谓菊花开，又言泪眼开。他日：往日，指多年来的艰难岁月。

⑦ 一系（jì）：紧系。这里也是双关，既是指船，又含牵系家国思念之情。故园：故乡，此处指长安。

⑧ 催刀尺：指赶裁冬衣，刀、尺都是剪裁衣服的工具。

⑨ 白帝城：今在四川奉节的白帝山上，与夔门隔岸相对。急暮砧：黄昏时急促的捣衣声。

【导读】

此诗是诗人55岁时,于安史之乱后大历元年(766)旅居夔州时的作品,是组诗的第一首,为八诗之总领,因秋起兴,触景伤情,思致缠绵,断而复续,总为秋兴所感。

首联直点秋景,开始就呈现出秋风萧瑟冷落凄清的悲凉景色。此时,诗人正值晚年多病时节,知交零落,离开成都后本想沿江而下,不意滞留夔州,心境抑郁,望秋伤情,写出孤寂肃杀的诗句。三四句紧承首联对秋景做进一层渲染。江间、塞上紧扣夔府;浪涌、云阴紧承秋意。这两句以飞动、壮阔的笔触叙写诗人忧郁的情怀,使情景交融,创造了一个新的动人意境。诗人原拟棹孤舟而出峡,一叶小舟寄托着返回故里的希望,如今却还牢系在江边,不能东下。尾联转入秋思,进一步把秋思写足。秋已深,家家都在赶制寒衣,准备越冬了,刚刚换下来的旧衣也在捣洗,准备收藏起来,而诗人客居他乡,贫寒孤寂,不胜悲凉。"刀尺"而说"催","暮砧"而说"急",处处写出寄寓他乡之感和思念家乡之情。"处处催",是写眼前一片秋景催人;"催"字、"急"字,刀尺催而砧声急,形象地写出诗人急不可耐的思念故园、心怀家国的迫切心情。

全诗因秋起兴,交织着深秋的冷落萧条和心情的寂寞凄楚,以及对国事的忧伤。三、四句承接一、二句,触景伤怀;五、六句转七、八句,起伏回环,回肠荡气。

【训练】

一、单项训练

1. 解释加点词语。
(1)丛菊两开他日泪
(2)孤舟一系故园心
2. 翻译下列句子。
(1)江间波浪兼天涌,塞上风云接地阴。
(2)丛菊两开他日泪,孤舟一系故园心。

二、综合训练

1. 请指出全诗的意象,并思考这些意象表达了怎样的意境。
2. 简述本文的艺术特色。

三、拓展训练

根据你对诗文的理解和感悟仿写一首七言诗。
要求:思路清晰,语言精练。

(朱豫)

任务五

北方①

艾青

【题解】

艾青（1910—1996），本名蒋海澄，浙江金华人。现当代著名诗人。1928年入学杭州西湖艺术学院绘画系，次年赴法勤工俭学。1932年回国，在上海加入左翼美术家联盟而被国民党逮捕，狱中生活使艾青从绘画领域转向诗歌创作。其诗歌创作与现实紧密结合，及时而强烈地传达了时代的呼唤和人民的心声，艺术上则追求深沉的审美意象和自由流动的散文化语言形式。在现当代诗坛尤其是在中国新诗史上有着重大影响。他的作品被译成10多种文字在国外出版，艾青的诗歌以自己的风格走向了世界。1985年，获法国文学艺术最高勋章。先后出版20多部诗集，主要有《大堰河》《北方》《向太阳》《归来的歌》等。

一天，
那个科尔沁草原上的诗人②
对我说：
"北方是悲哀的。"

不错
北方是悲哀的。
从塞外吹来的
沙漠风，
已卷去北方的生命的绿色

---

① 本诗写于1938年2月，同年4月发表在《七月》杂志的卷首。1938年1月，艾青应聘赴山西民族革命大学执教。当时日本侵华的烽火迅雷般逼近黄河，晋南很快失守，艾青只得退到西安。途经陕西潼关，同行端木蕻良"北方是悲哀的"的深切感慨，激发了诗人的强烈共鸣。诗人平生第一次的北方之行历时两个多月，一路上，创作了一批诗歌，后都结集在以这首《北方》冠名的诗集中，于1939年自费出版。

② 科尔沁草原上的诗人：指端木蕻良，原名曹京平，辽宁昌图人，现代作家。1933年创作长篇小说《科尔沁旗草原》。科尔沁为蒙古旧部名，在今内蒙古东部，这一带的草原被称为"科尔沁草原"。

与时日的光辉
——一片暗淡的灰黄
蒙上一层揭不开的沙雾；
那天边疾奔而至的呼啸
带来了恐怖
疯狂地
扫荡过大地；
荒漠的原野
冻结在十二月的寒风里，
村庄呀，山坡呀，河岸呀，
颓垣与荒冢呀
都披上了土色的忧郁……
孤单的行人，
上身俯前
用手遮住了脸颊，
在风沙里
困苦地呼吸
一步一步地
挣扎着前进……
几只驴子
——那有悲哀的眼
　和疲乏的耳朵的畜生，
载负了土地的
痛苦的重压，
它们厌倦的脚步
徐缓地踏过
北国的
修长而又寂寞的道路……

那些小河早已枯干了
河底也已画满了车辙，
北方的土地和人民
在渴求着
那滋润生命的流泉啊！
枯死的林木
　与低矮的住房
稀疏地，阴郁地
散布在灰暗的天幕下；

天上,
看不见太阳,
只有那结成大队的雁群
惶乱的雁群
击着黑色的翅膀
叫出它们的不安与悲苦,
从这荒凉的地域逃亡
逃亡到
绿荫蔽天的南方去了……

北方是悲哀的
而万里的黄河
汹涌着混浊的波涛
给广大的北方
倾泻着灾难与不幸;
而年代的风霜
刻划着
广大的北方的
贫穷与饥饿啊。

而我
——这来自南方的旅客,
却爱这悲哀的北国啊。
扑面的风沙
　　与入骨的冷气
决不曾使我咒诅;
我爱这悲哀的国土,
一片无垠的荒漠
也引起了我的崇敬
——我看见
我们的祖先
带领了羊群
吹着笳笛
沉浸在这大漠的黄昏里;
我们踏着的
古老的松软的黄土层里
埋有我们祖先的骸骨啊,
——这土地是他们所开垦。

几千年了
他们曾在这里
　和带给他们以打击的自然相搏斗
他们为保卫土地
从不曾屈辱过一次，
他们死了
把土地遗留给我们——
我爱这悲哀的国土，
它的广大而瘦瘠的土地
带给我们以淳朴的言语
　与宽阔的姿态，
我相信这言语与姿态
坚强地生活在大地上
永远不会灭亡；
我爱这悲哀的国土，
　古老的国土
——这国土
养育了我所爱的
世界上最艰苦
　与最古老的种族。

一九三八年二月四日　潼关

【导读】

　　《北方》一诗的主旋律是由两个相互关联的部分组合而成的。其一是"北方是悲哀的"，其二是"我爱这悲哀的国土"。同情与爱则是其内在的情感基础和纽带。

　　诗人在诗中表达了对处在水深火热之中的祖国的深深忧虑，对战乱烽火中人民处境的深切同情，对古老中国无以言表的热爱。他相信在巨大的苦难面前，这块土地会有强大的生命力，人民会有强大的力量重新站起来并不可战胜。

　　如果说"北方是悲哀的"（诗篇前半部分的主题）是现实的写照和低沉的吟唱的话，那么"我爱这悲哀的国土"（诗篇后半部分的主题）则是由历史的记忆所激发的高昂的战歌。正因为代代相传的中华民族挚爱国土的集体意识在诗人心中回响，诗人才唱出了全诗高潮的民族自信与自豪的最强音"世界上最艰苦/与最古老的种族""永远不会灭亡"。诗歌对于当时艰苦抗战中的人民无疑具有鼓舞斗志的现实意义，在今天依然是传承与濡养爱国主义情怀的精神养料。

　　本诗在艺术上的特点：一是自由流动的散文化笔法，全诗不靠外在韵律取胜，而是用自然散化的语言，以沉重、徐缓的节奏来表达内在的情感；二是图画感和一系列的意象表达，诗中用一个个有内在联系的北方图景构成意象，它们以色彩、光线、声响、形态的综合效力打造了一幅幅感觉化图景,增强表意。另外,象征的运用,将情感、想象与景物熔为一炉。

【训练】

一、单项训练

1. 本诗的主题思想是什么?
2. 诗前小序在全诗中的作用和地位如何?

二、综合训练

以小组为单位研读课文,讨论回答下列问题。

1. 艾青用一幅幅画面将"北方的悲哀"具象化。请找出这些画面,并说说它们的特点。
2. 艾青的诗神是忧郁的,"北方是悲哀的",但"我爱这悲哀的国土"。这种"忧郁"反倒给读者一种更加深沉的力量。请分析这种爱和力量的源泉在哪里。
3. 参读《我爱这土地》,说说"土地"这一意象的丰富内涵及其对于诗人的意义。
4. 结合诗画相通的原理,鉴赏本诗的意境之美。

三、拓展训练

学习《北方》自由不拘的散文化笔法,以校园生活为题材,完成一首原创诗。
要求:内容丰富,情感真挚,主题积极。

(刘春花)

任务六

相信未来①

食指

【题解】

食指，本名郭路生（1948—   ），山东鱼台人，高中毕业。朦胧诗代表人物。著有诗集《相信未来》《食指的诗》等，被当代诗坛誉为"朦胧诗鼻祖"。

朦胧诗，是兴起于20世纪70年代末至80年代初的一种诗歌流派，注重创作主体内心情感的抒发，多用隐喻、通感、象征等手法，呈现出诗境模糊朦胧、主题多义莫名的特征，代表人物有食指、北岛、顾城、舒婷、梁小斌等。

当蜘蛛网无情地查封了我的炉台，
当灰烬的余烟叹息着贫困的悲哀，
我依然固执地铺平失望的灰烬，
用美丽的雪花写下：相信未来。

当我的紫葡萄化为深秋的露水，
当我的鲜花依偎在别人的情怀，
我依然固执地用凝露的枯藤，
在凄凉的大地上写下：相信未来。

我要用手指那涌向天边的排浪，
我要用手掌那托起太阳的大海，
摇曳着曙光那支温暖漂亮的笔杆，
用孩子的笔体写下：相信未来。

---

① 本诗作于1968年。20世纪60年代末知识青年"上山下乡"运动，使当时许多青年怀有一种模糊而又强烈的情绪。不解、怀疑、愤怒、无奈、对抗等交织一起，一种被抛弃了的失落感以及对幻灭了的理想的沮丧和坚执，对失去家园的牵系等，是当时不少人的主导情绪和情感基调。该诗曾以手抄本的形式在社会上广为流传，并迅速传诵于一代青年人口中，食指也因此拥有了"知青诗魂"的称号。

我之所以坚定地相信未来，
是我相信未来人们的眼睛——
她有拨开历史风尘的睫毛，
她有看透岁月篇章的瞳孔。

不管人们对于我们腐烂的皮肉，
那些迷途的惆怅、失败的苦痛，
是寄予感动的热泪、深切的同情，
还是给以轻蔑的微笑、辛辣的嘲讽。

我坚信人们对于我们的脊骨
那无数次的探索、迷途、失败和成功，
一定会给予热情、客观、公正的评定，
是的，我焦急地等待着他们的评定。

朋友，坚定地相信未来吧，
相信不屈不挠的努力，
相信战胜死亡的年轻，
相信未来，热爱生命。

1968 年

【导读】

  诗歌共有七节，可分三个部分。前三节一咏三叹，"相信未来"就像一首乐曲的主旋律，奏出了诗人心底的最强音。在那个阴云密布、精神痛苦的时代，食指"相信未来"，那种清醒的、痛苦的、固执的相信，就是一个人在痛苦现实中对未来坚定不屈的信念。而这，也是这首诗最为动人的精神内核。接下来三节，作者将自己对"未来"的"相信"和对人类的清醒认识结合起来，也正是基于此认识，诗人才毫不怀疑地"相信未来"。最后一节，诗人用热忱的呼告，满怀激情地鼓舞人们"相信不屈不挠的努力，/相信战胜死亡的年轻，/相信未来，热爱生命"。这是基于人类共同的自持、自爱和自信。

  全诗构思巧妙。从"我"是怎样"相信未来"的，写到"我"为什么"相信未来"，最后呼唤年轻的人们带着对未来的信念去努力，去热爱，去生活。语言质朴，思想深刻。

  整首诗格调沉郁，但从诗人那压抑和痛苦的吟哦中，我们能真切地感受到诗人那撼人心魄的信念——无时无刻不在渴望着和憧憬着光明的未来以及为理想和光明而奋斗挣扎。

北京大学教授严家炎这样评价：《相信未来》有着最迷人的色彩，在当时是青年人心中最温暖的干柴。

本诗语言表现手法有意象感发、形象象征、反复咏叹等，意蕴含蓄，意涵丰赡。

【训练】

一、单项训练

1. "蜘蛛网""炉台"等意象有着怎样的隐喻和象征意义？
2. "当灰烬的余烟叹息着贫困的悲哀"用的什么修辞？表现了一个怎样的时代和现实的环境？
3. 《相信未来》的主题思想是什么？

二、综合训练

分组研读诗歌文本，讨论完成下列各题。

1. 找出诗中的主要意象，说说它们在表达诗人思想感情上的作用。
2. "用美丽的雪花写下""在凄凉的大地上写下""用孩子的笔体写下"，这种反复的吟咏对诗歌形式和内容有着怎样的效果？"美丽的雪花""凄凉的大地""孩子的笔体"各有怎样的隐喻？
3. 是什么让"我坚定地"相信未来？它为什么能让"我"如此痛苦却又如此坚执地"相信未来"？
4. 本文思路："我"怎样"相信未来"→"我"为什么"相信未来"→"我"热忱的呼告、坚执的自信。请分析诗作这种强烈的个人抒情色彩及其在当时环境下的社会意义。

三、拓展训练

请以"朋友，坚定地相信未来吧，/相信不屈不挠的努力，/相信战胜死亡的年轻，/相信未来，热爱生命。"作为序章，围绕自己的生命体验和感悟，写一段500字左右的文字。写给自己，写给岁月，写给年轻的我们。

（刘春花）

任务七

当你老了[①]

威廉·巴特勒·叶芝

【题解】

威廉·巴特勒·叶芝（1865—1939），20世纪爱尔兰著名诗人、剧作家和散文家。爱尔兰文艺复兴运动的领袖，艾比剧院的创建者之一，也是一位热情的民族主义者。1887年开始专门从事诗歌创作。他一生创作不辍，其诗吸收浪漫主义、唯美主义、神秘主义、象征主义和玄学诗的精华，几经变革，最终熔炼出独特的风格。

1923年，叶芝被瑞典文学院授予诺贝尔文学奖，获奖理由是"以其高度艺术化且洋溢着灵感的诗作表达了整个民族的灵魂"。

当你老了，头白了，睡思昏沉，
炉火旁打盹，请取下这部诗歌，
慢慢读，回想你过去眼神的柔和，
回想它们昔日浓重的阴影；

多少人爱你青春欢畅的时辰，
爱慕你的美丽，假意或真心，
只有一个人爱你那朝圣者的灵魂，
爱你衰老了的脸上痛苦的皱纹；

垂下头来，在红光闪耀的炉子旁，
凄然地轻轻诉说那爱情的消逝，
在头顶的山上它缓缓踱着步子，
在一群星星中间隐藏着脸庞。

[①] 本诗创作于1893年，是威廉·巴特勒·叶芝献给毛特·冈热烈而真挚的爱情诗篇。叶芝于1889年在伦敦遇上毛特·冈，随即坠入情网。毛特·冈是英国驻都柏林的一位军官的女儿，她和叶芝一样，也是一位热情的民族主义者，后来她的激进态度和叶芝的温和态度使他们分道扬镳。但毛特·冈在叶芝心中激起的情感始终沉潜在他的全部诗歌中。本诗选用袁可嘉先生译作。

【导读】

叶芝对于毛特·冈爱情无望的痛苦和不幸，促使叶芝写下了很多关于她的诗歌。在数十年的时光里，从各种各样的角度，毛特·冈不断激起叶芝的创作灵感，有时是激情的爱恋，有时是绝望的怨恨，更多的时候是爱和恨之间复杂的张力。

诗歌开篇展示的景象是诗人心爱的姑娘已经年迈，睡思昏沉地在炉火旁打盹，韶华不再，朱颜辞镜，几许孤寂与落寞。似乎诗人已经对其爱情的结局有所预感。但即便如此，诗人还是请她"取下这部诗歌，慢慢读"。慢慢回忆中映现出的恰是诗人的爱恋与情思。第二节是诗人对爱情的直接表白。最后一节回到第一节场景。炉火旁，年迈的爱人读罢诗人的表白，不禁垂下头，叹息他们昔日爱情的消逝。结尾两句用比拟，描写爱情的缓缓离去，似隐似现。

诗歌语言简明，情感丰富真切。多种艺术手法诸如假设想象、对比反衬、意象强调、象征升华，再现了诗人对毛特·冈忠贞不渝的爱恋之情，揭示了现实中的爱情与理想中的爱情之间不可弥合的距离。虽然诗的调子有些低沉，但内在的情绪却是积极的，在对爱情、岁月、人生的感慨中，最终肯定了爱情的真实和美好。

【训练】

一、单项训练

1. 诗中第二节的直接剖白运用的表现方法是什么？表达了诗人怎样的爱情观？
2. 这首诗最能触动你的点是什么？说说这种共情的理由。

二、综合训练

1. 诗歌最后一节描写爱情的消逝"在头顶的山上它缓缓踱着步子，/在一群星星中间隐藏着脸庞。"所用的修辞是什么？所蕴含的象征升华的感情是什么？
2. 以小组为单位，设计并演绎舞台剧《当你老了》。

三、拓展训练

苏轼《於潜僧绿筠轩》诗中道："若对此君仍大嚼，世间那有扬州鹤"。

南朝《殷芸小说·吴蜀人》记载："有客相从；各言所志。或愿为扬州刺史，或愿多资财，或愿骑鹤上升。其一人曰：腰缠十万贯，骑鹤上扬州，欲兼三者。"

阅读上述材料，根据你的理解和感悟，写一篇500字左右的文章，讲述自己的人生观或爱情观。

（刘春花）

项目二 散文阅读训练

一、散文

六朝以来，为区别韵文与骈文，把凡不押韵、不重排偶的散体文章（包括经传史书）统称为"散文"。后又泛指诗歌以外的所有文学体裁。

散文是文学的一个种类，是一种抒发作者真情实感、写作方式灵活的记叙类文学体裁。随着时间的推移，散文的概念由广义向狭义转变，并受到西方文化的影响。在现代，散文是指与小说、诗歌、戏剧相并列的一种文学体裁，即指用凝练、生动、优美的文学语言写成的叙事、记人、状物、写景的短小精悍的文章。散文按内容和形式的不同，可分为小品、杂文、随笔等。

二、散文的特点

散文的特点有三。一是形散神聚。"形散"主要是说散文题材十分广泛自由，不受时间和空间的限制，表现手法也不拘一格，可以叙述事件发展，可以描写人物形象，可以托物抒情，可以发表议论，而且作者可以根据内容的需要自由调整，随意变化。"神聚"主要是从文章立意上而言，即散文所要表达的主题必须明确而集中，无论散文的内容多广泛，表现手法多灵活，都是在为更好地表达主题而服务。二是意境深邃。注重表现作者的生活感受，抒情性强，情感真挚。作者借助想象和联想，由此及彼、由浅入深、由虚而实地依次写来，可以融情于景、寄景于事、寓情于物、托物言志，以表达作者的真情实感，实现物我的统一，展现出更加深远的思想，使读者领会更深的道理。三是语言优美凝练。所谓优美，是指散文的语言清新明丽，生动活泼，富有音乐感，行文如涓涓流水，叮咚有声，如娓娓而谈，情真意切；所谓凝练，是说散文的语言简洁精到，寥寥数语就可以描绘出生动的形象，勾勒出动人的场景，显示出深远的意境。

散文素有"美文"之称。因为它除了精神的见解、优美的意境外，还有清新隽永、质朴无华的文采。常读好的散文，不仅可以丰富知识，开阔眼界，培养高尚的思想情操，还可以从中学习选材立意、谋篇布局、遣词造句的技巧，从而提高自己的语言表达能力。

（张孝友）

任务一

《论语》节选①

【题解】

《论语》是记录孔子言行的一部儒家经典,由孔子弟子及再传弟子汇集而成,一般认为成书于战国初期。今本《论语》由东汉郑玄厘定,共20篇492章。内容有孔子的谈话、与弟子的对答以及弟子之间关于孔子思想的谈论,较为集中地体现了孔子及儒家学派的政治主张、伦理思想、道德观念、教育原则等。《论语》文辞简雅,意蕴丰厚,也是一部优秀的语录体散文集。宋代以后,被列为"四书"之一,成为古代学校官定教科书和科举考试必读书。

孔子(前551—前479),名丘,字仲尼,春秋后期鲁国陬邑(今山东曲阜)人。中国古代伟大的思想家、教育家、儒家学派创始人。祖上是宋国(今河南境内)贵族。早年"贫且贱",博学多礼,50岁任鲁国司寇,54岁带领部分弟子周游宋、卫、陈、蔡、齐、楚诸国,宣传仁政,终不为世用。68岁返回鲁国,倾力于教育事业和典籍整理。孔子思想的核心是"仁"和"礼",认为"仁"就是"爱人",而"仁"的施行应以"礼"为规范,宣称克己复礼为"仁"。其学说自汉代以来成为中国传统思想的主导,影响极为深远。孔子被世界教科文组织列为"世界十大文化名人"之首。

仲弓②问仁。子曰:"出门如见大宾,使民如承大祭。己所不欲,勿施于人。在邦无怨,在家无怨③。"仲弓曰:"雍虽不敏,请事斯语矣。"

(《论语·颜渊》)

---

① 本文所选四章,都是孔子关于"仁"的语录。《论语》中对"仁"并无明确解释或者定义,却涵盖人类生活的全过程、全方位,它既是道德的最高准则,也是日常行为的具体表现。"仁"与"礼"一起,共同构成孔子的仁学体系。
② 仲弓:孔子的弟子,冉氏,名雍,鲁国人。
③ "在邦"二句:清刘宝楠《论语正义》:"在邦谓仕于诸侯之邦,在家谓仕于卿大夫之家也。"无怨,无过失,无怨尤。《礼记·中庸》:"正己而不求于人,则无怨。"

子张①问仁于孔子。子曰："能行五者于天下，为仁矣。""请问之。"曰："恭、宽、信、敏、惠。恭则不侮，宽则得众，信则人任焉，敏则有功，惠则足以使人。"

（《论语·阳货》）

樊迟②问仁。子曰："爱人。"问知。子曰："知人③。"樊迟未达④。子曰："举直错诸枉⑤，能使枉者直。"樊迟退，见子夏⑥曰："乡⑦也吾见于夫子而问知，子曰：'举直错诸枉，能使枉者直。'何谓也？"子夏曰："富哉言乎！舜⑧有天下，选于众，举皋陶⑨，不仁者远⑩矣。汤⑪有天下，选于众，举伊尹⑫，不仁者远矣。"

（《论语·颜渊》）

樊迟问仁。子曰："居处恭，执事敬，与人忠。虽之夷狄⑬，不可弃也。"

（《论语·子路》）

【导读】

孔子的"仁"说体现的是人道精神，孔子的"礼"说体现的是礼制精神。"礼"和"仁"是孔子道德教育的主要内容，其中"礼"为道德规范，"仁"为道德最高准则。"仁者爱人"，孔子认为，要实现"仁"，还要遵循"忠恕"之道，也就是"己所不欲，勿施于人"的要求。他的学生子贡曾问："有一言而可以终身行之者乎？"孔子回答说："其'恕'乎！己所不欲，勿施于人。"（《论语·卫灵公》）这就是推己及人，所以"恕"也就是爱人之仁。

孔子重视求仁，他门下的弟子也致力于求仁，如樊迟、颜渊、仲弓、子张等，都曾向孔子问过如何行仁。

---

① 子张：孔子的弟子，复姓颛孙，名师，字子张，陈国人。
② 樊迟：孔子的弟子，名须，字子迟，鲁国人（一说齐国人）。
③ 知人：善于鉴别人。
④ 未达：还没明白，没透彻理解。"仁"是"爱人"，不分亲疏远近都要爱；而"智"又要求知道了解人，善于识别人，辨明正、邪、贤、不贤、智、愚而区别对待。那么"仁"与"智"是否矛盾，要做到"智"是否会妨害"仁"？樊迟心里迷惑，弄不明白，故说"未达"。
⑤ 举直：起用正直的人。错诸枉：摈斥一干邪曲之人。错，通"措"，弃置。诸，众，各个。枉，邪曲，不正直。
⑥ 子夏：孔子的弟子，姒姓，卜氏，名商，字子夏，南阳人。
⑦ 乡：同"向"，先前。
⑧ 舜：上古的一位君王，五帝之一，姚姓，号有虞氏，名重华，也称虞舜。
⑨ 皋陶（gāo yáo）：传说舜时大臣，任"士师"，掌管刑法。
⑩ 远：旧读 yuàn，离开，避开。
⑪ 汤：商朝的开国君主，又称成汤、武汤等。
⑫ 伊尹：名挚，汤任用他为尹（秦时的丞相），曾辅助汤灭夏兴商。
⑬ 之：方位动词，到。夷狄：古称东方部族为夷，北方部族为狄；夷狄旧时常用以泛指华夏民族之外的各族。

"仲弓问仁"一章,核心是一个"敬"字,"出门如见大宾,使民如承大祭"。如果能理解这一点,就能做到任劳任怨,而不是怨天尤人。

"子张问仁"一章,则是道出了行仁"五要"。恭、宽、信、敏、惠,现在我们理解起来就是恭敬、宽容、诚信、勤敏、慈惠,分别代表道德修养的五个方面。以"恭"为例,"恭"与"敬"并不完全同义,一般说来,"恭"是外在的,"敬"是内在的。只有内心诚敬,才能外现为"恭",对待他人要有基本的尊重,才不会受到侮慢。孔子的弟子在议及老师时就有"子温而厉,威而不猛,恭而安"(《论语·述而》)的评价。

课文第三章,孔子回答"仁""智"的关系,提出从政者要亲贤远佞的思想。孔子"仁学"思想表现在治国方略上是主张"为政以德"。"举直错诸枉",就能构建良好的政治生态,就能维护正常的社会秩序,就可实现"天下治平,百姓和集"(《晏子春秋》)。

课文最后一章,孔子提出了做人在生活、工作和人际交往等各方面"仁"的要求。恭、敬、忠是一个人的为人之道;"虽之夷狄,不可弃也"则是强调一个人的人格养成,不因时易,不以地迁。

纵观这些"仁"见,在不同的场合,针对不同的对象,就具体的事情,有着不尽相同的表述和体现,但万变不离其宗,它是一种内在的自我标准和自我要求,也是一种外在的行为准则和行为习惯。孔子还强调知行合一,身体力行。

辞约意丰,发人深省,是本文四章共同的艺术特色。

【训练】

一、单项训练

1. 解释加点的字词。
   (1) 在邦无怨,在家无怨。
   (2) 樊迟问知,曰:"知人。"
   (3) 举直错诸枉,能使枉者直。
   (4) 虽之夷狄,不可弃也。

2. 翻译下列句子。
   (1) 出门如见大宾,使民如承大祭。
   (2) 恭则不侮,宽则得众。
   (3) 己所不欲,勿施于人。
   (4) 居处恭,执事敬,与人忠。

二、综合训练

小组合作探究,情景演绎以下思想言论。

1. 己所不欲,勿施于人。
2. 举直错诸枉,能使枉者直。

3. 惠则足以使人。

4. 朝闻道，夕死可矣。

三、拓展训练

1. 1988年，世界75位诺贝尔奖获得者齐聚巴黎，共同倡议，"人类要生存下去，就必须回到二十五个世纪以前，去汲取孔子的智慧。"结合自己的体悟，说说这是一种怎样的智慧。

2. 如果孔子和老子打起来，你会帮谁？为什么？

（刘春花）

任务二

《大学》节选①

【题解】

《大学》出自《礼记》,是一篇论述儒家修身齐家治国平天下思想的散文,原是《小戴礼记》第四十二篇,作于春秋战国时期,相传为曾子所作,成书于秦汉,是一部中国古代讨论教育理论的重要著作。经北宋程颢、程颐竭力尊崇,南宋朱熹又作《大学章句》,于是和《中庸》《论语》《孟子》合称为"四书"。因是儒学入门读物,被朱熹列为"四书"之首。自宋以后,《大学》成为学校官定的教科书、科举考试的必考科目,对中国古代教育产生了极大影响。

曾子,名参(shēn)(前505—前435),字子舆。春秋末战国初鲁国南武城(今山东嘉祥)人,孔子晚年弟子之一,思想家,儒家学派的重要代表人物。《大戴礼记》记载有他的言行,尤以孝著称。被后世尊为"宗圣"。

  大学之道②,在明明德③,在亲民④,在止于至善⑤。
  知止⑥而后有定,定而后能静,静而后能安,安而后能虑,虑而后能得⑦。物有本末⑧,事有终始。知所先后⑨,则近道矣。
  古之欲明明德于天下者,先治其国;欲治其国者,先齐其家⑩;欲齐其家者,先修其身⑪;欲修其身者,先正其心;欲正其心者,先诚其意;欲诚其意者,先致

---

① 本文选自《大学》篇中的"经"一章,"传"之释"诚意"一章。二程对《大学》编订序列,朱子又依其定本而作新定本,分为"经"一章、"传"十章。朱子认为"经"一章"盖孔子之言,而曾子述之,其传十章,则曾子之意而门人记之也"。这里"经"是基本观点,"传"是对于"经"的解释、阐述。

② 道:指道理、原理、原则、纲领,含有人生观、世界观、政治主张和思想体系。

③ 明明德:前一个"明",使动词,使……显明。后一个"明",形容词,清明的,光明的。

④ 亲民:亲,当作"新",使动词,使……革新。

⑤ 至善:最好的思想境界,善的至高境界。

⑥ 知止:能够知道所当止的地步。指上文所说的"止于至善"。

⑦ 得:获得(至善)。《孟子·告子上》:"心之官则思,思则得之,不思则不得也。"

⑧ 本末:指树的根本和树梢。

⑨ 知所先后:意指能够知道和把握道德修养的先后次序。

⑩ 齐:有治理之意。家:指家族。先齐其家,意为使家族齐心协力,和睦平安。

⑪ 修其身:指修养好自身的品德。

其知①；致知在格物②。

物格而后知至，知至而后意诚，意诚而后心正，心正而后身修，身修而后家齐，家齐而后国治，国治而后天下平。自天子以至于庶人③，壹是皆以修身为本④。

其本乱⑤，而末治者⑥，否矣。其所厚者薄⑦，而其所薄者厚，未之有也⑧。

所谓诚其意者⑨，毋自欺也。如恶恶臭⑩，如好好色⑪；此之谓自谦⑫。故君子必慎其独也。

小人闲居为不善⑬，无所不至；见君子而后厌然⑭，揜其不善，而著其善⑮。人之视己，如见其肺肝然，则何益矣？此谓诚于中，形于外⑯。故君子必慎其独也。

曾子曰⑰："十目所视，十手所指，其严乎⑱！"

富润屋，德润身，心广体胖⑲。故君子必诚其意。

【导读】

《大学》依据孔子、孟子"仁政"的思想，阐明了古代"治国平天下"的理论，提出了三个基本原则（三纲）和八个方法步骤（八目）。

《大学》认为，人生来就具有高尚的"明德"，入世以后，"明德"被掩，需要经过"大学之道"的教育，重新发扬明德，革新民心，达到道德完善的境界，这就是"三纲"：明明德、亲民、止于至善。具体而言，就要做到"八目"：格物、致知、诚意、正心、修身、齐家、治国、平天下。这里的"三纲"，既是《大学》的纲领旨趣，也是儒学"垂世立教"的目标所在。"八目"中，"修身"是根本，也是关键。前四目是

---

① 致：至。知：知识。先致其知，意为先使认识达到明确。
② 格物：推究事物的原理。
③ 庶人：西周起称农业生产者。春秋时，其地位在士以下，工商皂隶之上。秦汉以后泛指没有官爵的平民。
④ 壹：一。壹是，意为一律，一概。
⑤ 乱：紊乱，破坏。本乱，意为本性败坏。
⑥ 末治：意指家齐、国治、天下平。
⑦ 厚：重视，尊重。薄（bó）：轻视，藐视。
⑧ 未之有也：即未有之也。
⑨ 诚其意：使意念诚实。
⑩ 恶恶臭：前一个"恶"（wù），讨厌，厌恶。恶臭（xiù），指污秽的气味。
⑪ 好好色：前一个"好"（hào），意为喜好，喜爱。好色，女色，指美丽的女子。
⑫ 谦：同"慊"（qiè），满足，惬意。
⑬ 闲居：独居，独处。
⑭ 厌（yā）：掩藏。
⑮ 揜（yǎn）：同"掩"，遮蔽，掩饰。著（zhù）：显明。
⑯ 诚：实际。中：心中。形：用作动词，暴露，显露。
⑰ 曾子：曾参，孔子的弟子。
⑱ 其（qǐ）：通"岂"，难道不。
⑲ 胖（pán）：舒坦。心广体胖，意为安适舒泰。

"修身"的方法，后三目是"修身"的目的，说明治国平天下和个人修养的一致性。

《大学》和《中庸》一样，提倡"慎独"，主张在无人监督的情况下诚心诚意地恪守道德规范，做到谨慎不苟，规行矩步；坚持表里如一，自始至终。"十目所视，十手所指，其严乎！""富润屋，德润身"。故"君子必慎其独"，"君子必诚其意"。

《大学》主要概括总结了先秦儒家道德修养理论，以及道德修养的基本原则和方法，对儒家政治哲学也有系统的论述，对做人、处事、治国等有深刻的启迪性。文辞简约，内涵深刻，影响深远。

作为说理散文，《大学》在说理技巧上，表现为逻辑推理的娴熟运用，顶针、譬喻、对比、引用等多方出击，思路简洁明晰，论证严谨缜密；而多种修辞的语言润饰及变化多端的句法组织又促成《大学》作为散文有较强的节奏性。

【训练】

一、单项训练

1. 翻译下列句子。
（1）大学之道，在明明德，在亲民，在止于至善。
（2）其所厚者薄，而其所薄者厚，未之有也。
（3）此谓诚于中，形于外。
（4）故君子必慎其独也。

2.《大学》提出的"三纲""八目"的内容是什么？它们之间的逻辑关系怎样？

二、综合训练

1. 作为"四书"之首，《大学》是中国古代讨论政治、教育理论的重要著作。被视为"成人之学""大人之学"。对此你有什么理解？

2. "八目"中"修身"是根本，是关键。"修身"与前四目一起构成"内修"，与后三目一起构成"外治"。"穷则独善其身，达则兼济天下"已成为一代又一代中国读书人的人格心理和人生追求。就此阐述一下你的人生理想。

三、拓展训练

大学之道，在明明德，在亲民，在止于至善。

——《大学》

人性之善也，犹水之就下也。人无不善，水无不下。

——《孟子·告子上》

理解上述文字，融入个人感悟，写一篇500字左右的文章，表述个人观点，彰显个人智慧。

（刘春花）

任务三

《老子》二章

【题解】

老子(生卒年不详),姓李名耳,字聃,一字伯阳,春秋末期楚国苦县(今河南鹿邑东)人,我国古代伟大的思想家、哲学家。曾任周守藏室之史,深懂周朝的图书典籍,学问渊博,相传孔子适周,曾向他问礼。后见周王室衰微,弃官归隐。老子是道家学派的创始人,后世与庄子并称"老庄"。其思想核心是"道",老子认为"道"是天地万物的本源,是万物存在与变化的普遍原则和根本规律。他提出"天道自然无为"的观点,辩证法为其思想精髓,主张以柔克刚,无为而治。

《老子》,亦称《道德经》,相传为老子去官后过函谷关时应其关令尹喜之邀而作。全书共八十一章,分《道经》三十七章、《德经》四十四章。该书包含着丰富深奥的哲学思想,一向为世所重。其文简约而有韵,用意深远,宛若富有哲理的散文诗。老子被尊为"中国哲学之父",其哲学思想影响了后来整个中国哲学史的发展。

上善若水①

上善若水②。水善利万物而不争,处众人之所恶③,故几于道④。居善地,心善渊,与善仁,言善信,政善治,事善能,动善时⑤。夫唯不争,故无尤⑥。

---

① 选自《老子》第八章,以开篇第一句为题。
② 上:最的意思。上善即最善。这里老子以水的形象来说明"圣人"是道的体现者,因为圣人的言行有类于水,而水德是近于道的。
③ 处众人之所恶:居处于众人所不愿去的地方。
④ 几:接近。几于道,意为接近于道。
⑤ 渊:沉静,深沉。与:指与别人相交相接。善仁:指有修养之人。政善治:为政善于治理国家,从而取得治绩。动善时:行为动作善于把握有利的时机。本句意为,心胸善于保持沉静而深不可测,待人善于真诚、友爱和无私,说话善于恪守信用,为政善于精简处理,能把国家治理好,处事善于发挥所长,行动善于把握时机。
⑥ 尤:怨咎,过失,罪过。本句意为,最善的人所作所为正因为有不争的美德,所以没有过失,也就没有怨咎。

曲则全①

曲则全，枉则直，洼则盈，敝则新，少则得，多则惑②。是以圣人抱一为天下式③。不自见，故明；不自是，故彰④；不自伐，故有功⑤；不自矜，故长⑥。夫唯不争，故天下莫能与之争⑦。古之所谓"曲则全"者，岂虚言哉⑧！诚，全而归之。

【导读】

《老子》第八章以"上善若水"为开端，通过水的形象来说明"圣人"是道的体现者。

在本章中，老子认为最完善的人格就应该具有水的特性：柔和，甘愿处在卑下的地方，滋润万物而不与相争。本章以水为喻，用水性来比喻上德者的人格，体现了老子的处世哲学，更深刻反映了老子对理想人格的追求。文中的"七善"是对"上善若水"的具体描述，七个并列排比句以水作比，列举水的七种善性，也是写人立身处世的七个方面，核心就是"不争"。文章以水为喻娓娓道来，借对水的自然属性的探讨，引导人去思考天之道和人之道的属性，内涵丰富，给人以多方面的启迪。

《老子》第二十二章所谈，是老子深刻的辩证法，也是"道"贵柔守雌、处下不争之德对人生世事的深刻启示。

本章开头，老子先用六句排比，讲述生活中事物由正面向反面变化所包含的辩证法思想。接着指出圣人坚守这一原则行事，并把它作为天下的范式，强调了矛盾对立的两面可以相互转化并为我所用的道理。最后他用辩证法思想观察和处理社会生活，得出的结论是"不争"。老子认为，从"道"的角度来看，世上所有事物都有正反两面，都是对立统一、相互依存、互相转化的关系。"反者道之动，弱者道之用"（《老子》第四十章），老子明确指出朝着相反方向转化发展，是"道"的运动，保持柔弱的地位是"道"的作用。告诫人们在生活中要关注矛盾双方，不要一味求全、求直、求满、求新、求多，而忽视看起来柔弱的对立面，相反，努力做到保持柔弱的地位"不争"，反而能够得到扶助与保全。

---

① 选自《老子》第二十二章，以开篇第一句为题。
② 曲：委屈。枉：弯曲，屈就。洼：低凹，低洼。敝：破旧，陈旧。惑：迷惑。
③ 抱：守。一：指"道"。抱一，意为守道。式：范式，模式。
④ 自见：自我显现于众。见，同"现"，显现，表现。明：彰明。本句意为，不自我显扬，反能彰明；不自以为是，反能是非昭彰。
⑤ 伐：夸耀。功：功劳，功勋。
⑥ 矜：自大，骄傲。本句意为，不自高自大，反能显示出长处。
⑦ 夫唯不争，故天下莫能与之争：正因为不争，所以天下没有人跟他争。
⑧ 虚言：空话。

本章宣扬谦退不争反而有益的处世哲学,在一定程度上被人认为是一种避世心态,实则是一种委曲求全、以退为进的处世策略。

【训练】

一、单项训练

1. 《老子》篇幅简短,富有哲理,请写出你所喜欢的《老子》名言,不少于5句。

2. 翻译下列句子。

(1) 水善利万物而不争,处众人之所恶,故几于道。

(2) 居善地,心善渊,与善仁,言善信,政善治,事善能,动善时。

(3) 是以圣人抱一为天下式。

(4) 古之所谓"曲则全"者,岂虚言哉!诚,全而归之。

二、综合训练

1. 《老子》文体韵散结合,句式长短变化,错落有致,对后世骈文的形成和赋体的韵散结合有一定的影响。请以组为单位,开展《上善若水》《曲则全》的背诵比赛。

2. 分组讨论回答下列问题。

(1) 如何理解"上善若水"?你最喜欢的水德是什么,请具体说明。

(2) "曲则全,枉则直,洼则盈,敝则新,少则得,多则惑"这几句话蕴含怎样的哲理?给我们怎样的启示?

(3) 为什么说"不自见,故明;不自是,故彰;不自伐,故有功;不自矜,故长"?

三、拓展训练

1. 中国传统文化博大精深,学习和掌握其中的各种思想精华,对树立正确的世界观、人生观、价值观很有益处。收集资料,结合自己的生活经历,谈谈你对"七善"的理解和认识,在组内交流。

2. 如何在学习生活中运用《上善若水》《曲则全》的智慧,写一段不少于500字的文字。

要求:观点鲜明,条理清楚,语言简洁。

(吕迪)

任务四

逍遥游①

庄子

【题解】

庄子（约前369—约前286），名周，字子休，战国时期宋国蒙城县人（今河南商丘），战国时期著名思想家、文学家。庄子是我国哲学史上一位著名的思想家，同时也是我国文学史上一位杰出的文学家。无论在哲学思想方面，还是文学语言方面，他都给予了我国历代的思想家和文学家以深刻的、巨大的影响，在我国哲学史、文学史上都有极重要的地位。在诸子百家中，他继承并发展了老子的思想，成为战国中期道家学派的代表人物，与老子并称为"老庄"。

《史记》记载，庄周一生著书十余万言，但现在一般认为《庄子》是庄子及其后学所著。这部文献的出现，标志着在战国时代，我国的哲学思想和文学语言已经发展到非常玄远、高深的水平，是我国古代典籍中的瑰宝。《庄子》今存三十三篇，其中内篇七、外篇十五、杂篇十一。

北冥有鱼②，其名为鲲。鲲之大，不知其几千里也③。化而为鸟，其名为鹏④。鹏之背，不知其几千里也；怒而飞，其翼若垂天之云⑤。是鸟也，海运则将徙于南冥⑥。南冥者，天池也。

《齐谐》者，志怪者也⑦。《谐》之言曰："鹏之徙于南冥也，水击三千里⑧，抟

---

① 《逍遥游》是《庄子》的首篇，也是其中最具代表性的篇目。"逍遥游"是指"无所待而游无穷"，即对世俗之物无所依赖，与自然化而为一，不受任何束缚自由地游于世间。
② 冥：指海色深黑，一作"溟"。北冥，北海。下文南冥，指南海。传说北海无边无际，水深而黑。
③ 鲲（kūn）：传说中的大鱼。之：主谓之间取消句子独立性。其：表推测。
④ 鹏：本为古"凤"字，这里指传说中的大鸟。
⑤ 垂：同"陲"，边际。
⑥ 海运：海动。古有"六月海动"之说。海运之时必有大风，因此大鹏可以乘风南行。徙：迁移。
⑦ 《齐谐》：书名。出于齐国，多载诙谐怪异之事，故名"齐谐"。一说人名。志怪：记载怪异的事物。志，记载。
⑧ 水击：指鹏鸟的翅膀拍击水面。击，拍打。

扶摇而上者九万里①，去以六月息者也②。"野马也③，尘埃也，生物之以息相吹也④。天之苍苍，其正色邪⑤？其远而无所至极邪？其视下也，亦若是则已矣。且夫水之积也不厚，则其负大舟也无力。覆杯水于坳堂之上⑥，则芥为之舟⑦，置杯焉则胶⑧，水浅而舟大也。风之积也不厚，则其负大翼也无力。故九万里，则风斯在下矣，而后乃今培风⑨；背负青天，而莫之夭阏者⑩，而后乃今将图南。

蜩与学鸠笑之曰⑪："我决起而飞⑫，抢榆枋而止⑬，时则不至，而控于地而已矣⑭，奚以之九万里而南为⑮？"适莽苍者⑯，三餐而反⑰，腹犹果然⑱；适百里者，宿舂粮；适千里者，三月聚粮。之二虫又何知⑲！

小知不及大知⑳，小年不及大年。奚以知其然也？朝菌不知晦朔㉑，蟪蛄不知春秋㉒，此小年也。楚之南有冥灵者㉓，以五百岁为春，五百岁为秋；上古有大椿者，以八千岁为春，八千岁为秋，此大年也。而彭祖乃今以久特闻，众人匹之，不亦悲乎！汤之问棘也是已㉔：汤问棘曰："上下四方有极乎？"棘曰："无极之外，复无极

---

① 抟（tuán）：回旋而上。一作"搏"，拍。扶摇：一种旋风，又名飙，由地面急剧盘旋而上的暴风。九：表虚数，不是实指。

② 去：离，这里指离开北海。去以六月息者也，意为大鹏飞行六个月才止息于南冥。一说息为大风，大鹏乘着六月间的大风飞往南冥。

③ 野马：指游动的雾气。古人认为春天万物生机萌发，大地之上游气奔涌如野马一般。

④ 息：这里指有生命的东西呼吸所产生的气息。吹：吹拂。

⑤ 苍苍：深蓝。其正色邪：或许是上天真正的颜色？

⑥ 覆：倾倒。坳（ào）：凹陷不平，坳堂指堂中低凹处。

⑦ 芥：小草。

⑧ 置：放。焉：于此。胶：指着地。置杯焉则胶，意为将杯子放于其中则胶着搁浅。

⑨ 而后乃今："今而后乃"的倒装，意为这样，然后才……。培：依靠，凭借。

⑩ 夭：挫折。阏（è）：遏制，阻止。"莫之夭阏"即"莫夭阏之"的倒装，意为无所滞碍。

⑪ 蜩（tiáo）：蝉。学鸠：斑鸠之类的小鸟名。

⑫ 决（xuè）：疾速飞起的样子。

⑬ 抢（qiāng）：触，碰。"抢"，一作"枪"。榆枋：两种树名。榆，榆树。枋，檀木。

⑭ 控：投，落下。

⑮ 奚以：何以。之：去到。为：句末语气词，表反问，相当于"呢"。奚以……为，意为哪里用得着……呢。

⑯ 适：去，往。莽苍：色彩朦胧，遥远不可辨析，本指郊野的颜色，这里引申为近郊。

⑰ 三餐：指一日。意思是只需一日之粮。反：同"返"，返回。

⑱ 果然：吃饱的样子。

⑲ 之：此，这。二虫：指蜩与学鸠。

⑳ 知（zhì）：通"智"，智慧。

㉑ 朝菌：一种大芝，朝生暮死的菌类植物。晦朔：晦，农历每月的最后一天。朔，农历每月的第一天。一说"晦"指黑夜，"朔"指清晨。

㉒ 蟪蛄（huì gū）：寒蝉，春生夏死或夏生秋死。

㉓ 冥灵：大树名。一说为大龟名。

㉔ 汤：商汤。棘：汤时的贤大夫，《列子·汤问》篇作"夏革（jí）"。已：矣。

也。穷发之北①，有冥海者，天池也。有鱼焉，其广数千里，未有知其修者，其名为鲲。有鸟焉，其名为鹏，背若太山②，翼若垂天之云，抟扶摇羊角而上者九万里③，绝云气，负青天，然后图南，且适南冥也。斥鴳笑之曰④：'彼且奚适也？我腾跃而上，不过数仞而下，翱翔蓬蒿之间，此亦飞之至也。而彼且奚适也？'"此小大之辩也⑤。

　　故夫知效一官⑥，行比一乡，德合一君，而征一国者⑦，其自视也亦若此矣。而宋荣子犹然笑之⑧。且举世誉之而不加劝，举世非之而不加沮⑨，定乎内外之分⑩，辩乎荣辱之境，斯已矣。彼其于世，未数数然也⑪。虽然，犹有未树也。夫列子御风而行⑫，泠然善也⑬，旬有五日而后反。彼于致福者，未数数然也。此虽免乎行，犹有所待者也⑭。若夫乘天地之正，而御六气之辩⑮，以游无穷者，彼且恶乎待哉⑯？故曰：至人无己，神人无功，圣人无名⑰。

　　尧让天下于许由⑱，曰："日月出矣，而爝火不息⑲；其于光也，不亦难乎？时雨降矣，而犹浸灌；其于泽也，不亦劳乎？夫子立而天下治，而我犹尸之；吾自视缺然，请致天下⑳。"许由曰："子治天下，天下既已治也；而我犹代子，吾将为名

---

① 穷发：传说中极荒远的不生草木之地。发，指草木植被。
② 太山：即泰山。在今山东泰安北。
③ 羊角：一种旋风，回旋向上如羊角状。
④ 斥鴳（yàn）：池沼中的小雀。斥，池，小泽。
⑤ 小大之辩：小和大的区别。辩，同"辨"，分辨，分别。
⑥ 效：效力，胜任。
⑦ 合：使……满意。而：同"耐"，能耐。征：征服。
⑧ 宋荣子：一名宋钘，战国时期宋国著名哲学家、宋尹学派创始人及代表人物。犹然：嘻笑的样子。
⑨ 非：责难，批评。沮：沮丧。
⑩ 定：认清，认定。内外：这里分别指自身和身外之物。在庄子看来，自主的精神是内在的，荣誉和非难都是外在的，而只有自主的精神才是重要的、可贵的。
⑪ 数数（shuò）然：指急迫用世、谋求名利、拼命去追求的样子。
⑫ 列子：郑国人，姓列名御寇，战国时代思想家。御：驾驭。
⑬ 泠（líng）然：轻飘美妙的样子。
⑭ 虽：虽然。待：依赖，依靠。
⑮ 六气：指阴、阳、风、雨、晦、明。辩：同"变"，变化的意思。御六气之辩，意为驾驭六气的变化。
⑯ 恶（wū）：何，什么。恶乎待哉，意为还用凭借什么呢。反问句式加强了"无所待"的意义。
⑰ 至人：庄子认为修养最高的人。无己：清除外物与自我的界限，达到忘掉自己的境界。神人：这里指精神世界完全能超脱于物外的人。无功：无作为，故无功利。圣人：这里指思想修养臻于完美的人。无名：不追求名誉地位，不立名。
⑱ 尧：传说上古时期的贤明的帝王，是儒家理想的圣主形象。许由：古代尧时的隐士。此人还见于《庄子》的《徐无鬼》《外物》等篇，皆记述许由拒位之事。
⑲ 爝（jué）火：火把，火炬。
⑳ 夫子：先生，指许由。治：太平。尸：掌管，主持。缺然：能力不足的样子。

乎？名者，实之宾也；吾将为宾乎？鹪鹩巢于深林①，不过一枝；偃鼠饮河，不过满腹。归休乎君，予无所用天下为！庖人虽不治庖，尸祝不越樽俎而代之矣②！"

肩吾问于连叔曰③："吾闻言于接舆④，大而无当，往而不反⑤。吾惊怖其言，犹河汉而无极也；大有径庭，不近人情焉。"

连叔曰："其言谓何哉？"

曰："'藐姑射之山⑥，有神人居焉。肌肤若冰雪，淖约若处子，不食五谷，吸风饮露，乘云气，御飞龙，而游乎四海之外；其神凝，使物不疵疠而年谷熟⑦。'吾以是狂而不信也。"

连叔曰："然。瞽者无以与乎文章之观⑧，聋者无以与乎钟鼓之声。岂唯形骸有聋盲哉⑨？夫知亦有之！是其言也，犹时女也。之人也，之德也，将旁礴万物以为一，世蕲乎乱，孰弊弊焉以天下为事⑩！之人也，物莫之伤：大浸稽天而不溺，大旱金石流，土山焦而不热。是其尘垢秕糠将犹陶铸尧舜者也，孰肯以物为事⑪？"

宋人资章甫而适诸越，越人断发文身，无所用之。

尧治天下之民，平海内之政，往见四子藐姑射之山，汾水之阳，窅然丧其天下焉⑫。

惠子谓庄子曰⑬："魏王贻我大瓠之种⑭，我树之成，而实五石。以盛水浆，其坚不能自举也。剖之以为瓢，则瓠落无所容。非不呺然大也，吾为其无用而掊

---

① 鹪鹩（jiāo liáo）：一种小鸟。
② 樽（zūn）：酒器。俎（zǔ）：盛肉的器具。此处指在厨房所从事的事情。
③ 肩吾、连叔：二人都是古代神话传说中的人物，在《庄子》中多次出现。《庄子》一书，此类人物很多。
④ 接舆（yú）：楚国隐士，姓陆名通，字接舆，《论语》说他是楚狂人。此处庄子有自喻接舆的意思。
⑤ 大而无当：宏达而不适当。无当，不切实际。往而不反：一往无前而不回头。
⑥ 藐：同"邈"，遥远。姑射：传说中的仙山名。
⑦ 疵疠（cī lì）：指疾病，灾害。年谷：指庄稼。
⑧ 瞽（gǔ）：盲人。文章：纹理色彩。文，同"纹"。观：景象。本句意为，纹理色彩对盲人毫无意义。
⑨ 岂唯：难道只有。形骸：形体。
⑩ 蕲（qí）：祈求。乱：纷扰。世蕲乎乱，意为世人喜求纷纷扰扰。孰：谁，指神人。弊弊：忙碌疲惫的样子。
⑪ 尘垢（gòu）秕（bǐ）糠：尘土、污垢、秕谷、糠皮。此处用来比喻琐碎无用的东西。陶铸：原指烧制陶器、熔铸金属，这里指造就，培育。
⑫ 窅（yǎo）然：怅然自失的样子。丧：遗忘。窅然丧其天下焉，意为怅怅然忘却了天下。
⑬ 惠子：宋国人惠施，庄子的朋友，曾任梁惠王相，先秦时期名家学派的代表人物。
⑭ 魏王：即魏惠王。由于魏国曾定都大梁，所以魏国也称为梁国，因此魏惠王即《孟子》中的梁惠王。贻：赠给。大瓠（hù）之种：大葫芦的种子。

之①。"庄子曰:"夫子固拙于用大矣。宋人有善为不龟手之药者,世世以洴澼絖为事②。客闻之,请买其方百金。聚族而谋曰:'我世世为洴澼絖,不过数金,今一朝而鬻技百金,请与之③。'客得之,以说吴王。越有难,吴王使之将,冬,与越人水战,大败越人。裂地而封之。能不龟手一也,或以封,或不免于洴澼絖,则所用之异也。今子有五石之瓠,何不虑以为大樽,而浮乎江湖,而忧其瓠落无所容?则夫子犹有蓬之心也夫④!"

惠子谓庄子曰:"吾有大树,人谓之樗⑤。其大本拥肿而不中绳墨,其小枝卷曲而不中规矩,立之涂,匠者不顾。今子之言大而无用,众所同去也。"庄子曰:"子独不见狸狌乎?卑身而伏,以候敖者;东西跳梁,不辟高下;中于机辟,死于罔罟⑥。今夫斄牛⑦,其大若垂天之云。此能为大矣,而不能执鼠。今子有大树,患其无用,何不树之于无何有之乡,广莫之野,彷徨乎无为其侧,逍遥乎寝卧其下⑧。不夭斤斧,物无害者,无所可用,安所困苦哉⑨!"

【导读】

《逍遥游》是《庄子》的首篇,也是庄子的代表作品,它比较集中地表现了庄子追求绝对自由的人生观。"逍遥游"是庄子的人生理想,是庄子人生论的核心内容。"逍遥",在庄子这里是指人超越了世俗观念及价值的束缚而达到的最大的精神自由。"游",并不仅指形体之游,更重要的是指精神之游,形体上的束缚被消解后,自然就可以悠游于世。"逍遥游"就是超脱万物、无所依赖、绝对自由的精神境界。在庄子看来,达到这种境界的最好方法就是"心斋""坐忘",这两者体现了一种精神自由和天人合一的精神。

全文可分为三个部分。第一部分从开头至"圣人无名",是全篇的主体,从对比许多不能"逍遥"的例子说明,要得真正达到自由自在的境界,必须"无己""无功""无名"。文章从大鹏开始,写到蜩与学鸠,大小悬殊,但均有所待,它们的运动都受客观条件的制约,达不到逍遥游的境界。第二部分从"尧让天下于许由"至"窅然丧其天下焉",紧承上一部分进一步阐述,说明"无己"是摆脱各种束缚和依凭的唯一途径,只要真正做到忘掉自己、忘掉一切,就能达到逍遥的境界,也只有"无己"的人才是精神境界最高的人。第三部分从"惠子谓庄子曰"至结尾,论述什

---

① 呺(xiāo)然:空空的样子。掊(pǒu):打破,砸烂。
② 龟:同"皲",皮肤冻裂。洴(píng)澼(pì):漂洗。絖(kuàng):同"纩",衣服里的丝绵。
③ 聚族:召集同族的人。鬻(yù)技:出卖、转让技术。
④ 蓬之心:即蓬心,心有茅塞,比喻不能通达,见识肤浅。蓬,一种茎叶不直的草。
⑤ 樗(chū):一种木质低劣的乔木。
⑥ 机辟:弩机陷阱,捕猎走兽的工具。罔(wǎng):同"网",罗网。罟(gǔ):网的总称。
⑦ 斄(lí)牛:牦牛。
⑧ 彷徨:游逸自得。无为:随意,悠然。
⑨ 夭:折断,砍伐。斤:大斧头。

么是真正的有用和无用，说明不能为物所滞，进一步表达了反对积极投身社会活动，志在不受任何拘束，追求优游自得的生活旨趣。

《逍遥游》中庄子运用了许多寓言来表述"逍遥游"的内涵，揭露世俗"有待"的表现。庄子批判了世俗的"有所待"，提出了追求"无待"的理想境界，同时也指出了从"有待"至"无待"的具体途径。庄子很注重事物的内在使用价值，"无用"是事物的外在价值，而"用"是事物的内在价值，无用很可能有大用。从逍遥游角度来说，人应该注重内在的生命价值和自我价值，巧用"无用之用"来实现自我价值。

这篇文章虽然重在阐述哲理，却具有很高的文学价值。想象的丰富奇特，笔调的夸张恣肆，使文章具有浓郁的浪漫主义色彩和恢宏气势，产生了震撼人心的艺术魅力。庄子的文章开合无方，有丰富的想象。本篇体现了庄子汪洋恣肆的特色。鲲鹏变化，脍炙人口；姑射仙人，出神入化。

 【训练】

一、单项训练

1. 解释句中加点的字词，并翻译句子。

（1）是鸟也，海运则将徙于南冥。

（2）《齐谐》者，志怪者也

（3）其正色邪？其远而无所至极邪？

（4）抟扶摇羊角而上者九万里

（5）德合一君，而征一国

（6）彼其于世，未数数然也

（7）且举世誉之而不加劝，举世非之而不加沮

（8）覆杯水于坳堂之上，则芥为之舟，置杯焉则胶，水浅而舟大也。

2. 思考并说出下列古今异义词的意思。

（1）腹犹果然

（2）野马也，尘埃也，生物之以息相吹也

（3）蟪蛄不知春秋

（4）虽然，犹有未树也

（5）小年不及大年

（6）众人匹之，不亦悲乎

二、综合训练

1. 列举出文中的寓言和比喻，说明其对表现庄子的思想有何作用。

2. 分小组讨论：认真研读文章，思考什么是"逍遥游"？如何做到"逍遥游"？

三、拓展训练

庄子的逍遥游理论，千百年来深刻影响了后世关于生活的思维方式和处世态度，为人们开辟了一条通往自由的人生之路。庄子的逍遥游人生观对世俗工具价值进行了批判，强调从宇宙的高度来把握人的存在，使人的精神从现实中升华，并且破除自我中心，从故步自封、自我局限的狭隘心境中摆脱出来，以免在平庸忙碌之中迷失和异化了自我。

结合上文，谈谈你认为庄子思想对当下社会有何现实意义。

要求：500字左右，观点鲜明，条理清楚。

（朱豫）

任务五

赵威后问齐使①

《战国策》

【题解】

《战国策》是一部国别体史书,共三十三卷,西汉刘向重加整理,按国别整理为十二策,定名为《战国策》。内容主要记述了战国时期二百多年间各国(东周、西周、秦、齐、楚、赵、魏、韩、燕、宋、卫、中山)政治、军事、外交方面的一些事件。书中着重记录谋臣策士的言论和活动,写谋士们言辞的雄辩与运筹的机智。虽有些夸大,不尽合乎史实,但文笔流畅犀利,写人物活动更是形象生动,富于文学意味。

齐王使使问赵威后②。书未发③,威后问使者曰:"岁亦无恙邪④?民亦无恙邪?王亦无恙邪?"使者不说⑤,曰:"臣奉使使威后,今不问王而先问岁与民,岂先贱而后尊贵者乎?"威后曰:"不然⑥,苟无岁,何以有民⑦?苟无民,何以有君?故有舍本而问末者耶⑧?"

乃进而问之曰:"齐有处士曰钟离子,无恙耶⑨?是其为人也,有粮者亦食⑩,

---

① 本文选自《战国策·齐策四》。赵威后:赵惠文王的王后,赵孝成王的母后,又称孝威太后。惠文王去世后由她临朝听政,而年纪才三十出头。执政期间赵威后重视民生,体恤百姓。史书对她执政时期有两段非常生动的记载,一是"触龙说赵太后",二是"赵威后问齐使"。

② 齐王:战国时齐王建,齐襄王之子。第一个"使":命令,派遣。第二个"使":使者。问:聘问,问候,当时诸侯之间的一种礼节。

③ 书:信,此指齐国给赵国的国书。发:启封。

④ 岁:年成,收成。

⑤ 说:同"悦",高兴。

⑥ 不然:不是这样的。然:……的样子。

⑦ 苟:假如,如果。何以:靠什么。

⑧ 舍本而问末者耶:(问话)哪能舍去根本而去问细枝末节呢?

⑨ 处士:有才能、有道德而隐居不仕的人。钟离子:齐国处士。钟离,复姓。子,古时对男子的尊称。

⑩ 食(sì):拿食物给人吃,作动词。

无粮者亦食；有衣者亦衣①，无衣者亦衣。是助王养其民也，何以至今不业也②？叶阳子无恙乎③？是其为人，哀鳏寡④，恤孤独⑤，振困穷，补不足。是助王息其民者也⑥，何以至今不业也？北宫之女婴儿子无恙耶⑦？彻其环瑱⑧，至老不嫁，以养父母。是皆率民而出于孝情者也，胡为至今不朝⑨也？此二士弗业，一女不朝，何以王齐国，子万民乎⑩？於陵子仲尚存乎⑪？是其为人也，上不臣于王，下不治其家，中不索交诸侯⑫。此率民而出于无用者，何为至今不杀乎？"

【导读】

齐使问候赵威后，信还没有折开，威后就连续发问："年成还好吧？百姓安乐吧？齐王安康吧？"她把收成放在第一位，因为"仓廪实而知礼节"，国以民为本，民以食为天，接着，她问到百姓，而把国君齐王放在末位，这明显地体现出了她的民本思想。收成好自然百姓安乐，百姓安乐自然国君无恙，逐步推理，简明而正确。但是齐国使者不悦，他诘问赵威后"先贱后尊"，而威后的回答清晰明了，层层递进，驳得使者无话可说。赵威后对齐使的问话一贯到底，却问而不答，问而无答，问而不必答，充分提升了文势，引而不发，凭空制造出峭拔、险绝的独特气势。

全文围定一个"民"字，以文章开头三个问句，形成尖峭的文势，奠定了文章的基调。接下来威后又问道："帮助君王抚养百姓的至贤至德的钟离子为什么没有被任用，没有成就功业呢？帮助君王使百姓得到繁衍生息的叶阳子为什么也得不到重用呢？带动百姓奉行孝道的婴儿子为什么得不到封号呢？"这三位贤士孝女是帮助齐王治理国家的有德之人，故以"无恙乎"热情发问，弦外之音即是对齐王昏庸无道的指责。赵威后的"进而问之"，复将文章向深处推进一层。对于齐国三位有才与有德之士，威后的发问，也体现了她对士人的价值作用的认识。文章凸显了赵威后的"以民为本"的进步政治思想，同时也对齐国的政治状况有所批判。对比和连续发问表现了赵威后豪爽坦率的个性。

---

① 第一个"衣"：衣服。第二个"衣"（yì）：拿衣服给人穿。作动词。
② 不业：不使他做官而成就功业。用作动词。
③ 叶（shè）阳子：齐国的处士。叶阳为复姓。
④ 鳏（guān）：老而无妻。寡：老而无夫。
⑤ 恤：抚恤，周济。孤：幼儿无父。独：老而无子。
⑥ 息：繁育，滋息。
⑦ 婴儿子：姓北宫的女子的名字，齐国知名的孝女。北宫：复姓。婴儿子是其名。
⑧ 彻：同"撤"，放弃，除去。环：耳环或臂环之类的饰物。瑱（tiàn）：戴在耳垂上的玉饰。
⑨ 不朝：不使她上朝。古时夫人受封而有封号者为"命妇"，命妇即可入朝。本句意为，为什么至今不封婴儿子为命妇，使她得以上朝见君呢？
⑩ 王（wàng）：统治。子万民：以万民为子女，意谓为民父母。
⑪ 於（wū）陵子仲：齐国的隐士。於陵：齐邑名。
⑫ 索：求。

综观全文,虽以问构篇,却又显得常中有变。文章在整齐的句式中回环相生,气韵又在前后几组问句中层层推进,一浪高过一浪。在这种整齐之中,又穿插以参差错落的零散问句,点染以灵动变幻的一般陈述句,同时排比句式本身又不拘一格,时出变异句式。这些使得文章整齐与参差交错,力量与智慧并生,为文章增色不少。清金圣叹称赞本文"章法越整齐,越参差;越参差,越整齐。真可谓奇绝之文!"(《天下才子必读书》卷四)。

【训练】

一、单项训练

1. 解释句中加点的字词。
（1）齐王使使者问赵威后
（2）书未发
（3）是皆率民而出于孝情者
（4）助王息其民者

2. 翻译下列句子。
（1）岂先贱而后尊贵者乎?
（2）故有舍本而问末者耶?
（3）哀鳏寡,恤孤独,振困穷,补不足。
（4）何以王齐国,子万民乎?

二、综合训练

1. 文中使用了哪些修辞手法,试举例说明。
2. 《古文观止》评曰:"通篇以民为主,直问到底;而文法各变,全于用虚字处著神。问固奇,而心亦热,末一问,胆识尤过人。"的确颇中肯綮。研读课文,探讨本篇课文的语言特点、艺术表现手法及作用。

三、拓展训练

课后自主阅读《触龙说赵太后》,横向比较《赵威后问齐使》与《触龙说赵太后》两篇文章中赵威后的人物形象,讨论分析赵威后的人物性格特点。

(朱豫)

任务六

谏逐客书①

李斯

【题解】

李斯（？—前208），战国时楚国上蔡（今河南上蔡县）人。秦代著名的政治家、文学家和书法家。少为郡吏，后从荀卿学"帝王之术"。学成入秦，初为秦相吕不韦舍人，被任命为郎。后受秦王嬴政赏识，拜客卿。协助秦统一六国后，官至丞相。主张实行郡县制，废除分封制，参与制定法律，统一车轨、文字、度量衡制度。李斯政治主张的实施对中国和世界产生了深远的影响，奠定了中国两千多年政治制度的基本格局。秦二世时，李斯被赵高诬为谋反，腰斩于咸阳，夷三族。李斯是秦代散文的代表作家，留下的著作不多，《谏逐客书》是其代表作。

臣闻吏议逐客，窃②以为过矣。

昔缪公求士，西取由余于戎，东得百里奚于宛，迎蹇叔于宋，求丕豹、公孙支于晋③。此五子者，不产于秦，而缪公用之，并国二十，遂霸西戎④。孝公用商鞅之法，移风易俗，民以殷盛，国以富强，百姓乐用，诸侯亲服，获楚、魏之师，举地千里，至今治强⑤。惠王用张仪之计，拔三川之地，西并巴、蜀，北收上郡，南取

---

① 此文写于秦王政十年（前237），当时因为秦国势力强大，外国客卿增多，影响了秦国宗室大臣的权力，于是，他们借韩人郑国为秦修筑渠道，消耗秦钱财为由，向秦王提出驱逐客卿的建议。秦王于是下令逐客，李斯亦在被逐之列。李斯反对逐客，为了阐明自己的观点，便作此奏章，呈送秦王。之后秦王收回了逐客令，恢复了李斯的官职。

② 窃：私下，自谦之词。

③ 缪公：即秦穆公，公元前659—前621年在位，春秋五霸之一。由余：西戎人，穆公礼遇之，灭十二戎国，扩疆千里，称霸西戎。百里奚：楚国宛（今河南南阳）人，曾在虞国任职，不被信任。虞亡后被晋献公作为陪嫁奴隶随同往秦，后从秦国逃回宛。秦穆公听说他很贤能，以五张公羊皮赎取，任为相国。蹇叔：百里奚的朋友，岐州（今陕西）人，经百里奚向穆公推荐，把他从宋国请去，礼聘为上大夫。丕豹：晋国大臣丕郑之子，因其父被杀逃到秦国，穆公任命他为大将，助秦攻晋，得晋八城。公孙支：岐州人，游晋，后归秦。

④ 霸西戎：即"霸（于）西戎"，在西北一带称霸。

⑤ 孝公：秦孝公，前361—前338年在位。商鞅：卫国人，姓公孙，名鞅，帮助孝公变法，使秦迅速强大起来。乐用：乐于为国效力。获楚、魏之师：秦孝公二十二年，商鞅大破魏军，虏魏公子卬（áng）；同年又南攻楚。举：占领。

汉中，包九夷，制鄢、郢，东据成皋之险，割膏腴之壤，遂散六国之从，使之西面事秦，功施到今①。昭王得范雎，废穰侯，逐华阳，强公室，杜私门，蚕食诸侯，使秦成帝业②。此四君者，皆以客之功。由此观之，客何负于秦哉？向使四君却客而不内，疏士而不用，是使国无富利之实，而秦无强大之名也③。

今陛下致昆山之玉，有随、和之宝，垂明月之珠，服太阿之剑，乘纤离之马，建翠凤之旗，树灵鼍之鼓④。此数宝者，秦不生一焉，而陛下悦之，何也？必秦国之所生然后可，则是夜光之璧不饰朝廷，犀、象之器不为玩好，郑、卫之女不充后宫，而骏良駃騠不实外厩，江南金锡不为用，西蜀丹青不为采⑤。所以饰后宫、充下陈、娱心意、悦耳目者，必出于秦然后可，则是宛珠之簪、傅玑之珥、阿缟之衣、锦绣之饰不进于前，而随俗雅化、佳冶窈窕赵女不立于侧也⑥。夫击瓮叩缶，弹筝搏髀，而歌呼呜呜快耳者，真秦之声也⑦。《郑》《卫》《桑间》《韶虞》《武象》者，异国之乐也。今弃击瓮叩缶而就《郑》《卫》，退弹筝而取《韶虞》，若是者何也？快意当前，适观⑧而已矣。今取人则不然，不问可否，不论曲直，非秦者去⑨，为客者逐。然则是所重者，在乎色、乐、珠、玉，而所轻者，在乎人民也。此非所以跨海

---

① 惠王：即秦惠文王，前337—前311年在位。张仪：魏人，秦惠王时为秦相，以连横之计破坏六国的合纵。拔：攻取。三川：黄河、洛水、伊水。巴、蜀：古时国名。巴在今四川东部巴县一带，蜀在四川西部成都一带。上郡：地名，今陕西绥德等县。前328年，魏国以上郡十五县献给秦国求和。汉中：地名，今陕西南部，原为楚地。包：吞并。九夷：泛指当时散居在楚国的一些少数民族。鄢（yān）：今湖北宜城。郢（yǐng）：楚国国都，今湖北江陵。成皋：又名虎牢，今河南荥（xíng）阳汜（sì）水镇，古时为军事要地。散：瓦解。从：同"纵"。施（yì）：延续。

② 范雎：魏国人，后入秦为相，封应侯。他提出"远交近攻"的策略，使秦得以逐步征服邻国，扩大疆土。穰（ráng）侯：秦昭王母宣太后的异父弟。华阳：华阳君，宣太后的同父弟。二人因宣太后关系而在朝专权。昭王听范雎劝说，免穰侯职，把华阳君赶出关外。公室：王室。私门：指贵族豪门。

③ 向使：当初假如。却：拒绝。内：同"纳"。

④ 昆山：昆仑山。古时说昆仑山北和田产美玉。随、和之宝：指随侯珠、和氏璧。随，周初小国，在今湖北境内。传说随侯用药敷治了一条受伤的大蛇，后来此蛇于夜间衔来一颗明珠报恩，故称随侯珠。和，春秋时楚国人卞和。传说他曾于山中得一璞玉，献给楚王，琢成美玉，故称之为和氏璧。明月之珠：夜间光如明月的宝珠。服：佩带。太阿（ē）：宝剑名，据说是春秋时吴国名匠干将所铸。纤离：古骏马名。建：树立。翠凤之旗：用翠羽编成凤鸟形状而作为装饰的旗帜。灵鼍（tuó）之鼓：用鼍皮蒙的鼓，鼍俗名猪婆龙，属鳄鱼类。

⑤ 夜光之璧：夜里闪闪发光的宝玉，为楚王所献。犀：犀牛角。象：象牙。玩好：玩耍喜好之物。郑、卫之女：郑、卫，均小国名，其女子善歌舞。駃騠（jué tí）：骏马名。丹青：绘画的颜料。

⑥ 下陈：堂下，指宫女。宛珠：宛地出产的珠。傅玑之珥：附有玑珠的耳饰。随俗雅化：随着时尚打扮得时髦漂亮。佳冶窈窕：美好艳丽、体态优美。赵女：赵国的女子，传说古代燕赵一带多美女。

⑦ 瓮、缶（fǒu）：都是瓦器，秦地用作打击乐器。筝：古秦地的弦乐器。搏髀：拍击大腿作节奏。快耳：悦耳。

⑧ 适观：适于观赏。

⑨ 曲直：邪正。去：离开。

内、制诸侯之术也①。

臣闻地广者粟多,国大者人众,兵强则士勇。是以泰山不让土壤,故能成其大②;河海不择细流,故能就其深;王者不却众庶,故能明其德。是以地无四方,民无异国,四时充美,鬼神降福,此五帝三王之所以无敌也③。今乃弃黔首以资敌国,却宾客以业诸侯,使天下之士,退而不敢西向,裹足不入秦,此所谓"藉寇兵而赍盗粮"者也④。

夫物不产于秦,可宝者多;士不产于秦,而愿忠者众。今逐客以资敌国,损民以益仇,内自虚而外树怨于诸侯,求国无危,不可得也。

【导读】

《谏逐客书》是李斯写给秦王嬴政的一封奏议。书,又称上书、奏章,是古代臣子向君主陈述政见的一种文体。李斯写这篇奏章的目的是劝说秦王不要驱逐客卿。

全文共分三部分。第一部分开门见山提出全文的中心论点"臣闻吏议逐客,窃以为过矣",指出驱逐客卿是错误的。第二部分说古论今,由远及近摆事实讲道理。先追溯历史,列举秦国历史上有名的四位君主因任用客卿而成帝业的事实,说明客卿有功于秦,并运用假设推论,进一步指出没有客卿的功劳就没有秦国今天的富庶和强大;再从现实入手,列举大量事实,逐层深入,说明英主不应重物轻人;继而又从理论上阐述纳客与逐客的利害关系,说明驱逐客卿,不仅不能实现秦统一天下的理想,反而会资助敌国,毁己霸业。第三部分总结全文,指出驱逐客卿必将导致秦国危亡的严重后果,呼应开头,照应全篇,既突出了中心论点,又深化了主题。

全文思路清晰,引论、本论、结论三部分首尾相连、前后贯通、结构完整。论证逻辑严密,步步推进,层层深化。论理透彻,紧扣中心论点,正反对比,利害对举,既晓之以理,又动之以情,反复论证了用客卿强国的重要性。大量铺陈排比、比喻、对偶、反问等多种修辞手法的运用,更使文章理足词胜,雄辩滔滔,产生不可辩驳的说服力。作者在论述的过程中,始终都是为秦国的前途着想,有理有据,最终说服秦王收回了逐客令。

本文是一篇典范的议论文,也是古代最优秀的公文之一。本文是在客卿已被逐的紧急情势下(《史记集解·新序》:"斯在逐中,道上上谏书。")挥笔而成,具有直接的实用目的,历来被认为是研究公文写作的范本。

---

① 此非所以跨海内、制诸侯之术也:这不是用来统一天下、制服诸侯的方针策略。
② 让:辞,拒绝,排斥。成:形成。
③ 民无异国:百姓不论是哪个国家的人。四时:四季。五帝:指黄帝、颛顼、帝喾(kù)、尧、舜。一说指伏羲、神农、黄帝、尧、舜。三王:夏禹、商汤、周武王。
④ 黔首:秦时对百姓的称呼。资:资助,给予。业诸侯:使诸侯成就功业。业,动词。藉:借。赍(jī):赠送,给予。

【训练】

一、单项训练

1. 解释下列加点词语。
(1) 臣闻吏议逐客，窃以为过矣
(2) 蚕食诸侯
(3) 向使四君却客而不内
(4) 不论曲直
(5) 泰山不让土壤
(6) 河海不择细流
(7) 王者不却众庶
(8) 故能明其德
(9) 却宾客以业诸侯
(10) 藉寇兵而赍盗粮

2. 翻译下列句子。
(1) 由此观之，客何负于秦哉？
(2) 此数宝者，秦不生一焉，而陛下悦之，何也？
(3) 此非所以跨海内、制诸侯之术也。

二、综合训练

1. 假如你是秦王嬴政，请找出《谏逐客书》中最能打动你的句子并简要说明理由。

2. 以小组形式研读课文内容，讨论回答下列问题。
(1) 本文中心议题是客卿问题，但作者始终不谈客卿的利益，而是处处为秦国的盛衰和危亡着想，是否偏离中心？请说明理由。
(2) 你认为李斯最终说服秦王收回逐客令，靠的是什么？请分条列举。
(3) 文章围绕"吏议逐客，窃以为过矣"逐层展开，请画出思维导图。
(4) 举例说明本文采取的正反对比的说理方法。

三、拓展训练

1. 本文辞采华美，富有气势，清李兆洛在《骈体文钞》中尊其为"骈体初祖"，指出本篇对后世骈文写作影响深远。请结合注释，演读全文，体味李斯被逐心境，领略中华辞文之美。

2. 李斯者，楚上蔡人也。年少时，为郡小吏，见吏舍厕中鼠食不洁，近人犬，数惊恐之。斯入仓，观仓中鼠，食积粟，居大庑之下，不见人犬之忧。于是李斯乃叹曰："人之贤不肖譬如鼠矣，在所自处耳！"

——《史记·李斯列传》节选

根据你对上文的理解和感悟写一段话。
要求：500字左右，观点鲜明，条理清楚。

（吕迪）

任务七

谏太宗十思疏①

魏征

【题解】

魏征（580—643），字玄成，祖籍巨鹿下曲阳（今河北晋州），一说馆陶（今属河北）人。唐朝初年政治家、文学家和史学家。唐太宗时拜谏议大夫，以敢于"犯颜直谏"著称，先后共向唐太宗陈事二百多次，深为唐太宗所赏识，被封为郑国公。谥号"文贞"。言论多见《贞观政要》。著有《隋书》序论，以及《梁书》《陈书》《齐书》的总论等。主编有《群书治要》。

臣闻求木之长者，必固其根本②；欲流之远者，必浚其泉源③；思国之安者④，必积其德义。源不深而望流之远，根不固而求木之长，德不厚而思国之安，臣虽下愚，知其不可，而况于明哲乎⑤？人君当神器之重，居域中之大⑥，不念居安思危，戒奢以俭，斯亦伐根以求木茂，塞源而欲流长者也。

凡百元首⑦，承天景命⑧，善始者实繁，克终者盖寡⑨。岂取之易而守之难乎？盖在殷忧⑩，必竭诚以待下；既得志，则纵情以傲物⑪。竭诚则吴越⑫为一体，傲物

---

① 本文选自《旧唐书·魏征传》。谏：劝谏。太宗：唐太宗李世民。"十思"是奏章的主要内容，即十条值得深思的情况。疏，指分条陈述，是封建时代臣下向君王陈述意见的一种文体，也称奏疏或奏议。
② 长（zhǎng）：生长，长成。固：使……稳固。本：树根。
③ 远：形容词用作动词，使……流得远。浚（jùn）：疏通，深挖。
④ 安：安定。
⑤ 下愚：地位低、见识浅的人。而况：何况。明哲：聪明睿智（的人），此处指唐太宗。
⑥ 当：主持，掌握。神器：指帝位。古时认为"君权神授"，所以称帝位为"神器"。居域中之大：占据天地间重大的地位。域中，天地间。语出《老子》："道大，天大，地大，王亦大。域中有四大，而王居其一焉。"
⑦ 凡百元首：所有的元首，泛指古代的帝王。
⑧ 承天景命：上天授予帝王君位的大命。景，大。
⑨ 克：能够。盖：大概。寡：少。
⑩ 盖：承接上文，表示推断原因。殷：深。
⑪ 傲物：傲气凌人，看不起别人。物，这里泛指自己以外的人。
⑫ 吴越：吴国和越国，春秋时两个敌对的诸侯国。

则骨肉为行路①。虽董②之以严刑，振之以威怒③，终苟免而不怀仁，貌恭而不心服④。怨不在大，可畏惟人，载舟覆舟，所宜深慎⑤。

　　诚能见可欲⑥，则思知足以自戒；将有作⑦，则思知止以安人；念高危，则思谦冲而自牧⑧；惧满溢，则思江海下百川⑨；乐盘游⑩，则思三驱以为度⑪；忧懈怠，则思慎始而敬终⑫；虑壅蔽⑬，则思虚心以纳下；惧谗邪，则思正身以黜恶⑭；恩所加，则思无因喜以谬赏；罚所及，则思无以怒而滥刑。总此十思，宏兹九德⑮。简能而任之⑯，择善而从之，则智者尽其谋，勇者竭其力，仁者播其惠，信者效其忠⑰。文武并用，垂拱而治⑱。何必劳神苦思，代百司之职役哉？⑲

【导读】

　　本文是魏征于贞观十一年（637）写给唐太宗的奏章，意在规劝太宗居安思危，戒奢以俭，提醒唐太宗要想使国家长治久安，君王必须努力积聚德义，属议论文体。

　　全文共分三段。第一段开宗明义，用树木、河流作比，提出"思国之安者，必积其德义"的中心论点，形象生动地论述了君主积德义对于国家长治久安的重要意义，阐明君主"积其德义"就必须"居安思危，戒奢以俭"的道理。第二段总结历史经验，从创业守成、人心向背等方面分析国君不能居安思危，善始克终的原因和危害。从"在殷忧，必竭诚以待下；既得志，则纵情以傲物"入手，得出守成之君

---

① 骨肉，亲属。行路：路人，陌生人。
② 董：督责，监督。
③ 振：威吓，震慑。威怒：声威。
④ 苟免而不怀仁：（臣民）只求苟且免于刑罚而不怀念感激国君的仁德。
⑤ 载舟覆舟：出自《荀子·王制》："君者，舟也；庶人者，水也。水则载舟，水则覆舟。"此乃用舟与水的关系比喻君主和民众的关系，警戒君主要切实注意民心向背。
⑥ 见可欲：见到能引起（自己）喜好的东西。
⑦ 作：建造，兴建。指大兴土木，营建宫殿苑囿一类事情。
⑧ 谦冲：谦虚。冲，虚。自牧：自我约束。牧，养。这里引用了《易经》"卑以自牧"的意思。
⑨ 下：居于……之下。
⑩ 盘游：娱乐游逸，指从事打猎。
⑪ 三驱：出自《易经》"王以三驱"。有两说：一说狩猎时让开一面，三面驱赶，以示好生之德；一说一年以三次田猎为度。
⑫ 敬终：谨慎地把事情做完。敬，慎。
⑬ 虑壅（yōng）蔽：担心（言路）不通受蒙蔽。壅，堵塞。
⑭ 谗：说人坏话，造谣中伤。邪：不正派。黜：排斥，罢免。
⑮ 宏：使……光大。兹：此。九德：九种美好品德，这里泛指国君应当具有的全部美德。
⑯ 简：选拔。
⑰ 信者：诚信的人。效：献出。
⑱ 垂拱：天子垂衣拱手，表示无为而治。
⑲ 劳神苦思：劳、苦，使动用法，使……劳累，使……辛苦。百司：百官。

"所宜深慎"的警示。第三段先列举"十思"的具体内容，然后得出只有"总此十思"方能做到"垂拱而治"，告诫君王要弘扬德义，确保国家长治久安。三段以"思国之安者，必积其德义"为中心，正反对比展开论述，说理透彻、鲜明。

全篇以"思"字贯穿，脉络分明，条理清晰，层层深入，水到渠成。从开篇提出问题的人君当"思"，到分析问题的人君为何当"思"，再到最后解决问题的人君当如何"思"，三段论结构完整，环环相扣，浑然一体，逻辑谨严。文中多用比喻，使抽象的道理生动直观、浅显易懂，易于为人接受。骈散结合的句式特点，排比、对仗等修辞手法的运用，更使文章整齐流畅，音律和谐，气势不凡，增强了表现力。

魏征的这篇奏疏有很强的针对性。文章针对唐太宗在取得巨大政绩以后逐渐骄傲自满的情况，不仅把"不念居安思危，戒奢以俭"的危害讲得清楚明白，而且还对症下药，提出"十思"的措施，既明确具体，又实用而不空泛，写得语重心长，切中事理。《旧唐书》曾赞扬魏征的奏疏"可为万代王者法"。文中规劝唐太宗"居安思危，戒奢以俭"等观点，见识深刻，在今天仍具有借鉴意义。

【训练】

一、单项训练

1. 解释下列加点的字词。
(1) 求木之长者，必固其根本
(2) 善始者实繁，克终者盖寡
(3) 既得志，则纵情以傲物
(4) 盖在殷忧，必竭诚以待下
(5) 虑壅蔽，则思虚心以纳下
(6) 臣虽下愚，知其不可
(7) 傲物则骨肉为行路
(8) 虽董之以严刑，振之以威怒

2. 翻译下列句子。
(1) 臣闻求木之长者，必固其根本；欲流之远者，必浚其泉源；思国之安者，必积其德义。
(2) 虽董之以严刑，振之以威怒，终苟免而不怀仁，貌恭而不心服。怨不在大，可畏惟人，载舟覆舟，所宜深慎。

二、综合训练

1. 据说唐太宗在接到这封奏疏时，写了《答魏征手诏》，表示从谏改过。你认为这篇奏疏能打动唐太宗的原因是什么，谈谈你的看法。
2. 以小组形式研读课文内容，讨论回答下列问题。
(1) 本文按照提出问题、分析问题、解决问题的思路展开论述，请画出思维导图。

(2) 本文第一段论证说理，语言运用极有特色，请具体说明。

(3) "十思"的核心内容是什么？可以归纳为哪几个方面？为什么要做到"十思"？

三、拓展训练

1. 唐代的奏疏，习惯上都用骈文来写，这篇奏疏虽然用了许多骈偶句式，却突破了骈体的束缚，骈散语句交替运用，使文章既整齐华美，又自然流畅，音韵铿锵谐美，易于诵读。本文是古代奏疏名篇，佳句甚多，请反复诵读，背诵默写。

2.《谏太宗十思疏》谈论的虽然是帝王的治国之道和修养问题，但其中的许多真知灼见在今天看来仍具有很强的借鉴意义。请就文中的某个话题，写一段话，谈谈自己的认识。

要求：500字左右，观点鲜明，条理清楚。

（吕迪）

任务八

五代史伶官传序①

欧阳修

【题解】

欧阳修（1007—1072），字永叔，自号醉翁、六一居士，吉州永丰（今江西永丰）人。北宋著名文学家、史学家。仁宗天圣八年（1030）中进士，在政治上负有盛名。因吉州原属庐陵郡，以"庐陵欧阳修"自居。官至翰林学士、枢密副使、参知政事。谥号"文忠"，世称欧阳文忠公。

欧阳修领导了北宋诗文革新运动，开创了一代文风。他继承并发展了韩愈的古文理论，主张文章应"明道""致用""事信""言文"。在散文、诗、词、评论诸方面都有很高成就，尤以散文著称，是"唐宋八大家"之一。有《欧阳文忠公集》、《新五代史》、《新唐书》（与宋祁合撰）等。

呜呼！盛衰之理，虽曰天命，岂非人事哉②！原庄宗之所以得天下，与其所以失之者，可以知之矣③。

世言晋王之将终也，以三矢赐庄宗而告之曰："梁，吾仇也④；燕王，吾所立⑤；契丹与吾约为兄弟，而皆背晋以归梁⑥。此三者，吾遗恨也。与尔三矢，尔其无忘

---

① 本文是欧阳修所撰《新五代史》中《伶官传》的序文。五代：指唐灭亡后在中原更替的后梁、后唐、后晋、后汉、后周五个王朝。伶官：在宫廷授有官职的伶人。伶：古时称演戏、歌舞、作乐的人。

② "虽曰"二句：虽然说是上天的意志，难道不是人为的吗？

③ 原：推本求原。庄宗：李存勖（xù），唐末西突厥沙陀部族的首领，消灭后梁称帝，建立后唐。之：指代"盛衰之理，虽曰天命，岂非人事哉"的道理。

④ 世言：世人说。晋王：指李存勖的父亲李克用，因出兵帮助唐王朝镇压黄巢起义有功，封陇西郡王，后又封为晋王。梁，吾仇也：梁，指后梁太祖朱温，原为黄巢将领，降唐后，改名朱全忠，受封为梁王。他曾企图杀害李克用，因而结下世仇，互相攻伐。后来朱全忠篡夺唐王朝的政权，国号梁，都汴州，又迁都洛阳。

⑤ 燕王，吾所立：燕王，指刘仁恭。刘本为幽州将，李克用帮他夺得幽州，并保举他为卢龙节度使，故曰"吾所立"。不久，仁恭叛晋归梁。后来朱全忠封他的儿子刘守光为燕王。这里称刘仁恭为燕王，是笼统的说法。

⑥ 契丹：唐末北方少数民族，这里指契丹族首领耶律阿保机。李克用曾与他结拜为兄弟，约定合力举兵灭梁。后来耶律阿保机背约，与梁通好。

乃父之志①!"庄宗受之而藏之于庙,其后用兵,则遣从事以一少牢告庙,请其矢,盛以锦囊,负而前驱,及凯旋而纳之②。

方其系燕父子以组,函梁君臣之首,入于太庙,还矢先王,而告以成功,其意气之盛,可谓壮哉③!及仇雠已灭,天下已定,一夫夜呼,乱者四应,仓皇东出,未及见贼而士卒离散,君臣相顾,不知所归,至于誓天断发,泣下沾襟,何其衰也④!岂得之难而失之易欤⑤?抑本其成败之迹,而皆自于人欤?《书》曰:"满招损,谦得益⑥。"忧劳可以兴国,逸豫可以亡身,自然之理也⑦。

故方其盛也,举天下之豪杰,莫能与之争;及其衰也,数十伶人困之,而身死国灭,为天下笑⑧。夫祸患常积于忽微,而智勇多困于所溺,岂独伶人也哉!⑨作《伶官传》。

【导读】

本文是一篇著名的史论。文章最为出彩之处,就是依据后唐庄宗李存勖盛衰兴亡的史实,推出"忧劳可以兴国,逸豫可以亡身"和"祸患常积于忽微,而智勇多困于所溺"的警戒性断语,论证了国家盛衰兴亡主要取决于"人事"的观点。

---

① 其:语气副词,表示期望、命令的语气。乃:你的。

② 从事:这里指负责具体事务的官员。一少牢:用猪、羊各一头作祭品(祭祀时,牛、猪、羊三牲齐备,称太牢)。牢:祭祀用的牲畜。告:祷告。庙:太庙,帝王祭祀祖先的宗庙。及:等到。纳:放回。之:代词,指箭。

③ 方:当……时。系燕父子以组:912年,李存勖遣将攻破幽州,俘获刘仁恭,追捕了刘守光,押回太原,献于太庙。系(jì):捆绑。组:丝带,这里指绳索。函梁君臣之首:923年,李存勖攻破大梁。梁皇帝朱友贞(朱温的儿子)命令部将皇甫麟将自己杀死,随即皇甫麟也刎颈自杀。函,木匣,意为用木匣装盛,名词作动词用。

④ 仇雠(chóu):仇敌。一夫:一个人,指皇甫晖。何其衰也:多么衰败啊!"一夫"八句是说,926年,驻扎贝州(今河北清河)的军人皇甫晖因夜间聚赌不胜,发动兵变,攻入邺城(今河北临漳)。邢州(今河北邢台)和沧州(今河北沧州)的驻军相继兵变响应。庄宗派李嗣源(李克用养子)前往镇压,不料李嗣源被部下拥立为帝,联合邺城乱军向京都洛阳进击。庄宗慌慌张张地率军东进,至万胜镇,闻李嗣源已占据大梁(开封),被迫引兵折回,至洛阳城东的石桥,置酒悲涕,部将元行钦等百余人剪断头发,向天立誓,表示以死报国,君臣相顾哭泣。

⑤ 抑:或,还。本:推究本源,名词作动词用。自:由于。"岂得"三句意为,难道是因为得天下困难、失天下容易的缘故吗?或者认真推究他成败的原委,其实都是由于人为的呢?

⑥ 《书》:即《尚书》,儒家经典之一。"满招损,谦得益":见《尚书·大禹谟》,原文是"满招损,谦受益"。

⑦ 忧劳:忧患勤劳。逸豫:逍遥游乐,不能居安思危。

⑧ 举:全,所有的。"数十伶人"三句是说,庄宗灭梁后,宠用伶人,纵情声色,朝政日非。继李嗣源兵变后,伶人出身的皇帝近卫军首领郭从谦乘机作乱,庄宗中流矢而死。国灭:庄宗死后,李嗣源即位,称为明宗,后唐并未灭亡。不过,李嗣源是李克用的养子,并非嫡传,按照当时的传统观念来看,也可以说是"国灭"。

⑨ 积于忽微:从细微小事逐渐积累起来。所溺:沉溺迷爱的人或事物。岂独伶人也哉:难道仅仅是伶人吗?

全文结构严谨，论证严密，用语精当。文章以议论为主，并在叙事论理中融入了浓厚的抒情。开篇即用"呜呼"一词领起，提出全文中心论点："盛衰之理，虽曰天命，岂非人事哉！"感叹兼反诘语气强调了国家盛衰，主要在于人为的道理。点明"盛衰"二字，可谓立论鲜明，叹惋深沉，奠定了全文论史的感情基调。接着，再用"原庄宗之所以得天下，与其所以失之者，可以知之矣"紧随其后，表明作者用来阐明中心论点的主要论据是庄宗盛衰成败、得失天下的史实。衔接紧凑，过渡自然。

中间两段紧扣"盛衰"二字，以史论理，具体叙议庄宗由盛转衰、骤兴骤亡的过程。采用欲抑先扬和对比论证的方法，先极赞庄宗成功时意气之盛，再叹其失败时形势之衰。通过盛与衰、兴与亡、得与失、成与败的鲜明对比，凸显庄宗先盛后衰这一历史悲剧的根由在于"人事"，感情深沉浓烈，使人信服。

末段以"故方其盛也""及其衰也"，再次点明盛衰之义，照应前文，首尾呼应。

本文作为一篇总结历史教训，为当世和后世君主提供借鉴的史论，短小精悍，行文跌宕，用语委婉，言简意丰，发人深省。在写法上，融叙事、议论、抒情为一体，具有抒情浓郁的议论性散文意韵。历代名家多视此文为典范，倍加赞赏，明代茅坤称其为"千古绝调"，清代沈德潜将其誉为"抑扬顿挫，得《史记》神髓，《五代史》中第一篇文字"。

【训练】

一、单项训练

1. 指出下列加点词的古今异义。

（1）虽曰天命，岂非人事哉

（2）原庄宗之所以得天下

（3）则遣从事以一少牢告庙

（4）方其系燕父子以组

2. 翻译下列句子并指出句式特点。

（1）呜呼！盛衰之理，虽曰天命，岂非人事哉！

（2）请其矢，盛以锦囊，负而前驱，及凯旋而纳之。

（3）岂得之难而失之易欤？抑本其成败之迹，而皆自于人欤？

（4）忧劳可以兴国，逸豫可以亡身，自然之理也。

（5）夫祸患常积于忽微，而智勇多困于所溺，岂独伶人也哉！

二、综合训练

1. 本文语言平易简洁凝练，又圆融轻快流畅，议论有很强的感情色彩，哀乐由衷，情文并至。请反复诵读课文，体会作者情感变化。

2. 以小组形式研读课文内容，讨论回答问题。

（1）结合写作背景，说明欧阳修写作《伶官传》并冠以短序的目的是什么。

（2）试以本文第二段为例，说明作者是如何运用事实论据和对比手法进行论证的。

（3）请具体说明"夫祸患常积于忽微，而智勇多困于所溺，岂独伶人也哉！"在文中的作用。

三、拓展训练

1. 收集整理五代史资料，分组讲述或演绎后唐庄宗李存勖大起大落的传奇人生。

2. 请从"盛衰之理，虽曰天命，岂非人事哉！""满招损，谦得益""忧劳可以兴国，逸豫可以亡身""祸患常积于忽微，而智勇多困于所溺"等警句给我们的启示入手，写一篇议论文。

要求：观点明确，条理清楚，结构完整。

（吕迪）

任务九

论快乐

钱钟书

【题解】

钱钟书(1910—1998),江苏无锡人,原名仰先,字哲良,后改名钟书,字默存,号槐聚。中国现代作家、文学研究家。1933年清华大学外文系毕业,1935年赴英国牛津大学留学,后赴法国巴黎大学进修。钱钟书自幼受到传统经史方面的教育,国学根基深厚,学识渊博,贯通中西,融汇多种学科知识,探幽入微,钩玄提要,在当代学术界自成一家。文学、哲学、心理学诸方面均有重要成就。主要著作有《谈艺录》及《管锥编》(五卷)等,另有散文集《写在人生边上》、短篇小说集《人·兽·鬼》、长篇小说《围城》等。其作品幽默风趣,见解独特,在国内外享有很高的声誉。

在旧书铺里买回来维尼(Vigny)的《诗人日记》(Journal d'un poète),信手翻开,就看见有趣的一条。他说,在法语里,喜乐(bonheur)一个名词是"好"和"钟点"两字拼成,可见好事多磨,只是个把钟头的玩意儿。我们联想到我们本国语的说法,也同样的意味深永,譬如快活或快乐的快字,就把人生一切乐事的飘瞥难留,极清楚地指示出来。所以我们又慨叹说:"欢娱嫌夜短!"因为人在高兴的时候,活得太快,一到困苦无聊,愈觉得日脚像跛了似的,走得特别慢。德语的沉闷(langeweile)一词,据字面上直译,就是"长时间"的意思。《西游记》里小猴子对孙行者说:"天上一日,下界一年。"这种神话,确反映着人类的心理。天上比人间舒服欢乐,所以神仙活得快,人间一年在天上只当一日过。以此类推,地狱里比人间更痛苦,日子一定愈加难度。段成式《酉阳杂俎》①就说:"鬼言三年,人间三日。"嫌人生短促的人,真是最"快活"的人;反过来说,真快活的人,不管活到多少岁死,只能算是短命夭折。所以,做神仙也并不值得,在凡间已经三十年做了一世的人,在天上还是个初满月的小孩。但是这种"天算",也有占便宜的地方:譬如戴君孚《广异记》载崔参军捉狐妖,"以桃枝决五下",长孙无忌谓罚得太轻,崔答:"五下是人间五百下,殊非小刑。"可见卖老祝寿等等,在地上最为相宜,而刑罚呢,应该到天上去受。

---

① 《酉阳杂俎》:笔记,唐代段成式撰。所记有仙佛、鬼怪、人事、动物等,包罗甚广,多有寓意。

"永远快乐"这句话，不但渺茫得不能实现，并且荒谬得不能成立。快过的决不会永久；我们说永远快乐，正好像说四方的圆形、静止的动作同样地自相矛盾。在高兴的时候，我们的生命加添了迅速，增进了油滑。像浮士德那样，我们空对瞬息即逝的时间喊着说："逗留一会儿罢！你太美了！"① 那有什么用？你要永久，你该向痛苦里去找。不讲别的，只要一个失眠的晚上，或者有约不来的下午，或者一课沉闷的听讲——这许多，比一切宗教信仰更有效力，能使你尝到什么叫做"永生"的滋味。人生的刺，就在这里，留恋着不肯快走的，偏是你所不留恋的东西。

快乐在人生里，好比引诱小孩子吃药的方糖，更像跑狗场里引诱狗赛跑的电兔子。几分钟或者几天的快乐赚我们活了一世，忍受着许多痛苦。我们希望它来，希望它留，希望它再来——这三句话概括了整个人类努力的历史。在我们追求和等候的时候，生命又不知不觉地偷度过去。也许我们只是时间消费的筹码，活了一世不过是为那一世的岁月充当殉葬品，根本不会享到快乐。但是——我们到死也不明白是上了当，我们还理想死后有个天堂，在那里——谢上帝，也有这一天！我们终于享受到永远的快乐。你看，快乐的引诱，不仅像电兔子和方糖，使我们忍受了人生，而且仿佛钓钩上的鱼饵，竟使我们甘心去死。这样说来，人生虽然痛苦，却并不悲观，因为它终抱着快乐的希望；现在的账，我们预支了将来去付。为了快活，我们甚至于愿意慢死。

穆勒曾把"痛苦的苏格拉底"和"快乐的猪"比较②。假使猪真知道快活，那么猪和苏格拉底也相去无几了。猪是否能快乐得像人，我们不知道；但是人会容易满足得像猪，我们是常看见的。把快乐分肉体的和精神的两种，这是最糊涂的分析。一切快乐的享受都属于精神的，尽管快乐的原因是肉体上的物质刺激。小孩子初生下来，吃饱了奶就乖乖地睡，并不知道什么是快活，虽然它身体感觉舒服。缘故是小孩子时的精神和肉体还没有分化，只是混沌的星云状态。洗一个澡，看一朵花，吃一顿饭，假使你觉得快活，并非全因为澡洗得干净，花开得好，或者菜合你口味，主要因为你心上没有挂碍，轻松的灵魂可以专注肉体的感觉，来欣赏，来审定。要是你精神不痛快，像将离别时的筵席，随它怎样烹调得好，吃来只是土气息、泥滋味。那时刻的灵魂，仿佛害病的眼怕见阳光，撕去皮的伤口怕接触空气，虽然空气和阳光都是好东西。快乐时的你，一定心无愧怍。假如你犯罪而真觉快乐，你那时候一定和有道德、有修养的人同样心安理得。有最洁白的良心，跟全没有良心或有最漆黑的良心，效果是相等的。

发现了快乐由精神来决定，人类文化又进一步。发现这个道理，和发现是非善恶取决于公理而不取决于暴力，一样重要。公理发现以后，从此世界上没有可被武力完全屈服的人。发现了精神是一切快乐的根据，从此痛苦失掉它们的可怕，肉体减少了专制。精神的炼金术能使肉体痛苦都变成快乐的资料。于是，烧了房子，有

---

① 语出歌德《浮士德》。
② 穆勒：古希腊哲学家。苏格拉底：古希腊哲学家，好谈论而无著述。其言行主要见于柏拉图的《对话集》和色诺芬的《苏格拉底言行回忆录》中。

庆贺的人；一箪食，一瓢饮，有不改其乐的人①；千灾百毒，有谈笑自若的人。所以我们前面说，人生虽不快乐，而仍能乐观。譬如从写《先知书》的所罗门直到做《海风》诗的马拉梅（Mallarmé），都觉得文明人的痛苦，是身体困倦。但是偏有人能苦中作乐，从病痛里滤出快活来，使健康的消失有种赔偿。苏东坡诗就说："因病得闲殊不恶，安心是药更无方。"王丹麓《今世说》也记毛稚黄善病，人以为忧，毛曰："病味亦佳，第不堪为躁热人道耳！"在着重体育的西洋，我们也可以找着同样达观的人。工愁善病的诺凡利斯（Novalis）在《碎金集》里建立一种病的哲学，说病是"教人学会休息的女教师"。罗登巴煦（Rodenbach）的诗集《禁锢的生活》（Les Vies Encloses）里有专咏病味的一卷，说病是"灵魂的洗涤"。身体结实、喜欢活动的人采用了这个观点，就对病痛也感到另有风味。顽健粗壮的十八世纪德国诗人白洛柯斯（B. H. Brockes）第一次害病，觉得是一个"可惊异的大发现"。对于这种人，人生还有什么威胁？这种快乐，把忍受变为享受，是精神对于物质的最大胜利。灵魂可以自主——同时也许是自欺。能一贯抱这种态度的人，当然是大哲学家，但是谁知道他不也是个大傻子？

是的，这有点矛盾。矛盾是智慧的代价。这是人生对于人生观开的玩笑。

【导读】

本文选自1941年出版的散文集《写在人生边上》，是一篇充满哲理意味的随笔。作者主要从中西方对于快乐的理解入手，论说了人类努力追求的"永远快乐"的人生目标和希望的"渺茫和不能实现"，通过对快乐特点和本质层层生发议论，阐明了"一切快乐的享受都是属于精神的"和"快乐由精神来决定"的人生哲理，引人深思。

全文最大的特色就是紧紧围绕"快乐"这一生活中的常见现象有感而发，思路奔放开阔，不拘一格，随意而谈。虽时而旁征博引，时而巧用比喻，从不同角度、不同层面反复阐说对快乐的种种理解，纵横捭阖，令人目不暇接，但始终意脉贯通，不离题旨。于谈笑风生中左右逢源，妙趣横生，隐现着智性思辨的光芒和严整有序、滴水不漏的推理力量，体现了随笔散文的独有特点，也充分展示了钱钟书学者散文的风范。

大量精彩机智、妥帖、颇有趣味的比喻修辞手法的巧妙运用，通篇蕴含着浓郁的幽默情趣是本文在写作上的第二个特点。比如在文中，作者把人生的快乐比作"引诱小孩子吃药的方糖""更像跑狗场里引诱狗赛跑的电兔子""仿佛钓钩上的鱼饵，竟使我们甘心去死"等，不仅浅显易懂，透着灵性，更寓意深刻，俏皮而耐人寻味，是难得的语言典范。

---

① 语出《论语·雍也》："子曰：'贤哉！回也，一箪食，一瓢饮，在陋巷，人也不堪其忧，回也不改其乐。贤哉！回也。'"颜回是孔子的大弟子，以德行著称。

作者在《写在人生边上》的序言中表述过这样的意思：人生是一部大书，他只是以一种业余消遣者的随便和从容，随手在书边空白处留下零星随感而已，并不刻意地以自己的观点去指导教训读者。然而，学者的智慧与冷峻、深刻与广博依然从这一份随意之中透露出来。毫无疑问，钱钟书的散文是真切的生活感受，是启人心智的智者的言说。

【训练】

一、单项训练

1. 结合课文，仔细揣摩加点词语的含义。

（1）仿佛钓钩上的鱼饵，竟使我们甘心去死

（2）肉体减少了专制

（3）为了快活，我们甚至于愿意慢死

（4）能一贯抱这种态度的人

2. 如何理解下列句子，谈谈自己的看法。

（1）要是你精神不痛快，像将离别时的筵席，随它怎样烹调得好，吃来只是土气息、泥滋味。

（2）这种快乐，把忍受变为享受，是精神对于物质的最大胜利。灵魂可以自主——同时也许是自欺。能一贯抱这种态度的人，当然是大哲学家，但是谁知道他不也是个大傻子？

（3）矛盾是智慧的代价。这是人生对于人生观开的玩笑。

二、综合训练

1. 结合课文，分组讨论对"随笔"文体特点的理解。

2. 小组合作探究，思考回答以下问题。

（1）快乐是什么，如何获得快乐，你认为作者有明确的、总的结论吗？请说明理由。

（2）本文看似议论散漫，实则紧扣"快乐"论断明确，请找出文中有关快乐的论断并简要说明它们之间的逻辑关系。

（3）文章在论述有关"快乐"的观点时，比喻的运用尤为出彩，请找出文中的比喻，试说明这些比喻在表达上的作用。

三、拓展训练

1. 钱钟书散文妙语连珠，涉笔成趣，启人心智，令人玩味。阅读课文，积累经典语录。

2. 结合下面两段文字，联系现实，举例说明你对快乐的理解。

要求：观点明确，事例典型，有说服力。

（1）快乐在人生里，好比引诱小孩子吃药的方糖，更像跑狗场里引诱狗赛跑的电兔子。几分钟或者几天的快乐赚我们活了一世，忍受着许多痛苦。我们希望它来，希望它留，希望它再来——这三句话概括了整个人类努力的历史。在我们追求和等候的时候，生命又不知不觉地偷度过去。也许我们只是时间消费的筹码，活了一世不过是为那一世的岁月充当殉葬品，根本不会享到快乐。但是——我们到死也不明白是上了当，我们还理想死后有个天堂，在那里——谢上帝，也有这一天！我们终于享受到永远的快乐。你看，快乐的引诱，不仅像电兔子和方糖，使我们忍受了人生，而且仿佛钓钩上的鱼饵，竟使我们甘心去死。这样说来，人生虽然痛苦，却并不悲观，因为它终抱着快乐的希望；现在的账，我们预支了将来去付。为了快活，我们甚至于愿意慢死。

（2）穆勒曾把"痛苦的苏格拉底"和"快乐的猪"比较。假使猪真知道快活，那么猪和苏格拉底也相去无几了。猪是否能快乐得像人，我们不知道；但是人会容易满足得像猪，我们是常看见的。把快乐分肉体的和精神的两种，这是最糊涂的分析。一切快乐的享受都属于精神的，尽管快乐的原因是肉体上的物质刺激。

（吕迪）

任务十

论毅力

梁启超

【题解】

梁启超（1873—1929），广东新会（今广东江门）人，字卓如，号任公，又号饮冰室主人。清朝光绪年间举人，中国近代资产阶级启蒙思想家、改良派政论家、教育家、史学家、文学家。戊戌变法领袖之一，中国近代维新派、新法家代表人物。曾倡导文学改良的"小说界革命"和"诗界革命"，开白话文风气之先。在文学理论上引进了西方文化及文学新观念，首倡近代各种文体的革新。

梁启超于学术研究涉猎广泛，在哲学、文学、史学、经学、法学、伦理学、宗教学等领域，均有建树。在散文、诗歌、小说、戏曲及翻译文学方面均有一定成就，尤以散文影响最大。特别是早期散文，直抒胸臆，热情奔放，流利畅达，自成一体。梁启超的文章风格，世称"新文体"，是五四以前最受欢迎、模仿者最多的文体。遗著《饮冰室合集》计149卷。本篇节选自《饮冰室合集》中的《专集·新民说》第十五节。

天下古今成败之林，若是其莽然不一途也①。要其何以成②？何以败？曰："有毅力者成，反是者败。"

盖人生历程，大抵逆境居十六七，顺境亦居十三四。而顺逆两境，又常相间以迭乘③。无论事之大小，必有数次乃至十数次之阻力，其阻力虽或大或小，而要之必无可逃避者也④。其在志力薄弱之士，始固曰吾欲云云⑤。吾欲云云，其意以为天下事固易易也，及骤尝焉而阻力猝来，颓然丧矣⑥；其次弱者，乘一时之意气，透

---

① 莽然：广大众多的样子。此句意为古往今来，成功和失败的事例很多，但途径各不相同，且纷纭复杂。
② 要：推究。何以：为什么。
③ 大抵：大概，大致。十六七：十之六七。相间：互相穿插在中间。迭乘：交替地呈现。此句意为顺境和逆境是相互间隔着轮流来到。
④ 要之：总之。
⑤ 固：一定，肯定。吾欲云云：我想要怎样怎样，此处强调只是主观想法。
⑥ 固易易：以为天下事本来很容易很容易。固，本来。及：等到。骤：很快地。猝（cù）：突然。

过此第一关,遇再挫而退;稍强者遇三四挫而退;更稍强者,遇五六挫而退。其事愈大者,其遇挫愈多,其不退也愈难。非至强之人,未有能善于其终者也。

夫苟其挫而不退矣,则小逆之后,必有小顺;大逆之后,必有大顺。盘根错节之既经,而遂有应刃而解之一日①。旁观者徒艳羡其功之成,以为是殆幸运儿,而天有以宠彼也②;又以为我蹇于遭逢,故所就不彼若也③。庸讵知所谓蹇焉、幸焉者,彼皆与我之相同,而其能征服此蹇焉,利用此幸焉与否,即彼成我败所由判也④。更譬诸操舟,如以兼旬之期行千里之地者,其间风潮之或顺或逆,常相参伍⑤。彼以坚苦忍耐之力,冒其逆而突过之,而后得从容以进度其顺。我则或一日而返焉,或二三日而返焉,或五六日而返焉,故彼岸终不可得达也。

孔子曰:"譬如为山,未成一篑,止,吾止也;譬如平地,虽覆一篑,进,吾往也。"⑥孟子曰:"有为者,譬若掘井,掘井九仞而不及泉,犹为弃井也。"⑦成败之数,视此而已⑧。

【导读】

本文是一篇议论文,写于1902年,即戊戌变法后的第四年。变法失败以后,志士同仁损失惨重,环境险恶,在这种情况下,梁启超为勉励处于逆境中的有志于天下事者,不要被失败吓倒,不要被暂时的逆境所困扰,要坚持不懈,继续前进而写下这篇文章。

文章开篇从"天下""古今"起笔,落笔"成败"二字,由正反对举设问直截了当提出本文中心论点"有毅力者成,反是者败"。观点鲜明,语言精警有力。中间两段围绕中心论点分两层论证毅力的重要。逐层推进,论证严密。最后一段引用孔子、孟子名言,进一步说明做事不能中途而废,必须坚持到底,以说明毅力的重要。结句"成败之数,视此而已",回应开头,干净利落。

全文自始至终运用了正反对举的论证方法,说理透彻,令人信服。第一段的中心论点"有毅力者成,反是者败",一正一反,正反对举统领全文。第二段从人生"逆境"与"顺境"相间以迭的一般规律入手,说明要克服逆境,非有毅力不可。并正反对举"至强之人"与"志力薄弱之士""次弱者""稍强者""更稍强者"五种不同类型的人以及他们对待阻力、逆境的不同表现和结果,阐明毅力的重要。第三段

---

① 盘根错节:树根盘结,枝节交错,比喻情况复杂。应刃而解:即迎刃而解,比喻事情进展非常顺利。

② 艳羡:非常羡慕。殆:大概,恐怕。有以:有原因,有理由。

③ 蹇(jiǎn):跛足,引申为艰难、不顺利。遭逢:遭遇。

④ 庸讵(jù):岂,怎么。判:分开,区别。

⑤ 参伍:交相错杂。

⑥ 篑(kuì):盛土的竹筐。平:填平。语出《论语·子罕》。

⑦ 仞(rèn):古代长度单位。周制以八尺为一仞,汉制以七尺为一仞。弃井:废井。语出《孟子·尽心上》。

⑧ 数:天数,此处含有规律的意思。

从挫而不退说起，辩证地阐明逆与顺的关系。用"成功者"与"旁观者"、"塞"与"幸"、操舟者的"彼"与"我"等的对比，无不得出"毅力"是成功的关键。

本文思路清晰，逻辑性强。语言浅近流畅，充满感情。比喻、层递等修饰手法的运用也增强了文章的说服力和感染力。

【训练】

一、单项训练

1. 结合课文，解释加点词语的含义。
（1）要其何以成？何以败？
（2）而顺逆两境，又常相间以迭乘
（3）吾欲云云，其意以为天下事固易易也
（4）庸讵知所谓塞焉、幸焉者
2. 翻译下列句子并简要谈谈你的理解。
（1）天下古今成败之林，若是其荦然不一途也。
（2）孔子曰："譬如为山，未成一篑，止，吾止也；譬如平地，虽覆一篑，进，吾往也。"
（3）孟子曰："有为者，譬若掘井，掘井九仞而不及泉，犹为弃井也。"

二、综合训练

1. 分组漫谈读课文的感受，收集各组讨论意见。
2. 小组合作探究，完成以下任务。
（1）指出本文的中心论点并画出全文论证结构图。
（2）本文主要运用了正反对举的说理方法，请具体说明。
（3）举例说明文中比喻的作用和意义。

三、拓展训练

1. 梁启超的"新文体"重在觉民，他曾经评价自己的文章"笔锋常带感情"。课后诵读梁启超的《少年中国说》，感受梁启超文章激情澎湃、醍醐灌顶的魅力。
2. 王国维曾说过："古今之成大事业、大学问者，必经过三种之境界：'昨夜西风凋碧树。独上高楼，望尽天涯路。'此第一境也。'衣带渐宽终不悔，为伊消得人憔悴。'此第二境也。'众里寻他千百度，蓦然回首，那人却在灯火阑珊处。'此第三境也。"三重境界形象道出了人生奋斗的三个阶段。

结合课文，请你谈谈对三境界的理解，要求表意清楚，语句通顺。

（吕迪）

任务十一

星星之火，可以燎原①

毛泽东

 【题解】

毛泽东（1893—1976），字润之（原作咏芝，后改润芝），笔名子任。湖南湘潭人。伟大的马克思主义者，伟大的无产阶级革命家、战略家、理论家，是马克思主义中国化的伟大开拓者，中国共产党、中国人民解放军和中华人民共和国的主要缔造者和领导人。他对马克思列宁主义的发展、军事理论的贡献以及对共产党的理论贡献被称为毛泽东思想。

在对于时局的估量和伴随而来的我们的行动问题上，我们党内有一部分同志还缺少正确的认识。他们虽然相信革命高潮不可避免地要到来，却不相信革命高潮有迅速到来的可能。因此他们不赞成争取江西的计划，而只赞成在福建、广东、江西之间的三个边界区域的流动游击，同时也没有在游击区域建立红色政权的深刻的观念，因此也就没有用这种红色政权的巩固和扩大去促进全国革命高潮的深刻的观念。他们似乎认为在距离革命高潮尚远的时期做这种建立政权的艰苦工作为徒劳，而希望用比较轻便的流动游击方式去扩大政治影响，等到全国各地争取群众的工作做好了，或做到某个地步了，然后再来一个全国武装起义，那时把红军的力量加上去，就成为全国范围的大革命。他们这种全国范围的、包括一切地方的、先争取群众后建立政权的理论，是于中国革命的实情不适合的。他们的这种理论的来源，主要是没有把中国是一个许多帝国主义国家互相争夺的半殖民地这件事认清楚。如果认清了中国是一个许多帝国主义国家互相争夺的半殖民地，则一，就会明白全世界何以只有中国有这种统治阶级内部互相长期混战的怪事，而且何以混战一天激烈一天，一天扩大一天，何以始终不能有一个统一的政权。二，就会明白农民问题的严重性，因之，也就会明白农村起义何以有现在这样的全国规模的发展。三，就会明白工农民主政权这个口号的正确。四，就会明白相应于全世界只有中国有统治阶级内部长

---

① 《星星之火，可以燎原》是毛泽东在1930年给林彪的一封信，是为答复林彪散发的一封对红军前途究竟应该如何估计的征求意见的信。毛泽东在这封信中批评了当时林彪以及党内一些同志对时局估量的一种悲观思想。1948年林彪向中央提出，希望公开刊行这封信时不要提他的姓名。毛泽东同意了这个意见。在收入《毛泽东选集》第一版的时候，这封信改题为《星星之火，可以燎原》，指名批评林彪的地方作了删改。

期混战的一件怪事而产生出来的另一件怪事,即红军和游击队的存在和发展,以及伴随着红军和游击队而来的,成长于四围白色政权中的小块红色区域的存在和发展(中国以外无此怪事)。五,也就会明白红军、游击队和红色区域的建立和发展,是半殖民地中国在无产阶级领导之下的农民斗争的最高形式,和半殖民地农民斗争发展的必然结果;并且无疑义地是促进全国革命高潮的最重要因素。六,也就会明白单纯的流动游击政策,不能完成促进全国革命高潮的任务,而朱德毛泽东式、方志敏①式之有根据地的,有计划地建设政权的,深入土地革命的,扩大人民武装的路线是经由乡赤卫队、区赤卫大队、县赤卫总队②、地方红军直至正规红军这样一套办法的,政权发展是波浪式地向前扩大的,等等的政策,无疑义地是正确的。必须这样,才能树立全国革命群众的信仰,如苏联之于全世界然。必须这样,才能给反动统治阶级以甚大的困难,动摇其基础而促进其内部的分解。也必须这样,才能真正地创造红军,成为将来大革命的主要工具。总而言之,必须这样,才能促进革命的高潮。

　　犯着革命急性病的同志们不切当地看大了革命的主观力量③,而看小了反革命力量。这种估量,多半是从主观主义出发。其结果,无疑地是要走上盲动主义的道路。另一方面,如果把革命的主观力量看小了,把反革命力量看大了,这也是一种不切当的估量,又必然要产生另一方面的坏结果。因此,在判断中国政治形势的时候,需要认识下面的这些要点:

　　(一) 现在中国革命的主观力量虽然弱,但是立足于中国落后的脆弱的社会经济组织之上的反动统治阶级的一切组织(政权、武装、党派等)也是弱的。这样就可以解释现在西欧各国的革命的主观力量虽然比现在中国的革命的主观力量也许要强些,但因为它们的反动统治阶级的力量比中国的反动统治阶级的力量更要强大许多倍,所以仍然不能即时爆发革命。现时中国革命的主观力量虽然弱,但是因为反革命力量也是相对地弱的,所以中国革命的走向高潮,一定会比西欧快。

　　(二) 一九二七年革命失败以后,革命的主观力量确实大为削弱了。剩下的一点小小的力量,若仅依据某些现象来看,自然要使同志们(作这样看法的同志们)发生悲观的念头。但若从实质上看,便大大不然。这里用得着中国的一句老话:"星星之火,可以燎原。"这就是说,现在虽只有一点小小的力量,但是它的发展会是很快的。它在中国的环境里不仅是具备了发展的可能性,简直是具备了发展的必然性,

---

　　① 方志敏(1899—1935),江西弋阳人,赣东北革命根据地和红军第十军的主要创建人。1922年加入中国社会主义青年团,1924年加入中国共产党,曾被增补为中国共产党第六届中央委员会委员。1928年1月,在江西的弋阳、横峰一带发动农民举行武装起义。1928年至1933年,领导起义的农民坚持游击战争,实行土地革命,建立红色政权,逐步地将农村革命根据地扩大到江西东北部和福建北部、安徽南部、浙江西部,将地方游击队发展为正规红军。1934年11月,带领红军第十军团向皖南进军,继续执行抗日先遣队北上的任务。1935年1月,在同国民党军队作战中被捕。同年8月,在南昌英勇牺牲。
　　② 赤卫队是革命根据地中群众的武装组织,不脱离生产。
　　③ 这里所说的"革命的主观力量",是指有组织的革命力量。

这在五卅运动①及其以后的大革命运动已经得了充分的证明。我们看事情必须要看它的实质,而把它的现象只看作入门的向导,一进了门就要抓住它的实质,这才是可靠的科学的分析方法。

(三)对反革命力量的估量也是这样,决不可只看它的现象,要去看它的实质。当湘赣边界割据的初期,有些同志真正相信了当时湖南省委的不正确的估量,把阶级敌人看得一钱不值;到现在还传为笑谈的所谓"十分动摇"、"恐慌万状"两句话,就是那时(一九二八年五月至六月)湖南省委估量湖南的统治者鲁涤平②的形容词。在这种估量之下,就必然要产生政治上的盲动主义。但是到了同年十一月至去年二月(蒋桂战争③尚未爆发之前)约四个月期间内,敌人的第三次"会剿"④临到了井冈山的时候,一部分同志又有"红旗到底打得多久"的疑问提出来了。其实,那时英、美、日在中国的斗争已到十分露骨的地步,蒋桂冯混战的形势业已形成,实质上是反革命潮流开始下落,革命潮流开始复兴的时候。但是在那个时候,不但红军和地方党内有一种悲观的思想,就是中央那时也不免为那种表面上的情况所迷惑,而发生了悲观的论调。中央二月来信⑤就是代表那时候党内悲观分析的证据。

(四)现时的客观情况,还是容易给只观察当前表面现象不观察实质的同志们以迷惑。特别是我们在红军中工作的人,一遇到败仗,或四面被围,或强敌跟追的时候,往往不自觉地把这种一时的特殊的小的环境,一般化扩大化起来,仿佛全国全世界的形势概属未可乐观,革命胜利的前途未免渺茫得很。所以有这种抓住表面抛弃实质的观察,是因为他们对于一般情况的实质并没有科学地加以分析。如问中国革命高潮是否快要到来,只有详细地去察看引起革命高潮的各种矛盾是否真正向前发展了,才能作决定。既然国际上帝国主义相互之间、帝国主义和殖民地之间、帝国主义和它们本国的无产阶级之间的矛盾是发展了,帝国主义争夺中国的需要就更迫切了。帝国主义争夺中国一迫切,帝国主义和整个中国的矛盾,帝国主义者相互间的矛盾,就同时在中国境内发展起来,因此就造成中国各派反动统治者之间的一天天扩大、一天天激烈的混战,中国各派反动统治者之间的矛盾,就日益发展起来。伴随各派反动统治者之间的矛盾——军阀混战而来的,是赋税的加重,这样就会促

---

① 指1925年5月30日爆发的反帝爱国运动。
② 鲁涤平(1887—1935),湖南宁乡人。1928年时任国民党湖南省政府主席。
③ 指1929年三四月间蒋介石和广西军阀李宗仁、白崇禧之间的战争。
④ 1928年7月至11月,江西、湖南两省的国民党军队两次"会剿"井冈山革命根据地失败后,又于同年底至1929年初调集湖南、江西两省共六个旅的兵力,对井冈山革命根据地发动第三次"会剿"。毛泽东等周密地研究了粉碎敌人"会剿"的计划,决定红军第四军主力转入外线打击敌人,以红四军的一部配合红五军留守井冈山。经过内外线的艰苦转战,红军开辟了赣南、闽西革命根据地,曾经被敌人一度侵占的井冈山革命根据地也得到了恢复和发展。
⑤ 指中共中央1929年2月7日给红军第四军前敌委员会的信。本文中引录的1929年4月5日红军第四军前敌委员会给中央的信上,曾大略地摘出该信的内容,主要是关于当时形势的估计和红军的行动策略问题。中央的这封信所提出的意见是不适当的,所以前委在给中央的信中提出了不同的意见。

令广大的负担赋税者和反动统治者之间的矛盾日益发展。伴随着帝国主义和中国民族工业的矛盾而来的，是中国民族工业得不到帝国主义的让步的事实，这就发展了中国资产阶级和中国工人阶级之间的矛盾，中国资本家从拚命压榨工人找出路，中国工人则给以抵抗。伴随着帝国主义的商品侵略、中国商业资本的剥蚀和政府的赋税加重等项情况，便使地主阶级和农民的矛盾更加深刻化，即地租和高利贷的剥削更加重了，农民则更加仇恨地主。因为外货的压迫、广大工农群众购买力的枯竭和政府赋税的加重，使得国货商人和独立生产者日益走上破产的道路。因为反动政府在粮饷不足的条件之下无限制地增加军队，并因此而使战争一天多于一天，使得士兵群众经常处在困苦的环境之中。因为国家的赋税加重，地主的租息加重和战祸的日广一日，造成了普遍于全国的灾荒和匪祸，使得广大的农民和城市贫民走上求生不得的道路。因为无钱开学，许多在学学生有失学之忧；因为生产落后，许多毕业学生无就业之望。如果我们认识了以上这些矛盾，就知道中国是处在怎样一种皇皇不可终日的局面之下，处在怎样一种混乱状态之下。就知道反帝反军阀反地主的革命高潮，是怎样不可避免，而且是很快会要到来。中国是全国都布满了干柴，很快就会燃成烈火。"星火燎原"的话，正是时局发展的适当的描写。只要看一看许多地方工人罢工、农民暴动、士兵哗变、学生罢课的发展，就知道这个"星星之火"，距"燎原"的时期，毫无疑义地是不远了。

上面的话的大意，在去年四月五日前委给中央的信中，就已经有了。那封信上说：

"中央此信（去年二月七日）对客观形势和主观力量的估量，都太悲观了。国民党三次'进剿'井冈山①，表示了反革命的最高潮。然至此为止，往后便是反革命潮流逐渐低落，革命潮流逐渐升涨。党的战斗力组织力虽然弱到如中央所云，但在反革命潮流逐渐低落的形势之下，恢复一定很快，党内干部分子的消极态度也会迅速消灭。群众是一定归向我们的。屠杀主义②固然是为渊驱鱼，改良主义也再不能号召群众了。群众对国民党的幻想一定很快地消灭。在将来的形势之下，什么党派都是不能和共产党争群众的。党的六次大会③所指示的政治路线和组织路线是对的：革命的现时

---

① 这里是指湖南、江西两省国民党军队对井冈山革命根据地的第三次"会剿"。
② 指反革命势力对付人民的革命力量采用血腥屠杀的手段。
③ 中国共产党第六次全国代表大会于1928年6月18日至7月11日在莫斯科举行。会上，瞿秋白作了《中国革命与共产党》的报告，周恩来作了组织问题和军事问题的报告，刘伯承作了军事问题的补充报告。会议通过了政治、苏维埃政权组织、土地、农民等问题决议案和军事工作草案。这次大会肯定了中国社会仍旧是半殖民地半封建社会，中国当时的革命依然是资产阶级民主革命，指出了当时的政治形势是在两个高潮之间和革命发展是不平衡的，党在当时的总任务不是进攻，而是争取群众。会议在批判右倾机会主义的同时，特别指出了当时党内最主要的危险倾向是脱离群众的盲动主义、军事冒险主义和命令主义。这次大会的主要方面是正确的，但也有缺点和错误。它对于中间阶级的两面性和反动势力的内部矛盾缺乏正确的估计和适当的政策；对于大革命失败后党所需要的策略上的有秩序的退却，对于农村根据地的重要性和民主革命的长期性，也缺乏必要的认识。

阶段是民权主义而不是社会主义，党（按：应加'在大城市中'五个字）的目前任务是争取群众而不是马上举行暴动。但是革命的发展将是很快的，武装暴动的宣传和准备应该采取积极的态度。在大混乱的现局之下，只有积极的口号积极的态度才能领导群众。党的战斗力的恢复也一定要在这种积极态度之下才有可能。……无产阶级领导是革命胜利的唯一关键。党的无产阶级基础的建立，中心区域产业支部的创造，是目前党在组织方面的重要任务；但是在同时，农村斗争的发展，小区域红色政权的建立，红军的创造和扩大，尤其是帮助城市斗争、促进革命潮流高涨的主要条件。所以，抛弃城市斗争，是错误的；但是畏惧农民势力的发展，以为将超过工人的势力而不利于革命，如果党员中有这种意见，我们以为也是错误的。因为半殖民地中国的革命，只有农民斗争得不到工人的领导而失败，没有农民斗争的发展超过工人的势力而不利于革命本身的。"

这封信对红军的行动策略问题有如下答复：

"中央要我们将队伍分得很小，散向农村中，朱、毛离开队伍，隐匿大的目标，目的在于保存红军和发动群众。这是一种不切实际的想法。以连或营为单位，单独行动，分散在农村中，用游击的战术发动群众，避免目标，我们从一九二七年冬天就计划过，而且多次实行过，但是都失败了。因为：（一）主力红军多不是本地人，和地方赤卫队来历不同。（二）分小则领导不健全，恶劣环境应付不来，容易失败。（三）容易被敌人各个击破。（四）愈是恶劣环境，队伍愈须集中，领导者愈须坚决奋斗，方能团结内部，应付敌人。只有在好的环境里才好分兵游击，领导者也不如在恶劣环境时的刻不能离。"

这一段话的缺点是：所举不能分兵的理由，都是消极的，这是很不够的。兵力集中的积极的理由是：集中了才能消灭大一点的敌人，才能占领城镇。消灭了大一点的敌人，占领了城镇，才能发动大范围的群众，建立几个县联在一块的政权。这样才能耸动远近的视听（所谓扩大政治影响），才能于促进革命高潮发生实际的效力。例如我们前年干的湘赣边界政权，去年干的闽西政权①，都是这种兵力集中政策的结果。这是一般的原则。至于说到也有分兵的时候没有呢？也是有的。前委给中央的信上说了红军的游击战术，那里面包括了近距离的分兵：

"我们三年来从斗争中所得的战术，真是和古今中外的战术都不同。用我们的战术，群众斗争的发动是一天比一天扩大的，任何强大的敌人是奈何我们不得的。我们的战术就是游击的战术。大要说来是：'分兵以发动群众，集中以应付敌人。''敌进我退，敌驻我扰，敌疲我打，敌退我追。'

---

① 指福建西部长汀、龙岩、永定、上杭等县的工农民主政权，它是红军第四军主力1929年离开井冈山进入福建时新开辟的革命根据地。

'固定区域的割据①，用波浪式的推进政策。强敌跟追，用盘旋式的打圈子政策。''很短的时间，很好的方法，发动很大的群众。'这种战术正如打网，要随时打开，又要随时收拢。打开以争取群众，收拢以应付敌人。三年以来，都是用的这种战术。"

这里所谓"打开"，就是指近距离的分兵。例如湘赣边界第一次打下永新时，二十九团和三十一团在永新境内的分兵。又如第三次打下永新时，二十八团往安福边境，二十九团往莲花，三十一团往吉安边界的分兵。又如去年四月至五月在赣南各县的分兵，七月在闽西各县的分兵。至于远距离的分兵，则要在好一点的环境和在比较健全的领导机关两个条件之下才有可能。因为分兵的目的，是为了更能争取群众，更能深入土地革命和建立政权，更能扩大红军和地方武装。若不能达到这些目的，或者反因分兵而遭受失败，削弱了红军的力量，例如前年八月湘赣边界分兵打郴州那样，则不如不分为好。如果具备了上述两个条件，那就无疑地应该分兵，因为在这两个条件下，分散比集中更有利。

中央二月来信的精神是不好的，这封信给了四军党内一部分同志以不良影响。中央那时还有一个通告，谓蒋桂战争不一定会爆发。但从此以后，中央的估量和指示，大体上说来就都是对的了。对于那个估量不适当的通告，中央已发了一个通告去更正。对于红军的这一封信，虽然没有更正，但是后来的指示，就没有那些悲观的论调了，对红军行动的主张也和我们的主张一致了。但是中央那个信给一部分同志的不良影响是仍然存在的。因此，我觉得就在现时仍有对此问题加以解释的必要。

关于一年争取江西的计划，也是去年四月前委向中央提出的，后来又在于都有一次决定。当时指出的理由，见之于给中央信上的，如下：

"蒋桂部队在九江一带彼此逼近，大战爆发即在眼前。群众斗争的恢复，加上反动统治内部矛盾的扩大，使革命高潮可能快要到来。在这种局面之下来布置工作，我们觉得南方数省中广东湖南两省买办地主的军力太大，湖南则更因党的盲动主义的错误，党内党外群众几乎尽失。闽赣浙三省则另成一种形势。第一，三省敌人军力最弱。浙江只有蒋伯诚②的少数省防军。福建五部虽有十四团，但郭③旅已被击破；陈卢④两部均土匪军，战斗力甚低；陆战队两旅在沿海从前并未打过仗，战斗力必不大；只有张贞⑤比较能打，但据福建省委分析，张亦只有两个团战力较强。且福建现

---
① "固定区域的割据"指工农红军建立比较巩固的革命根据地。
② 蒋伯诚，当时任国民党浙江省防军司令。
③ 郭，指国民党福建省防军暂编第二混成旅旅长郭凤鸣。
④ 陈卢，指福建的著匪陈国辉和卢兴邦，他们的部队在1926年被国民党政府收编。
⑤ 张贞，当时任国民党军暂编第一师师长。

在完全是混乱状态,不统一。江西朱培德①、熊式辉②两部共有十六团,比闽浙军力为强,然比起湖南来就差得多。第二,三省的盲动主义错误比较少。除浙江情况我们不大明了外,江西福建两省党和群众的基础,都比湖南好些。以江西论,赣北之德安、修水、铜鼓尚有相当基础;赣西宁冈、永新、莲花、遂川,党和赤卫队的势力是依然存在的;赣南的希望更大,吉安、永丰、兴国等县的红军第二第四团有日益发展之势;方志敏的红军并未消灭。这样就造成了向南昌包围的形势。我们建议中央,在国民党军阀长期战争期间,我们要和蒋桂两派争取江西,同时兼及闽西、浙西。在三省扩大红军的数量,造成群众的割据,以一年为期完成此计划。"

上面争取江西的话,不对的是规定一年为期。至于争取江西,除开江西的本身条件之外,还包含有全国革命高潮快要到来的条件。因为如果不相信革命高潮快要到来,便决不能得到一年争取江西的结论。那个建议的缺点就是不该规定为一年,因此,影响到革命高潮快要到来的所谓"快要",也不免伴上了一些急躁性。至于江西的主观客观条件是很值得注意的。除主观条件如给中央信上所说外,客观条件现在可以明白指出的有三点:一是江西的经济主要是封建的经济,商业资产阶级势力较小,而地主的武装在南方各省中又比哪一省都弱。二是江西没有本省的军队,向来都是外省军队来此驻防。外来军队"剿共""剿匪",情形不熟,又远非本省军队那样关系切身,往往不很热心。三是距离帝国主义的影响比较远一点,不比广东接近香港,差不多什么都受英国的支配。我们懂得了这三点,就可以解释为什么江西的农村起义比哪一省都要普遍,红军游击队比哪一省都要多了。

所谓革命高潮快要到来的"快要"二字作何解释,这点是许多同志的共同的问题。马克思主义者不是算命先生,未来的发展和变化,只应该也只能说出个大的方向,不应该也不可能机械地规定时日。但我所说的中国革命高潮快要到来,决不是如有些人所谓"有到来之可能"那样完全没有行动意义的、可望而不可即的一种空的东西。它是站在海岸遥望海中已经看得见桅杆尖头了的一只航船,它是立于高山之巅远看东方已见光芒四射喷薄欲出的一轮朝日,它是躁动于母腹中的快要成熟了的一个婴儿。

【导读】

1927年大革命失败以后,党的工作重点由城市转入农村,国民革命暂时进入低潮,毛泽东领导建立了第一个农村革命根据地——井冈山根据地。《星星之火,可以燎原》这篇文章是针对当时红四军内部弥漫的悲观情绪进行的一次系统的批评。在这篇文章的引导下,中国共产党逐渐摆脱了消极懈怠的心理因素,为实现新民主主义革命的胜利奠定了基础。

---

① 朱培德(1889—1937),云南盐兴(今禄丰县)人。当时任国民党江西省政府主席。
② 熊式辉(1893—1974),江西安义人。当时任国民党江西省政府委员、第五师师长。

毛泽东在这篇文章中进一步阐述了农村包围城市、武装夺取政权理论。只有认清了中国是一个半殖民地半封建的国家，才能明白农民在中国革命中的重要性，才会认识到中国只有走农村包围城市的道路才会取得最终的胜利。

全文逻辑严密，层次清晰，毛泽东在批评的过程中，注重以理服人，虽毫不留情，但用词却非常委婉，对事不对人，使之更容易被读者所接受，不易激起反感。比喻、排比、层递等多种修辞手法的运用使得文章形象生动，表现力十足。

【训练】

一、单项训练

1. 本文所要表达的中心思想是什么？
2. 对于当时的革命形势，作者提出了什么样的理论观点？

二、综合训练

1. 本文的遣词造句非常考究且逻辑感极强，请结合课文内容，尝试分析作者说话的艺术。
2. 以小组形式研读课文内容，讨论回答下列问题。
   (1) 如何理解课文题目"星星之火，可以燎原"？
   (2) 当时红四军内部弥漫的悲观情绪的原因是什么？
   (3) 作者为何依然能保持革命的乐观主义精神？
   (4) 为什么作者始终认定"革命高潮快要到来"？
3. "它是站在海岸遥望海中已经看得见桅杆尖头了的一只航船，它是立于高山之巅远看东方已见光芒四射喷薄欲出的一轮朝日，它是躁动于母腹中的快要成熟了的一个婴儿。"这段话在文中起到了什么作用？表达了作者什么样的情感？

三、拓展训练

学完了这篇课文，你获得了什么样的启示？请结合自身经历和感悟写一段话。

要求：500字左右，观点鲜明，条理清楚。

（张宇宁）

任务十二

我与地坛（节选）[①]

史铁生

【题解】

史铁生（1951—2010），当代作家。1951年生于北京，1967年从清华大学附属中学初中毕业，1969年赴延安插队。三年后，也就是在他21岁的时候，因病造成双腿瘫痪，返回北京，病后致力于文学创作。他创作的作品一部分是对他知青生活的回忆和反思，另一部分比较突出地表现出对残疾人命运的关注，反映了他对社会与人生某些带有哲理性的思考，语言质朴，具有很强的表现力。1979年发表第一篇小说《法学教授及其夫人》。他的主要作品有《我的遥远的清平湾》《奶奶的星星》《老屋小记》《务虚笔记》等，散文创作有《合欢树》《我与地坛》等。

一

我在好几篇小说中都提到过一座废弃的古园，实际上就是地坛[②]。许多年前旅游业还没有开展，园子荒芜冷落得如同一片野地，很少被人记起。

地坛离我家很近。或者说我家离地坛很近。总之，只好认为这是缘分。地坛在我出生前四百多年就坐落在那儿了，而自从我的祖母年轻时带着我父亲来到北京，就一直住在离它不远的地方——五十多年间搬过几次家，可搬来搬去总是在它周围，而且是越搬离它越近了。我常觉得这中间有着宿命的味道：仿佛这古园就是为了等我，而历尽沧桑在那儿等待了四百多年。

它等待我出生，然后又等待我活到最狂妄的年龄上忽地残废了双腿。四百多年里，它一面剥蚀[③]了古殿檐头浮夸的琉璃，淡褪了门壁上炫耀的朱红，坍圮[④]了一段段高墙又散落了玉砌雕栏，祭坛四周的老柏树愈见苍幽，到处的野草荒藤也都茂盛

[①] 《我与地坛》原文共有七节，这里节选的是前三节。在《我与地坛》一文中，除了我们在节选为课文的部分里所见到的内容外，作者还写了古园中的见闻和所遇到的人与事，述说了自己的所思所想，而其中更多的还是抒发自己对命运的关注。

[②] 地坛：明清两朝帝王祭祀"皇地祇"神的场所。中国最大的祭地之坛，位于北京市东城区。

[③] 剥蚀：剥脱而逐渐损坏。

[④] 坍圮（tān pǐ）：崩塌，建筑物或堆起的东西倒塌，从基部崩坏。

得自在坦荡。这时候想必我是该来了。十五年前的一个下午，我摇着轮椅进入园中，它为一个失魂落魄的人把一切都准备好了。那时，太阳循着亘古不变的路途正越来越大，也越红。在满园弥漫的沉静光芒中，一个人更容易看到时间，并看见自己的身影。

自从那个下午我无意中进了这园子，就再没长久地离开过它。我一下子就理解了它的意图。正如我在一篇小说中所说的："在人口密聚的城市里，有这样一个宁静的去处，像是上帝的苦心安排。"

两条腿残废后的最初几年，我找不到工作，找不到去路，忽然间几乎什么都找不到了，我就摇了轮椅总是到它那儿去，仅为着那儿是可以逃避一个世界的另一个世界。我在那篇小说中写道："没处可去我便一天到晚耗在这园子里。跟上班下班一样，别人去上班我就摇了轮椅到这儿来。""园子无人看管，上下班时间有些抄近路的人们从园中穿过，园子里活跃一阵，过后便沉寂下来。""园墙在金晃晃的空气中斜切下一溜阴凉，我把轮椅开进去，把椅背放倒，坐着或是躺着，看书或者想事，撅一枝树枝左右拍打，驱赶那些和我一样不明白为什么要来这世上的小昆虫。""蜂儿如一朵小雾稳稳地停在半空；蚂蚁摇头晃脑捋着触须，猛然间想透了什么，转身疾行而去；瓢虫爬得不耐烦了，累了，祈祷一回便支开翅膀，忽悠一下升空了；树干上留着一只蝉蜕，寂寞如一间空屋；露水在草叶上滚动，聚集，压弯了草叶轰然坠地摔开万道金光。""满园子都是草木竞相生长弄出的响动，窸窸窣窣①窸窸窣窣片刻不息。"这都是真实的记录，园子荒芜但并不衰败。

除去几座殿堂我无法进去，除去那座祭坛我不能上去而只能从各个角度张望它，地坛的每一棵树下我都去过，差不多它的每一米草地上都有过我的车轮印。无论是什么季节，什么天气，什么时间，我都在这园子里待过。有时候待一会儿就回家，有时候就待到满地上都亮起月光。记不清都是在它的哪些角落里了，我一连几小时专心致志地想关于死的事，也以同样的耐心和方式想过我为什么要出生。这样想了好几年，最后事情终于弄明白了：一个人，出生了，这就不再是一个可以辩论的问题，而只是上帝交给他的一个事实；上帝在交给我们这件事实的时候，已经顺便保证了它的结果，所以死是一件不必急于求成的事，死是一个必然会降临的节日。这样想过之后我安心多了，眼前的一切不再那么可怕。比如你起早熬夜准备考试的时候，忽然想起有一个长长的假期在前面等待你，你会不会觉得轻松一点儿？并且庆幸并且感激这样的安排？

剩下的就是怎样活的问题了。这却不是在某一个瞬间就能完全想透的，不是能够一次性解决的事，怕是活多久就要想它多久了，就像是伴你终生的魔鬼或恋人。所以，十五年了，我还是总得到那古园里去，去它的老树下或荒草边或颓墙旁，去默坐，去呆想，去推开耳边的嘈杂理一理纷乱的思绪，去窥看自己的心魂。十五年中，这古园的形体被不能理解它的人肆意雕琢，幸好有些东西是任谁也不能改变它的。譬如祭坛石门中的落日，寂静的光辉平铺的一刻，地上的每一个坎

---

① 窸窸窣窣（xī xī sū sū）：象声词，形容轻微细小的摩擦声音。

坷都被映照得灿烂;譬如在园中最为落寞的时间,一群雨燕便出来高歌,把天地都叫喊得苍凉;譬如冬天雪地上孩子的脚印,总让人猜想他们是谁,曾在哪儿做过些什么,然后又都到哪儿去了;譬如那些苍黑的古柏,你忧郁的时候它们镇静地站在那儿,你欣喜的时候它们依然镇静地站在那儿,它们没日没夜地站在那儿从你没有出生一直站到这个世界上又没了你的时候;譬如暴雨骤临园中,激起一阵阵灼烈而清纯的草木和泥土的气味,让人想起无数个夏天的事件;譬如秋风忽至,再有一场早霜,落叶或飘摇歌舞或坦然安卧,满园中播散着熨帖①而微苦的味道。味道是最说不清楚的,味道不能写只能闻,要你身临其境去闻才能明了。味道甚至是难于记忆的,只有你又闻到它你才能记起它的全部情感和意蕴。所以我常常要到那园子里去。

二

现在我才想到,当年我总是独自跑到地坛去,曾经给母亲出了一个怎样的难题。

她不是那种光会疼爱儿子而不懂得理解儿子的母亲。她知道我心里的苦闷,知道不该阻止我出去走走,知道我要是老待在家里结果会更糟,但她又担心我一个人在那荒僻的园子里整天都想些什么。我那时脾气坏到极点,经常是发了疯一样地离开家,从那园子里回来又中了魔似的什么话都不说。母亲知道有些事不宜问,便犹犹豫豫地想问而终于不敢问,因为她自己心里也没有答案。她料想我不会愿意她跟我一同去,所以她从未这样要求过,她知道得给我一点儿独处的时间,得有这样一段过程。她只是不知道这过程得要多久,和这过程的尽头究竟是什么。每次我要动身时,她便无言地帮我准备,帮助我上了轮椅车,看着我摇车拐出小院,这以后她会怎样,当年我不曾想过。

有一回我摇车出了小院,想起一件什么事又返身回来,看见母亲仍站在原地,还是送我走时的姿势,望着我拐出小院去的那处墙角,对我的回来竟一时没有反应。待她再次送我出门的时候,她说:"出去活动活动,去地坛看看书,我说这挺好。"许多年以后我才渐渐听出,母亲这话实际上是自我安慰,是暗自的祷告,是给我的提示,是恳求与嘱咐。只是在她猝然去世之后,我才有余暇设想。当我不在家里的那些漫长的时间,她是怎样心神不定坐卧难宁,兼着痛苦与惊恐与一个母亲最低限度的祈求。现在我可以断定,以她的聪慧和坚忍,在那些空落的白天后的黑夜,在那不眠的黑夜后的白天,她思来想去最后准是对自己说:"反正我不能不让他出去,未来的日子是他自己的,如果他真的在那园子里出了什么事,这苦难也只好我来承担。"在那段日子里——那是好几年长的一段日子呵,我想我一定使母亲做过最坏的准备了,但她从来没有对我说过:"你为我想想。"事实上我也真的没为她想过。那时她的儿子还太年轻,还来不及为母亲想,他被命运击昏了头,一心以为自己是世上最不幸的一个,不知道儿子的不幸在母亲那儿总是要加倍的。她有一个长到二十

---

① 熨帖(yù tiē):心无波澜,平静。

岁上忽然截瘫了的儿子，这是她唯一的儿子；她情愿截瘫的是自己而不是儿子，可这事无法代替；她想，只要儿子能活下去哪怕自己去死呢也行，可她又确信一个人不能仅仅是活着，儿子得有一条路走向自己的幸福；而这条路呢，没有谁能保证她的儿子最终能找到。——这样一个母亲，注定是活得最苦的母亲。

有一次与一个作家朋友聊天，我问他学写作的最初动机是什么？他想了一会儿说："为我母亲。为了让她骄傲。"我心里一惊，良久无言。回想自己最初写小说的动机，虽不似这位朋友的那般单纯，但如他一样的愿望我也有，且一经细想，发现这愿望也在全部动机中占了很大比重。这位朋友说："我的动机太低俗了吧？"我光是摇头，心想低俗并不见得低俗，只怕是这愿望过于天真了。他又说："我那时真就是想出名，出了名让别人羡慕我母亲。"我想，他比我坦率。我想，他又比我幸福，因为他的母亲还活着。而且我想，他的母亲也比我的母亲运气好，他的母亲没有一个双腿残废的儿子，否则事情就不这么简单。

在我的头一篇小说发表的时候，在我的小说第一次获奖的那些日子里，我真是多么希望我的母亲还活着。我便又不能在家里待了，又整天整天独自跑到地坛去，心里是没头没尾的沉郁和哀怨，走遍整个园子却怎么也想不通：母亲为什么就不能再多活两年？为什么在她儿子就快要碰撞开一条路的时候，她却忽然熬不住了？莫非她来此世上只是为了替儿子担忧，却不该分享我的一点点快乐？她匆匆离我去时才只有四十九岁呀！有那么一会儿，我甚至对世界对上帝充满了仇恨和厌恶。后来我在一篇题为《合欢树》的文章中写道："坐在小公园安静的树林里，我闭上眼睛，想：上帝为什么早早地召母亲回去呢？很久很久，迷迷糊糊地，我听见了回答：'她心里太苦了。上帝看她受不住了，就召她回去。'我似乎得到一点儿安慰，睁开眼睛，看见风正从树林里穿过。"小公园，指的也是地坛。

只是到了这时候，纷纭的往事才在我眼前幻现得清晰，母亲的苦难与伟大才在我心中渗透得深彻。上帝的考虑，也许是对的。

摇着轮椅在园中慢慢走，又是雾罩的清晨，又是骄阳高悬的白昼，我只想着一件事：母亲已经不在了。在老柏树旁停下，在草地上在颓墙边停下，又是处处虫鸣的午后，又是鸟儿归巢的傍晚，我心里只默念着一句话：可是母亲已经不在了。把椅背放倒，躺下，似睡非睡挨到日没，坐起来，心神恍惚，呆呆地直坐到古祭坛上落满黑暗然后再渐渐浮起月光，心里才有点儿明白，母亲不能再来这园中找我了。

曾有过好多回，我在这园子里待得太久了，母亲就来找我。她来找我又不想让我发觉，只要见我还好好地在这园子里，她就悄悄转身回去，我看见过几次她的背影。我也看见过几回她四处张望的情景，她视力不好，端着眼镜像在寻找海上的一条船，她没看见我时我已经看见她了，待我看见她也看见我了我就不去看她，过一会儿我再抬头看她就又看见她缓缓离去的背影。我单是无法知道有多少回她没有找到我。有一回我坐在矮树丛中，树丛很密，我看见她没有找到我；她一个人在园子里走，走过我的身旁，走过我经常待的一些地方，步履茫然又急迫。我不知道她已经找了多久还要找多久，我不知道为什么我决意不喊她——但这绝不是小时候的捉迷藏，这也许是出于长大了的男孩子的倔强或羞涩？但这倔强只留给我痛悔，丝毫也没有骄傲。我真想告诫所有长大了的男孩子，千万不要跟母亲来这套倔强，羞涩就更不必，我已经懂了可我已经来不及了。

儿子想使母亲骄傲，这心情毕竟是太真实了，以致使"想出名"这一声名狼藉①的念头也多少改变了一点儿形象。这是个复杂的问题，且不去管它了罢。随着小说获奖的激动逐日暗淡，我开始相信，至少有一点我是想错了：我用纸笔在报刊上碰撞开的一条路，并不就是母亲盼望我找到的那条路。年年月月我都到这园子里来，年年月月我都要想，母亲盼望我找到的那条路到底是什么。母亲生前没给我留下过什么隽永的哲言，或要我恪守的教诲，只是在她去世之后，她艰难的命运、坚忍的意志和毫不张扬的爱，随光阴流转，在我的印象中愈加鲜明深刻。

有一年，十月的风又翻动起安详的落叶，我在园中读书，听见两个散步的老人说："没想到这园子有这么大。"我放下书，想，这么大一座园子，要在其中找到她的儿子，母亲走过了多少焦灼的路。多年来我头一次意识到，这园中不单是处处都有过我的车辙，有过我的车辙的地方也都有过母亲的脚印。

三

如果以一天中的时间来对应四季，当然春天是早晨，夏天是中午，秋天是黄昏，冬天是夜晚。如果以乐器来对应四季，我想春天应该是小号，夏天是定音鼓，秋天是大提琴，冬天是圆号和长笛。要是以这园子里的声响来对应四季呢？那么，春天是祭坛上空漂浮着的鸽子的哨音，夏天是冗长的蝉歌和杨树叶子哗啦啦地对蝉歌的取笑，秋天是古殿檐头的风铃响，冬天是啄木鸟随意而空旷的啄木声。以园中的景物对应四季，春天是一径时而苍白时而黑润的小路，时而明朗时而阴晦的天上摇荡着串串杨花；夏天是一条条耀眼而灼人的石凳，或阴凉而爬满了青苔的石阶，阶下有果皮，阶上有半张被坐皱的报纸；秋天是一座青铜的大钟，在园子的西北角上曾丢弃着一座很大的铜钟，铜钟与这园子一般年纪，浑身挂满绿锈，文字已不清晰；冬天，是林中空地上几只羽毛蓬松的老麻雀。以心绪对应四季？春天是卧病的季节，否则人们不易发觉春天的残忍与渴望；夏天，情人们应该在这个季节里失恋，不然就似乎对不起爱情；秋天是从外面买一棵盆花回家的时候，把花搁在阔别了的家中，并且打开窗户把阳光也放进屋里，慢慢回忆慢慢整理一些发过霉的东西；冬天伴着火炉和书，一遍遍坚定不死的决心，写一些并不发出的信。还可以用艺术形式对应四季，这样春天就是一幅画，夏天是一部长篇小说，秋天是一首短歌或诗，冬天是一群雕塑。以梦呢？以梦对应四季呢？春天是树尖上的呼喊，夏天是呼喊中的细雨，秋天是细雨中的土地，冬天是干净的土地上的一只孤零的烟斗。

因为这园子，我常感恩于自己的命运。

我甚至现在就能清楚地看见，一旦有一天我不得不长久地离开它，我会怎样想念它，我会怎样想念它并且梦见它，我会怎样因为不敢想念它而梦也梦不到它。

---

① 声名狼藉（jí）：名誉、名声败坏到了极点。

【导读】

　　本文是一篇记事散文。文章描述了"我"双腿残疾以后与地坛结下的不解之缘，述说了母亲对"我"无限的爱，抒写了自己对自身经历和人生宿命的种种感受，渗透着只有在特定遭遇、环境下反复思索，才能领略到的对自然、对人生、对母爱的真切体验和思考，表现出"我"在苦痛与焦灼中挣扎、奋发的坚韧性格与顽强意志。

　　整篇文章分为三个部分。第一部分是写"我"与地坛的关系。记叙"我"在双腿残废后十五年来自己与古园的缘分，写到自己在这里的思考以及从思考中得到的对生命的感悟。第二部分是写"我"对母亲的追思，对崇高母爱的理解。"我"爱地坛，更深爱着自己的母亲，尤其是在体会到母亲的痛苦与无尽的关爱以后，表达了"我"对母亲的无限痛悔、思念之情。第三部分则用多种事物比喻四季，象征"我"对自身经历的酸甜苦辣和人生命运复杂多变的种种感受。

　　作者以三种方式来表现母爱。一是行为描写。例如，写母亲无声的行动，每次"我"要动身时，她便无言地帮"我"准备，帮"我"上轮椅车，看着"我"摇车拐出小院，从不问"我"为什么，而只是不停地伫望。在这重复多年的无声行动中，显示母爱的深沉和伟大，使人难以忘怀。二是心理描写。借"我"之口写母亲的心理活动。她对残疾儿子不断地"暗自祷告""自我安慰"，整日"心神不定坐卧难宁"，这些直接的心理描写，把深挚的母爱写得感人肺腑。三是侧面烘托。文中作者反复自责，从来没有替母亲想过，"不知道儿子的不幸在母亲那儿总是要加倍的"，悔痛之情的难以遏制，从侧面烘托出母爱动人的力量。

　　文章的语言沉静、深沉、绵密，在很多地方成功地运用了象征手法，意在言外。作者落笔地坛，却着重墨于母爱，因为对"我"来说，地坛和母亲都是抚平创伤、焕发新生的源泉，这在整体上是一种象征性类比。文章的第三部分，运用多重排比句式，以不同的事物来对应四季，象征"我"对人生的多种体验，多种心情和沧桑命运。排比使文章句式整齐而又富有韵律，类比使人浮想联翩，物象层出，象征使联想升华，寓意含蓄，所有这些都使文章像诗一样寓意无穷、优美含蓄。

　　《我与地坛》是史铁生哲思人生、叩问内心灵魂之作。在众多的残疾人之中，史铁生那种对于生命的反思，既是在阅尽了人世繁华之后的宁静，也是在大灾大难之后的深思。

【训练】

一、单项训练

1. 注音并解释以下词语。

（1）熨帖

（2）意蕴

（3）宿命

（4）恪守

(5) 亘古不变

(6) 窸窸窣窣

2. 根据对本文的体悟，说说对下列句子的理解。

(1) 我常觉得这中间有着宿命的味道：仿佛这古园就是为了等我，而历尽沧桑在那儿等待了四百多年。

(2) 多年来我头一次意识到，这园中不单是处处都有过我的车辙，有过我的车辙的地方也都有过母亲的脚印。

(3) 因为这园子，我常感恩于自己的命运。

二、综合训练

1. "我一下子就理解了它的意图"中"意图"指的什么？作者眼中的地坛有什么样的特点？

2. 文中类似这样蕴含着对生命理解的景物描写还有哪些地方？请找出来谈谈自己的见解。

3. 地坛可以给作者怎样的启示？分别用原文和自己的话结合前面的景物描写回答。

三、拓展训练

1. 自主阅读《我与地坛》的其余部分，探究对"怎样活"问题的思考与回答。

2. 欣赏作者笔下地坛宁静肃穆、生机盎然的美，体味史铁生对生命的感悟，明确生命的价值和意义，热爱生命。其实，生命就是这样，一个不断超越自身局限的过程，这就是命运，任何人都是一样，在这过程中，我们遭遇痛苦，超越局限，从而感受幸福。

根据你对文中第二部分"我"与母亲的理解和感悟仿写一段话。

要求：500字左右，感情真实，条理清楚。

（朱豫）

任务十三

听听那冷雨

余光中

【题解】

余光中（1928—2017），祖籍福建永春，出生于南京。当代著名诗人、散文家、学者、翻译家。1947年入金陵大学外语系学习，后转入厦门大学。1949年随父母去香港，次年赴台湾，就读于台湾大学外语系。1953年与人创"蓝星"诗社，致力于现代主义诗歌创作。后赴美进修，获爱荷华大学艺术硕士学位。曾任教于东吴大学、台湾师范大学、台湾大学、香港中文大学等高校。两度应美国国务院邀请，赴美国多家大学任客座教授。1985年，任台湾中山大学教授及讲座教授，其中有六年时间兼任文学院院长。

余光中学贯中西，涉猎广泛，在诗歌、散文、评论、翻译等许多领域都卓有建树，自称是"文学创作上的多妻主义者"。文坛上有"璀璨五彩笔"的美誉。曾被文学大师梁实秋称赞"右手写诗、左手写散文，成就之高，一时无两"。主要作品有诗集《舟子的悲歌》《蓝色的羽毛》《钟乳石》《白玉苦瓜》等，散文集《左手的缪思》《逍遥游》《隔水呼渡》《记忆像铁轨一样长》等。早期从事西方文学的研究和介绍，20世纪60年代，在创作上提倡"纯中国的存在"，追求"纯东方"的色彩。《听听那冷雨》就是体现他本土化、中国化艺术追求的散文代表作。本文选自《当代中国散文八大家·大美为美》。

惊蛰一过，春寒加剧①。先是料料峭峭，继而雨季开始，时而淋淋漓漓，时而淅淅沥沥，天潮潮地湿湿，即使在梦里，也似乎有把伞撑着。而就凭一把伞，躲过一阵潇潇的冷雨，也躲不过整个雨季。连思想也都是潮润润的。每天回家，曲折穿过金门街到厦门街迷宫式的长巷短巷，雨里风里，走入霏霏令人更想入非非。想这样子的台北凄凄切切完全是黑白片的味道，想整个中国整部中国的历史无非是一张黑白片子，片头到片尾，一直是这样下着雨的。这种感觉，不知道是不是从安东尼奥尼那里来的。不过那一块土地是久违了，二十五年，四分之一的世纪，即使是雨，也隔着千山万山，千伞万伞。二十五年，一切都断了，只有气候，只有气象报告还牵连在一起。大寒流从那块土地上弥天卷来，这种酷冷吾与古大陆分担。不能扑进

---

① 惊蛰：二十四节气之一。

她怀里,被她的裙边扫一扫也算是安慰孺慕之情吧。

这样想时,严寒里竟有一点温暖的感觉了。这样想时,他希望这些狭长的巷子永远延伸下去,他的思路也可以延伸下去,不是金门街到厦门街,而是金门到厦门。他是厦门人,至少是广义的厦门人,二十年来,不住在厦门,住在厦门街,算是嘲弄吧,也算是安慰,不过说到广义,他同样也是广义的江南人,常州人,南京人,川娃儿,五陵少年。杏花春雨江南,那是他的少年时代了。再过半个月就是清明。安东尼奥尼的镜头摇过去,摇过去又摇过来。残山剩水犹如是,皇天后土犹如是,纭纭黔首纷纷黎民从北到南犹如是。那里面是中国吗?那里面当然还是中国,永远是中国。只是杏花春雨已不再,牧童遥指已不再,剑门细雨渭城轻尘也都已不再。然则他日思夜梦的那片土地,究竟在哪里呢?

在报纸的头条标题里吗?还是香港的谣言里?还是傅聪的黑键白键马思聪的跳弓拨弦?还是安东尼奥尼的镜底勒马洲的望中?还是呢,故宫博物院的壁头和玻璃柜内,京戏的锣鼓声中太白和东坡的韵里?

杏花,春雨,江南,六个方块字,或许那片土就在那里面。而无论赤县也好神州也好中国也好,变来变去,只要仓颉①的灵感不灭,美丽的中文不老,那形象,那磁石一般的向心力当必然长在。因为一个方块字是一个天地。太初有字,于是汉族的心灵,祖先的回忆和希望便有了寄托。譬如凭空写一个"雨"字,点点滴滴,滂滂沱沱,淅淅沥沥,一切云情雨意,就宛然其中了。视觉上的这种美感,岂是什么 rain 也好 pluie 也好所能满足?翻开一部《辞源》或《辞海》,金木水火土,各成世界,而一入"雨"部,古神州的天颜千变万化,便悉在望中,美丽的霜雪云霞,骇人的雷电霹雹,展露的无非是神的好脾气与坏脾气,气象台百读不厌,门外汉百思不解的百科全书。

听听,那冷雨。看看,那冷雨。嗅嗅闻闻,那冷雨。舔舔吧,那冷雨。雨在他的伞上,这城市百万人的伞上雨衣上屋上天线上,雨下在基隆港在防波堤在海峡的船上,清明这季雨。雨是女性,应该最富于感性。雨气空蒙而迷幻,细细嗅嗅,清清爽爽新新,有一点点薄荷的香味,浓的时候,竟发出草和树沐发后特有的淡淡土腥气,也许那竟是蚯蚓蜗牛的腥气吧,毕竟是惊蛰了啊。也许地上的地下的生命,也许古中国层层叠叠的记忆皆蠢蠢而蠕,也许是植物的潜意识和梦吧,那腥气。

第三次去美国,在高高的丹佛他山居住了两年。美国的西部,多山多沙漠,千里干旱,天,蓝似安格罗·萨克逊人的眼睛;地,红如印第安人的肌肤;云,却是罕见的白鸟。落基山簇簇耀目的雪峰上,很少飘云牵雾。一来高,二来干,三来森林线以上,杉柏也止步,中国诗词里"荡胸生层云",或是"商略黄昏雨"的意趣,是落基山上难睹的景象。落基山岭之胜,在石,在雪。那些奇岩怪石,相叠互倚,砌一场惊心动魄的雕塑展览,给太阳和千里的风看。那雪,白得虚虚幻幻,冷得清清醒醒,那股皑皑不绝一仰难尽的气势,压得人呼吸困难,心寒眸酸。不过要领略

---

① 仓颉:传说中国古代文字的发明者。

"白云回望合，青霭入看无"的境界，仍须回中国。台湾湿度很高，最饶云气氤氲①雨意迷离的情调。两度夜宿溪头，树香沁鼻，宵寒袭肘，枕着润碧湿翠苍苍交叠的山影和万籁都歇的岑寂，仙人一样睡去。山中一夜饱雨，次晨醒来，在旭日未升的原始幽静中，冲着隔夜的寒气，踏着满地的断柯折枝和仍在流泻的细股雨水，一径探入森林的秘密，曲曲弯弯，步上山去。溪头的山，树密雾浓，蓊郁的水气从谷底冉冉升起，时稠时稀，蒸腾多姿，幻化无定，只能从雾破云开的空处，窥见乍现即隐的一峰半壑，要纵览全貌，几乎是不可能的。至少入山两次，只能在白茫茫里和溪头诸峰玩捉迷藏的游戏。回到台北，世人问起，除了笑而不答心自闲，故作神秘之外，实际的印象，也无非山在虚无之间罢了。云缭烟绕，山隐水迢的中国风景，由来予人宋画的韵味。那天下也许是赵家的天下，那山水却是米家的山水。而究竟，是米氏父子下笔像中国的山水，还是中国的山水上纸像宋画，恐怕是谁也说不清楚了吧？

雨不但可嗅，可观，更可以听。听听那冷雨。听雨，只要不是石破天惊的台风暴雨，在听觉上总是一种美感。大陆上的秋天，无论是疏雨滴梧桐，或是骤雨打荷叶，听去总有一点凄凉，凄清，凄楚，于今在岛上回味，则在凄楚之外，更笼上一层凄迷了。饶你多少豪情侠气，怕也经不起三番五次的风吹雨打。一打少年听雨，红烛昏沉。二打中年听雨，客舟中，江阔云低。三打白头听雨在僧庐下，这便是亡宋之痛，一颗敏感心灵的一生：楼上，江上，庙里，用冷冷的雨珠子串成。十年前，他曾在一场摧心折骨的鬼雨中迷失了自己。雨，该是一滴湿漓漓的灵魂，在窗外喊谁。

雨打在树上和瓦上，韵律都清脆可听。尤其是铿铿敲在屋瓦上，那古老的音乐，属于中国。王禹偁在黄冈，破如椽的大竹为屋瓦。据说住在竹楼上面，急雨声如瀑布，密雪声比碎玉，而无论鼓琴，咏诗，下棋，投壶，共鸣的效果都特别好。这样岂不像住在竹筒里面，任何细脆的声响，怕都会加倍夸大，反而令人耳朵太敏吧。

雨天的屋瓦，浮漾湿湿的流光，灰而温柔，迎光则微明，背光则幽暗，对于视觉，是一种低沉的安慰。至于雨敲在鳞鳞千瓣的瓦上，由远而近，轻轻重重轻轻，夹着一股股的细流沿瓦槽与屋檐潺潺泻下，各种敲击音与滑音密织成网，谁的千指百指在按摩耳轮。"下雨了"，温柔的灰美人来了，她冰冰的纤手在屋顶拂弄着无数的黑键啊灰键，把响午一下子奏成了黄昏。

在古老的大陆上，千屋万户是如此。二十多年前，初来这岛上，日式的瓦屋亦是如此。先是天黯了下来，城市像罩在一块巨幅的毛玻璃里，阴影在户内延长复加深。然后凉凉的水意弥漫在空间，风自每一个角落里旋起，感觉得到，每一个屋顶上呼吸沉重都覆着灰云。雨来了，最轻的敲打乐敲打这城市。苍茫的屋顶，远远近近，一张张敲过去，古老的琴，那细细密密的节奏，单调里自有一种柔婉与亲切，滴滴点点滴滴，似幻似真，若孩时在摇篮里，一曲耳熟的童谣摇摇欲睡，母亲吟哦鼻音与喉音。或是在江南的泽国水乡，一大筐绿油油的桑叶被啃于千百头蚕，细细

---

① 氤氲：形容烟或云气浓郁。

琐琐屑屑，口器与口器咀咀嚼嚼。雨来了，雨来的时候瓦这么说，一片瓦说千亿片瓦说，说轻轻地奏吧沉沉地弹，徐徐地叩吧挞挞地打，间间歇歇敲一个雨季，即兴演奏从惊蛰到清明，在零落的坟上冷冷奏挽歌，一片瓦吟千亿片瓦吟。

在日式的古屋里听雨，听四月霏霏不绝的黄梅雨，朝夕不断，旬月绵延，湿粘粘的苔藓从石阶下一直侵到他舌底，心底。到七月，听台风台雨在古屋顶上一夜盲奏，千寻海底的热浪沸沸被狂风挟来，掀翻整个太平洋只为向他的矮屋檐重重压下，整个海在他的蜗壳上哗哗泻过。不然便是雷雨夜，白烟一般的纱帐里听羯鼓①一通又一通，滔天的暴雨滂滂沛沛扑来，强劲的电琵琶忐忑忑忑忐忐忑忑，弹动屋瓦的惊悸腾腾欲掀起。不然便是斜斜的西北雨，斜斜刷在窗玻璃上，鞭在墙上，打在阔大的芭蕉叶上，一阵寒濑泻过，秋意便弥漫日式的庭院了。

在日式的古屋里听雨，春雨绵绵听到秋雨潇潇，从少年听到中年。听听那冷雨。雨是一种单调而耐听的音乐，是室内乐是室外乐，户内听听，户外听听，冷冷，那音乐。雨是一种回忆的音乐，听听那冷雨，回忆江南的雨下得满地是江湖下在桥上和船上，也下在四川和秧田和蛙塘下肥了嘉陵江下湿布谷咕咕的啼声。雨是潮潮润润的音乐下在渴望的唇上舔舔那冷雨。

因为雨是最最原始的敲打乐从记忆彼端敲起。瓦是最最低沉的乐器灰蒙蒙的温柔覆盖着听雨的人，瓦是音乐的雨伞撑起。但不久公寓的时代来临，台北你怎么一下子长高了，瓦的音乐竟成了绝响。千片万片的瓦翩翩，美丽的灰蝴蝶纷纷飞走，飞入历史的记忆。现在雨下下来，下在水泥的屋顶和墙上，没有音韵的雨季。树也砍光了，那月桂，那枫树，柳树和擎天的巨椰，雨来的时候不再有丛叶嘈嘈切切，闪动湿湿的绿光迎接。鸟声减了啾啾，蛙声沉了咯咯。秋天的虫吟也减了唧唧。七十年代的台北不需要这些，一个乐队接一个乐队便遣散尽了。要听鸡叫，只有去《诗经》的韵里寻找。现在只剩下一张黑白片，黑白的默片。正如马车的时代去后，三轮车的时代也去了。曾经在雨夜，三轮车的油布篷挂起，送她回家的途中，篷里的世界小得多可爱，而且躲在警察的辖区以外。雨衣的口袋越大越好，盛得下他的一只手里握一只纤纤的手。台湾的雨季这么长，该有人发明一种宽宽的双人雨衣，一人分穿一只袖子，此外的部分就不必分得太苛。而无论工业如何发达，一时似乎还废不了雨伞。只要雨不倾盆，风不横吹，撑一把伞在雨中仍不失古典的韵味。任雨点敲在黑布伞或是透明的塑胶伞上，将骨柄一旋，雨珠向四方喷溅，伞缘便旋成了一圈飞檐。跟女友共一把雨伞，该是一种美丽的合作吧。最好是初恋，有点兴奋，更有点不好意思，若即若离之间，雨不妨下大一点。真正初恋，恐怕是兴奋得不需要伞的，手牵手在雨中狂奔而去，把年轻的长发和肌肤交给漫天的淋淋漓漓，然后向对方的唇上颊上尝凉凉甜甜的雨水。不过那要非常年轻且激情，同时，也只能发生在法国的新潮片里吧。

大多数的雨伞想不会为约会张开。上班下班，上学放学，菜市来回的途中，现实的伞，灰色的星期三。握着雨伞，他听那冷雨打在伞上。索性更冷一些就好了，

---

① 羯鼓：我国古代的一种鼓。两面蒙皮，腰部细。据说来源于羯族。

他想。索性把湿湿的灰雨冻成干干爽爽的白雨，六角形的结晶体在无风的空中回回旋旋地降下来，等须眉和肩头白尽时，伸手一拂就落了。二十五年，没有受故乡白雨的祝福，或许发上下一点白霜是一种变相的自我补偿吧。一位英雄，经得起多少次雨季？他的额头是水成岩削成还是火成岩？他的心底究竟有多厚的苔藓？厦门街的雨巷走了二十年与记忆等长，一座无瓦的公寓在巷底等他，一盏灯在楼上的雨窗子里，等他回去，向晚餐后的沉思冥想去整理青苔深深的记忆。前尘隔海。古屋不再。听听那冷雨。

一九七四年春分之夜

【导读】

"每个人的心里，都有一方魂牵梦萦的土地"（柯灵《乡土情结》），对于几十年远离故乡、浪迹天涯的余光中来说，心心念念的那一方土地永远都是中国。中国意识、乡愁情结成了余光中诗文创作的主旋律。不同于一般人的乡愁，余光中的乡愁更是一种对中国，对中国传统文化热爱和眷念的历史乡愁、文化乡愁。《听听那冷雨》作为余光中的散文代表作，表达的正是这种刻骨铭心的爱和思念。

文章通过第三人称"他"的叙事视角，描写了一个在冷雨中独自穿行在台北厦门街，漂泊他乡者的独特感受，表达了一个远离大陆的知识分子对故乡的思念，对中国传统文化的深情依恋和赞美。全文借冷雨抒情，情景交融，以"听雨"为主线，运用联想和想象，采用时空交错的写法，将人生不同阶段，不同地方听雨、看雨、嗅雨的人生感悟串联起来，形成了一个个含蓄蕴藉的美的意境，唤起人们强烈的民族意识和爱国情思，给人以美的享受。

本文独特性在于创造性地运用了现代汉语的长处，打破常规的语法结构规则，改变文字的书写顺序，形成一种长短参差、变化多端、灵活自如而连贯的句式特点，给读者带来新鲜、奇特的审美体验，以达到陌生化新奇的审美效果。如"雨是一种回忆的音乐，听听那冷雨，回忆江南的雨下得满地是江湖下在桥上和船上，也下在四川在秧田和蛙塘下肥了嘉陵江下湿布谷咕咕的啼声"，此处刻意拉长的诗化长句，文字稠密、意象繁富，情丝和雨丝浑然一体，情韵悠长，让人耳目一新，倍感亲切。此外，文中大量叠音词以及比喻、通感、拟人、排比等修辞手法的交错运用，更增强了散文的节奏韵律美，也使描写十分细腻，丰富传神。既调动了人的全部感觉器官，使人如闻其声，如履其境，又满蕴着苍凉与忧伤，直击人的心灵深处，引起强烈的共鸣。如"先是料料峭峭，继而雨季开始，时而淋淋漓漓，时而淅淅沥沥，天潮潮地湿湿，……雨里风里，走入霏霏令人更想入非非""听听，那冷雨。看看，那冷雨。嗅嗅闻闻，那冷雨。舔舔吧，那冷雨"等句子，融短句、叠音、排比、对偶、层递、倒装于一体，给人以强烈的感官冲击，造成一种顿挫有致、回环往复、连绵不绝的美感。

用最美的中国文字倾诉发自内心的浓浓思乡爱国之情就是余光中的散文追求。在《逍遥游》散文集后记中，余光中说："在《逍遥游》《鬼雨》一类的作品里，我倒真想在中国文字的风火炉中，炼出一颗丹来。在这一类作品里，我尝试把中国的文字压缩、捶扁、拉长、磨利,把它拆开又拼拢,折来且叠去,为了试验它的速度、密度和弹性。我的理想是要让中国的文字,在变化各殊的句法中,交响成一个大乐队,而作家的笔应该一挥百应,如交响乐的指挥杖。"《听听那冷雨》显然也是这样的一篇散文力作。

【训练】

一、单项训练

1. 请选出下列加点字的注音没有错误的一组(　　)。

A. 惊蛰 zhé　　仓颉 jié　　寒濑 nài　　啁啾 zhōu jiū
B. 羯鼓 jié　　米芾 fú　　岑寂 chén　　氤氲 yīn yūn
C. 舐舐 shì　　冥想 mín　　蠕动 rú　　滂沛 pāng pèi
D. 黔首 qián　　晌午 shǎng　　如椽 chuán　　苔藓 tái xiǎn

2. 请从修辞的角度赏析下列句子的表达效果。

(1) 听听,那冷雨。看看,那冷雨。嗅嗅闻闻,那冷雨,舐舐吧,那冷雨。

(2) "下雨了",温柔的灰美人来了,她冰冰的纤手在屋顶拂弄着无数的黑键啊灰键,把晌午一下子奏成了黄昏。

(3) 千片万片的瓦翩翩,美丽的灰蝴蝶纷纷飞走,飞入历史的记忆。

二、综合训练

1. 分组讨论回答下列问题。

(1) 文章标题没用更简洁的"听雨"而用"听听那冷雨",有何深意和作用?

(2) 这篇散文有一个独特之处,即通篇没有用"我",而写了一个第三人称的"他",写"他"的思想和感觉、现实与经历,但谁都明白,这个"他"就是余光中自己。作者这么做的原因是什么?

(3) 这篇散文较长,显得杂而散,通读课文,划分本文层次结构,并想一想作者究竟是如何结构这许许多多的段落的,它们都集中落实在怎样一个主题上?

2. 本文的语言风格独特,请举例说明。

三、拓展训练

1. 本文中大量古典诗词的巧妙嵌入,既营造古典意境美的语言氛围,拓展散文的思维空间,又表现余光中对中国传统文化的传承与坚守。试找出文中引用的相关诗句,读读背背,品味中国传统文化的魅力。

2. 展开充分的联想和想象,借鉴本文的表达技巧,描写一个300字左右的雨景。

(吕迪)

任务十四

都江堰[①]

余秋雨

【题解】

余秋雨（1946— ），浙江慈溪人。中国当代艺术理论家、文化史学者、散文作家。1968年毕业于上海戏剧学院戏剧文学系。学术专著有《戏剧理论史稿》《戏剧审美心理学》《艺术创作工程》《观众心理学》等。20世纪80年代开始散文创作。散文集有《文化苦旅》《文明的碎片》等。2004年被联合国教科文组织、北京大学、《中华英才》杂志等单位选为"中国十大文化精英""中国文化传播坐标人物"。

一

我以为，中国历史上最激动人心的工程不是长城，而是都江堰。长城当然也非常伟大，不管孟姜女们如何痛哭流涕，站远了看，这个苦难的民族竟用人力在野山荒漠间修了一条万里屏障，为我们生存的星球留下了一种人类意志力的骄傲。长城到了八达岭一带已经没有什么味道，而在甘肃、陕西、山西、内蒙一带，劲厉的寒风在时断时续的颓壁残垣间呼啸，淡淡的夕照、荒凉的旷野溶成一气，让人全身心地投入对历史、对岁月、对民族的巨大惊悸，感觉就深厚得多了。

但是，就在秦始皇下令修长城的数十年前，四川平原上已经完成了一个了不起的工程。它的规模从表面上看远不如长城宏大，却注定要稳稳当当地造福千年。如果说，长城占据了辽阔的空间，那么，它却实实在在地占据了邈远的时间。长城的社会功用早已废弛，而它还在为无数民众输送汨汨清流。有了它，旱涝无常的四川平原成了天府之国，每当我们民族有了重大灾难，天府之国总是沉着地提供庇护和濡养。因此，可以毫不夸张地说，它永久性地灌溉了中华民族。

有了它，才有诸葛亮、刘备的雄才大略，才有李白、杜甫、陆游的川行华章。说得近一点，有了它，抗日战争中的中国才有一个比较安定的后方。

[①] 选自《文化苦旅》。余秋雨的散文被称为"大文化散文"。其散文集《文化苦旅》《山居笔记》《千年一叹》《行者无疆》为一个系列，在20世纪90年代至21世纪初，对世界的影响很大，集"深度研究、亲历考察、有效传播"于一身，获海内外读者高度评价。

它的水流不像万里长城那样突兀在外,而是细细浸润、节节延伸,延伸的距离并不比长城短。长城的文明是一种僵硬的雕塑,它的文明是一种灵动的生活。长城摆出一副老资格等待人们的修缮,它却卑处一隅,像一位绝不炫耀、毫无所求的乡间母亲,只知贡献。一查履历,长城还只是它的后辈。

它,就是都江堰。

二

我去都江堰之前,以为它只是一个水利工程罢了,不会有太大的游观价值。连葛洲坝都看过了,它还能怎么样?只是要去青城山玩,得路过灌县县城,它就在近旁,就乘便看一眼吧。因此,在灌县下车,心绪懒懒的,脚步散散的,在街上胡逛,一心只想看青城山。

七转八弯,从简朴的街市走进了一个草木茂盛的所在。脸面渐觉滋润,眼前愈显清朗,也没有谁指路,只向更滋润、更清朗的去处走。忽然,天地间开始有些异常,一种隐隐然的骚动,一种还不太响却一定是非常响的声音,充斥周际。如地震前兆,如海啸将临,如山崩即至,浑身起一种莫名的紧张,又紧张得急于趋附。不知是自己走去的还是被它吸去的,终于陡然一惊,我已站在伏龙观前,眼前,急流浩荡,大地震颤。

即便是站在海边礁石上,也没有像这里强烈地领受到水的魅力。海水是雍容大度的聚会,聚会得太多太深,茫茫一片,让人忘记它是切切实实的水,可掬可捧的水。这里的水却不同,要说多也不算太多,但股股叠叠都精神焕发,合在一起比赛着飞奔的力量,踊跃着喧嚣的生命。这种比赛又极有规矩,奔着奔着,遇到江心的分水堤,刷地一下裁割为二,直窜出去,两股水分别撞到了一道坚坝,立即乖乖地转身改向,再在另一道坚坝上撞一下,于是又根据筑坝者的指令来一番调整……也许水流对自己的驯顺有点恼怒了,突然撒起野来,猛地翻卷咆哮,但越是这样越是显现出一种更壮丽的驯顺。已经咆哮到让人心魄俱夺,也没有一滴水溅错了方位。阴气森森间,延续着一场千年的收伏战。水在这里,吃够了苦头也出足了风头,就像一场千年的收伏战。就像一大拨翻越各种障碍的马拉松健儿,把最强悍的生命付之于规整,付之于企盼,付之于众目睽睽。看云看雾看日出各有胜地,要看水,万不可忘了都江堰。

三

这一切,首先要归功于遥远得看不出面影的李冰。

四川有幸,公元前251年出现过一项毫不惹人注目的任命:李冰任蜀郡守。

此后中国千年官场的惯例,是把一批批有所执持的学者遴选为无所专攻的官僚,而李冰,却因官位而成了一名实践科学家。这里明显地出现了两种判然不同的政治走向,在李冰看来,政治的含义是浚理,是消灾,是滋润,是濡养,它要实施的事儿,既具体又质朴。他领受了一个连孩童都能领悟的简单道理:既然四川最大的困扰是旱涝,那么四川的统治者必须成为水利学家。前不久我曾接到一位极有作为的市长的名片,上面的头衔只印了"土木工程师",我立即追想到了李冰。

没有证据可以说明李冰的政治才能,但因有过他,中国也就有过了一种冰清玉洁的政治纲领。

他是郡守,手握一把长锸①,站在滔滔的江边,完成了一个"守"字的原始造型。那把长锸,千年来始终与金杖玉玺、铁戟钢锤反复辩论。他失败了,终究又胜利了。

他开始叫人绘制水系图谱。这图谱,可与裁军数据、登月线路遥相呼应。

他当然没有在哪里学过水利。但是,以使命为学校,死钻几载,他总结出治水三字经("深淘滩,低作堰")、八字真言("遇湾截角,逢正抽心"),直到20世纪仍是水利工程的圭臬②。他的这点学问,永远水气淋漓,而后于他不知多少年的厚厚典籍,却早已风干,松脆得无法翻阅。

他没有料到,他治水的韬略很快被替代成治人的计谋;他没有料到,他想灌溉的沃土将会时时成为战场,沃土上的稻谷将有大半充作军粮。他只知道,这个人种要想不灭绝,就必须要有清泉和米粮。

他大愚,又大智。他大拙,又大巧。他以田间老农的思维,进入了最澄彻的人类学的思考。

他未曾留下什么生平资料,只留下硬扎扎的水坝一座,让人们去猜详。人们到这儿一次次纳闷:这是谁呢?死于两千年前,却明明还在指挥水流。站在江心的岗亭前,"你走这边,他走那边"的吆喝声、劝诫声、慰抚声,声声入耳。没有一个人能活得这样长寿。

秦始皇筑长城的指令,雄壮、蛮吓、残忍;他筑堰的指令,智慧、仁慈、透明。

有什么样的起点就会有什么样的延续。长城半是壮胆半是排场,世世代代,大体是这样。直到今天,长城还常常成为排场。都江堰一开始就清朗可鉴,结果,它的历史也总显出超乎寻常的格调。李冰在世时已考虑事业的承续,命令自己的儿子做三个石人,镇于江间,测量水位。李冰逝世四百年后,也许三个石人已经损缺,汉代水官重造高及三米的"三神石人"测量水位。这"三神石人"其中一尊即是李冰雕像。这位汉代水官一定是承接了李冰的伟大精魂,竟敢于把自己尊敬的祖师,放在江中镇水测量。他懂得李冰的心意,唯有那里才是他最合适的岗位。这个设计竟然没有遭到反对而顺利实施,只能说都江堰为自己流泻出了一个独特的精神世界。

石像终于被岁月的淤泥掩埋,本世纪70年代出土时,有一尊石像头部已经残缺,手上还紧握着长锸。有人说,这是李冰的儿子。即使不是,我仍然把他看成是李冰的儿子。一位现代作家见到这尊塑像怦然心动,"没淤泥而蔼然含笑,断颈项而长锸在握",作家由此而向现代官场衮衮诸公③诘问:活着或死了应该站在哪里?

---

① 锸(chā):古代一种挖土的工具,即现今的铁锹。
② 圭臬(guī niè):原指圭表(臬是测日影的表),比喻准则或法度。
③ 衮(gǔn)衮诸公:意指占居高位而无所作为的官僚。

出土的石像现正在伏龙观里展览。人们在轰鸣如雷的水声中向他们默默祭奠。在这里，我突然产生了对中国历史的某种乐观。只要都江堰不坍，李冰的精魂就不会消散，李冰的儿子会代代繁衍。轰鸣的江水便是至圣至善的遗言。

四

继续往前走，看到了一条横江索桥。桥很高，桥索由麻绳、竹篾编成。跨上去，桥身就猛烈摆动，越犹豫进退，摆动就越大。在这样高的地方偷看桥下会神志慌乱，但这是索桥，到处漏空，由不得你不看。一看之下，先是惊吓，后是惊叹。脚下的江流，从那么遥远的地方奔来，一派义无反顾的决绝势头，挟着寒风，吐着白沫，凌厉锐进。我站得这么高还感觉到了它的砭肤冷气，估计它是从雪山赶来的罢。但是，再看桥的另一边，它硬是化作许多亮闪闪的河渠，改恶从善。人对自然力的驯服，干得多么爽利。如果人类干什么事都这么爽利，地球早已是另一副模样。

但是，人类总是缺乏自信，进进退退，走走停停，不断自我耗损，又不断地为耗损而再耗损。结果，仅仅多了一点自信的李冰，倒成了人们心中的神。离索桥东端不远的玉垒山麓，建有一座二王庙，祭祀李冰父子。人们在虔诚膜拜，膜拜自己同类中更像一点人的人。钟鼓钹磬①，朝朝暮暮，重一声，轻一声，伴和着江涛轰鸣。

李冰这样的人，是应该找个安静的地方好好纪念一下的，造个二王庙，也合民众心意。实实在在为民造福的人升格为神，神的世界也就会变得通情达理、平适可亲。中国宗教颇多世俗气息，因此，世俗人情也会染上宗教式的光斑。一来二去，都江堰倒成了连接两界的桥墩。

我到边远地区看傩戏②，对许多内容不感兴趣，特别使我愉快的是，傩戏中的水神河伯，换成了灌县李冰。傩戏中的水神李冰比二王庙中的李冰活跃得多，民众围着他狂舞呐喊，祈求有无数个都江堰带来全国的风调雨顺，水土滋润。傩戏本来都以神话开头的，有了一个李冰，神话走向实际，幽深的精神天国一下子贴近了大地，贴近了苍生。

【导读】

《都江堰》是一篇人文景观游记。全文记叙了游览都江堰、瞻仰二王庙、跨越横江索桥的过程。作品立足于现代，穿越历史，对政治人物、历史事件进行审视和评说，思路开阔，视野纵横。除记游外，以都江堰对比长城，叙述造坝过程，追叙李冰父子生平事迹，描述石像的出没历史；同时又处处聚焦于都江堰的文化内涵，从

---

① 钹（bó）：铜质圆形的打击乐器。磬（qìng）：古代打击乐器，形状像曲尺，用玉、石制成，可悬挂。

② 傩（nuó）戏：又称鬼戏，是汉族现存最古老的一种祭神跳鬼、驱瘟避疫、表示安庆的娱神舞蹈。

"绝不炫耀、毫无所求的乡间母亲",到"壮丽的驯顺",再到"冰清玉洁的政治纲领",直到结尾的"贴近了大地,贴近了苍生",全文四个部分都是紧扣"为官一任,造福一方"的人文精神。

文章开篇对长城与都江堰进行多侧面、多层次的对比,突出作者独特的思考和思辨,心底的山水和自然山水的交融互渗,在余秋雨笔下呈现出具有浓郁反思意识的现代版的"有我之境"。作品从个性思考开始,以主题感悟结束,处处显示出作者对隐含在水利工程都江堰和历史人物李冰形象后面的社会、历史、文化内涵进行深刻挖掘的动机。

作者对李冰"大智""大巧"形象的粗线勾勒,评价其"既具体又质朴"的政治实践是中国别具一格的"冰清玉洁的政治纲领",并通过对"他失败了,终究又胜利了"的复杂命运的揭示,表现了作者对立足实际的真学问、真人格的赞美,也是对其"伟大精魂"的褒扬和崇敬,同时又是对现代社会、现代官场的某种呼告和启示。

整篇作品感情饱满,文思贯通,语言充满诗性和灵动。对比手法的运用、欲扬先抑的表现技巧、各种感官的综合调动以及各种修辞的熟练驾驭,无不见出作者强烈的主观意识、鲜明的个人风格,同时带给读者莫大的审美愉悦。

【训练】

一、单项训练

1. 作者对都江堰的情感变化是怎样的?这样构思编排的好处是什么?
2. 找出文中的对比,说说它们的运用效果。

二、综合训练

分组研读课文,讨论回答下列问题。

1. 在作者看来,长城的文明是一种僵硬的雕塑,都江堰的文明是一种灵动的生活。对此,你们怎么看?
2. 给李冰画像。李冰的形象寄托了作者怎样的世事认知和情感态度?
3. 文中对现代官场衮衮诸公的诘问:"活着或死了应该站在哪里?"如果你(你们)置身这"诸公"之列,该作出怎样的选择和回答?
4. "只要都江堰不坍,李冰的精魂就不会消散,李冰的儿子会代代繁衍。轰鸣的江水便是至圣至善的遗言。"蕴含其中的文化精神是什么?

三、拓展训练

以小组为单位,完成并分享《都江堰》全文的配乐朗诵,领略余秋雨散文的文辞之美、文化之美。

(刘春花)

任务十五

"慢慢走,欣赏啊!" [1]
——人生的艺术化

朱光潜

【题解】

朱光潜(1897—1986),字孟实,安徽桐城人。现当代著名美学家、文艺理论家、教育家、翻译家。1922 年毕业于香港大学文学院。1925 年起英法留学 8 年,获哲学博士学位。1933 年回国,辗转高校,1946 年起一直在北京大学任教,讲授美学和西方文学。主要著作有《文艺心理学》《悲剧心理学》《西方美学史》《谈美》《谈美书简》等,译著有《歌德谈话录》《文艺对话集》《拉奥孔》《美学》等。

一直到现在,我们都是讨论艺术的创造与欣赏。在收尾这一节中,我提议约略说明艺术和人生的关系。

我在开章明义时就着重美感态度和实用态度的分别,以及艺术和实际人生之间所应有的距离,如果话说到这里为止,你也许误解我把艺术和人生看成漠不相关的两件事。我的意思并不如此。

人生是多方面而却相互和谐的整体,把它分析开来看,我们说某部分是实用的活动,某部分是科学的活动,某部分是美感的活动,为正名析理起见,原应有此分别;但是我们不要忘记,完满的人生见于这三种活动的平均发展,它们虽是可分别的而却不是互相冲突的。"实际人生"比整个人生的意义较为窄狭。一般人的错误在把它们认为相等,以为艺术对于"实际人生"既是隔着一层,它在整个人生中也就没有什么价值。有些人为维护艺术的地位,又想把它硬纳到"实际人生"的小范围里去。这般人不但是误解艺术,而且也没有认识人生。我们把实际生活看作整个人生之中的一片段,所以在肯定艺术与实际人生的距离时,并非肯定艺术与整个人生的隔阂。严格地说,离开人生便无所谓艺术,因为艺术是情趣的表现,而情趣的根源就在人生;反之,离开艺术也便无所谓人生,因为凡是创造和欣赏都是艺术的活

---

[1] 本文写于 1932 年。是作者通俗美学著作《谈美》的第十五章。书中顺着美从哪里来、美是什么以及美的特点等问题层层展开,提出了他的美学研究的理想目标——"人生的艺术化"。《谈美》是继《给青年的十二封信》之后的"第十三封信",意在让迷惘的人挣脱现实利害的牢笼,从"美"中体悟人生的真谛。

动,无创造、无欣赏的人生是一个自相矛盾的名词。

人生本来就是一种较广义的艺术。每个人的生命史就是他自己的作品。这种作品可以是艺术的,也可以不是艺术的,正犹如同是一种顽石,这个人能把它雕成一座伟大的雕像,而另一个人却不能使它"成器",分别全在性分与修养。知道生活的人就是艺术家,他的生活就是艺术作品。

过一世生活好比做一篇文章。完美的生活都有上品文章所应有的美点。

第一,一篇好文章一定是一个完整的有机体,其中全体与部分都息息相关,不能稍有移动或增减。一字一句之中都可以见出全篇精神的贯注。比如陶渊明的《饮酒》诗本来是"采菊东篱下,悠然见南山",后人把"见"字误印为"望"字,原文的自然与物相遇相得的神情便完全丧失。这种艺术的完整性在生活中叫做"人格"。凡是完美的生活都是人格的表现。大而进退取与,小而声音笑貌,都没有一件和全人格相冲突。不肯为五斗米折腰向乡里小儿,是陶渊明的生命史中所应有的一段文章,如果他错过这一个小节,便失其为陶渊明。下狱不肯脱逃,临刑时还叮咛嘱咐还邻人一只鸡的债,是苏格拉底的生命史中所应有的一段文章①,否则他便失其为苏格拉底。这种生命史才可以使人把它当作一幅图画去惊赞,它就是一种艺术的杰作。

其次,"修辞立其诚"是文章的要诀②,一首诗或是一篇美文,一定是至性深情的流露,存于中然后形于外,不容有丝毫假借。情趣本来是物我交感共鸣的结果。景物变动不居,情趣亦自生生不息。我有我的个性,物也有物的个性,这种个性又随时地变迁而生长发展。每人在某一时会所见到的景物,和每种景物在某一时会所引起的情趣,都有它的特殊性,断不容与另一人在另一时会所见到的景物,和另一景物在另一时会所引起的情趣完全相同。毫厘之差,微妙所在。在这种生生不息的情趣中我们可以见出生命的造化。把这种生命流露于语言文字,就是好文章;把它流露于言行风采,就是美满的生命史。

文章忌俗滥,生活也忌俗滥。俗滥就是自己没有本色而蹈袭别人的成规旧矩。西施患心病,常捧心颦眉,这是自然的流露,所以愈增其美。东施没有心病,强学捧心颦眉的姿态③,只能引人嫌恶。在西施是创作,在东施便是滥调。滥调起于生命的干枯,也就是虚伪的表现。"虚伪的表现"就是"丑",克罗齐已经说过④。"风行水上,自然成纹",文章的妙处如此,生活的妙处也是如此。在什么地位,是怎样

---

① 苏格拉底:古希腊著名哲学家。一生无著述,其美学思想主要见于他的学生色诺芬的《回忆苏格拉底》。

② 修辞立其诚:语出《周易·乾·文言》。

③ 捧心颦眉:据《庄子·天运》记载:"故西施病心而颦其里,其里之丑人见而美之,归亦捧心而颦其里。其里之富人见之,坚闭门而不出;贫人见之,挈妻子而去亡走。彼知颦美,而不知颦之所以美。"颦(pín),皱眉。《太平寰宇记》卷九六载越州诸暨县苎萝有西施家、东施家,后人乃确指丑女为东施。后以成语"东施效颦"比喻胡乱模仿,效果适得其反。

④ 克罗齐:意大利著名哲学家、美学家、历史学家,新黑格尔主义者。著有《精神哲学》《黑格尔哲学中的死东西和活东西》《美学原理》等。

的人，感到怎样情趣，便现出怎样言行风采，叫人一见就觉其谐和完整，这才是艺术的生活。

俗语说的好，"唯大英雄能本色"。所谓艺术的生活就是本色的生活。世间有两种人的生活最不艺术，一种是俗人，一种是伪君子。"俗人"根本就缺乏本色，"伪君子"则竭力遮盖本色。朱晦庵有一首诗说①：半亩方塘一鉴开，天光云影共徘徊。问渠那得清如许？为有源头活水来。艺术的生活就是有"源头活水"的生活。俗人迷于名利，与世浮沉，心里没有"天光云影"，就因为没有源头活水。他们的大病是生命的干枯。"伪君子"则于这种"俗人"的资格之上，又加上"沐猴而冠"的伎俩②。他们的特点不仅见于道德上的虚伪，一言一笑，一举一动，都叫人起不美之感。谁知道风流名士的架子之中掩藏了几多行尸走肉？无论是"俗人"或是"伪君子"，他们都是生活中的"苟且者"，都缺乏艺术家在创造时所应有的良心。像柏格森所说的③，他们都是"生命的机械化"，只能作喜剧中的角色。生活落到喜剧里去的人大半都是不艺术的。

艺术的创造之中都必寓有欣赏，生活也是如此。一般人对于一种言行常欢喜说它"好看"、"不好看"，这已有几分是拿艺术欣赏的标准去估量它。但是一般人大半不能彻底，不能拿一言一笑、一举一动纳在全部生命史里去看，他们的"人格"观念太淡薄，所谓"好看"、"不好看"往往只是"敷衍面子"。善于生活者则彻底认真，不让一尘一芥妨碍整个生命的和谐。一般人常以为艺术家是一班最随便的人，其实在艺术范围之内，艺术家是最严肃不过的。在锻炼作品时常呕心呕肝，一笔一画也不肯苟且。王荆公作"春风又绿江南岸"一句诗时④，原来"绿"字是"到"字，后来由"到"字改为"过"字，由"过"字改为"入"字，由"入"字改为"满"字，改了十几次之后才定为"绿"字。即此一端可以想见艺术家的严肃了。善于生活者对于生活也是这样认真。曾子临死时记得床上的席子是季路的⑤，一定叫门人把它换过才瞑目。吴季札心里已经暗许赠剑给徐君⑥，没有实行徐君就已死去，他很郑重地把剑挂在徐君墓旁树上，以见"中心契合死生不渝"的风谊。像这一类的言行看来虽似小节，而善于生活者却不肯轻易放过，正犹如诗人不肯轻易放过一

---

① 朱晦庵：即朱熹，字元晦，一字仲晦，号晦庵，婺源（今属江西）人，侨寓建阳（今属福建）。南宋著名思想家、教育家、文学家，宋代理学的主要代表人物之一，有《四书章句集注》《诗集传》《楚辞集注》《朱子语类》《朱文公文集》等。

② 沐猴而冠：猴子戴上帽子，比喻虚有其表。常用来讽刺依附权势、窃据名位之辈。沐猴，即猕猴。

③ 柏格森：法国著名哲学家，生命哲学与直觉主义的主要代表人物之一。主要著作有《时间与自由意志》《创造进化论》等。

④ 王荆公：即王安石，字介甫，号半山，临川（今江西抚州）人，北宋著名政治家、文学家。曾两次出任宰相，实行变法，推行新政。晚年退居金陵，潜心著述。封荆国公，世称王荆公。

⑤ 曾子：春秋末鲁国南武城（今山东费县）人，名参，字子舆，孔子学生，以孝著称。季路：孔子的学生，姓仲名由，字子路，又字季路，以勇武著称。

⑥ 吴季札：春秋时吴王寿梦第四子，以贤德著称。寿梦想让他继承王位，他坚辞不受。

字一句一样。小节如此，大节更不消说。董狐宁愿断头不肯掩盖史实①，夷、齐饿死不愿降周②，这种风度是道德的也是艺术的。我们主张人生的艺术化，就是主张对于人生的严肃主义。

艺术家估定事物的价值，全以它能否纳入和谐的整体为标准，往往出于一般人意料之外。他能看重一般人所看轻的，也能看轻一般人所看重的。在看重一件事物时，他知道执着；在看轻一件事物时，他也知道摆脱。艺术的能事不仅见于知所取，尤其见于知所舍。苏东坡论文，谓如水行山谷中，行于其所不得不行，止于其所不得不止。这就是取舍恰到好处，艺术化的人生也是如此。善于生活者对于世间一切，也拿艺术的口胃去评判它。合于艺术口胃者毫毛可以变成泰山，不合于艺术口胃者泰山也可以变成毫毛。他不但能认真，而且能摆脱。在认真时见出他的严肃，在摆脱时见出他的豁达。孟敏堕甑，不顾而去，郭林宗见到以为奇怪③。他说："甑已碎，顾之何益？"哲学家斯宾诺莎④宁愿靠磨镜过活，不愿当大学教授，怕妨碍他的自由。王徽之⑤居山阴，有一天夜雪初霁，月色清朗，忽然想起他的朋友戴逵，便乘小舟到剡溪去访他，刚到门口便把船划回去。他说："乘兴而来，兴尽而返。"这几件事彼此相差很远，却都可以见出艺术家的豁达。伟大的人生和伟大的艺术都要同时并有严肃与豁达之胜。晋代清流大半只知道豁达而不知道严肃，宋朝理学又大半只知道严肃而不知道豁达。陶渊明和杜子美庶几算得恰到好处。

一篇生命史就是一种作品。从伦理的观点看，它有善恶的分别，从艺术的观点看，它有美丑的分别。善恶与美丑的关系究竟如何呢？

就狭义说，伦理的价值是实用的，美感的价值是超实用的；伦理的活动都是有所为而为，美感的活动则是无所为而为。比如仁义忠信等等都是善，问它们何以为善，我们不能不着眼到人群的幸福。美之所以为美，则全在美的形象本身，不在它对于人群的效用（这并不是说它对于人群没有效用）。假如世界上只有一个人，他就不能有道德的活动，因为有父子才有慈孝可言，有朋友才有信义可言。但是这个想象的孤零零的人还可以有艺术的活动，他还可以欣赏他所居的世界，

---

① 董狐：春秋时晋国的太史。晋灵公要杀赵盾，赵盾逃走了。不久赵穿杀死晋灵公，赵盾又回来了。董狐在史册上写道："赵盾弑其君。"赵盾不同意，董狐说："子为正卿，亡不越境，反不讨贼，非子而谁？"孔子说："董狐，古之良史也，书法不隐。"

② 夷、齐：指伯夷、叔齐二人。伯夷是商代诸侯孤竹君的长子，因与弟叔齐互让君位，结果一齐逃亡。武王伐纣时，伯夷、叔齐叩马谏阻，认为以臣伐君是不义的。商亡后，他们不食周粟，饿死在首阳山。

③ 郭林宗：即郭泰，字林宗，东汉太原介休（今属山西）人。东汉末为太学生首领，不就官府征召，后归乡里。党锢之祸起，遂闭门教授，生徒数千人。

④ 斯宾诺莎：荷兰著名哲学家、美学家，唯物主义唯理论的主要代表人物之一。主要著作有《神学政治论》《伦理学》《理智改进论》《笛卡儿哲学原理》《通信集》等。

⑤ 王徽之：东晋琅琊临沂（今属山东）人，字子猷，王羲之之子。初为桓温参军，官至黄门侍郎。据刘义庆《世说新语·任诞》记载，王徽之曾雪夜从山阴（今绍兴）泛舟剡溪访戴逵，却至其门而返。人问其故，他说："吾本乘兴而行，兴尽而返，何必见戴。"

他还可以创造作品。善有所赖而美无所赖，善的价值是"外在的"，美的价值是"内在的"。

不过这种分别究竟是狭义的。就广义说，善就是一种美，恶就是一种丑。因为伦理的活动也可以引起美感上的欣赏与嫌恶。希腊大哲学家柏拉图和亚理斯多德讨论伦理问题时都以为善有等级，一般的善虽只有外在的价值，而"至高的善"则有内在的价值。这所谓"至高的善"究竟是什么呢？柏拉图和亚理斯多德本来是一走理想主义的极端，一走经验主义的极端①，但是对于这个问题，意见却一致。他们都以为"至高的善"在"无所为而为的玩索"（Disinterested Contemplation）。这种见解在西方哲学思潮上影响极大，斯宾诺莎、黑格尔、叔本华的学说都可以参证②。从此可知西方哲人心目中的"至高的善"还是一种美，最高的伦理的活动还是一种艺术的活动了。

"无所为而为的玩索"何以看成"至高的善"呢？这个问题涉及到西方哲人对于神的观念。从耶稣教盛行之后，神才是一个大慈大悲的道德家。在希腊哲人以及近代莱布尼兹、尼采、叔本华诸人的心目中③，神却是一个大艺术家，他创造这个宇宙出来，全是为着自己要创造，要欣赏。其实这种见解也并不减低神的身份。耶稣教的神只是一班穷叫化子中的一个肯施舍的财主佬，而一般哲人心中的神，则是以宇宙为乐曲而要在这种乐曲之中见出和谐的音乐家。这两种观念究竟是哪一个伟大呢？在西方哲人想，神只是一片精灵，他的活动绝对自由而不受限制，至于人则为肉体的需要所限制而不能绝对自由。人愈能脱肉体需求的限制而作自由活动，则离神亦愈近。"无所为而为的玩索"是唯一的自由活动，所以成为最上的理想。

这番话似乎有些玄渺，在这里本来不应说及。不过无论你相信不相信，有许多思想却值得当作一个意象悬在心眼前来玩味玩味。我自己在闲暇时也欢喜看看哲学书籍。老实说，我对于许多哲学家的话都很怀疑，但是我觉得他们有趣。我以为穷到究竟，一切哲学系统也都只能当作艺术作品去看。哲学和科学穷到极境，都是要满足求知的欲望。每个哲学家和科学家对于他自己所见到的一点真理（无论它究竟是不是真理）都觉得有趣味，都用一股热忱去欣赏它。真理在离开实用而成为情趣中心时就已经是美感的对象了。"地球绕日运行"，"勾方加股方等于弦方"一类的科

---

① 柏拉图：古希腊著名哲学家。主要著作有《大希庇阿斯》《伊安》《高吉阿斯》《理想国》《法律篇》等。亚理斯多德：即亚里士多德，古希腊著名哲学家、美学家，主要著作有《诗学》《修辞学》《伦理学》《政治学》等。

② 黑格尔：德国著名哲学家、美学家，德国古典唯心主义哲学的集大成者。主要著作有《精神现象学》《逻辑学》《哲学全书》《美学》等。叔本华：德国著名哲学家，唯意志论者。主要著作有《作为意志和表象的世界》《伦理学的两个基本问题》等。

③ 莱布尼兹：即莱布尼茨，德国著名自然科学家、数学家、哲学家，唯理论的主要代表人物之一，与牛顿同为微积分的创始人，也是数理逻辑的前驱者。主要著作有《单子论》《人类理智新论》等。尼采：德国哲学家，唯意志论者。主要著作有《悲剧的诞生》《查拉图斯特拉如是说》《善恶的彼岸》《道德的谱系》等。

学事实，和《密罗斯爱神》或《第九交响曲》一样可以摄魂震魄①。科学家去寻求这一类的事实，穷到究竟，也正因为它们可以摄魂震魄。所以科学的活动也还是一种艺术的活动，不但善与美是一体，真与美也并没有隔阂。

艺术是情趣的活动，艺术的生活也就是情趣丰富的生活。人可以分为两种，一种是情趣丰富的，对于许多事物都觉得有趣味，而且到处寻求享受这种趣味。一种是情趣干枯的，对于许多事物都觉得没有趣味，也不去寻求趣味，只终日拼命和蝇蛆在一块争温饱。后者是俗人，前者就是艺术家。情趣愈丰富，生活也愈美满，所谓人生的艺术化就是人生的情趣化。

"觉得有趣味"就是欣赏。你是否知道生活，就看你对于许多事物能否欣赏。欣赏也就是"无所为而为的玩索"。在欣赏时，人和神仙一样自由，一样有福。

阿尔卑斯山②谷中有一条大汽车路，两旁景物极美，路上插着一个标语劝告游人说："慢慢走，欣赏啊！"许多人在这车如流水马如龙的世界过活，恰如在阿尔卑斯山谷中乘汽车兜风，匆匆忙忙地急驰而过，无暇一回首流连风景，于是这丰富华丽的世界便成为一个了无生趣的囚牢。这是一件多么可惋惜的事啊！

朋友，在告别之前，我采用阿尔卑斯山路上的标语，在中国人告别习用语之下加上三个字奉赠：

"慢慢走，欣赏啊！"

光潜
一九三二年夏，莱茵河畔。

【导读】

本文是朱光潜通俗美学著作《谈美》的最后一篇，围绕"人生的艺术化"，文章主要从三个层次展开阐述。其一，人生本来就是一种较广义的艺术，每个人的生命史就是他自己的作品，善于生活的人就是艺术家，他的生活就是充满审美特色的艺术作品。其二，一篇生命史就是一种作品，从伦理的观点看，它有善恶的分别，从艺术的观点看，它有美丑的分别，不但善与美一体，真与美也并没有隔阂。其三，艺术是情趣的活动，情趣愈丰富，生活也愈美满，所谓人生的艺术化就是生活的情趣化。

---

① 《密罗斯爱神》：古希腊的一尊雕像，又称"米洛斯的维纳斯"，是爱与美的象征。创作于公元前2世纪，1820年被米洛斯岛上的一个农夫在耕地时发现。出土时已失去了双臂，以"残缺美"著称于世。《第九交响曲》：即德国著名作曲家贝多芬1793年至1823年酝酿、创作的《d小调第九交响曲》，是他一生中最后一部大型作品，因第四乐章使用了据席勒《欢乐颂》谱成的重唱与合唱，也称《合唱交响曲》。

② 阿尔卑斯山：欧洲南部的褶皱山脉。西起法国东南部的尼斯，经瑞士和德国南部、意大利北部，东到奥地利的维也纳。山势雄伟，森林密布，许多山峰终年积雪。

倡导超越物质欲望的审美化精神生活是贯穿全文各部分的思想内核。生命依托于物质满足，只是欲望的有限补给，"生活落到喜剧里去的人大半都是不艺术的"；生命依托于情趣的不断拓展和升华，才是精神的极大快乐，"人愈能脱离肉体需求的限制而作自由活动，则离神亦愈近"。

同样一种事物，会因人的心境不同、视角不同、喜恶不同，而带来不同的审美感受。心灵越丰富，眼中的美好就越多，生活也就越幸福。当然，欣赏是一种心境，更是一种能力。尤其是在逆境中、压力下，依然保持欣赏的心境，更需要一种能力。这种审美化的生活虽然侧重于个体生命的成色，但却是人生社会意义的基础和目标。

将深奥的美学和人生理念解说得通俗易懂，是本文的主要特色。除了得力于作者的卓识慧见，还借重于各种表达方法的运用。文中始终贯穿着精神愉悦与物质满足、创造劳动与循规行为、情趣丰赡与情致干枯等多层面的对比论证，将基本道理比照得清楚明白；陶渊明东篱采菊、王徽之雪夜访戴、孟敏堕甑、苏轼论艺乃至苏格拉底的临刑还债、阿尔卑斯山的广告箴语等一系列典故、实例，则将许多深微的识见实证得鲜活可信；妙笔生花、雕石成器、源头活水、东施效颦、沐猴而冠、神仙的自由、蝇蛆的生活等一众比喻、类比，又使文章意趣盎然。

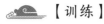 【训练】

一、单项训练

1. 美是什么？美与生活的关系如何？
2. 本文阐述的美学思想是什么？

二、综合训练

以小组为单位研读课文，讨论分享以下命题。

1. 凡是完美的生活都是人格的表现。
2. 不但善与美是一体，真与美也并没隔阂。
3. 所谓人生的艺术化就是人生的情趣化。
4. 慢慢走，欣赏啊！

三、拓展训练

朱光潜先生一生三立座右铭："恒、恬、诚、勇""走抵抗力量最大的路""此身此时此地"。

借助资讯，丰富相关信息。

（1）写一篇500字左右的心得体会。
（2）给自己立一个座右铭。

（刘春花）

任务十六

我的空中楼阁

李乐薇

【题解】

李乐薇，祖籍江苏南京，1930年生，早年肄业于上海大夏大学，是中国台湾当代散文作家。他以散文见长，文笔清丽脱俗，语言优美动人，风格柔和、温婉、含蓄，善于借助富有物质感的形象来表现无形的主观意念，刻意于意象的经营，能够运用声、光、色、味、形的物象幻化暗示出微妙的"自我的情绪"，透露着浓郁的现代派艺术气息。著有《同窗集》《书呆子的智慧》等。代表作有《我的空中楼阁》。

山如眉黛，小屋恰似眉梢的痣一点。

十分清新，十分自然，我的小屋玲珑地立于山脊一个柔和的角度上。

世界上有很多已经很美的东西，还需要一些点缀，山也是。小屋的出现，点破了山的寂寞，好比一望无际的水面飘过一片风帆，辽阔无边的天空掠过一只飞雁，是单纯的底色上一点灵动的色彩，是山川美景中的一点生气，一点情调。

小屋点缀了山，什么来点缀小屋呢？那是树！

山上有一片纯绿色的无花树；花是美丽的，树的美丽也不逊于花。花好比人的面庞，树好比人的姿态。树的美在于姿势的清健或挺拔，苗条或婀娜，在于活力，在于精神！

有了这许多树，小屋就有了许多特点。树总是轻轻摇动着。树的动，显出小屋的静；树的高大，显出小屋的小巧；而小屋别致出色，乃是由于满山皆树，为小屋布置了一个美妙的绿的背景。

后面有一棵高过屋顶的大树，细而密的枝叶伸展在小屋的上面，美而浓的树荫把小屋笼罩起来。这棵树使小屋予人另一种印象，使小屋显得含蓄而有风度。

换个角度，近看改为远观，小屋却又变换位置，出现在另一些树的上面，这个角度是远远地站在山下看。首先看到的是小屋前面的树，那些树把小屋遮掩了，只在树与树之间露出一些建筑的线条，一角活泼翘起的屋檐，一排整齐的图案式的屋瓦。一片蓝，那是墙；一片白，那是窗。我的小屋在树与树之间若隐若现，凌空而起，姿态翩然。本质上，它是一幢房屋；形式上，却像鸟一样，蝶一样，憩于枝头，轻灵而自由！

小屋之小，是受了土地的限制。论"领土"，只有有限的一点。在有限的土地上，房屋比土地小，花园比房屋小，花园中的路又比花园小，这条小路是我袖珍型的花园的大道。和"领土"相对的是"领空"，论"领空"却又是无限的，足以举目千里，足以俯仰天地，左顾有山外青山，右盼有绿野阡陌。适于心灵散步，眼睛旅行，也就是古人说的游目骋怀。这个无限的"领空"，是我开放性的院子。

　　有形的围墙围住一些花，有紫藤、月季、喇叭花、圣诞红之类。天地相连的那一道弧线，是另一重无形的围墙，也围住一些花，那些花有朵状有片状，有红，有白，有绚烂，也有飘落。也许那是上帝玩赏的牡丹或芍药，我们叫它云或霞。空气在山上特别清新，清新的空气使我觉得呼吸的是香！

　　光线以明亮为好，小屋的光线是明亮的，因为屋虽小，窗很多。例外的只有破晓或入暮，那时山上只有一片微光，一片柔静，一片宁谧。小屋在山的怀抱中，犹如在花蕊中一般，慢慢地花蕊绽开了一些，好像群山后退了一些。山是不动的，那是光线加强了，是早晨来到了山中。当花瓣微微收拢，那就是夜晚来临了。小屋的光线既高于科学的时间性，也高于浪漫的文学性。

　　山上的环境是独立的，安静的。身在小屋享受着人间清福，享受着充足的睡眠，以及一天个美梦。

　　出入的交通要道，是一条类似苏花公路的山路，一边傍山，一边面临稻浪起伏的绿海和那高高的山坡。山路和山坡不便于行车，然而便于我行走。我出外，小屋是我快乐的起点；我归来，小屋是我幸福的终点。往返于快乐与幸福之间，哪儿还有不好走的路呢？我只觉得出外时身轻如飞，山路自动地后退；归来时带几分雀跃的心情，一跳一跳就跳过了那些山坡。我替山坡起了个名字，叫幸福的阶梯，山路被我唤做空中走廊！

　　我把一切应用的东西当做艺术，我在生活中的第一件艺术品——就是小屋。白天它是清晰的，夜晚它是朦胧的。每个夜幕深重的晚上，山下亮起灿烂的万家灯火，山上闪出疏落的灯光。山下的灯把黑暗照亮了，山上的灯把黑暗照淡了，淡如烟，淡如雾，山也虚无，树也缥缈。小屋迷于雾失楼台的情景中，它不再是清晰的小屋，而是烟雾之中、星点之下、月影之侧的空中楼阁！

　　这座空中楼阁占了地利，可以省去许多室内设计和其他的装饰。

　　虽不养鸟，每天早晨有鸟语盈耳。

　　无需挂画，门外有幅巨画——名叫自然。

【导读】

　　这是一篇托物言志散文，文章以饱含喜爱情感的笔墨描绘了一座立于山脊、如入天际，灵秀、别致而富于情调的小屋，借此抒发对小屋的赞美，对大自然的热爱，更寄托了对独立、安静的人生境界的向往。作者的"空中楼阁"如同陶渊明向往的桃花源、刘禹锡笔下的陋室、海子"面朝大海，春暖花开"的精神家园，让人遐想和向往。该文作为散文，它"形散神聚"的散文特征，融中西方艺术于一体，汇诗词、绘画美于一文的美学特征非常突出。

　　本文共分为五个部分。第一部分交代小屋的位置。一开始，作者用了"山如眉黛"这个现成的比喻，似乎看不出什么奇特之处。可他由此生发下去，便带出一个新鲜的比喻来："小屋恰似眉梢的痣一点。"独出心裁，熨帖自然，使"山""屋"的形象表现出新颖动人之态。前一比喻是不可或缺的铺垫，后一比喻的光彩又使前一比喻脱去凡俗，顿然生辉了。第二部分，从"世界上有很多已经很美的东西"到"轻灵而自由"。通过小屋点缀山、树点缀小屋的精巧布局，显现出小屋"凌空"的姿态。联想奇瑰、浪漫，字里行间已暗暗蕴含着题目的"空中"二字了。第三部分，从"小屋之小"到"以及一天一个美梦"。转入直接对小屋环境的描绘。末尾的议论，富有哲理性：光线随时间变化，自有其科学道理，并非杜撰的神话中的奇光异彩；光线有了这种变化，更逗人情思，产生浪漫的遐想。"山上的环境是独立的，安静的。"这是对第三部分的小结。第四部分，从"出入的交通要道"到"月影之侧的空中楼阁"。直接点题，写空中楼阁。我们不得不惊叹作者精湛的艺术技巧和纯熟的语言表达水平，竟使这普通的山和平常的小屋，幻化出令人如此心旷神怡的美妙境界！最后三句话为第五部分，写小屋室内之好得益于自然的美，抒写了热爱自然，热爱生活的美好情趣。"门外有幅巨画——名叫自然"一句，概括全文，点明文章思想真谛，揭示自然的美。

　　文章着力对自然这幅巨画中的小屋进行渲染，似乎仅倾心于此。因为这里没有徐志摩式的提醒，没有钟梅音式的喟叹，世俗绝少侵入这一自然中。然而，从对如梦如幻、轻松活泼的小屋美景的沉醉中返回标题"我的空中楼阁"，便有一种怅然若失之感。也许，这仅是作者一厢情愿的梦境吧。精当的比喻、鲜亮的意象、轻松的语调，营造的世界竟然是一座"烟雾之中、星点之下、月影之侧的空中楼阁"，言外之意令人回味无穷。

【训练】

一、单项训练

1. 给下列加点的字注音。

眉黛（　　）　　山脊（　　）　　点缀（　　）　　婀娜（　　）
姿态翩然（　　）　阡陌（　　）　休憩（　　）　　宁谧（　　）
缥缈（　　）　游目骋怀（　　）

2. 解释下列词语的词义。

眉黛　　休憩　　游目骋怀　　俯仰天地　　宁谧　　雾失楼台　　空中楼阁

二、综合训练

1. 文中写道："往返于快乐与幸福之间，哪儿还有不好走的路呢？"这句话意蕴深厚，谈谈对这句话的理解。

2.下列句子生动形象，富有表现力。请根据对课文的理解进行评析。

（1）（山上有了小屋）好比一望无际的水面飘过一片风帆，辽阔无边的天空掠过一只飞雁，是单纯的底色上一点灵动的色彩，是山川美景中的一点生气，一点情调。

（2）我只觉得出外时身轻如飞，山路自动地后退；归来时带几分雀跃的心情，一跳一跳就跳过了那些山坡。

三、拓展训练

1.本文是一篇神韵奇隽、情采飞扬、意境深邃的写景美文。结合全文，说说"空中楼阁"有哪些特点。

2.山不在高，有仙则名；水不在深，有龙则灵。斯是陋室，唯吾德馨。苔痕上阶绿，草色入帘青。谈笑有鸿儒，往来无白丁。可以调素琴，阅金经，无丝竹之乱耳，无案牍之劳形。南阳诸葛庐，西蜀子云亭。孔子云：何陋之有？

——刘禹锡《陋室铭》

我不论住在哪里，只要住得稍久，对那房子就会发生感情，非不得已我还舍不得搬。这"雅舍"，我初来时仅求其能避风雨，并不敢存奢望，现在住了两个多月，我的好感油然而生。虽然我已渐渐感觉它是并不能蔽风雨，因为有窗而无玻璃，风来则洞若凉亭；有瓦而空隙不少，雨来则渗如滴漏。纵然不能蔽风雨，"雅舍"还是有它的个性。有个性就可爱。

——梁实秋《雅舍》

从刘禹锡的"陋室"到梁实秋的"雅舍"，再到"空中楼阁"，从它们类似的特征中，由中国散文寄予的关于"自己的房子"的理想，可以分析出怎样的文化心态？

（朱豫）

任务十七

三体 2·黑暗森林（节选）①

刘慈欣

【题解】

刘慈欣，1963 年 6 月出生，山西阳泉人，高级工程师，科幻作家。2015 年 8 月 23 日，凭借科幻小说《三体》获第 73 届雨果奖最佳长篇小说奖，这是亚洲人首次获得雨果奖。同年 10 月 18 日，凭借《三体》获第六届全球华语科幻文学最高成就奖，并被授予特级华语科幻星云勋章。代表作有长篇小说《超新星纪元》《球状闪电》《三体》三部曲等，中短篇小说《流浪地球》《乡村教师》《朝闻道》等。其中《三体》三部曲被普遍认为是中国科幻文学的里程碑之作，将中国科幻推上了世界的高度。

"真实的宇宙就是这么黑。"罗辑②伸手挥挥，像抚摸天鹅绒般感受着黑暗的质感，"宇宙就是一座黑暗森林，每个文明都是带枪的猎人，像幽灵般潜行于林间，轻轻拨开挡路的树枝，竭力不让脚步发出一点儿声音，连呼吸都小心翼翼……他必须小心，因为林中到处都有与他一样潜行的猎人。如果他发现了别的生命，不管是不是猎人，不管是天使还是魔鬼，不管是娇嫩的婴儿还是步履蹒跚的老人，也不管是天仙般的少女还是天神般的男孩，能做的只有一件事：开枪消灭之。在这片森林中，他人就是地狱，就是永恒的威胁，任何暴露自己存在的生命都将很快被消灭。这就是宇宙文明的图景，这就是对费米悖论的解释。"

大史又点上了一支烟，仅仅是为了有点光明。

"但黑暗森林中有一个叫人类的傻孩子，生了一堆火并在旁边高喊：我在这儿！我在这儿！"罗辑说。

"有人听到了吗？"

"被听到是肯定的，但并不能由此判断这孩子的位置。到目前为止，人类还没有向宇宙中发送过地球和太阳系位置的确切信息，从已经发送的信息中能够知道的，只是太阳系与三体世界的相对距离，以及这两个世界在银河系中的大致方向，但这两个世界的确切位置还是秘密。要知道，我们处于银河系边缘的蛮荒地带，相对安全一些。"

---

① 本文节选自《三体 2·黑暗森林》，有删改。
② 罗辑：宇宙社会学学者，"面壁计划"的其中一位"面壁者"之一。

"那你的咒语是怎么回事呢?"

"我通过太阳发送到宇宙间的那三张图,每张上面有三十个点,代表着三十颗恒星在三维坐标系相应平面的位置投影。把这三张图按照三维立体坐标组合起来,就构成了一个立方体空间,那三十个点分布在这个空间中,标示出了187J3X1与它周围三十颗恒星的相对位置,同时用一个标识符注明了187J3X1。

"你仔细想想就能明白:一个黑暗森林中的猎手,在凝神屏息的潜行中,突然看到前面一棵树被削下一块树皮,露出醒目的白木,在上面用所有猎手都能认出的字标示出森林中的一个位置。这猎手对这个位置会怎么想?肯定不会认为那里有别人为他准备的给养,在所有的其他可能性中,非常大的一种可能就是告诉大家那里有活着的、需要消灭的猎物。标示者的目的并不重要,重要的是黑暗森林的神经已经在生存死局中绷紧到极限,而最容易触动的就是那根最敏感的神经。假设林中有一百万个猎手(在银河系上千亿颗恒星中存在的文明数量可能千百倍于此),可能有九十万个对这个标示不予理会;在剩下的十万个猎手中,可能有九万个对那个位置进行探测,证实其没有生物后也不予理会;那么在最后剩下的一万个猎手中,肯定有人会做出这样的选择:向那个位置开一枪试试,因为对技术发展到某种程度的文明来说,攻击可能比探测省力,也比探测安全,如果那个位置真的什么都没有,自己也没什么损失。现在,这个猎手出现了。"

"你的咒语再也发不出去了,是吗?"

"是,大史,再也发不出去了。咒语必须向整个银河系广播,而太阳被封死了。"

"人类只晚了一步?"史强扔掉烟头,那粒火星在黑暗中划了一个弧形落下,暂时照亮了一小圈沙地。

"不不,你想想,如果太阳没有被封死,我对三体世界威胁要发出针对它的咒语,会怎么样?"

"你会像雷迪亚兹那样被人群用石头砸死,然后世界会立法绝对禁止别人再有这方面的考虑。"

"说得对,大史,因为太阳系与三体世界的相对距离和在银河系中的大致方向已经公布,暴露三体世界的位置几乎就等于暴露太阳系的位置,这也是同归于尽的战略。也许确实晚了一步,但这是人类不可能迈出的一步。"

"你当时应该直接向三体发出威胁。"

……

"我对三体世界说话。"罗辑说,声音并不高,他本想重复一遍,但是没有,他知道对方能听到。

一切没有变化,墓碑静静地立在凌晨的宁静中,地上的水洼映着正在亮起来的天空,像一片片镜子,这给人一个错觉:似乎地球就是一个镜面球体,大地和世界只是附着于其上的薄薄一层,现在由于雨水的冲刷,球体光滑的表面一小片一小片露出来了。

这个仍未醒来的世界,不知道自己已被当做一场豪赌的筹码,放到了宇宙的赌桌上。

罗辑抬起左手，露出了戴在手腕上的手表大小的东西说："这是一个生命体征监测仪，它通过一个发射器与一套摇篮系统联结。你们一定记得两个世纪前面壁者雷迪亚兹的事，那就一定知道摇篮系统是什么。这个监测仪所发出的信号通过摇篮系统的链路，到达雪地工程部署在太阳轨道上的三千六百一十四枚核弹，信号每秒钟发射一次，维持着这些核弹的非触发状态。如果我死去，摇篮系统的维持信号将消失，所有的核弹将被引爆，包裹核弹的油膜物质将在爆炸中形成围绕太阳的三千六百一十四团星际尘埃，从远方观察，在这些尘埃云团的遮挡下，太阳将在可见光和其他高频波段发生闪烁。太阳轨道上所有核弹的位置都是经过精心布置的，这将使得太阳闪烁形成的信号发送出三张简单的图形，就像我两个世纪前发出的那三张图一样，每张上面有三十个点的排列，并标注其中一个点，它们可以组合成一张三维坐标图。但与那次不同的是，这次发送的，是三体世界与周围三十颗恒星的相对位置。太阳将变成银河系中的一座灯塔，把这咒语发送出去，当然，太阳系和地球的位置也会同时暴露。从银河系中的一点看，图形发射完成需要一年多的时间，但应该有很多技术发展到这样程度的文明，可以从多个方向同时观测太阳，那样的话，只需几天甚至几个小时，他们就能得到全部信息。"

随着天光渐明，星星在一颗颗消失，仿佛无数只眼睛渐次闭上；而东方正在亮起的晨空，则像一只巨大的眼睛在慢慢睁开。蚂蚁继续在墓碑上攀爬着，穿行在名字构成的迷宫中。早在这个靠碑而立的豪赌者出现前的一亿年，它的种族已经生活在地球上，这个世界有它的一份，但对正在发生的事，它并不在意。

罗辑离开墓碑，站到他为自己挖掘的墓穴旁，将手枪顶到自己的心脏位置，说："现在，我将让自己的心脏停止跳动，与此同时我也将成为两个世界有史以来最大的罪犯。对于所犯下的罪行，我对两个文明表示深深的歉意，但不会忏悔，因为这是唯一的选择。我知道智子①就在身边，但你们对人类的呼唤从不理睬，无言是最大的轻蔑，我们忍受这种轻蔑已经两个世纪了，现在，如果你们愿意，可以继续保持沉默，我只给你们三十秒钟时间。"

罗辑按照自己的心跳来计时，由于现在心跳很急促，他把两次算一秒钟，在极度的紧张中他一开始就数错了，只好从头数起，所以当智子出现时他并不能确定到底过了多少时间，客观时间大约流逝了不到十秒钟，主观时间长得像一生。这时他看到世界在眼前分成了四份，一份是周围的现实世界，另外三份是变形的映像。映像来自他前上方突然出现的三个球体，它们都有着全反射的镜面，就像他在最后一个梦中见到的墓碑那样。他不知道这是智子的几维展开，那三个球体都很大，在他的前方遮住了半个天空，挡住了正在亮起来的东方天际，在球体中映出的西方天空

---

① 智子：三体世界在地球人类世界唯一的人格化存在。是科幻小说《三体》系列中的高科技人工智能或三体人操控的微观粒子，一开始它只是一粒质子，在二维展开经过蚀刻加工成超级计算机后，再恢复为高维粒子状态，被三体世界发送到太阳系以封锁地球科技的智能颗粒，当时被称为"质子"。后来变成了一个女性化的机器人，担负起人类世界与三体世界的沟通桥梁职能，改名"智子"。

中他看到了几颗残星,球体下方映着变形的墓地和自己,三个球体上都出现了两个相同的字:

住手!

"我可以谈谈条件吗?"罗辑仰头看着三个球体问。

你先把枪放下,然后我们可以谈判。

这些字仍是在三个球体上同时显示的,字迹发出红色的光芒,极其醒目,罗辑看到字行在球体上没有变形,是整齐的一行,以至于看上去既像在球体表面,又像在它们的内部,他提醒自己,这是在看高维空间在三维世界中的投影。

"这不是谈判,是我继续活下去的要求,我只希望知道你们答应还是不答应。"

说出你的要求。

"让水滴①,或者说探测器,停止向太阳发射电波。"

已经按你说的做了。

球体的回答快得出乎预料,罗辑现在并没有什么办法去核实,但他感到周围的空间有了一些微妙的变化,就像某种因持续存在而不为人察觉的背景音消失了,当然,这也许是幻觉,人是感觉不到电磁辐射的。

"让正在向太阳系行进的九个水滴立刻改变航向,飞离太阳系。"

这一次三个球体的回答稍微延迟了几秒钟。

已经按你说的做了。

"请给人类核实的手段。"

九个探测器都将发出可见光,你们的林格—斐兹罗望远镜就能观测到它们。

罗辑仍然不可能核实这些,但这个时候,他相信三体世界。

"最后一个条件:三体舰队不得越过奥尔特星云②。"

舰队现在已处于最大的减速推进功率,不可能在奥尔特星云外侧把与太阳的相对速度减到零。

"那就像水滴编队一样转向,使航线偏离太阳系。"

向哪个方向转向都是死路,这样会使舰队掠过太阳系进入荒凉太空,到时无论是返回三体世界,还是寻找其他可生存星系都要相当长的时间,舰队生态循环系统维持不了那么长时间。

"也不一定是死路,也许以后人类或三体世界的飞船能够追上并营救他们。"

这需要最高执政官的指令。

"转向毕竟是一个很长的过程,先做起来吧,给我和别的生命一个活下去的机会。"

---

① 水滴:三体世界派往地球的先遣探测器,预计比庞大的三体舰队早两个世纪到达地球。它的任务是摧毁布置在木星轨道附近的人类战舰阵列,并对太阳实施封锁,以免人类利用太阳发布宇宙广播,暴露三体世界及太阳系的宇宙坐标。

② 奥尔特星云:是一个假设的包围着太阳系的球体云团,布满着不活跃的彗星,距离太阳约50000 至 100000 个天文单位,最大半径差不多一光年,相当于太阳与比邻星系距离的四分之一。

一段长达三分钟的沉默，然后：

舰队将在地球计时十分钟后开始转向，大约转向开始三十分钟后，人类太空观测系统就能觉察到航向的改变。

"好，对我来说这就够了。"罗辑说，同时把手枪从胸口移开，他的另一只手扶着墓碑，尽力不让自己倒下，"你们早就知道宇宙的黑暗森林状态①吗？"

是的，早就知道，你们这么晚才知道倒是一件很奇怪的事……你的健康状况让我们担忧，这不会意外中断摇篮系统的维持信号吧？

"不会，这套装置比雷迪亚兹的要先进许多，我只要活着信号就不会中断发射。"

你最好还是坐下来，这样会对你的状况有所改善。

"谢谢。"罗辑说，靠着墓碑坐了下来，"不要担心，我死不了的。"

我们正在和两个国际的最高层取得联系，要不要为你叫一辆救护车？

罗辑笑着摇摇头，"不用，我不是救世主，只想如同一个普通人那样离开这里回家，我休息一会儿就走。"

三个球体中的两个消失了，剩下的一个显示的字迹也不再发光，显得黯淡阴郁：

我们还是失败在计谋上。

罗辑点点头，"用尘埃云遮挡太阳向星际发送信息并不是我的发明，早在二十世纪就有天文学家提出过这个设想。其实你们有过多次识破我的机会。比如在雪地工程的全过程中，我一直对核弹在太阳轨道上的精确位置那么在意。"

你还在长达两个月的时间里，一个人待在控制室中，遥控核弹上的离子发动机对它们的位置进行微调，我们当时对这些都没有在意，以为你只是通过无意义的工作来逃避现实。我们从来就没有想到这些核弹的间距有什么意义。

"还有一个机会，那时我向一个物理学家小组咨询智子在太空中展开的问题。如果 ETO 还在，他们早就识破我了。"

罗辑曾怀疑在尘埃云团形成后，智子可以在云团的间隙进行二维展开，也对太阳进行遮挡，进而干扰信息的发送，但他随后得知，智子在二维展开后没有任何空间机动和定位能力，只能以行星的引力为骨架保持形状，如果在太空中展开，将很快在太阳风等因素的作用下失去平面形状折叠团皱起来，这就是二维展开后的智子只能在包裹三体行星的情况下才能保持形状进行电路蚀刻的原因。

是的，抛弃他们是一个错误。

"还有，我要求在雪地工程中建立这样奇怪的摇篮触发系统。"

这确实使我们想起了雷迪亚兹，但没有由此想更多，两个世纪前的雷迪亚兹对我们是无害的，另外两个面壁者对我们也是无害的。我们把对他们的轻视也转移到你身上。

---

① 黑暗森林法则可简单理解为，一旦某个宇宙文明被发现，就必然遭到其他宇宙文明的打击。黑暗森林状态是指宇宙中不同文明之间为了生存和资源而发起的毁灭性攻击。摇篮系统中断维持信号会启动宇宙广播，发送三体文明具体坐标，从而导致三体以及地球的毁灭。

"对他们的轻视是不公平的,那三位面壁者都是伟大的战略家,他们看清了人类在末日之战中必然失败的事实。"

也许我们可以开始谈判了。

"那不是我的事情了。"罗辑说完长长地出了一口气,感到了如新生一般的轻松和惬意。

是的,你已经完成了面壁者的使命,但总能提一些建议吧?

"人类的谈判者肯定首先提出,要你们帮助建立一个更完善的信号发射系统,使人类掌握随时向太空发射咒语的能力。即使水滴解除对太阳的封锁,现在的系统也实在太原始了。"

我们可帮助建立一个中微子发射系统。

"据我所了解的情况,他们可能更倾向于引力波。在智子降临后,这是人类物理学向前走得比较远的领域,他们当然需要一个自己能够了解其原理的系统。"

引力波的天线体积很巨大的。

"那是你们和他们的事。奇怪,我现在感觉自己不是人类的一员了,我的最大愿望就是尽快摆脱这一切。"

接下来他们会要求我们解除智子封锁,并全面传授科学技术。

"这对你们也很重要,三体世界的技术是匀速发展的,直到两个世纪后仍未派出速度更快的后续舰队,所以,要救援偏航的三体舰队,只能靠未来的人类了。"

我要离开了,你真的能够自己回去吗?你的生命关系到两个文明的生存。

"没问题,我现在感觉好多了,回去后我就立刻把摇篮系统移交,然后,我就与这一切无关了,最后只想说:谢谢。"

为什么?

"因为你们让我活下来了,其实,只要换个思考方式,我们都能活下来。"

球体消失了,回到了十一维度的微观状态。太阳已经从东方露出一角,把金辉撒向这个从毁灭中幸存的世界。

罗辑慢慢站起身,最后看了一眼身后的墓碑,沿着来时的小路蹒跚走去。

那只蚂蚁已经爬到了墓碑顶端,骄傲地对着初升的太阳挥舞两只触须,对于刚才发生的事,仅就地球生命而言,它是唯一的目击者。

【导读】

《三体2·黑暗森林》主要讲述了三体舰队杀气腾腾直扑太阳系,尖端科技被锁死的地球人面对前所未有的危局,唯一的突破口在于三体人透明的思维。于是,人类制订了"面壁计划",精选出四位"面壁者",展开对三体人的反击。在这场你死我活的文明生存竞争中,"面壁者"之一的社会学教授罗辑想到了一个对抗三体文明入侵的办法,并证实了宇宙文明间的黑暗森林法则——任何暴露自己位置的文明都将很快被消灭。借助于这一发现,他以向全宇宙公布三体世界的位置坐标相威胁,暂时制止了三体对太阳系的入侵,使地球与三体建立起脆弱的战略平衡。

"黑暗森林法则"是《三体2》中的一个很重要的设定，它是由主人公罗辑对另一主人公叶文洁提出的"宇宙社会学"概念推导而来。"宇宙社会学"的概念，主要由两条法则构成：第一，生存是所有文明的首要任务；第二，尽管文明处于不断的扩张和增长之中，但是宇宙中的物质总量保持不变。这两条法则透露出一对无法解决的矛盾，即生存资源之有限与文明扩张欲望之无限间的矛盾。这也是所有文明愿意对所有文明发动战争的动力。

《三体》系列小说气势恢宏，广泛涉及宏观与微观世界，科幻元素密集。在惊心动魄的情节展开中，亦充分注意到了小说的文学性，结构复杂，语言精致，悬念丛生，与同类题材的作品相比，更注重科幻之外的思索与哲理探寻。

【训练】

一、单项训练

1. 请简要概述本文的主要内容。
2. 请用你自己的语言阐述黑暗森林法则。
3. 从小说节选部分来看，三体文明采用了哪些方式向地球入侵？

二、综合训练

1. 下面两段景物描写有什么作用？请结合文本分析。

   随着天光渐明，星星在一颗颗消失，仿佛无数只眼睛渐次闭上；而东方正在亮起的晨空，则像一只巨大的眼睛在慢慢睁开。蚂蚁继续在墓碑上攀爬着，穿行在名字构成的迷宫中。早在这个靠碑而立的豪赌者出现前的一亿年，它的种族已经生活在地球上，这个世界有它的一份，但对正在发生的事，它并不在意。

   那只蚂蚁已经爬到了墓碑顶端，骄傲地对着初升的太阳挥舞两只触须，对于刚才发生的事，仅就地球生命而言，它是唯一的目击者。

2. 以小组形式研读课文内容，讨论回答下列问题。

   （1）如何理解"黑暗森林"？
   （2）如果三体文明不答应罗辑的要求，他会中断摇篮系统的维持信号吗？请结合文本谈谈你的理解。
   （3）人类为什么会要求三体文明帮助建立信号发射系统？
   （4）三体文明表达了对罗辑生命状况的担忧，有人认为这不仅是因为它们对罗辑摇篮系统的畏惧，更是因为对罗辑的尊重和敬佩。你认同这种说法吗？为什么？

三、拓展训练

刘慈欣的小说《三体》中有一句话，读之令人警醒——"我消灭你，与你无关。"我们的"敌人"其实一直都在，只是你不知道。正如相机不知道敌人是手机，泡面不知道敌人是外卖。甚至还有人开玩笑说："小偷的敌人，除了警察还有移动支付。"

读了以上材料，你有怎样的感受和领悟？请结合对现实的思考或对未来的展望谈谈你的看法。

要求：500字左右，观点鲜明，条理清楚。

（张宇宁）

任务十八

十八岁出门远行[①]

余华

【题解】

余华（1960— ），浙江海盐人，祖籍山东高唐。当代作家。父母都为医生，他曾当过牙医，五年后弃医从文。1983年开始创作，同年进入浙江省海盐县文化馆。后就读于鲁迅文学院、北京师范大学联合招收的研究生班。现定居北京，从事专业创作。他是"先锋派"的代表作家，早年的小说带有很强的实验性，以极其冷酷的笔调揭示人性丑陋阴暗的角落，罪恶、暴力、死亡是他执着于描写的对象，处处透着怪异奇特的气息，又有非凡的想象力，客观的叙述语言和跌宕恐怖的情节形成鲜明的对比，对生存的异化状况有着特殊的敏感，给人以震撼。他主要作品有中短篇小说《十八岁出门远行》《鲜血梅花》《在劫难逃》《世事如烟》等，长篇小说《在细雨中呼喊》《活着》《许三观卖血记》等。

柏油马路起伏不止，马路像是贴在海浪上。我走在这条山区公路上，我像一条船。这年我十八岁，我下巴上那几根黄色的胡须迎风飘飘，那是第一批来这里定居的胡须，所以我格外珍重它们。我在这条路上走了整整一天，已经看了很多山和很多云。所有的山所有的云，都让我联想起了熟悉的人。我就朝着它们呼唤他们的绰号，所以尽管走了一天，可我一点也不累。我就这样从早晨里穿过，现在走进了下午的尾声，而且还看到了黄昏的头发。但是我还没走进一家旅店。

我在路上遇到不少人，可他们都不知道前面是何处，前面是否有旅店。他们都这样告诉我："你走过去看吧。"我觉得他们说得太好了，我确实是在走过去看。可是我还没走进一家旅店。我觉得自己应该为旅店操心。

我奇怪自己走了一天竟只遇到一次汽车。那时是中午，那时我刚刚想搭车，但那时仅仅只是想搭车，那时我还没为旅店操心，那时我只是觉得搭一下车非常了不起。我站在路旁朝那辆汽车挥手，我努力挥得很潇洒。可那个司机看也没看我，汽车和司机一样，也是看也没看，在我眼前一闪就他妈的过去了。我就在汽车后面拼

[①] 《十八岁出门远行》发表于《北京文学》1987年第1期，是余华的代表作之一。它标志着余华作为一个作家，而且是当代先锋作家正式登上了文坛，并初步确立了不可替代的余华风格和他在当代文坛的地位。

命地追了一阵，我这样做只是为了高兴，因为那时我还没有为旅店操心。我一直追到汽车消失之后，然后我对着自己哈哈大笑，但是我马上发现笑得太厉害会影响呼吸，于是我立刻不笑。接着我就兴致勃勃地继续走路，但心里却开始后悔起来，后悔刚才没在潇洒地挥着的手里放一块大石子。

现在我真想搭车，因为黄昏就要来了，可旅店还在它妈肚子里，但是整个下午竟没再看到一辆汽车。要是现在再拦车，我想我准能拦住。我会躺到公路中央去，我敢肯定所有的汽车都会在我耳边来个急刹车。然而现在连汽车的马达声都听不到。现在我只能走过去看了，这话不错，走过去看。

公路高低起伏，那高处总在诱惑我，诱惑我没命奔上去看旅店，可每次都只看到另一个高处，中间是一个叫人沮丧的弧度。尽管这样我还是一次一次地往高处奔，次次都是没命地奔。眼下我又往高处奔去。这一次我看到了，看到的不是旅店而是汽车。汽车是朝我这个方向停着的，停在公路的低处。我看到那个司机高高翘起的屁股，屁股上有晚霞。司机的脑袋我看不见，他的脑袋正塞在车头里。那车头的盖子斜斜翘起，像是翻起的嘴唇。车厢里高高堆着箩筐，我想着箩筐里装的肯定是水果。当然最好是香蕉。我想他的驾驶室里应该也有，那么我一坐进去就可以拿起来吃了，虽然汽车将要朝我走来的方向开去，但我已经不在乎方向。我现在需要旅店，旅店没有就需要汽车，汽车就在眼前。

我兴致勃勃地跑了过去，向司机打招呼："老乡，你好。"

司机好像没有听到，仍在弄着什么。

"老乡，抽烟。"

这时他才使了使劲，将头从里面拔出来，并伸过来一只黑乎乎的手，夹住我递过去的烟。我赶紧给他点火，他将烟叼在嘴上吸了几口后，又把头塞了进去。

于是我心安理得了，他只要接过我的烟，他就得让我坐他的车。我就绕着汽车转悠起来，转悠是为了侦察箩筐的内容。可是我看不清，便去使用鼻子闻，闻到了苹果味。苹果也不错，我这样想。

不一会儿他修好了车，就盖上车盖跳了下来。我赶紧走上去说："老乡，我想搭车。"不料他用黑乎乎的手推了我一把，粗暴地说："滚开。"

我气得无话可说，他却慢悠悠地打开车门钻了进去，然后发动机响了起来。我知道要是错过这次机会，将不再有机会。我知道现在应该豁出去了。于是我跑到另一侧，也拉开车门钻了进去。我准备与他在驾驶室里大打一场。我进去时首先是冲着他吼了一声："你嘴里还叼着我的烟。"这时汽车已经活动了。

然而他却笑嘻嘻地十分友好地看起我来，这让我大惑不解。他问："你上哪？"

我说："随便上哪。"

他又亲切地问："想吃苹果吗？"他仍然看着我。

"那还用问。"

"到后面去拿吧。"

他把汽车开得那么快，我敢爬出驾驶室爬到后面去吗？于是我就说："算了吧。"

他说："去拿吧。"他的眼睛还在看着我。

我说:"别看了,我脸上没公路。"

他这才扭过头去看公路了。

汽车朝我来时的方向驰着,我舒服地坐在座椅上,看着窗外,和司机聊着天。现在我和他已经成为朋友了。我已经知道他是搞个体贩运。这汽车是他自己的,苹果也是他的。我还听到了他口袋里面钱儿叮当响。我问他:"你到什么地方去?"

他说:"开过去看吧。"

这话简直像是我兄弟说的,这话可多亲切。我觉得自己与他更亲近了。车窗外的一切应该是我熟悉的,那些山那些云都让我联想起来了另一帮熟悉的人来了,于是我又叫唤起另一批绰号来了。

现在我根本不在乎什么旅店,这汽车这司机这座椅让我心安而理得。我不知道汽车要到什么地方去,他也不知道。反正前面是什么地方对我们来说无关紧要,我们只要汽车在驰着,那就驰过去看吧。

可是这汽车抛锚了,那个时候我们已经是好得不能再好的朋友了。我把手搭在他肩上,他把手搭在我肩上。他正在把他的恋爱说给我听,正要说第一次拥抱女性的感觉时,这汽车抛锚了。汽车是在上坡时抛锚的,那个时候汽车突然不叫唤了,像死猪那样突然不动了。于是他又爬到车头上去了,又把那上嘴唇翻了起来,脑袋又塞了进去。我坐在驾驶室里,我知道他的屁股此刻肯定又高高翘起,但上嘴唇挡住了我的视线,我看不到他的屁股。可我听得到他修车的声音。

过了一会他把脑袋拔了出来,把车盖盖上。他那时的手更黑了,他把脏手在衣服上擦了又擦,然后跳到地上走了过来。

"修好了?"我问。

"完了,没法修了。"他说。

我想完了,"那怎么办呢"我问。

"等着瞧吧。"他漫不经心地说。

我仍在汽车里坐着,不知该怎么办。眼下我又想起什么旅店来了。那个时候太阳要落山了,晚霞则像蒸气似的在升腾。旅店就这样重又来到了我脑中,并且逐渐膨胀,不一会便把我的脑袋塞满了。那时我的脑袋没有了,脑袋的地方长出了一个旅店。

司机这时在公路中央做起了广播操,他从第一节做到最后一节,做得很认真。做完又绕着汽车小跑起来。司机也许是在驾驶室里待得太久,现在他需要锻炼身体了。看着他在外面活动,我在里面也坐不住,于是,打开车门也跳了下去。但我没做广播操也没小跑。我在想着旅店和旅店。

这个时候我看到坡上有五个人骑着自行车下来,每辆自行车后座上都用一根扁担绑着两只很大的箩筐,我想他们大概是附近的农民,大概是卖菜回来。看到有人下来,我心里十分高兴,便迎上去喊道:"老乡,你们好。"

那五个人骑到我跟前时跳下了车。我很高兴地迎了上去,问:"附近有旅店吗?"

他们没有回答,而是问我:"车上装的是什么?"

我说:"是苹果。"

他们五人推着自行车走到汽车旁,有两个人爬到了汽车上,接着就翻下来十筐苹果，下面三个人把筐盖掀开往他们自己的筐里倒。我一时间还不知道发生了什么，那情景让我目瞪口呆。我明白过来就冲了上去，责问："你们要干什么？"

他们谁也没理睬我，继续倒苹果。我上去抓住其中一个人的手喊道："有人抢苹果啦！"这时有一只拳头朝我鼻子上狠狠地揍来了，我被打出几米远。爬起来用手一摸，鼻子软塌塌地不是贴着而是挂在脸上了，鲜血像是伤心的眼泪一样流。可当我看清打我的那个身强力壮的大汉时，他们五人已经跨上自行车骑走了。

司机此刻正在慢慢地散步，嘴唇翻着大口大口喘气，他刚才大概跑累了。他好像一点也不知道刚才的事。我朝他喊："你的苹果被抢走了！"可他根本没注意我在喊什么，仍在慢慢地散步。我真想上去揍他一拳，也让他的鼻子挂起来。我跑过去对着他的耳朵大喊："你的苹果被抢走了。"他这才转身看了我起来，我发现他的表情越来越高兴，我发现他是在看我的鼻子。

这时候，坡上又有很多人骑着自行车下来了，每辆车后都有两只大筐，骑车的人里面有一些孩子。他们蜂拥而来，又立刻将汽车包围。好些人跳到汽车上面，于是装苹果的箩筐纷纷而下，苹果从一些摔破的筐中像我的鼻血一样流了出来。他们都发疯般往自己筐中装苹果。才一瞬间工夫，车上的苹果全到了地下。那时有几辆手扶拖拉机从坡上隆隆而下，拖拉机也停在汽车旁，跳下一帮大汉开始往拖拉机上装苹果，那些空了的箩筐一只一只被扔了出去。那时的苹果已经满地滚了，所有人都像蛤蟆似的蹲着捡苹果。我是在这个时候奋不顾身扑上去的，我大声骂着："强盗！"扑了上去。于是有无数拳脚前来迎接，我全身每个地方几乎同时挨了揍。我支撑着从地上爬起来时，几个孩子朝我击来苹果，苹果撞在脑袋上碎了，但脑袋没碎。我正要扑过去揍那些孩子，有一只脚狠狠地踢在我腰部。我想叫唤一声，可嘴巴一张却没有声音。我跌坐在地上，我再也爬不起来了，只能看着他们乱抢苹果。我开始用眼睛去寻找那司机，这家伙此刻正站在远处朝我哈哈大笑，我便知道现在自己的模样一定比刚才的鼻子更精彩了。

那个时候我连愤怒的力气都没有了。我只能用眼睛看着这些使我愤怒至极的一切。我最愤怒的是那个司机。

坡上又下来了一些手扶拖拉机和自行车，他们也投入到这场浩劫中去。我看到地上的苹果越来越少，看着一些人离去和一些人来到。来迟的人开始在汽车上动手，我看着他们将车窗玻璃卸了下来，将轮胎卸了下来，又将木板橇了下来。轮胎被卸去后的汽车显得特别垂头丧气，它趴在地上。一些孩子则去捡那些刚才被扔出去的箩筐。我看着地上越来越干净，人也越来越少。可我那时只能看着了，因为我连愤怒的力气都没有了。我坐在地上爬不起来，我只能让目光走来走去。现在四周空荡荡了，只有一辆手扶拖拉机还停在趴着的汽车旁。有几个人在汽车旁东瞧西望，是在看看还有什么东西可以拿走。看了一阵后才一个一个爬到拖拉机上，于是拖拉机开动了。

这时我看到那司机也跳到拖拉机上去了，他在车斗里坐下来后还在朝我哈哈大笑。我看到他手里抱着的是我那个红色的背包。他把我的背包抢走了。背包里有我的衣服和我的钱，还有食品和书。可他把我的背包抢走了。

我看着拖拉机爬上了坡，然后就消失了，但仍能听到它的声音，可不一会连声音都没有了。四周一下了寂静下来，天也开始黑下来。我仍在地上坐着，我这时又饥又冷，可我现在什么都没有了。

我在那里坐了很久，然后才慢慢爬起来，我爬起来时很艰难，因为每动一下全身就剧烈地疼痛，但我还是爬了起来。我一拐一拐地走到汽车旁边。那汽车的模样真是惨极了，它遍体鳞伤地趴在那里，我知道自己也是遍体鳞伤了。

天色完全黑了，四周什么都没有，只有遍体鳞伤的汽车和遍体鳞伤的我。我无限悲伤地看着汽车，汽车也无限悲伤地看着我。我伸出手去抚摸了它。它浑身冰凉。那时候开始起风了，风很大，山上树叶摇动时的声音像是海涛的声音，这声音使我恐惧，使我也像汽车一样浑身冰凉。

我打开车门钻了进去，座椅没被他们撬去，这让我心里稍稍有了安慰。我就在驾驶室里躺了下来。我闻到了一股漏出来的汽油味，那气味像是我身内流出的血液的气味。外面风越来越大，但我躺在座椅上开始感到暖和一点了。我感到这汽车虽然遍体鳞伤，可它心窝还是健全的，还是暖和的。我知道自己的心窝也是暖和的。我一直在寻找旅店，没想到旅店你竟在这里。

我躺在汽车的心窝里，想起了那么一个晴朗温和的中午，那时的阳光非常美丽。我记得自己在外面高高兴兴地玩了半天，然后我回家了，在窗外看到父亲正在屋内整理一个红色的背包，我扑在窗口问："爸爸，你要出门？"

父亲转过身来温和地说："不，是让你出门。"

"让我出门？"

"是的，你已经十八了，你应该去认识一下外面的世界了。"

后来我就背起了那个漂亮的红背包，父亲在我脑后拍了一下，就像在马屁股上拍了一下，于是我欢快地冲出了家门，像一匹兴高采烈的马一样欢快地奔跑了起来。

一九八六年十一月十六日　北京

【导读】

虽然《十八岁出门远行》不是余华的第一篇小说，但是仍有很多人愿意把它看成是余华的处女作，认为它"是余华的小说精神的秘密和诞生地"。这篇作品的发表引起了批评界的关注，因为在它现实主义白描的背后所透露出的荒诞使其表现出了独特的先锋性光芒。

本文写了一位年满十八岁的小伙子初次单独出门闯世界的经历，看上去像是一部"成长小说"的序曲。十八岁意味着长大成人，可以单独面对世界了，意味着个人对世界的责任、义务和权利。一个十八岁的小伙子，想"去认识一下外面的世界"，这的确是件好事情，而且是必要的。事实上，主人公"我"也正是这么认为的。这可以看成是"我"的一次成人仪式。于是，"我""像一匹兴高采烈的马一样欢快地"朝着未知的世界出发了，但这并不是一次愉快的旅程。"我"模仿着成人，与外面的世界打交道，与卡车司机搭讪、递烟，得到的却是冷漠的拒绝。遭受冷遇只是厄运的开始，外面的世界在年轻的"我"看来是那样的难以理喻，不合逻辑，"我"试图亲近外面的世界，得到的却是暴力的回报。

现实在"我"面前展示了一个无法理喻的怪异的世界：运苹果的卡车司机伙同他人抢劫了自己的货物，又与同伙们一起扬长而去；"我"因为保护苹果被打得遍体鳞伤，最后只好与同样被抢劫的遍体鳞伤的汽车在一起，在机器的世界里（那辆被拆毁的汽车驾驶室里）找到了抚慰。暴力是荒诞世界奉献给"我"的"成人仪式"的第一份礼物，也是"我"初历人生的第一份宝贵经验。小说通过刚刚年满十八岁的"我"第一次出门远行的经历，讲述了"我"在一天中的经历（走路、搭车、被抢、自己在车里过夜，等等），但是作者并不是要讲述一个关于"我"的经历的故事，而是通过故事的载体，表达"我"对外部世界的认识和感觉，并从而表现出作家超人的叙事才能。

【训练】

一、单项训练

1. 给加点字注音，并解释下列词语。

绰号（　　）　　尽管（　　）　　抛锚（　　）

弧度（　　）　　浩劫（　　）　　撬开（　　）

2. 说出下列句子的含义。

（1）我无限悲伤地看着汽车，汽车也无限悲伤地看着我。

（2）于是我欢快地冲出了家门，像一匹兴高采烈的马一样欢快地奔跑了起来。

二、综合训练

以小组形式研读课文内容，讨论回答下列问题。

（1）找出"我"在寻找"旅店"的过程中不合情理的情节，尝试分析荒诞性描写的作用。

（2）在寻找"旅店"的过程中，主人公的情绪有什么变化？简述其缘由。

（3）文章最后"我一直在寻找旅店，没想到旅店你竟在这里"，"旅店"象征什么？

（4）经历过的"我"和初出家门的"我"有什么不同？可以带给我们哪些启发？

三、拓展训练

余华是"先锋小说"的领军人物。莫言曾经当众这样评价余华："当代文坛上第一个清醒的说梦者。"《十八岁出门远行》就是描写了一个流动、虚无缥缈的、真实的、残酷的梦。

根据你对全文的理解和感悟写一段话。

要求：500字左右，观点鲜明，条理清楚。

（朱豫）

任务十九

论读书①

[英]培根

【题解】

弗朗西斯·培根（Francis Bacon，1561—1626），第一代圣阿尔本子爵，英国文艺复兴时期散文家、哲学家。英国唯物主义哲学家。12岁入剑桥大学，后担任女王特别法律顾问以及朝廷的首席检察官、掌玺大臣等。晚年，受宫廷阴谋影响被逐出宫廷，脱离政治生涯，专心从事学术研究和著述活动，写成了一批在近代文学思想史上具有重大影响的著作。另外，他以哲学家的眼光，思考了广泛的人生问题，写出了许多形式短小、风格活泼的随笔小品。1626年因病逝世。主要著作有《新工具》《论科学的增进》以及《学术的伟大复兴》等。

读书足以怡情，足以傅彩②，足以长才。其怡情也，最见于独处幽居之时；其傅彩也，最见于高谈阔论之中；其长才也，最见于处世判事之际。练达之士虽能分别处理细事或一一判别枝节，然纵观统筹，全局策划，则舍③好学深思者莫属。读书费时过多易惰，文采藻饰太盛则矫，全凭条文断事乃学究故态。读书补天然之不足，经验又补读书之不足，盖天生才干犹如自然花草，读书然后知如何修剪移接；而书中所示，如不以经验范④之，则又大而无当。狡黠者鄙读书，无知者羡读书，唯明智之士用读书，然书并不以用处告人，用书之智不在书中，而在书外，全凭观察得之。读书时不可存心诘难⑤作者，不可尽信书上所言，亦不可只为寻章摘句⑥，而应推敲细思。书有可浅尝者，有可吞食者，少数则须咀嚼消化。换言之，有只须读其部分者，有只须大体涉猎者，少数则须全读，读时须全神贯注，孜孜不倦。书亦可请人代读，取其所作摘要，但只限题材较次或价值不高者，否则书经提炼犹如水经蒸馏，味同嚼蜡矣。读书使人充实，讨论使人机智，作文使人准确。因此不常作文者须记忆特强，不常讨论者须天生聪颖，不常读书者须欺世有术，始能无知而

① 选自《玫瑰树》（中国社会科学出版社1993年版），王佐良译。
② 傅彩：涂上色彩。这里指给言辞增添光彩。
③ 舍：抛开。
④ 范：这里是衡量、检验的意思。
⑤ 诘（jié）难：诘问，为难。
⑥ 寻章摘句：搜寻、摘取文章的片段词句。指读书时仅局限于文字的推求。

显有知。读史使人明智，读诗使人灵秀，数学使人周密，科学使人深刻，伦理学①使人庄重，逻辑修辞之学使人善辩：凡有所学，皆成性格。人之才智但有滞碍，无不可读适当之书使之顺畅，一如身体百病，皆可借相宜之运动除之。滚球利睾肾，射箭利胸肺，漫步利肠胃，骑术利头脑，诸如此类。如智力不集中，可令读数学，盖演题须全神贯注，稍有分散即须重演；如不能辨异，可令读经院哲学②，盖是辈皆吹毛求疵之人；如不善求同，不善以一物阐证另一物，可令读律师之案卷。如此头脑中凡有缺陷，皆有特药可医。

【导读】

《论读书》创作于文艺复兴时期，这个时期的人文主义者关心人本身，把完美的人作为自己的理想。因此，为救治与教化有弱点与弊病的人，当时的文章常带有教诲目的。

全文可分为三部分，第一部分阐述读书的正确目的；第二部分论述读书的方法，指出对不同的书应该采用不同的读法；第三层部分阐述读书的作用。全篇文章旨在强调读书的功效，作者相信人们头脑中一切病端都有办法救治，而读书就是一剂万能的良药。

《论读书》这篇文章的写法不同一般，全文没有分段，一气呵成。它论述的范围相当广泛，思路清晰，语言精练，几乎一句就是一个观点。且作者的笔法灵活，运用了排比、举例、对比等多种论证方法，语言生动，具有很强的说理性。

【训练】

一、单项训练

1. 通读全文，请简要概述本文的主要内容，并根据文章内容划分结构层次。
2. 本文的中心观点是什么？

二、综合训练

1. 作者在文中提到了哪些读书方法？
2. 以小组形式研读课文内容，讨论回答下列问题。
（1）作者论述了读书的重要性，为什么又说"不可尽信书上所言"？
（2）本文运用了什么论证方法？有什么作用？请举例说明。

---

① 伦理学：研究道德现象，揭示道德本质及其发展规律的学说。
② 经院哲学：欧洲中世纪在学院中讲授的哲学，注重采用烦琐的抽象推理的方法，又被称为"烦琐哲学"。

三、拓展训练

1. 许多名家都曾翻译过《论读书》这篇文章,下面节选了几个不同译本的片段,读一读,体会不同译本的语言特色。

  有些书可浅尝辄止,有些书可囫囵吞枣,但有少量书则须细细咀嚼,慢慢消化;换言之,有些书可只读其章节,有些书可大致浏览,有少量书则须通篇细读并认真领悟。有些书还可以请人代阅,只取代阅人所作摘录节要;但此法只适用于次要和无关紧要的书,因浓缩之书如蒸馏之水淡而无味。

——曹明伦译《谈读书》

  有些书可供一尝,有些书可以吞下,有不多的几部书则应当咀嚼消化;这就是说,有些书只要读读它们的一部分就够了,有些书可以全读,但是不必过于细心地读;还有不多的几部书则应当全读,勤读,而且用心地读。有些书也可以请代表去读,并且由别人替我作出节要来;但是这种办法只适于次要的议论和次要的书籍;否则录要的书就和蒸馏的水一样,都是无味的东西。

——水天同译《论学问》

  书有供人尝之者,有供人吞食者,亦有不多之书为供人咀嚼与消化者;易言之,书有仅须部分读之者,有仅须涉猎然无须细玩之者,少数书亦有须全读者,而其读则必勤必细,必全神贯注。书甚至可由人代读,读后令作撮要,然此必限于书中之非重要内容,且亦必非重要之书;诚以过滤之书亦犹过滤之水,甚乏味也。

——高健译《说学》

2. 阅读下面的材料,再结合你对本文的理解和感悟写一段话。
要求:500字左右,观点鲜明,条理清楚。

  有一个名叫亚克敦的英国人,被公认为人类有史以来读书最多的人。他一生嗜书如命,除了把自家的七万册藏书都读遍了,还博览群书,做了大量的读书笔记和校勘,并一直乐此不疲地阅读到他去世的那一年。可是,他却连一篇文章也写不出来,终生一事无成。后人讥讽他为"两脚书橱"。

(张宇宁)

任务二十

青年在选择职业时的考虑[①]

[德] 马克思

【题解】

卡尔·马克思（1818—1883），德国人。全世界无产阶级的伟大导师，科学社会主义的创始人，伟大的政治家、哲学家、经济学家、革命理论家。主要著作有《资本论》《共产党宣言》等。他是无产阶级的精神领袖，是近代共产主义运动的先驱。

  自然本身给动物规定了它应该遵循的活动范围，动物也就安分地在这个范围内活动，而不试图越出这个范围，甚至不考虑有其他范围存在。神也给人指定了共同的目标——使人类和他自己趋于高尚，但是，神要人自己去寻找可以达到这个目标的手段；神让人在社会上选择一个最适合于他、最能使他和社会变得高尚的地位。

  这种选择是人比其他创造物远为优越的地方，但同时也是可能毁灭人的一生、破坏他的一切计划并使他陷于不幸的行为。因此，认真地权衡这种选择，无疑是开始走上生活道路而又不愿在最重要的事情上听天由命的青年的首要责任。

  每个人眼前都有一个目标，这个目标至少在他本人看来是伟大的，而且如果最深刻的信念，即内心深处的声音，认为这个目标是伟大的，那它实际上也是伟大的，因为神决不会使世人完全没有引导者；神轻声地但坚定地作启示。

  但是，这声音很容易被淹没；我们认为是热情的东西可能倏忽而生，同样可能倏忽而逝。也许，我们的幻想蓦然迸发，我们的感情激动起来，我们的眼前浮想联翩，我们狂热地追求我们以为是神本身给我们指出的目标；但是，我们梦寐以求的东西很快就使我们厌恶，于是，我们便感到自己的整个存在遭到了毁灭。

  因此，我们应当认真考虑：我们对所选择的职业是不是真的怀有热情？发自我们内心的声音是不是同意选择这种职业？我们的热情是不是一种迷误？我们认为是神的召唤的东西是不是一种自我欺骗？不过，如果不对热情的来源本身加以探究，我们又怎么能认清这一切呢？

  伟大的东西是闪光的，闪光会激发虚荣心，虚荣心容易使人产生热情或者一种我们觉得是热情的东西；但是，被名利迷住了心窍的人，理性是无法加以约束的，

[①] 选自《马克思恩格斯全集（第一卷）》（人民出版社1995年第2版）。

于是他一头栽进那不可抗拒的欲念召唤他去的地方；他的职业已经不再是由他自己选择，而是用偶然机会和假象去决定了。

我们的使命决不是求得一个最足以炫耀的职业，因为它不是那种可能由我们长期从事，但始终不会使我们感到厌倦、始终不会使我们劲头低落、始终不会使我们的热情冷却的职业，相反，我们很快就会觉得，我们的愿望没有得到满足，我们理想没有实现，我们就将怨天尤人。

但是，不仅虚荣心能够引起对某种职业突然的热情，而且我们也许会用自己的幻想把这种职业美化，把它美化成生活所能提供的至高无上的东西。我们没有仔细分析它，没有衡量它的全部分量，即它加在我们肩上的重大责任；我们只是从远处观察它，而从远处观察是靠不住的。

在这里，我们自己的理性不能给我们充当顾问，因为当它被感情欺骗，受幻想蒙蔽时，它既不依靠经验，也不依靠深入的观察。然而，我们的目光应该投向谁呢？当我们丧失理性的时候，谁来支持我们呢？

是我们的父母，他们走过了漫长的生活道路，饱尝了人世辛酸。——我们的心这样提醒我们。

如果我们经过冷静的考察，认清了所选择的职业的全部分量，了解它的困难以后，仍然对它充满热情，仍然爱它，觉得自己适合于它，那时我们就可以选择它，那时我们既不会受热情的欺骗，也不会仓促从事。

但是，我们并不总是能够选择我们自认为适合的职业；我们在社会上的关系，还在我们有能力决定它们以前就已经在某种程度上开始确立了。

我们的体质常常威胁我们，可是任何人也不敢藐视它的权利。

诚然，我们能够超越体质的限制，但这么一来，我们也就垮得更快；在这种情况下，我们就是冒险把大厦建筑在残破的废墟上，我们的一生也就变成一场精神原则和肉体原则之间的不幸的斗争。但是，一个不能克服自身相互斗争的因素的人，又怎能抗御生活的猛烈冲击，怎能安静地从事活动呢？然而只有从安静中才能产生伟大壮丽的事业，安静是唯一能生长出成熟果实的土壤。

尽管我们由于体质不适合我们的职业，不能持久地工作，而且很少能够愉快地工作，但是，为了克尽职守而牺牲自己幸福的思想激励着我们不顾体弱去努力工作。如果我们选择了力不胜任的职业，那么我们决不能把它做好，我们很快就会自愧无能，就会感到自己是无用的人，是不能完成自己使命的社会成员。由此产生的最自然的结果就是自卑。还有比这更痛苦的感情吗？还有比这更难于靠外界的各种赐予来补偿的感情吗？自卑是一条毒蛇，它无尽无休地搅扰、啃啮我们的胸膛，吮吸我们心中滋润生命的血液，注入厌世和绝望的毒液。

如果我们错误地估计了自己的能力，以为能够胜任经过较为仔细的考虑而选定的职业，那么这种错误将使我们受到惩罚。即使不受到外界的指责，我们也会感到比外界指责更为可怕的痛苦。

如果我们把这一切都考虑过了，如果我们的生活条件容许我们选择任何一种职业，那么我们就可以选择一种能使我们获得最高尊严的职业，一种建立在我们深信其正确的思想上的职业,一种能给我们提供最广阔的场所来为人类工作,并使我们自己不断接近共同目标即臻于完美境界的职业,而对于这个共同目标来说,任何职业都只不过是一种手段。

尊严是最能使人高尚、使他的活动和他的一切努力具有更加崇高品质的东西,是使他无可非议、受到众人钦佩并高出于众人之上的东西。

但是,能给人以尊严的只有这样的职业,在从事这种职业时我们不是作为奴隶般的工具,而是在自己的领域内独立地进行创造;这种职业不需要有不体面的行动(哪怕只是表面上不体面的行动),甚至最优秀的人物也会怀着崇高的自豪感去从事它。最合乎这些要求的职业,并不总是最高的职业,但往往是最可取的职业。

但是,正如有失尊严的职业会贬低我们一样,那种建立在我们后来认为是错误的思想上的职业也一定会成为我们的沉重负担。

这里,我们除了自我欺骗,别无解救办法,而让人自我欺骗的解救办法是多么令人失望啊!

那些主要不是干预生活本身,而是从事抽象真理的研究的职业,对于还没有确立坚定的原则和牢固的、不可动摇的信念的青年是最危险的,当然,如果这些职业在我们心里深深地扎下了根,如果我们能够为它们的主导思想而牺牲生命、竭尽全力,这些职业看来还是最高尚的。

这些职业能够使具有合适才干的人幸福,但是也会使那些不经考虑、凭一时冲动而贸然从事的人毁灭。

相反,重视作为我们职业的基础的思想,会使我们在社会上占有较高的地位,提高我们自己的尊严,使我们的行为不可动摇。

一个选择了自己所珍视的职业的人,一想到他可能不称职时就会战战兢兢——这种人单是因为他在社会上所处的地位是高尚的,他也就会使自己的行为保持高尚。

在选择职业时,我们应该遵循的主要指针是人类的幸福和我们自身的完美。不应认为,这两种利益会彼此敌对、互相冲突,一种利益必定消灭另一种利益;相反,人的本性是这样的:人只有为同时代人的完美、为他们的幸福而工作,自己才能达到完美。如果一个人只为自己劳动,他也许能够成为著名的学者、伟大的哲人、卓越的诗人,然而他永远不能成为完美的、真正伟大的人物。

历史把那些为共同目标工作因而自己变得高尚的人称为最伟大的人物;经验赞美那些为大多数人带来幸福的人是最幸福的人;宗教本身也教诲我们,人人敬仰的典范,就曾为人类而牺牲自己——有谁敢否定这类教诲呢?

如果我们选择了最能为人类而工作的职业,那么,重担就不能把我们压倒,因为这是为大家作出的牺牲;那时我们所享受的就不是可怜的、有限的、自私的乐趣,我们的幸福将属于千百万人,我们的事业将悄然无声地存在下去,但是它会永远发挥作用,而面对我们的骨灰,高尚的人们将洒下热泪。

【导读】

《青年在选择职业时的考虑》是1835年，马克思在中学毕业前夕创作的一篇作文，表达了他为人类服务的崇高理想。

全文共分三部分，第一部分谈怎样选择职业，第二部分谈选择怎样的职业，第三部分谈自己的职业选择原则及自己的职业抱负。

作者以优美的文笔、深刻的语言、缜密的思考、严格的推理，给人以振聋发聩的力量。文中所表述的一些见解和许多哲理性的语句都深入实际，给人启迪，时隔一个多世纪，仍对广大青年在现实生活中的实践有着积极的指导意义。

【训练】

一、单项训练

1. 青年在选择职业时应遵循哪些原则？在文找出关键语句，并用自己的话来概括。

2. 马克思认为我们应该选择怎样的职业？

二、综合训练

1. 请找出本文中最能打动你的句子并简要说明理由。

2. 以小组形式研读课文内容，讨论回答下列问题。

（1）作者用"冒险把大厦建筑在残破的废墟上"这个比喻，是想说明什么道理？

（2）如何理解马克思说的"最高尊严的职业"？

（3）马克思所向往的职业是什么？这一职业最大的特点是什么？

3. 我们应如何尝试去设计人生、规划未来，选择我们的职业？

三、拓展训练

1. 少年马克思已经注意"选择了最能为人类而工作的职业"为自己的责任，他已经认识到个人职业选择和社会需要之间的关系，也就是人在选择职业时，"应该遵循的主要指针是人类的幸福和我们自身的完美"。请联系实际谈谈为"人类的幸福"与为"自身的完美"是否矛盾。

2. 如果现在让你对自己未来的人生做一个设计，你觉得自己可能会确立一个什么样的目标？请你根据马克思在选择职业时的建议，结合自己的兴趣爱好和性格特征，为自己做一个人生规划。

要求：500字左右，观点鲜明，条理清楚。

（张宇宁）

任务二十一

我有一个梦想①

[美] 马丁·路德·金

 【题解】

马丁·路德·金（Martin Luther King, Jr. 1929—1968），非裔美国人，黑人民权运动领袖、非暴力主义者，出生于美国佐治亚州亚特兰大，具有神学学士学位与哲学博士学位。20世纪50年代，金在亚拉巴马州浸礼会教堂任牧师时，开始领导当地黑人的维权斗争。随后他组织南方基督教领袖联合会，成为迅速扩展的民权运动的领导人。1963年8月28日，在林肯纪念堂前，发表了《我有一个梦想》的演说。1964年被授予诺贝尔和平奖。1968年在指导田纳西州孟菲斯的罢工斗争时遇刺身亡。从1986年起，美国政府将每年1月份的第三个星期一定为马丁·路德·金全国纪念日。此后每年，美国各地都会举行游行和集会活动纪念他。2013年8月28日，美国史上第一个黑人总统奥巴马与数万美国民众一起在林肯纪念堂前举行盛大集会，纪念马丁·路德·金发表《我有一个梦想》演讲50周年。

一百年前，一位伟大的美国人②签署了《解放黑奴宣言》，今天我们就是在他的雕像前集会。这一庄严宣言犹如灯塔的光芒，给千百万在那摧残生命的不义之火中饱受煎熬的黑奴带来了希望。它之到来犹如欢乐的黎明，结束了束缚黑人的漫漫长夜。

然而一百年后的今天，我们必须正视黑人还没有得到自由这一悲惨的事实。一百年后的今天，在种族隔离的镣铐和种族歧视的枷锁下，黑人的生活备受压榨；一百年后的今天，黑人仍生活在物质充裕的海洋中一个穷困的孤岛上；一百年后的今天，黑人仍然蜷缩在美国社会的角落里，并且意识到自己是故土家园中的流亡者。今天我们在这里集会，就是要把这种骇人听闻的情况公之于众。

就某种意义而言，今天我们是为了要求兑现诺言而汇集到我们国家的首都来的。我们共和国的缔造者草拟宪法和独立宣言的气壮山河的词句时，曾向每一个美国人许下了诺言，他们承诺所有人以不可剥夺的生存、自由和追求幸福的权利。

① 本文选自《我有一个梦想》（中央编译出版社2001年版），许立中译，有改动。
② 一位伟大的美国人：指美国第16任总统林肯。

就有色公民而论，美国显然没有实践她的诺言。美国没有履行这项神圣的义务，只是给黑人开了一张空头支票，支票上盖着"资金不足"的戳子后便退了回来。但是我们不相信正义的银行已经破产，我们不相信，在这个国家巨大的机会之库里已没有足够的储备。因此今天我们要求将支票兑现——这张支票将给予我们宝贵的自由和正义的保障。

我们来到这个圣地也是为了提醒美国，现在是非常急迫的时刻。现在绝非侈谈冷静下来或服用渐进主义①的镇静剂的时候。现在是实现民主的诺言的时候。现在是从种族隔离的荒凉阴暗的深谷攀登种族平等的光明大道的时候，现在是向上帝所有的儿女开放机会之门的时候，现在是把我们的国家从种族不平等的流沙中拯救出来，置于兄弟情谊的磐石上的时候。

如果美国忽视时间的迫切性和低估黑人的决心，那么，这对美国来说，将是致命伤。自由和平等的爽朗秋天如不到来，黑人义愤填膺②的酷暑就不会过去。1963年并不意味着斗争的结束，而是开始。有人希望，黑人只要撒撒气就会满足；如果国家安之若素③，毫无反应，这些人必会大失所望。黑人得不到公民的基本权利，美国就不可能有安宁或平静；正义的光明的一天不到来，叛乱的旋风就将继续动摇这个国家的基础。

但是对于等候在正义之宫门口的心急如焚的人们，有些话我是必须说的。在争取合法地位的过程中，我们不要采取错误的做法。我们不要为了满足对自由的渴望而抱着敌对和仇恨之杯痛饮。我们斗争时必须永远举止得体，纪律严明。我们不能容许我们的具有崭新内容的抗议蜕变为暴力行动。我们要不断地升华到以精神力量对付物质力量的崇高境界中去。

现在黑人社会充满着了不起的新的战斗精神，但是不能因此而不信任所有的白人。因为我们的许多白人兄弟已经认识到，他们的命运与我们的命运是紧密相连的，他们今天参加游行集会就是明证；他们的自由与我们的自由是息息相关的。我们不能单独行动。

当我们行动时，我们必须保证向前进。我们不能倒退。现在有人问热心民权运动的人，"你们什么时候才能满足？"

只要黑人仍然遭受警察难以形容的野蛮迫害，我们就绝不会满足。

只要我们在外奔波而疲乏的身躯不能在公路旁的汽车旅馆和城里的旅馆找到住宿之所，我们就绝不会满足。

只要黑人的基本活动范围只是从少数民族聚居的小贫民区转移到大贫民区，我们就绝不会满足。

只要我们的孩子被"仅限白人"的标语剥夺自我和尊严，我们就绝不会满足。

---

① 渐进主义：美国民权运动中的保守主张，号召人民按部就班行事，不要采取过激的行动。
② 义愤填膺：由不义的人和事所激起的愤怒感情充满胸膛。膺，胸。
③ 安之若素：对于危险困境或异常情况，一如平时，泰然处之。

只要密西西比州仍然有一个黑人不能参加选举，只要纽约有一个黑人认为他投票无济于事，我们就绝不会满足。

不！我们现在并不满足，我们将来也不满足，除非正义和公正犹如江海之波涛，汹涌澎湃，滚滚而来。

我并非没有注意到，参加今天集会的人中，有些受尽苦难和折磨，有些刚刚走出窄小的牢房，有些由于寻求自由，曾在居住地惨遭疯狂迫害的打击，并在警察暴行的旋风中摇摇欲坠。你们是人为痛苦的长期受难者。坚持下去吧，要坚决相信，忍受不应得的痛苦是一种赎罪。

让我们回到密西西比去，回到亚拉巴马去，回到南卡罗来纳去，回到佐治亚去，回到路易斯安那去，回到我们北方城市中的贫民区和少数民族居住区去，要心中有数，这种状况是能够也必将改变的。我们不要陷入绝望而不能自拔。

朋友们，今天我对你们说，在现在和未来，我们虽然遭受种种困难和挫折，我仍然有一个梦想，这个梦想深深扎根于美国的梦想①之中。

我梦想有一天，这个国家会站立起来，真正实现其信条的真谛："我们认为这些真理是不言而喻的——人人生而平等。"

我梦想有一天，在佐治亚的红山上，昔日奴隶的儿子将能够和昔日奴隶主的儿子坐在一起，共叙兄弟情谊。

我梦想有一天，甚至连密西西比州这个正义匿迹，压迫成风的地方，也将变成自由和正义的绿洲。

我梦想有一天，我的四个孩子将在一个不是以他们的肤色，而是以他们的品格优劣来评价他们的国度里生活。

今天，我有一个梦想。

我梦想有一天，亚拉巴马州能够有所转变，尽管该州州长现在仍然满口异议，反对联邦法令，但有朝一日，那里的黑人男孩和女孩将能与白人男孩和女孩情同骨肉，携手并进。

今天，我有一个梦想。

我梦想有一天，幽谷上升，高山下降；坎坷曲折之路成坦途，圣光披露，满照人间。

这就是我们的希望。我怀着这种信念回到南方。有了这个信念，我们将能从绝望之岭劈出一块希望之石。有了这个信念，我们将能把这个国家刺耳的争吵声，改变成为一支洋溢手足之情的优美交响曲。

有了这个信念，我们将能一起工作，一起祈祷，一起斗争，一起坐牢，一起维护自由；因为我们知道，终有一天，我们是会自由的。

在自由到来的那一天，上帝的所有儿女们将以新的含义高唱这支歌："我的祖国，美丽的自由之乡，我为您歌唱。您是父辈逝去的地方，您是最初移民的骄傲，让自由之声响彻每个山岗。"

---

① 美国的梦想：一个通用的口号，即美国所宣传的赖以立国的民主、平等、自由的理想。

如果美国要成为一个伟大的国家，这个梦想必须实现！让自由之声从新罕布什尔州的巍峨峰巅响起来！让自由之声从纽约州的崇山峻岭响起来！让自由之声从宾夕法尼亚州的阿勒格尼山响起来！

让自由之声从科罗拉多州冰雪覆盖的落基山响起来！让自由之声从加利福尼亚州蜿蜒的群峰响起来！不仅如此，还要让自由之声从佐治亚州的石岭响起来！让自由之声从田纳西州的瞭望山响起来！

让自由之声从密西西比的每一座丘陵响起来！让自由之声从每一片山坡响起来！

当我们让自由之声响起，让自由之声从每一个大小村庄、每一个州和每一个城市响起来时，我们将能够加速这一天的到来，那时，上帝的所有儿女，黑人和白人，犹太教徒和非犹太教徒，耶稣教徒和天主教徒，都将手携手，合唱一首古老的黑人灵歌："自由啦！自由啦！感谢全能的上帝，我们终于自由啦！"

【导读】

1963 年 8 月 28 日，为争取民权，25 万人在华盛顿林肯纪念堂前举行盛大集会，马丁·路德·金在会上发表了这篇著名的演说。

这篇演说主旨明确，逻辑严谨。文章从一百年前废奴先驱者的理想开始，以揭示黑人痛苦的生活处境和黑人争取民主、自由、平等权利的诉求为主体，以展望美好的未来作结，层层推进，一气呵成，表达了作者热爱国家，追求和平的强烈愿望，有很强的说服力和感召力。

本文情感饱满热烈，满含深情，言辞恳切。全文用第一人称"我"的亲切称呼，把"我"融入现场 25 万民众之中，与现场民众同呼吸，共命运。无论是开头"结束了束缚黑人的漫漫长夜"的期待，还是对一百年之后黑人现状的失望，再到要求政府兑现"支票"的义正词严，以至最后的"我有一个梦想"的热烈憧憬，演讲者无不与现场听众的情绪保持高度一致，极大地鼓舞了听众，引起强烈的共鸣。

这篇演说之所以极负盛名，极有魅力，还在于它的语言和气势。大量精彩纷呈、贴切生动的比喻，层出不穷、联类而出的排比，满含深情的呼告以及反复、对偶等修辞手法的综合运用，不仅使演讲主旨明确有力，深入人心，具有排山倒海般的力量和气势，而且使人在心领神会之际，产生愉悦的美的享受。

【训练】

一、单项训练

1. 解释下列成语中加点的字词。

骇人听闻　　无济于事　　义愤填膺　　安之若素
心急如焚　　不言而喻　　息息相关　　空头支票

2. 指出下列句子运用的修辞手法并说明其作用。

(1) 只要黑人仍然遭受警察难以形容的野蛮迫害，我们就绝不会满足。

只要我们在外奔波而疲乏的身躯不能在公路旁的汽车旅馆和城里的旅馆找到住宿之所,我们就绝不会满足。

只要黑人的基本活动范围只是从少数民族聚居的小贫民区转移到大贫民区,我们就绝不会满足。

只要密西西比州仍然有一个黑人不能参加选举,只要纽约有一个黑人认为他投票无济于事,我们就绝不会满足。

(2)有了这个信念,我们将能从绝望之岭劈出一块希望之石。有了这个信念,我们将能把这个国家刺耳的争吵声,改变成为一支洋溢手足之情的优美交响曲。

二、综合训练

1. "我有一个梦想"中的"梦想"包含哪些内容?试用自己的话加以概括。
2. 分组讨论回答下列问题。
(1)作者演讲为什么从"一位伟大的美国人签署了《解放黑奴宣言》"开头,这样写有什么好处?
(2)请从内容的角度,分析这篇演讲词的层次结构。
(3)作者是诺贝尔和平奖的获得者,文中什么地方体现了他的和平主张?

三、拓展训练

1. 用演讲的语气诵读课文的精彩片段,举例说明成功的演讲词需要具备的条件有哪些。
2. 以"我有一个梦想"为主题写一篇演讲稿,在班上进行演讲交流。

(吕迪)

任务二十二

像山那样思考

[美] 奥尔多·利奥波德

【题解】

奥尔多·利奥波德（Aldo Leopold，1887—1948），美国作家、生态学家、土地伦理学家。他被称为"美国环境伦理的播种者""近代环保之父"，曾任联邦林业局官员，毕生从事林业和野生动物管理研究。1949年，《沙乡年鉴》出版，是其最重要的著作。《沙乡年鉴》记录了作者对自然界中各种生命之间彼此折射辉映的亲身经历和体悟，文笔优美，思想深邃，被誉为"绿色圣经"。《像山那样思考》是《沙乡年鉴》中收录的一则随笔。

一声深沉的、骄傲的嗥叫①，从一个山崖回响到另一个山崖，荡漾在山谷中，渐渐地消失在漆黑的夜色里。这是一种不驯服的、对抗性的悲哀，和对世界上一切苦难的蔑视情感的迸发。

每一种活着的东西（大概还有很多死了的东西），都会留意这声呼唤。对鹿来说，它是死亡的警告；对松林来说，它是半夜里在雪地上混战和流血的预言；对郊狼②来说，是就要来临的拾遗的允诺；对牧牛人来说，是银行里赤字的坏兆头③；对猎人来说，是狼牙抵制弹丸的挑战。然而，在这些明显的、直接的希望和恐惧之后，还隐藏着更加深刻的涵义，这个涵义只有这座山自己才知道。只有这座山长久地存在着，从而能够客观地去听取一只狼的嗥叫。

不过，那些不能辨别其隐藏的含义的人也都知道这声呼唤的存在，因为在所有有狼的地区都能感到它，而且，正是它把有狼的地方与其他地方区别开来的。它使那些在夜里听到狼叫，白天去察看狼的足迹的人毛骨悚然。即使看不到狼的踪迹，也听不到它的声音，它也是暗含在许多小小的事件中的：深夜里一匹驮马的嘶鸣，滚动的岩石的嘎啦声，逃跑的鹿的砰砰声，云杉下道路的阴影。只有不堪教育的初学者④才感觉不到狼是否存在，和认识不到对狼有一种秘密的看法这一事实。

---

① 嗥叫（háo jiào）：指兽类的大声嚎叫。
② 郊狼：别称是丛林狼、草原狼、北美小狼，是犬科类食肉动物，与灰狼是近亲。
③ 坏兆头：对于牧场主来说，他向银行贷款经营牧场，一旦牛羊被狼群咬死，那么他就难以还款，所以说是"银行里赤字的坏兆头"。
④ 不堪教育的初学者：这里指从来没有去过狼区，关于狼一无所知的人。

我自己对这一点的认识，是自我看见一只狼死去的那一天开始的。当时我们正在一个高高的峭壁上吃午饭。峭壁下面，一条湍急的河蜿蜒流过。我们看见一只雌鹿——当时我们是这样认为——正在涉过这条急流，它的胸部淹没在白色的水中。当它爬上岸朝向我们，并摇晃着它的尾巴时，我们才发觉我们错了：这是一只狼。另外还有六只显然是正在发育的小狼也从柳树丛中跑了出来，它们喜气洋洋地摇着尾巴，嬉戏着搅在一起。它们确确实实是一群就在我们的峭壁之下的空地上蠕动和互相碰撞着的狼。

在那些年代里，我们还从未听说过会放过打死一只狼的机会那种事。在一秒钟之内，我们就把枪弹上了膛，而且兴奋的程度高于准确：怎样往一个陡峭的山坡下瞄准，总是不大清楚的。当我们的来复枪枪膛空了时，那只狼已经倒了下来，一只小狼正拖着一条腿，进入到那无动于衷的静静的岩石中去。

当我们到达那只老狼的所在时，正好看见在它眼中闪烁着的、令人难受的、垂死时的绿光。这时，我察觉到，而且以后一直是这样想，在这双眼睛里，有某种对我来说是新的东西，是某种只有它和这座山才了解的东西。当时我很年轻，而且正是不动扳机就感到手痒的时期。那时，我总是认为，狼越少，鹿就越多，因此，没有狼的地方就意味着是猎人的天堂。但是，在看到这垂死的绿光时，我感到，无论是狼，或是山，都不会同意这种观点。

自那以后，我亲眼看见一个州接一个州地消灭了它们所有的狼。我看见过许多刚刚失去了狼的山的样子，看见南面的山坡由于新出现的弯弯曲曲的鹿径而变得皱皱巴巴。我看见所有可吃的灌木和树苗都被吃掉，先变成无用的东西，然后则死去。我看见每一棵可吃的、失去了叶子的树只有鞍角那么高。这样一座山看起来就好像什么人给了上帝一把大剪刀，并禁止了所有其他的活动。结果，那渴望着食物的鹿群的饿殍①，和死去的艾蒿丛一起变成了白色，或者就在高出鹿头的部分还留有叶子的刺柏下腐烂掉。这些鹿是因其数目太多而死去的。

我现在想，正是因为鹿群在对狼的极度恐惧中生活着，那一座山就要在对它的鹿的极度恐惧中生活。而且，大概就比较充分的理由来说，当一只被狼拖去的公鹿在两年或三年里就可得到补替时，一片被太多的鹿拖疲惫了的草原，可能在几十年里都得不到复原。

牛群也是如此，清除了其牧场上的狼的牧牛人并未意识到，他取代了狼用以调整牛群数目以适应其牧场的工作。他不知道像山那样来思考。正因为如此，我们才有了尘暴，河水把未来冲刷到了大海。

我们大家都在为安全、繁荣、舒适、长寿和平静而奋斗着。鹿用轻快的四肢奋斗着，牧牛人用套圈和毒药奋斗着，政治家用笔，而我们大家则用机器、选票和美金。所有这一切带来的都是同一种东西：我们这一时代的和平。用这一点去衡量成就，全部是很好的，而且大概也是客观的思考所不可缺少的，不过，太多的安全似

---

① 饿殍（è piǎo）：意思是饿死的人，这里指饿死的动物。

乎产生的仅仅是长远的危险。也许，这也就是梭罗①的名言潜在的涵义：这个世界的启示在野性中。大概，这也是狼的嗥叫中隐藏的内涵，它已被群山所理解，却还极少为人类所领悟。

【导读】

本文叙述了一个狼的故事，描写了一个狼被枪杀的情景，议论反思了一个人与自然如何和谐相处的道理。自然有自己的大智慧，亿万年来它调动着世间万物依照它制定的"规则"生息繁衍。而人类却自以为是万物之灵，一心想让自然为我所用，甚至不惜破坏基本的"规则"。听，山谷间回荡的狼的哀嚎就是人类践踏"规则"的实证。

本文以"狼—鹿—草"这条食物链被斩断为例，揭示了人类种种愚蠢的短视行为背后隐藏的巨大的生存危机。读过这篇文章，当你再次面对一棵草、一株树、一窝蚂蚁、一群飞鸟的时候，是否也会这样提醒自己：像山那样思考。

自私的人类，在付出了生态环境不断恶化的代价后，换取了所谓的物质文明的进步，却留下了一个伤痕累累的地球。这就要求我们自觉地树立起生态保护意识，树立起平等对待一切的思想，学会像山那样去思考，使这原本已很脆弱的伤痕累累的地球，不要再继续受到伤害。

【训练】

一、单项训练

给词语中加点字的注音并朗读。

嗥叫　　驯服　　蔑视　　迸发　　湍急
艾蒿　　饿殍　　蜿蜒　　毛骨悚然　　嘎啦

二、综合训练

以小组形式研读课文内容，讨论回答下列问题。
（1）思考狼嗥叫的内涵，为什么只有山能听懂狼的嗥叫？
（2）如何理解梭罗的名言"这个世界的启示在野性中"？
（3）举例说明人与自然的关系。我们该怎样处理人与自然的关系？

三、拓展训练

为"世界环境日"设计一段主题词，并写一份倡议书。
要求：500字左右，观点鲜明，条理清楚。

（朱豫）

---

① 亨利·戴维·梭罗：美国作家、哲学家，超验主义代表人物，也是一位废奴主义及自然主义者，有无政府主义倾向，曾任土地勘测员。著有《瓦尔登湖》。

项目三 时文论文阅读训练

一、时评

时事评论是对当前发生的新闻及新闻中的事实或者新闻中表现出的乃至隐藏的问题，发表作者自己的见解，或者归纳、整理出新的结论或观点的文体。其目的是通过评说一件事情、一个问题或者是几件事情、几个问题，揭示其意义、性质，引发公众的关注。它具有因时而评、新闻性强，缘事而发、寓理于事，题材广泛、大众视角等特点。一篇成功的时评，不但要有事件真相、原因分析，还要能够提出对策，针对具体的事件，提出科学的解决问题的思路、办法和措施，供读者特别是有关部门参考借鉴。

二、学术论文

学术论文是某一学术课题在实验性、理论性或观测性上具有新的科学研究成果或创新见解和知识的科学记录，或是某种已知原理应用于实际中取得新的进展的科学总结，用以在学术会议上宣读、交流或讨论，或在学术刊物上发表，或做其他用途的书面文件。学术论文是通用于科学研究领域内的一种学术文体，既反映科学研究成果，又体现科研工作者的学术水平。它可以是推翻某一学科领域中的某种观点，提出新的见解；也可以是把一些分散的文献系统化，用新观点或新的方法加以论证，得出新的结论；还可以是某一学科领域中，经过自己的观察、实践，有新的发现和创造，陈述新的见解或主张。学术论文的显著特征是论文内容必须有新发现、新发明、新创造或新推进。它体现出整体的科学性、论理的逻辑性、结果的创新性、表达的简洁性等特点，可分为科研论文、学位论文等。

（张孝友）

任务一

中国共产党百年奋斗的历史经验

【题解】

中国共产党自1921年成立以来，团结带领全国各族人民夺取新民主主义革命的伟大胜利，完成社会主义革命和推进社会主义建设，进行改革开放和社会主义现代化建设，开创中国特色社会主义新时代。在党成立一百周年的重要历史时刻，在党和人民胜利实现第一个百年奋斗目标、全面建成小康社会，正在向着全面建成社会主义现代化强国的第二个百年奋斗目标迈进的重大历史关头，全面总结党的百年奋斗重大成就和历史经验，对推动全党进一步统一思想、统一意志、统一行动，团结带领全国各族人民夺取新时代中国特色社会主义新的伟大胜利，具有重大现实意义和深远历史意义。

2021年11月8日至11日，中国共产党第十九届中央委员会第六次全体会议在北京召开。全会审议通过了《中共中央关于党的百年奋斗重大成就和历史经验的决议》，本文是其中的第六部分，题目为该部分标题。

一百年来，党领导人民进行伟大奋斗，在进取中突破，于挫折中奋起，从总结中提高，积累了宝贵的历史经验。

（一）**坚持党的领导**。中国共产党是领导我们事业的核心力量。中国人民和中华民族之所以能够扭转近代以后的历史命运、取得今天的伟大成就，最根本的是有中国共产党的坚强领导。历史和现实都证明，没有中国共产党，就没有新中国，就没有中华民族伟大复兴。治理好我们这个世界上最大的政党和人口最多的国家，必须坚持党的全面领导特别是党中央集中统一领导，坚持民主集中制，确保党始终总揽全局、协调各方。只要我们坚持党的全面领导不动摇，坚决维护党的核心和党中央权威，充分发挥党的领导政治优势，把党的领导落实到党和国家事业各领域各方面各环节，就一定能够确保全党全军全国各族人民团结一致向前进。

（二）**坚持人民至上**。党的根基在人民、血脉在人民、力量在人民，人民是党执政兴国的最大底气。民心是最大的政治，正义是最强的力量。党的最大政治优势是密切联系群众，党执政后的最大危险是脱离群众。党代表中国最广大人民根本利益，没有任何自己特殊的利益，从来不代表任何利益集团、任何权势团体、任何特权阶层的利益，这是党立于不败之地的根本所在。只要我们始终坚持全心全意为人民服务的根本宗旨，坚持党的群众路线，始终牢记江山就是人民、人民就是江山，坚持一切为了人民、一切依靠人民,坚持为人民执政、靠人民执政,坚持发展为了人民、发展依靠人民、发展成果由人民共享,坚定不移走全体人民共同富裕道路,就一定能够领导人民夺取中国特色社会主义新的更大胜利,任何想把中国共产党同中国人民分割开来、对立起来的企图就永远不会得逞。

（三）**坚持理论创新**。马克思主义是我们立党立国、兴党强国的根本指导思想。马克思主义理论不是教条而是行动指南,必须随着实践发展而发展,必须中国化才能落地生根、本土化才能深入人心。党之所以能够领导人民在一次次求索、一次次挫折、一次次开拓中完成中国其他各种政治力量不可能完成的艰巨任务,根本在于坚持解放思想、实事求是、与时俱进、求真务实,坚持把马克思主义基本原理同中国具体实际相结合、同中华优秀传统文化相结合,坚持实践是检验真理的唯一标准,坚持一切从实际出发,及时回答时代之问、人民之问,不断推进马克思主义中国化时代化。习近平同志指出,当代中国的伟大社会变革,不是简单延续我国历史文化的母版,不是简单套用马克思主义经典作家设想的模板,不是其他国家社会主义实践的再版,也不是国外现代化发展的翻版。只要我们勇于结合新的实践不断推进理论创新、善于用新的理论指导新的实践,就一定能够让马克思主义在中国大地上展现出更强大、更有说服力的真理力量。

（四）**坚持独立自主**。独立自主是中华民族精神之魂,是我们立党立国的重要原则。走自己的路,是党百年奋斗得出的历史结论。党历来坚持独立自主开拓前进道路,坚持把国家和民族发展放在自己力量的基点上,坚持中国的事情必须由中国人民自己作主张、自己来处理。人类历史上没有一个民族、一个国家可以通过依赖外部力量、照搬外国模式、跟在他人后面亦步亦趋实现强大和振兴。那样做的结果,不是必然遭遇失败,就是必然成为他人的附庸。只要我们坚持独立自主、自力更生,既虚心学习借鉴国外的有益经验,又坚定民族自尊心和自信心,不信邪、不怕压,就一定能够把中国发展进步的命运始终牢牢掌握在自己手中。

（五）**坚持中国道路**。方向决定道路,道路决定命运。党在百年奋斗中始终坚持从我国国情出发,探索并形成符合中国实际的正确道路。中国特色社会主义道路是创造人民美好生活、实现中华民族伟大复兴的康庄大道。脚踏中华大地,传承中华文明,走符合中国国情的正确道路,党和人民就具有无比广阔的舞台,具有无比深厚的历史底蕴,具有无比强大的前进定力。只要我们既不走封闭僵化的老路,也不走改旗易帜的邪路,坚定不移走中国特色社会主义道路,就一定能够把我国建设成为富强民主文明和谐美丽的社会主义现代化强国。

（六）**坚持胸怀天下**。大道之行,天下为公。党始终以世界眼光关注人类前途命运,从人类发展大潮流、世界变化大格局、中国发展大历史正确认识和处理同外部世界的关系,坚持开放、不搞封闭,坚持互利共赢、不搞零和博弈,坚持主持公道、伸张正义,站在历史正确的一边,站在人类进步的一边。只要我们坚持和平发展道路,既通过维护世界和平发展自己,又通过自身发展维护世界和平,同世界上一切进步力量携手前进,不依附别人,不掠夺别人,永远不称霸,就一定能够不断为人类文明进步贡献智慧和力量,同世界各国人民一道,推动历史车轮向着光明的前途前进。

（七）**坚持开拓创新**。创新是一个国家、一个民族发展进步的不竭动力。越是伟大的事业，越充满艰难险阻，越需要艰苦奋斗，越需要开拓创新。党领导人民披荆斩棘、上下求索、奋力开拓、锐意进取，不断推进理论创新、实践创新、制度创新、文化创新以及其他各方面创新，敢为天下先，走出了前人没有走出的路，任何艰难险阻都没能阻挡住党和人民前进的步伐。只要我们顺应时代潮流，回应人民要求，勇于推进改革，准确识变、科学应变、主动求变，永不僵化、永不停滞，就一定能够创造出更多令人刮目相看的人间奇迹。

（八）**坚持敢于斗争**。敢于斗争、敢于胜利，是党和人民不可战胜的强大精神力量。党和人民取得的一切成就，不是天上掉下来的，不是别人恩赐的，而是通过不断斗争取得的。党在内忧外患中诞生、在历经磨难中成长、在攻坚克难中壮大，为了人民、国家、民族，为了理想信念，无论敌人如何强大、道路如何艰险、挑战如何严峻，党总是绝不畏惧、绝不退缩，不怕牺牲、百折不挠。只要我们把握新的伟大斗争的历史特点，抓住和用好历史机遇，下好先手棋、打好主动仗，发扬斗争精神，增强斗争本领，凝聚起全党全国人民的意志和力量，就一定能够战胜一切可以预见和难以预见的风险挑战。

（九）**坚持统一战线**。团结就是力量。建立最广泛的统一战线，是党克敌制胜的重要法宝，也是党执政兴国的重要法宝。党始终坚持大团结大联合，团结一切可以团结的力量，调动一切可以调动的积极因素，促进政党关系、民族关系、宗教关系、阶层关系、海内外同胞关系和谐，最大限度凝聚起共同奋斗的力量。只要我们不断巩固和发展各民族大团结、全国人民大团结、全体中华儿女大团结，铸牢中华民族共同体意识，形成海内外全体中华儿女心往一处想、劲往一处使的生动局面，就一定能够汇聚起实现中华民族伟大复兴的磅礴伟力。

（十）**坚持自我革命**。勇于自我革命是中国共产党区别于其他政党的显著标志。自我革命精神是党永葆青春活力的强大支撑。先进的马克思主义政党不是天生的，而是在不断自我革命中淬炼而成的。党历经百年沧桑更加充满活力，其奥秘就在于始终坚持真理、修正错误。党的伟大不在于不犯错误，而在于从不讳疾忌医，积极开展批评和自我批评，敢于直面问题，勇于自我革命。只要我们不断清除一切损害党的先进性和纯洁性的因素，不断清除一切侵蚀党的健康肌体的病毒，就一定能够确保党不变质、不变色、不变味，确保党在新时代坚持和发展中国特色社会主义的历史进程中始终成为坚强领导核心。

以上十个方面，是经过长期实践积累的宝贵经验，是党和人民共同创造的精神财富，必须倍加珍惜、长期坚持，并在新时代实践中不断丰富和发展。

【导读】

中国共产党被誉为"史上最牛创业团队"（金一南语），其"成功密码"是什么？成千上万的中外的政治家、学者都在皓首穷经地追寻答案，如何能精确、简要地总结出经验并用以指导今后的行动？

一个成就辉煌的百年大党,在成立一百周年时总结团队的成功经验,就是本文所选的十条经验,篇幅不足3000字,核心是"十个坚持"(60字)。换言之,在不到3000字的篇幅里将"史上最牛创业团队"百年成功经验总结出来,必须要有高屋建瓴的政治眼光和宏大的历史视野。《中共中央关于党的百年奋斗重大成就和历史经验的决议》(以下简称《决议》)是一篇典范性的经典文献,其经验部分在写作上有如下特色。

(1) 立论高远,论证精当。《决议》第六部分"中国共产党百年奋斗的历史经验",概括了具有根本性和长远指导意义的十条历史经验,即坚持党的领导、坚持人民至上、坚持理论创新、坚持独立自主、坚持中国道路、坚持胸怀天下、坚持开拓创新、坚持敢于斗争、坚持统一战线、坚持自我革命。这十条历史经验是系统完整、相互贯通的有机整体,揭示了党和人民事业不断成功的根本保证,揭示了党始终立于不败之地的力量源泉,揭示了党始终掌握历史主动的根本原因,揭示了党永葆先进性和纯洁性、始终走在时代前列的根本途径。强调这十条历史经验是经过长期实践积累的宝贵经验,是党和人民共同创造的精神财富,必须倍加珍惜、长期坚持,并在新时代实践中不断丰富和发展。这十条经验,贯通历史、现在和未来,深化了对共产党执政规律的认识,深化了对社会主义建设规律的认识,深化了对人类社会发展规律的认识。

(2) 逻辑清晰,条理清楚。在论述每一条经验时,均按照"是什么""为什么""怎么办"来安排内容。比如,第一条,"坚持党的领导"是这一部分的论点。先直接立论"中国共产党是领导我们事业的核心力量"(是什么),再用"中国人民和中华民族之所以能够扭转近代以后的历史命运、取得今天的伟大成就,最根本的是……"来分析原因(为什么),最后用"只要……就一定能够……"指出今后的努力方向和工作成效(怎么办)。其后九条经验都是按照这一逻辑来安排内容结构,全文逻辑清晰、条理清楚。

(3) 修辞灵活,语言隽永。本文行文简洁有力,修辞上多用排比,比如"当代中国的伟大社会变革,不是简单延续我国历史文化的母版,不是简单套用马克思主义经典作家设想的模板,不是其他国家社会主义实践的再版,也不是国外现代化发展的翻版"揭示中国建设事业的独特性;"坚持开放、不搞封闭,坚持互利共赢、不搞零和博弈,坚持主持公道、伸张正义"表明中国共产党人的天下观;"准确识变、科学应变、主动求变",强调开拓创新。

本文还用充满诗意的话语串联,使党的百年奋斗史呈现出一幅绚丽的画卷,比如"党在内忧外患中诞生、在历经磨难中成长、在攻坚克难中壮大,为了人民、国家、民族,为了理想信念,无论敌人如何强大、道路如何艰险、挑战如何严峻,党总是绝不畏惧、绝不退缩,不怕牺牲、百折不挠""脚踏中华大地,传承中华文明,走符合中国国情的正确道路,党和人民就具有无比广阔的舞台,具有无比深厚的历史底蕴,具有无比强大的前进定力",读来令人荡气回肠、热血沸腾。

【训练】

一、单项训练

1. 科学精神的核心是求真务实，我们的一切实践都须符合规律、切合实际。规律指引下的世界变动不居，我们不能_____，应敢于质疑、善于包容、勇于创新。

填入画横线部分最恰当的一项是（　　）。

A. 因循守旧　　　　　　　　　　B. 沾沾自喜
C. 妄自菲薄　　　　　　　　　　D. 刚愎自用

2. 党和人民事业发展需要一代代中国共产党人接续奋斗，必须抓好后继有人这个根本大计。要坚持用习近平新时代中国特色社会主义思想____人，用党的理想信念____人，用社会主义核心价值观____人，用中华民族伟大复兴历史使命____人，培养造就大批堪当时代重任的接班人。

依次填入画线部分最恰当的一项是（　　）。

A. 培育　凝聚　教育　激励　　　B. 教育　凝聚　培育　激励
C. 教育　凝聚　激励　培育　　　D. 激励　教育　培育　凝聚

二、综合训练

1. 马克思主义揭示了人类社会发展规律，是认识世界、改造世界的科学真理。同时，坚持和发展马克思主义，从理论到实践都需要全世界的马克思主义者进行极为艰巨、极具挑战性的努力。一百年来，党坚持把马克思主义写在自己的旗帜上，不断推进马克思主义中国化时代化，用博大胸怀吸收人类创造的一切优秀文明成果，用马克思主义中国化的科学理论引领伟大实践。马克思主义的科学性和真理性在中国得到充分检验，马克思主义的人民性和实践性在中国得到充分贯彻，马克思主义的开放性和时代性在中国得到充分彰显。马克思主义中国化时代化不断取得成功，使马克思主义以崭新形象展现在世界上，使世界范围内社会主义和资本主义两种意识形态、两种社会制度的历史演进及其较量发生了有利于社会主义的重大转变。

下列最适合做这段文字标题的是（　　）。

A. 党的百年奋斗深刻影响了世界历史进程
B. 党的百年奋斗深化了马克思主义的理论内涵
C. 党的百年奋斗展示了马克思主义的强大生命力
D. 党的百年奋斗改变了马克思主义的实践路径

2. 将下列句子组成一段逻辑连贯、语言流畅的文字，排列顺序最合理的是（　　）。

① 团结带领全国各族人民不断为美好生活而奋斗
② 维护社会公平正义，着力解决发展不平衡不充分问题和人民群众急难愁盼问题

145

③ 站稳人民立场，坚持人民主体地位，尊重人民首创精神，践行以人民为中心的发展思想

④ 全党必须永远保持同人民群众的血肉联系

⑤ 不断实现好、维护好、发展好最广大人民根本利益

A. ③①②⑤④ B. ④③②⑤①
C. ④②③①⑤ D. ⑤③④①②

三、拓展训练

1. 请从第二至十条经验中，任选一条，用"是什么""为什么""怎么办"来分析其逻辑结构，并认真体会这样写作的好处。

2. 请在学习强国网站或 APP 拓展阅读《中共中央关于党的百年奋斗重大成就和历史经验的决议》《牢记初心使命的政治宣言——〈中共中央关于党的百年奋斗重大成就和历史经验的决议〉诞生记》。

（张孝友）

任务二

依靠学习走向未来

周之良

【题解】

周之良（1933— ），安徽至德（今安徽东至）人，1953年毕业于北京师范大学教育系。曾任北京青年政治学院院长，北京师范大学党委书记、教授、博士生导师。

本文选自2021年2月9日《人民日报》第9版。

学习是文明传承之途、人生成长之梯、政党巩固之基、国家兴盛之要。重视学习、善于学习是我们党的优良传统。我们党领导革命、建设、改革的历史，可以说是一部创造性学习、创造性实践的历史。习近平总书记强调："中国共产党人依靠学习走到今天，也必然要依靠学习走向未来。"党员、干部的学习状况直接关系党和国家事业能否顺利推进。在全面建设社会主义现代化国家新征程上，党员、干部要带头弘扬理论联系实际的学风，更加崇尚学习、积极改造学习、持续深化学习，不断提升思想政治素养和执政能力水平，把学习成果转化为全面建设社会主义现代化国家、实现中华民族伟大复兴中国梦的强大力量。

学以明道。习近平总书记指出："学习就必须求真学问，求真理、悟道理、明事理，不能满足于碎片化的信息、快餐化的知识。"当前，我国发展仍然处于重要战略机遇期，但机遇和挑战都有新的发展变化。面对新形势，只有通过不懈学习，学以明道，才能科学分析形势，看清变局本质，把握发展大势，更好推动工作。学以明道，对于党员、干部来说最重要的是学习马克思主义，尤其是要学懂弄通做实习近平新时代中国特色社会主义思想。习近平新时代中国特色社会主义思想是当代中国马克思主义、21世纪马克思主义，是党和国家必须长期坚持的指导思想。党员、干部要深入学习贯彻习近平新时代中国特色社会主义思想，善于运用贯穿其中的马克思主义立场、观点、方法观察世界全局和时代发展趋势，努力提高战略思维、历史思维、辩证思维、创新思维、法治思维、底线思维能力，不断提高政治判断力、政治领悟力、政治执行力。在涉及我国经济、政治、文化、社会、生态、外交、国防和党的建设等全局性的重大问题上，党员、干部要通过学习对"国之大者"了然于胸，学会从全局高度准确把握，把一地一域的工作放在国家发展大局中谋划推进；在涉及改革发展稳定的各种重大问题上，要通过学习增强工作的原则性、系统性、预见性、创造性，分清轻重缓急，抓住根本、突出重点，远近结合、协同推进，学会从战略上思考、研究和谋划，拿出治本之策。

　　学以增智。当今时代，信息总量呈裂变式增长，新知识新事物层出不穷。习近平总书记强调："如果我们不努力提高各方面的知识素养，不自觉学习各种科学文化知识，不主动加快知识更新、优化知识结构、拓宽眼界和视野，那就难以增强本领，也就没有办法赢得主动、赢得优势、赢得未来。"面对蓬勃兴起的科技革命和产业变革，面对社会治理呈现的多维、动态、智能等特点，面对前进道路上的一系列重大风险挑战，党员、干部只有不断学习知识、丰富学识、增长见识，始终保持思想活力，才能使领导和决策体现时代性、把握规律性、富于创造性，从而避免陷入少知而迷、不知而盲、无知而乱的困境，更好地肩负起职责与使命。学习贵在勤奋。党员、干部工作任务繁重，更要惜时如金、善于学习，多一点学习思考和体悟，少一些无谓的应酬和形式主义的东西，努力进行系统性学习，补充和丰富知识储备。学习贵在钻研。党员、干部要敏于求知，发扬"钻"的精神，不能心浮气躁、浅尝辄止、不求甚解，而要做到立足实际、专攻博览，如饥似渴地学习，努力提高科学文化素养。特别是置身于互联网、大数据、人工智能等现代信息技术蓬勃发展的浪潮中，党员、干部必须使自己的知识更新跟得上信息化的浪潮，克服本领不足、本领恐慌问题。学习贵在有恒。学习是一个循序渐进、日益精进的过程，惟有孜孜不倦，方可产生累积效应，取得良好效果。党员、干部要强化终身学习的理念，使读书学习成为工作、生活的重要组成部分，沉下心来持之以恒地学习，哪怕一天只能挤出一点时间，只要坚持下去，必定会积少成多、聚沙成塔。

　　学以致用。党员、干部加强学习，根本目的在于增强工作本领、提高解决实际问题的能力和水平。习近平总书记指出："读书是学习，使用也是学习，并且是更重要的学习。"党的十九届五中全会《建议》擘画了未来 5 年乃至更长时期我国经济社会发展新蓝图，对党员、干部特别是领导干部的治理能力提出了新的更高要求。同过去相比，我们今天学习的任务不是轻了，而是更重了。党员、干部要紧密联系思想和工作实际，带着问题学，坚持学习、学习、再学习，坚持实践、实践、再实践，真正做到学以致用、用以促学、学用相长。特别需要强调的是，党员、干部既要向书本学习，又要向实践学习，向人民群众学习；既要读有字之书，又要读无字之书。人民是创造历史的主体，人民群众中蕴藏着无穷的智慧和力量。党员、干部要深入实际、深入基层，真诚与人民群众交流，虚心向人民群众请教，从他们鲜活的话语中汲取营养，从他们生动的实践创造中提炼经验，不断创新工作思路、改进工作方法。学习的目的全在于运用。党员、干部要把研究问题、解决问题作为学习的出发点和落脚点，坚持学习和工作"实对实"，把知识切实转化为解决各种复杂问题、应对各种风险挑战的能力，转化为昂扬向上、实干兴邦的精神状态，转化为奋进新征程、实现中国梦的具体行动。

【导读】

1941年5月,毛泽东在延安干部会上作了题为《改造我们的学习》的报告,对如何改造学习提出具体意见。2021年2月,中共中央印发《关于在全党开展党史学习教育的通知》,就党史学习教育作出部署安排。正如习近平总书记强调的:"中国共产党人依靠学习走到今天,也必然要依靠学习走向未来。"

从结构上看,本文采用总分结构。作者开宗明义地指出了"学习是文明传承之途、人生成长之梯、政党巩固之基、国家兴盛之要""党员、干部的学习状况直接关系党和国家事业能否顺利推进"指出了学习的重要意义和作用,然后从"学以明道""学以增智""学以致用"三个方面来分别论述,条理清晰。

从逻辑上看,全文基本按照"是什么""为什么""怎么办"来安排内容。如"学以明道"部分,引用习近平总书记论述说明"学什么",用时代背景结合"只有通过不懈学习,学以明道,才能科学分析形势,看清变局本质,把握发展大势,更好推动工作"阐明"为什么要学习",然后从"要深入学习贯彻习近平新时代中国特色社会主义思想""要通过学习对'国之大者'了然于胸""要通过学习增强工作的原则性、系统性、预见性、创造性"三个方面阐述"怎么学",逻辑缜密。

这篇时评也可以当作一篇优秀的申论范文来学习。从这个角度来说,这是一篇偏重于阐述意义和作用的政论文,请结合后面的模块二"申论写作训练"部分学习。

【训练】

一、单项训练

1. 科学家认为,未来的仿生机器人并非是要完全模仿人类的所有功能,而是模仿某项功能。这些智能机器人有望成为"超人",有的具有超强的记忆力,有的具有超强的学习能力,有的听觉功能特强,有的嗅觉功能特强……____。

填入画横线部分最恰当的一项是(   )。

A. 智能机器将超越人类

B. 不同功能的智能机器人可以用于不同的领域

C. 但它并不具备人类的情感,也不具备人脑的灵活性

D. 人类受限于缓慢的生物学进化速度,无法与之竞争和对抗

2. 中国的传统文化中,"老"是一个褒义的字眼。一个年轻人处事得当,会被赞赏为老练、老成。但是进入互联网特别是移动互联网时代,这沿袭了数千年的观念,短短数十年____。年龄大、资历老逐渐不再是一种优势,有时反而成了学习新事物的一种____。

依次填入画横线部分最恰当的一项是(   )。

A. 土崩瓦解 羁绊   B. 灰飞烟灭 累赘

C. 化为乌有 阻力   D. 分崩离析 弊端

3. 对于古埃及的农民来说，____尼罗河泛滥的规律是性命攸关的大事，因此他们____着去计算天数，小心地记录日期。他们把月亮和星星作为日历。当天狼星在夏天升起的时候，古埃及人知道尼罗河就要泛滥了；接着当新月时候，就是古埃及新一年的开始。

依次填入画横线部分最恰当的一项是（　　）。

A. 揭示　尝试 B. 遵循　坚持
C. 总结　学习 D. 掌握　摸索

二、综合训练

1. 虽然中国的救灾能力在经历过多次大型自然灾害后有了较大的提升，但是防灾教育依然落后。中国扶贫基金会 2015 年对中国公众的防灾意识进行了调查，结果显示，仅有 24.3% 的城市居民表示关注灾害应对的相关知识，这一数据在农村仅为 11%。此外，只有不到 4% 的城市居民在日常生活中做了基本的防灾准备，超过半数的农村居民从未参加过任何防灾培训。形同虚设的防灾教育无法提高民众的自救能力，等到灾难发生后才开始组织学习，逝去的生命已经无法挽回。

这段文字意在说明（　　）。

A. 防灾教育比救灾更重要
B. 中国的防灾教育亟待加强
C. 防灾教育是提高自救能力的基础
D. 城市与农村在防灾教育上严重失衡

2. ① 如果把不同形态的花朵分别布置在不同的区域，那么蜜蜂就会持续选择一种花朵进行采集；当不同形态的花朵被均匀分散在一个区域的时候，蜜蜂的懒惰劲儿就上来了，变得不那么挑剔了

② 真相就是蜜蜂有着各自的记忆效应，有比较强的学习能力，它们会把之前采集花蜜的经验运用在后续的工作中

③ 为了投其所好，于是植物们经常大片大片地开花

④ 可是即便有了工作经验的积累，蜜蜂还是喜欢偷懒，喜欢简单重复劳动

⑤ 面对外面的花花世界，植物是怎样保证蜜蜂在采蜜过程中不会换口味的呢

⑥ 蜜蜂在作出选择之前往往有 4~5 秒的考虑时间，如果在这段时间内发现了相同的花朵，那么蜜蜂一定会去采那朵相同的花朵；如果没有，只能退而求其次，不加选择地进行采集

将以上 6 个句子重新排列，语序正确的是（　　）。

A. ⑤②④①⑥③ B. ①②⑥④⑤③
C. ③⑥①④⑤② D. ⑥⑤④③①②

三、拓展训练

1. 从当月《人民日报》网站观点栏目（http：//opinion.people.com.cn/）中，任选3~5篇文章精读，分析其标题拟写、结构安排、素材选用方面的特点。

2. 推荐阅读：曹林，《时评写作十讲》，复旦大学出版社，2011年8月第1版。

（张孝友）

任务三

健全农村金融服务体系

文爱华

【题解】

本文选自 2021 年 3 月 25 日《人民日报》第 9 版，原题为《更好服务乡村振兴战略　健全农村金融服务体系》，作者为中国建设银行湖南省分行党委书记、行长。

金融是现代经济的核心。全面推进乡村振兴、实现农业农村现代化，离不开金融的支持。党的十九届五中全会提出"健全农村金融服务体系"，为金融更好服务乡村振兴战略、促进农业农村现代化指明了方向。我们必须深入贯彻落实党的十九届五中全会决策部署，着力健全农村金融服务体系，打通金融服务乡村振兴的"最后一公里"。

建立健全乡村振兴金融服务组织体系。加快完善农村金融服务组织体系，积极引导涉农金融机构回归本源，提高金融服务乡村振兴的效率和水平。鼓励开发性、政策性金融机构在业务范围内为乡村振兴提供中长期信贷支持，增强农村经济增长动力。加大商业银行对乡村振兴的支持力度，着力提高金融服务覆盖面和信贷渗透率，做好小微普惠领域的金融服务。积极创新金融产品和服务方式，打造综合化、特色化乡村振兴金融服务体系。强化农村中小金融机构支农作用，引导农村信用社、农村商业银行、农村合作银行坚持服务县域、支农支小的市场定位。

完善农村金融服务政策体系与机制。在更大范围、更深层次上为乡村振兴提供金融支持，需要完善农村金融政策体系和机制。完善货币政策、财政政策、差异化监管等政策保障体系，提高金融机构服务乡村振兴的积极性和可持续性。开展金融机构服务乡村振兴考核评估，从定性指标和定量指标两个方面对金融机构进行评估，强化对金融机构的激励约束，促进更多金融资源配置到农村。充分发挥股票、债券、期货、保险市场等金融市场功能，建立健全多渠道资金供给体系，拓宽乡村振兴资金来源。引导金融机构配合农村土地制度改革和农村集体产权制度改革部署，促进农村土地资产和金融资源有机结合，盘活农村要素资源。

加强农村金融基础设施建设。我国农村金融基础设施还比较薄弱，金融服务渠道及硬件设施、金融服务网络及平台等软件设施、农村信用体系等方面还存在较为明显的短板。要加快运用现代金融科技，结合数字乡村、信用乡村建设，探索将金融服务嵌入智慧政务系统，为广大农村经营主体提供"线上线下一体化"服务；支持农村"三资"管理、产业大数据平台建设，搭建全面覆盖农村政府、企业、村民的金融服务平台，促进形成农村金融完整生态；全面开展信用乡镇、信用村创建活动，强化部门间信息互联互通，推动完善农村信用体系。

优化农村金融服务和产品供给。围绕乡村振兴总要求优化农村金融服务和产品供给，有效解决乡村振兴面临的资金短缺问题。围绕支持产业兴旺，加快完善农村融资基础设施建设，促进资金融通，夯实乡村振兴的产业基础；围绕生态宜居，加强金融对农村基础设施建设、污染防治、人居环境改善的支持，改善农村生态环境；围绕乡风文明，加强金融知识、信用观念的普及，为农村金融发展营造良好社会环境；围绕治理有效，着力补齐农村金融服务和产品供给短板，提升农村治理现代化水平；围绕生活富裕，为农村居民提供投资理财等金融服务，提升金融服务的可及性与普惠性。

【导读】

历朝历代的科举考试，内容、形式都会有变化，但从未改变的就是"策论"的存在。策论需要考生贯通史实，以及解决实际问题的综合能力，要求将理论知识用到治国实践上来。在当下的公务员招录考试等各类招录考试中，仍然普遍要求考生能够将书本上的理论知识与实践结合运用，用策论文考查考生解决实际问题的能力。

本文就是一篇堪称典范的策论文，针对当前农村金融服务领域内存在的短板和问题，围绕"健全农村金融服务体系"提出切实可行的对策。

作为议论文，策论文仍然遵循"是什么""为什么""怎么办"的逻辑结构，但"是什么""为什么"部分只简要提及，重点在解决问题，即阐述"怎么办"。本文在极其简要地说明"金融"的本质和作用后，直奔主题，即"我们必须深入贯彻落实党的十九届五中全会决策部署，着力健全农村金融服务体系，打通金融服务乡村振兴的'最后一公里'"。

正文部分从"建立健全乡村振兴金融服务组织体系""完善农村金融服务政策体系与机制""加强农村金融基础设施建设""优化农村金融服务和产品供给"四个方面阐述健全农村金融服务体系的对策，在每一部分罗列具体措施。语言简洁，专业性强。

请结合后面的模块二"申论写作训练"部分学习。

【训练】

一、单项训练

1. 在这个关键时刻，首先值得我们做的也许是____改革共识，细细____注册制对我国证券市场秩序的真实影响，探讨如何使我国资本市场成为更具吸引力的产品，吸引本地和国际企业家像消费者一样乐于使用它，最终有利于社会发展，而不是拘泥于所谓的前提条件，____注册制改革的时机。

依次填入画横线部分最恰当的一项是（　　）。

A. 发展　估算　耽误　　　　　　B. 凝聚　考量　延误
C. 汇集　预计　散失　　　　　　D. 形成　琢磨　荒废

2. 欧盟委员会发布消息称，回顾全球"金融危机"以来的____，欧盟采取得当的____，有效地控制住了危机的蔓延与发展，从而在最近几年取得了经济持续增长的佳绩。

依次填入画横线部分最恰当的一项是（　　）。

A. 历史　办法　　　　　　　　　B. 历程　措施
C. 经历　手段　　　　　　　　　D. 经过　举措

3. 在不同的经济增长阶段，经济活动所积累的风险水平和表现程度有所不同，因此金融机构在资源配置上必然会有不同的表现。一般而言，金融机构习惯享受顺周期的经济上升发展，愿意做____的事；普遍忽视顺周期的末端风险管理，而一遇经济逆转，常会"雨中收伞""____"，一些机构甚至不会再投放资源。

依次填入画横线部分最恰当的一项是（　　）。

A. 顺水推舟　明哲保身　　　　　B. 济困扶危　竭泽而渔
C. 因势利导　急流勇退　　　　　D. 锦上添花　釜底抽薪

二、综合训练

1. 发展乡村旅游缺少资金支持，这一难题急需破解。乡村旅游景区是多方位开放式区域，属于公共空间。改善发展环境，政府义不容辞，可通过整合财政资金，促进景区提档升级，鼓励各地采取以奖代补、先建后补的形式加大财政支持力度；可通过撬动金融资金，搭建银行和政府的对接平台，解决经营主体的贷款难题，加大对乡村旅游的信贷力度；还可通过 APP、众筹等新型融资模式鼓励社会资本进入。让乡村旅游有人投、建得好、管得好。

这段文字重点强调的是（　　）。

A. 资金匮乏难题严重影响乡村旅游发展
B. 乡村旅游的建设和管理需要资金支持
C. 充分发挥不同资金渠道间的优势互补
D. 发展乡村旅游急需推进多渠道投融资

2. "无现金社会"的现象之所以引人关注，主要是由于近年来移动支付发展迅猛，覆盖了人们的衣食住行，普及到了城镇的角角落落，使一部分人改变了使用现金的习惯。积极推进"无现金社会"建设意义深远：首先，有助于降低金融服务的门槛，更好地促进经济发展；其次，有助于减少和降低现金的使用率和管理成本，降低货币的发行成本，也会加速资金的流转；第三，有助于建立诚信体系，识别、防范和打击与现金交易、行贿受贿等有关的各类违法犯罪行为，有效遏制腐败行为。

这段文字没有提及"无现金社会"（　　）。

A. 对金融行业的好处
B. 备受关注的原因

C. 与货币发行的关系

D. 对人际关系的影响

三、拓展训练

1. 阅读《中国青年报》（http：//zqb.cyol.com/）"青年话题"栏目，任选3～5篇文章精读，分析其标题拟写、结构安排、素材选用方面的特点。

（张孝友）

任务四

杭州西湖生成的原因[①]

(1920年8月)

竺可桢

【题解】

竺可桢(1890—1974),中国地理学家、气象学家、教育家,生于浙江省上虞县东关镇(今属浙江绍兴)。竺可桢1910年赴美学习,1913年毕业于美国伊利诺大学农学院,同年入哈佛大学地学系研究气象学,1918年获博士学位后回国。1918—1927年任武昌高等师范学校(现武汉大学)、南京高等师范学校(后改为东南大学、中央大学,现南京大学)、南开大学教授及商务印书馆编辑,1928年后任中央研究院气象研究所所长、浙江大学校长,为中央研究院评议员、院士。建国后任中国科学院副院长,为中国科学院学部委员,并长期担任中国地理学会理事长、中国气象学会理事长、中国科学技术协会副主席等职。他为中国的科学和教育事业鞠躬尽瘁,作出了多方面的贡献,是中国近代地理学的开创者和现代气象事业的主要奠基人。

1920年,竺可桢考察西湖地形后发表了《杭州西湖生成的原因》,是我国现代湖泊科学的最早文献。本文选自《竺可桢全集》(第1卷),上海科技教育出版社,2004年版。

湖沼生成的原因,依英国著名地质学家该克衣(Geikie)之说[②],可分为三种:(1)因为地面升降变动,造成一盆形的陷穴。譬如亚洲西部的死海(Dead Sea),及意大利各处已息火山顶上的克莱透湖(Crater Lakes),就是这样形成的。(2)因为风霜剥蚀的结果,地面上容易消磨及溶化各种岩石,缓缓消尘灭迹,剩下一个千疮百孔的地面,不久就成了许多湖沼。世界各处以这个原因而成的湖沼很多,最有名的就是巨哥斯拉维亚〔南斯拉夫〕国内楷司忒[③](Karst)地方的湖沼。(3)因为河流河水所带下泥土,或者山崩时候落下石块,把河道海湾的出口塞住,如美国的五

[①] 本文刊于《科学》6卷4期(1921年4月)381-386页,是作者在南京参加中国科学社第5次年会时宣读的论文,发表时有修改。——原编者注。

[②] Archibald Geikie:*Text Book of Geology*,Vol. I,pp.519-520,1903年出版。——原注。

[③] 即喀斯特,是原南斯拉夫西北部伊斯特拉半岛上的石灰岩高原的地名,今属克罗地亚。

大湖及福罗立大①（Florida）省海滨一带的礁湖（lagoon）〔潟湖〕②就是这样生成的。

西湖生成的原因，不外上述三种。据笔者去岁（民国八年③）夏间的观察，加以东西书籍的参考，西湖生成的原因，可以断定是属于第三种。换言之，西湖是一个礁湖。

西湖的地形，南西北三面均被山所围绕，惟有东面是一个冲积平原，浙江省城就在这个冲积平原之上，所有泥土，统是钱塘江带下的沉淀积成。大凡河流所带泥沙到了河口，一部分就要沉下来，一则因为河流入海受到了海上的阻力，速率减缩。二则因为海水含盐分，盐分能减少河水分子的凝聚力（cohesion）。有了上述两层原因，凡是长江大河，如埃及的尼罗河（Nile）、印度的恒河（Ganges），以及我国黄河、长江，到了入海地方，均成有三角洲。照这样看来，杭州附近冲积平原，不过是钱塘江所成的一个三角洲。

我们若再进一层来考察西湖近旁的地质，就晓得不但西湖东面有冲积土，就是西面也有冲积土。假使我们能追想钱塘江初成时候情形，一切冲积土尚未沉下来时，现在杭州所在地方还是一片汪洋，西湖也不过是钱塘江口左近的一个小小湾儿。后来钱塘江沉淀慢慢的把湾口塞住，变成一个礁湖（观图）。初成的时候，里湖的面积比较现在的外湖还大。后来因南北诸高峰川流汇集，如玉泉两峰涧、龙井等溪水所带下的泥土，流入湖中以后，速率顿减，就淤积起来。里湖因在靠山这一边，所以淤积得快。如耿家步、金沙港、茅家埠等处，就是溪流带下的冲积土所成的，倘使没有宋、元、明、清历代的开浚修葺④，不但里湖早已受了淘汰，就是外湖恐怕也要为淤泥所充塞了。换言之，西湖若没有人工的浚掘，一定要受天然的淘汰。现在我们尚能倘徉湖中，领略胜景，亦是人定胜天的一个证据了。

在夏季的时候，外湖的水平均不过四英尺⑤深，里湖因靠近山边，所受的沉淀比外湖较多，所以水亦较外湖浅。惟苏堤六桥、玉带桥、西泠桥之下，水度略深，最深的地方大约在六英尺左右。这是因为湖中水平如镜，流动极缓，水中所含最微渺的泥粒，也都沉下来。独堤上诸桥，为湖水交通咽喉，是里湖流入外湖必经之路。湖水流行较速，水中微细的泥土不能沉降。试观西湖各处，香灰泥堆积很深，独在西泠桥上，注目俯观，水清澈底，能见岩石，即因水流湍急，香灰泥不能留足之故。

现在西湖情形照上面看来，是由于钱塘江带下的泥土淤积，塞住原有的湾口而成。至于西湖生成的年代，离现在有多久，这个问题，却不容易解决。从历史上眼光看起来，西湖生成时代是很久远。唐代以前，虽则寂然无闻，自从李邺侯、白居

---

① 今译作佛罗里达。
② 潟（xì）湖：被沙嘴、沙坝或珊瑚分割而与外海相分离的局部海水水域。
③ 民国八年，即1919年。
④ 参观徐珂著增订十一版《西湖游览指南》第二页。——原注
⑤ 英尺：英制计算长度的单位（foot），1英尺合12英寸，合0.3048米。

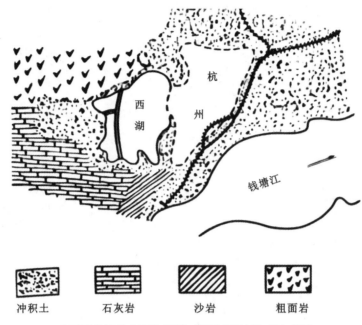

上图系依石井八万次郎著《扬子江流域》略加修改

易、苏东坡先后服官武林①以来，西湖的名就声闻全国。但从地质学眼光看起来，西湖的生成却是很近来的一桩事，在地质学上〔是〕最近的一个时代。这个时代，就是冲积时代。世界人类的产出，在洪积时代（Pleistocene）的末期，冲积时代的初期，所以西湖的生成，当然在世界有了人类以后。

西湖南西北三面的岩石，统是很老。西北方面如葛岭、宝石山等，系粗面岩（eiparite or rhyolite）所构成的②。粗面岩是一种火成岩，它的分布在我国南部滨海非常广大。据德国著名地质学家列雪拖芬③（Von Richthofen）之考察，自宁波至香港一带，斑岩（porphyry）（粗面岩与石英斑岩是一类的岩石）之多，可称世界第一。这种石英斑岩与粗面岩，是火山所喷出而形成的。喷出时期，据美国地质学家威利斯（Bailey Willis）的推测，大概在三叠纪（Triassic）与侏罗纪（Jurassic）之间④。

西湖的南部同西部，如九曜山、石屋岭、南高峰以及灵隐等，统是砂岩（Sandstone）及石灰岩（Limestone）所造成的。其中尤以石灰岩分布最广。石灰岩所成的山峰，最足惊心动魄的，要算云林寺面前的飞来峰，苍翠玉立，突兀峥嵘，它上面还刻有许多佛像，宛如天成的一座假山。西湖近旁岩洞很多，如玉乳洞、石屋洞等，也是石灰岩生成的。石灰岩与砂岩生成的年代，比北部的粗面岩还要久远，大

---

① 服官：为官，做官。武林：杭州旧称。李邺侯、白居易、苏东坡先后在杭州做官。
② 参观 American Academy of Arts and Sciences，Vol. 8，p. 117。——原注。
③ 参观上图及丁文江所著 Geology of Yangtze Estuary below Wuhu，p. 25。——原注。
④ Willis and Blackwelder：Research in China，Vol. Ⅱ，pp. 83-84，1907 年出版。——原注。

约在上古时期（Paleozoic Era）的石炭纪（Carboniferous）①。（三叠纪与侏罗纪离现时约有二万万年，石炭纪则差不多有三万万年②）。

西湖南西北三面的岩石虽然很古，但西湖东岸的泥土却是很新，是在冲积时期才成的。我们要晓得西湖生成年代的久远，只要晓得钱塘江排泄的沉淀，把现在杭州淤积为大陆的时候就是了。自从西湖生成以来，钱塘江的三角洲渐渐在海中推广，到现在已达杭州湾口，离杭州省城约有120英里之遥。假使我们去推测钱塘江三角洲每年在海中伸涨的速率，那末西湖生成的时代就不难知道了。

钱塘江河身的长短，河域的大小，同欧洲隆河③（Rhone River）与坡河④（Po River）不相上下，从下面的表里可以看出来：

河名	河身长（哩数）	流域（方哩数）	取源处高度（呎数）
隆河	510	94800	12000—15000
坡河	418		12608
钱塘江	400？	24000	5900

隆河同坡河流入地中海，河口海底深度，同波浪强弱，与钱塘江口情形差不多。独坡河与隆河取源均在阿尔魄司（Alps）山⑤上，比较钱塘江取源安徽黄山的高度，有两倍多，所以钱塘江三角洲生长速率，就该没有隆河同坡河的三角洲这样快。隆河的三角洲，在1500年中增长15英里⑥，平均每百年增长1英里⑦。坡河的三角洲在1800年中增长20英里，每百年增长也差不多1英里。若使钱塘江的三角洲增长同坡河、隆河一样快，每百年增长1英里，要积120英里长的沉淀，就要12000年，照这样算来，西湖的生成，至少要在12000年以前了⑧。

【导读】

一篇学术论文是否有价值，要看它在既有的学术知识体系基础上，是否提供了新的知识，通常这些知识表现为新的见解、新的方法或新的证据。《杭州西湖生成的原因》的核心论点是"西湖是一个礁湖"，作者为这个观点提供了新的见解和证据。

---

① 石井八万次郎，《扬子江流域》160，161页。又第二十三版《浙江省钱塘江流域图》，及东京地学协会出版《杭州图》。——原注。

② Harlow Shapley: *The Age of the Earth*，Publication of Astronomical Society of the Pacific, No. 177, 1918. ——原注。

③ 隆河：也称作罗讷河（法语 Rhône），是欧洲主要河流之一，法国五大河流之首，地中海流域仅次于尼罗河的第二大河。

④ 坡河：意大利北部的一条河流。

⑤ 即阿尔卑斯山。

⑥ Salisbury, *Loc. Cit.*, p. 199. ——原注。

⑦ Geikie, *Loc. Cit.*, p. 516. ——原注。

⑧ 《钱塘江过去的历史》，参观 Dr. V. K. Ting, *Loc. Cit.*, pp. 59-68. ——原注。

作者从地形、地质、水流等方面分析了西湖的成因，既有学术依据，也有现实依据，论点、论据、论证形成逻辑闭环，结论让人信服。作为一篇典范性的学术论文，其主要写作特点有以下几点。

（1）论点新颖。"西湖是一个潟湖"作为核心结论，是作者参考他人学术研究成果、结合自身科学调查得出的。这一观点，发前人所未发。

（2）论据充分。作者选取了前人经典论述、实地考察所得、现实调查数据，并结合图表、数据形式列举论据，简明、清晰、充分，有力支持了论点。

（3）论证合理。为了论证潟湖是"因为河流河水所带下泥土，或者山崩时候落下石块，把河道海湾的出口塞住，……生成的"，作者从地形、地质、水的流速和沉淀等出发，经科学推论，得出"现在西湖情形照上面看来，是由于钱塘江带下的泥土淤积，塞住原有的湾口而成"的结论，自然合理。

（4）注重学术规范。学术规范是科研工作者在长期的研究过程中形成且共同遵守的工作标准，它是保证学者之间顺利交流的重要条件，同时也是学术共同体约束自身行为的基本准则，并且还是保证学术研究成果具有社会公信力的重要基石。学术论文中的引用是不可避免的，也是必要的。作者在引用他人成果时，均一一标注（注释中"原注"部分），既表明引据的可信度，也标明是他人成果，严格遵守学术规范。

【训练】

一、单项训练

1. 到近几年，一度_____的神经网络算法开始复兴。这个算法在一定程度上_____了生物神经分层的构架，不仅能够不断调整优化各项行动的逻辑权重，还能够进行结果的_____，把结果重新作为输入进行训练。

依次填入画横线部分最恰当的一项是（　　）。

A. 沉默　模仿　回馈　　　　　　B. 沉沦　仿真　回应
C. 沉寂　模拟　反馈　　　　　　D. 沉凝　仿照　反应

2. 研究人员表示，忆阻器被植入到人体内后，可以执行体征____、疾病____、伤口愈合跟踪，并能够将信息无线传送给医生或患者，以便于采取后续措施。实验证实，可降解忆阻器可读写数百次，在干燥情况下，信息可储存 3 个月。

依次填入画横线部分最恰当的一项是（　　）。

A. 监视　预报　　　　　　　　　B. 监控　预防
C. 监测　预警　　　　　　　　　D. 监管　预测

二、综合训练

1.① 更令人震惊的是，这些土著们在语言和文化上表现出超乎想象的统一性

② 他们没有航海设备，只有原始的舟筏，却在占据了将近地球三分之一面积的大洋中，找到了一个个孤悬海上的小岛

③ 他们有着相似的风俗习惯，在相隔极远、完全陌生的岛上，竟然可以用同一种语言进行简单交流

④ 原始的南岛语族，创造了航海奇迹

⑤ 这使得许多世纪后，"地理大发现"浪潮中驶入太平洋的西方航海家们惊异地发现，几乎他们每找到一处新的岛屿，都已有了土著们居住过的痕迹

⑥ 然后定居其上，传承和发展着自己的文化

将上述 6 个句子重新排列，语序正确的是（　　）。

A. ④⑤②①③⑥　　　　　　　　B. ④②⑥⑤①③

C. ②⑥⑤④③①　　　　　　　　D. ③①②⑥④⑤

2. ① 由于各个作者对所描绘植物和绘画手法有不同的认识，所以诸多本草著作中就出现了风格各异的插图，但准确性欠佳

② 植物科学画在中国有过辉煌时期，中国最早对植物的了解来自农业生产和本草医药的需要

③ 本草学家把社会实践中积累的植物学知识用文字记录下来，并配以形象图画，使人们更容易识别和利用植物，其中最著名的是李时珍的《本草纲目》

④ 为了能在最鲜活的状态下记录物种的模样，探险队伍中增加了专业画师，这就有了植物科学画的雏形

⑤ 那个时期的绘画工具是毛笔，技法是中国画中的白描

⑥ 现代意义的植物科学画源自西方，地理大发现时期，欧洲贵族、商人和科学家组成的舰队探索世界，同时收集动植物标本

将以上 6 个句子重新排列，语序正确的是（　　）。

A. ⑥④②①⑤③　　　　　　　　B. ②③⑤①⑥④

C. ②⑤①③④⑥　　　　　　　　D. ⑥②③①④⑤

3. 中国的 FAST（500 米口径球面射电望远镜）主体的落成为何引起海内外的热烈关注？原因有三。一是看得远。作为目前口径最大的射电望远镜，FAST 在理论上可以接收到 137 亿光年以外的电磁信号。二是很灵活。FAST 的索网结构可以随着天体的移动变化，极大提升观测效率。三是高精度。FAST 的结构处处都是毫米级的精度要求：用来编织索网手臂般粗细的钢缆，加工精度都被控制在 1 毫米以内；最终的天线精度是 3 毫米，小面板的制造精度是 1.5 毫米。这一切意味着我们将能倾听来自宇宙更深处的声音，观测宇宙更隐蔽的奥秘。

这段文字最适合的标题是（　　）。

A. 海内外热烈关注中国的 FAST

B. 走近中国 FAST 走进宇宙深处

C. 中国的 FAST 有三大过人之处

D. 一起倾听来自宇宙深处的声音

4. 沉浸在自然环境的多样性生物中，有助于维持肌肤不可或缺的健康微生物群系和肠道菌群。研究显示，如果儿童在很小的时候没有用足够的时间去亲近大自然，那么随着年龄的增长他们就不会形成适当的免疫功能来保护自我。沐浴在大自然中，

可以摄取那些能产生大量健康微生物群系的东西。由于一些城市缺少公园，树木稀少，这种大自然赋予的免疫力不足，____。

填入画横线处最恰当的是（　　）。

A. 微生物群系和肠道菌群减少了

B. 孩子们的免疫功能退化了

C. 大自然中的生物多样性降低了

D. 成年人的健康水平下降了

三、拓展训练

1. 对照你本人现在所学的专业，到图书馆查阅本专业最新的学术期刊，或从中国知网（https：//www.cnki.net/）在线选读本专业学术论文 2～3 篇。体会其选题方向、论述方法，注意其注释方式，认知学术规范。

2. 以"专业""就业""途径"为关键词，从中国知网查找相关文献，结合你本人所学专业和你本人的认知，以"××专业高职毕业生的就业前景初探"或"××专业高职毕业生的就业途径初探"为题，写一篇论文，2000 字左右。

（张孝友）

模块二 写作训练

项目一 常用应用文写作训练

一、应用文与公文

应用文是党政机关、其他机关和单位在实施领导、履行职能、处理公务,或个人在工作、学习、生活中用于处理事务、传播信息而撰写的具有规范体式或惯用体式的实用性文书。应用文包括用于处理公务的文书和处理个人事务的文书。

处理公务的文书称公文,包括"法定公文"和"非法定公文"。非法定公文如规划、计划、要点、方案、总结、办法等文书,非法定公文一般在法定公文印发后发挥行文机关或单位实施领导、履行职能、处理公务的作用,如《国务院关于印发"十四五"推进农业农村现代化规划的通知》(国发〔2021〕25号)。

处理个人事务的文书,工作学习方面如工作计划、工作总结、述职报告、学习计划、学习总结等,生活方面如启事、条据、书信、合同等。一些非法定公文文种既可以处理公务,也可处理个人事务,如计划、总结、述职报告、合同等。

二、党政机关公文及其种类

党政机关公文是党政机关实施领导、履行职能、处理公务的具有特定效力和规范体式的文书,是传达贯彻党和国家的方针政策,公布法规和规章,指导、布置和商洽工作,请示和答复问题,报告、通报和交流情况等的重要工具。党政机关公文是狭义的公文,也是狭义的应用文。

中共中央办公厅、国务院办公厅印发的《党政机关公文处理工作条例》规定,党政机关公文种类主要有决议、决定、命令(令)、公报、公告、通告、意见、通知、通报、报告、请示、批复、议案、函、纪要等15种,这15种公文一般称"法定公文"。以红头文件印发的公文一般不超出这15个文种,其他机关和单位的公文处理工作,可以参照该条例执行。

本教材只讲授常用的通知、通报、报告、请示等4种法定公文和计划、总结、讲话稿、实习报告、产品说明书等5种应用文,并开展写作训练。

(徐宏辉)

任务一

通知写作训练

【情境】

情境一

××单位制定了该单位事业发展"十四五"规划拟印发文件。请问该单位可否以《××单位事业发展"十四五"规划》作公文标题印发？

情境二

某学校拟组织师生员工开展流感疫苗接种，布置该项工作需要起草一份公文。你认为应选择什么文种，写哪些内容？

【知识】

一、通知的适用范围

通知适用于发布、传达要求下级机关执行和有关单位周知或者执行的事项，以及批转、转发公文。

通知是法定公文中使用频率最高的下行文，主要内容是事项或公文。通知发布、传达的事项一般包括工作部署（安排）、一般工作事务、人事任免或聘用解聘等；这些事项有的必须执行，如《国务院办公厅关于进一步做好高校毕业生等青年就业创业工作的通知》，有的仅需周知，如《××省文化和旅游厅关于公布 2022 年 5A、4A 级乡村旅游点名单的通知》。通知发布、传达的公文包括印发本机关（单位）制定的公文、批转下级机关的公文、转发上级机关和不相隶属的机关的公文。发布、传达的公文涉及工作部署（安排）、工作方案或工作规范的，公文受理机关（单位）必须执行。

二、通知的种类

（1）印发类通知。用于发布规范性文件、工作方案、指导意见等公文给所属人员，让其周知或执行。如《教育部办公厅关于印发〈高等学校命名暂行办法〉的通知》《国务院办公厅关于印发 2021 年政务公开工作要点的通知》。

(2) 批转类通知。用于上级机关批转下级机关的公文给所属人员，让其周知或执行。如《××省人民政府批转省发改委关于2020年全省国民经济和社会发展计划报告的通知》。

(3) 转发类通知。用于转发上级机关和不相隶属的机关的公文给所属人员，让其周知、借鉴或执行。如《××省人民政府办公厅转发省农科院关于农业科技"五五"工程实施方案的通知》。

(4) 指示类通知。或称部署（安排）类通知，用于上级机关指示下级机关如何开展工作。如《国务院办公厅关于建设第三批大众创业万众创新示范基地的通知》。

(5) 事务类通知。用于处理日常事务工作，如会议通知、放假通知等。如《××省人民政府办公厅关于召开2021年全省经济工作会议的通知》《国务院办公厅关于2022年部分节假日安排的通知》。

(6) 任免类通知。用于任免或聘用干部。如《中共××省司法厅委员会关于×××等同志职务任免的通知》。

以上六种类型可分作两大类，即前三种为公文发布类，后三种为事项发布类。

三、通知的结构和写法

1. 标题

一般采用由完整要素构成的公文标题写法，即包括发文机关名称、事由和文种，也可以只写事由和文种，如《关于组织开展学生技能比赛的通知》。

"题为文之眼"。拟写公文标题，一要准确概括事由，题文外延相符，忌以偏概全或题大文小；二要符合语法规范，表述事由的动宾或主谓短语中，动词与主宾中心词搭配得当，定语（限制语）与主宾中心词搭配得当；三要语言简洁凝练，使受理机关（单位）一目了然；四要规范使用领属词，公文标题要避免重复使用事由领属词"关于"。

2. 主送机关

一般是发文机关的直属下级机关和内设机构。如有必要报送上级机关，可采用抄送形式。

拟写主送机关，一要使用机关全称、规范化简称或者同类型机关统称，二要正确使用标点符号，同类型机关之间用顿号，不同类型机关之间用逗号，如省人民政府发文的主送机关"各市、州、县人民政府，省政府各部门"。

3. 正文

(1) 导语。通知的导语一般交代发文的背景、依据、目的，常用"当前""一段时间以来""根（依）据……""为……"等惯用语引出。背景、目的、依据等交代发文缘由的因素的取舍要灵活把握。导语要高度概括、语言简洁，篇幅不宜过长，以免喧宾夺主。通知的导语一般使用"现将有关事项通知如下"之类的承启语引出通知的主体。

（2）主体。通知发布的事项是通知的主体，发布的公文是通知主体的重要组成部分，通知的主体是受理机关（单位）执行的主要依据。

部署（安排）工作的指示类通知在内容方面要围绕工作目标，事项全面不漏项，实施步骤有条理，工作安排可操作，落实要求能执行。在行文方式上，简单事项一般采用一贯到底的"一段式"，复杂事项一般采用分条列项的"条文式"；"条文式"通知具体事项的安排一般先总后分，可采用小标题的写法，以便受文单位抓住关键、理解执行；"条文式"通知要注意条与条之间即具体事项之间的逻辑关系。

公文发布类通知一般无导语，除发布的公文外，主体部分可长可短，说清印发、批转或转发公文的审批意见或成文背景及落实要求等内容即可。审批意见或成文背景可有可无，视发文需要而定。

4. 结语

通知的结语一般用"此通知""特此通知"等惯用语。通知的结语可有可无。

5. 落款

按公文格式要求，写明发文机关全称或规范化简称，标明成文日期。

四、通知的写作要求

1. 明确工作目标

通知旨在指导和推动工作或发布受文机关应知的信息，有必要及时发，切勿滥发重发。要统筹工作安排，注重工作实效，控制发文数量，维护通知的严肃性和发文单位的公信力。

2. 明确工作事项

工作事项表述全面、具体、明确，"做什么""怎么做"应该清楚明了，切忌含混不清、语焉不详、不知所云，以便受文机关明确工作任务。

3. 明确工作要求

部署（安排）工作的通知要明确"做到什么程度""达到什么标准""何时做完"等工作要求，以便受文机关知晓工作标准和发文机关实现工作目标。工作要求可在安排具体事项时分别提出，也可在全部事项安排后集中提出。

以上主要针对部署（安排）工作的指示类通知。事务类、任免类通知要明确与事务相关的时间、地点、参与人员、事项要求及任免或聘用对象的姓名、职务等。

【例讲】

教育部关于应对新冠肺炎疫情做好 2020 届全国普通高等学校毕业生就业创业工作的通知

(有删节)

各省、自治区、直辖市教育厅（教委），有关省、自治区人力资源社会保障厅，部属各高等学校、部省合建各高等学校：

2020 届全国普通高校毕业生规模达 874 万人。当前正值高校毕业生求职择业的关键时期，受经济下行压力影响，高校毕业生求职困难增多，就业形势复杂严峻。党中央、国务院高度重视高校毕业生就业工作，及时作出一系列重要决策部署。……为贯彻落实习近平总书记在统筹推进新冠肺炎疫情防控和经济社会发展工作部署会议上的重要讲话以及系列重要指示批示精神，落实国务院常务会议部署要求，多措并举做好高校毕业生就业工作，现就有关事项通知如下。

一、强化担当，加强对高校毕业生就业工作的组织领导

（一）强化统筹部署。……

（二）强化部门协同。……

（三）强化高校责任。……

二、创新方式，提升网上就业服务能力

（四）组织网上就业大市场。教育系统在疫情没有得到有效缓解之前，要暂停举办各类高校毕业生现场招聘活动。要充分利用部、省、校三级联通的就业网络体系以及社会招聘网站，联合举办"2020 届高校毕业生全国网络联合招聘——24365 校园招聘服务"活动（24 小时 365 天招聘活动），各地各高校要组织毕业生积极参加上述网上招聘活动。要建立严格的信息审核机制，确保招聘单位及岗位信息真实准确。各高校要及时发布毕业生学科专业及生源信息，多渠道主动联系用人单位，充分发挥学术资源、校友资源作用，调动辅导员、班主任、专业教师、研究生导师等，举全校之力为毕业生提供就业信息和服务。

（五）优化网上就业服务。各地各高校要加快建设"互联网＋就业"智慧平台，丰富和完善线上业务办理相关功能，加快与人力资源社会保障部门招聘网站链接与信息共享，鼓励毕业生和用人单位通过网络进行供需对接。有条件的地区和高校要根据毕业生求职意愿和用人单位需求，实现人岗信息智能匹配、精准推送。积极推动实行网上面试、网上签约。要利用网络为留学回国毕业生提供便捷的学历学位认证服务，做好相关就业信息服务。

（六）强化线上就业创业指导。充分利用各类国家、省和高校教育资源，开发、共享一批线上就业创业精品课程和就业创业讲座视频，方便毕业生点播观看。汇总发布各地各高校毕业生就业创业政策汇编及就业创业网站等信息，方便毕业生查阅使用。

三、拓宽渠道，促进毕业生就业并增加升学深造机会

（七）促进毕业生多渠道就业。……

（八）积极引导大学毕业生参军入伍。……

（九）加大高校毕业生补充教师队伍力度。……

（十）持续推送大学生到国际组织实习任职。……

（十一）增加毕业生升学深造机会。……

四、关心关爱，做好重点群体就业帮扶

（十二）加强思想教育和就业心理辅导。……

（十三）强化湖北等重点地区和重点群体就业帮扶。……

五、规范管理，提升就业工作服务水平

（十四）维护毕业生就业权益。……

（十五）改革完善就业统计制度。……

（十六）健全就业状况反馈机制。……

（十七）适当延长毕业生择业时间。……

教育部
2020 年 3 月 4 日

这份指示类通知部署了 2020 年全国普通高校应届毕业生就业创业工作。

做好大学生就业创业工作是教育行政部门、人力资源和社会保障部门及高校的职责，通知的主送机关由这三类部门（单位）组成。

通知的导语用"当前正值""党中央、国务院高度重视""为贯彻落实"等惯用语扼要交代了工作的背景、依据和目的。

大学生就业创业工作在疫情背景下尤为复杂，通知的主体采用了小标题的写法。主体分"加强领导""创新方式""拓宽渠道""做好帮扶""规范管理"等五部分部署工作，每个部分再分条细化。以第二部分为例：小标题"创新方式，提升网上就业服务能力"为"措施＋目的"的结构；其下以动宾短语"组织网上就业大市场""优化网上就业服务""强化线上就业创业指导"（实为隐形小标题）概括三个方面的事项，每个方面再从工作内容、工作措施、工作要求等方面细化安排。

这份通知无论整体还是部分都是总分结构。事项明确，内容全面，重点突出，目标清晰，逻辑严谨，利于受文单位理解落实。

【训练】

一、单项训练

1. 下面的通知标题存在两处错误,请指出并修改。

《××市人民政府关于转发××省人民政府关于贯彻落实全国经济工作会议的通知》

2. 某单位办公室在印发该单位××××年工作要点时,将该工作要点作为通知的附件印发。这种做法是否妥当,为什么?

二、综合训练

为响应国家开展全民阅读的号召,落实你校建设"书香校园"的部署,你所在学院/系在世界读书日到来之际,拟在全院/系开展"书香润我心 阅读伴我行"读书交流活动。请以你院/系团委为发文单位拟写一份通知,内容包括发文缘由、参与对象、活动时间、具体安排与要求等。

三、拓展训练

《中华人民共和国职业教育法》由第十三届全国人民代表大会常务委员会第三十四次会议于2022年4月20日修订通过,国家和各省级教育行政部门相继发布了关于学习宣传和贯彻实施新修订的职业教育法的通知。请扫描下列二维码阅读这两个通知,理解教育部办公厅通知在结构内容方面的特征,比较这两个通知的异同。

教育部通知

省教育厅通知

(徐宏辉)

任务二

通报写作训练

【情境】

某校学生张某寒假期间遇人落水,他不顾河水冰冷,快速脱掉衣服冲进河中,救起一位奄奄一息的老人并将自己的棉袄披在老人身上。在他人帮助老人联系家人后,张同学没留姓名就悄悄离开了现场。开学后,该校学生工作处收到一封感谢信,信中详细介绍了张同学英勇救人的过程。原来是老人的家人通过现场多方询问、打听到了他的姓名和学校,致信学校对张同学见义勇为的善举表示感谢并请求表彰。学校收信后拟发文公开表彰张同学,想一想:这份公文应选用什么文种、写哪些内容?

【知识】

一、通报的适用范围

通报适用于表彰先进、批评错误、传达重要精神和告知重要情况。

通报是机关(单位)常用的下行文,主要内容是告知正反面典型人物、事件和重要精神、重要情况。正面典型如《××省人民政府关于表彰××××年度全省科技创新先进单位和先进工作者的通报》,反面典型如《××县纪委监委关于违反中央八项规定精神典型问题的通报》,重要情况如《××省生态环境厅关于××××年度主要污染物总量减排完成情况的通报》。

通报旨在通过公开宣布正反面典型人物、事件来传播正能量、抵制负能量,发挥教育、告诫等作用,通过传达重要精神和告知重要情况来改进推动某项工作。通报具有典型性、重要性、教育性和及时性等特点。

二、通报的种类

(1) 表彰通报:用于表彰个体或集体先进,公布其事迹,宣布奖励事项,分析其先进思想,指出向其学习什么。

(2) 批评通报:用于批评犯错误的个人或集体,公布其错误事实,宣布处分事项,分析错误性质,指明应汲取的教训。

（3）情况通报：用于将上级机关掌握的重要精神或重要情况传达给下级机关，以便下级机关落实上级精神，在知晓本机关本单位某项工作差距的情况下自加压力、改进推动工作。

三、通报的结构和写法

1. 标题

一般采用由"发文机关名称、事由和文种"完整要素构成的公文标题写法。

2. 主送机关

一般是发文机关的直属下级机关和内设机构。如有必要报送上级机关，可采用抄送形式。

3. 正文

表彰通报，一般无导语。主体部分有的先介绍先进事迹并分析其积极贡献、先进思想，然后说明表彰目的、宣布表彰决定，最后向表彰对象提出希望、向受文单位提出学习要求；有的先说明表彰目的、依据，宣布表彰决定，再向表彰对象提出希望、向受文单位提出学习要求。

批评通报，一般无导语。主体部分一般先陈述错误事实并分析其消极影响、错误性质，然后说明批评或处分的依据、宣布批评意见或处分事项，最后指出应汲取的教训或为避免发生同类错误而提出工作要求。

情况通报，导语部分非常简洁，一般扼要交代情况通报的背景，使用"现将有关情况通报如下"的惯用语引出主体。主体部分一般从总体情况、成效或经验、问题或教训、工作要求等方面展开。情况通报常以表格作为附件提供总体情况和各地区各单位的具体情况，以便受文单位了解工作成败和工作差距。

需要说明的是，决定适用于"奖惩有关单位和人员"、命令（令）适用于"嘉奖有关单位和人员"，因此有些表彰和批评事项也可使用"决定"文种，如《国务院关于2020年度国家科学技术奖励的决定》《××大学给予××同学警告处分的决定》，有些发文机关级别高、表彰层次高的表彰事项还可使用"命令（令）"文种，如《国务院对民航2402机组的嘉奖令》。

4. 结语

通报可用"此通报""特此通报"等惯用语作结语，但一般不使用结语。

5. 落款

按公文格式要求，写明发文机关全称或规范化简称，标明成文日期。

四、通报的写作要求

1. 事例典型，要素完整

事例指通报所陈述的先进事迹、错误事实或重要情况，其典型性表现为：表彰的事例具有先进性、示范性，值得学习借鉴；批评的事例教训深刻，值得引以为戒；传达的情况非常重要，值得高度重视或关注。事例的要素包括人物身份、时间、地点、主客观原因、动机目的、方式手段、经过结果等，要素的完整性旨在凸显事例的典型性。

2. 评析深刻，表述准确

评析是对通报事例的理性认识，旨在透过现象看本质，以揭示事例的先进性质、错误性质或重要性，使受文者能够把握通报的要领、受到教育与警示、引起重视。事例的定性表述要有理有据，用语恰切。

3. 奖优罚劣，导向鲜明

无论表彰通报、批评通报还是情况通报，其导向都是为了指导工作、推动工作。表彰是为了正向激励，批评是为了警示教育，情况通报中的成绩与问题是让受文单位参照对比从而引起重视。

4. 要求明确，针对性强

通报中的要求源于通报的事例，因此所提要求应具有针对性，不能脱离事例的本质提无关要求，否则就偏离了通报的主题。比如提出学习先进的要求，就要针对先进事迹明确"学习什么""怎样学习""达到什么效果"。

【例讲】

广东省人民政府关于表彰第七届
广东省政府质量奖获奖组织和个人的通报

各地级以上市人民政府，省政府各部门、各直属机构：

  为深入贯彻落实习近平新时代中国特色社会主义思想，全面贯彻党的十九大和十九届历次全会精神，落实新发展理念，构建新发展格局，推动高质量发展，全方位推进质量强省建设，根据《广东省政府质量奖管理办法》规定，省政府决定授予TCL科技集团股份有限公司等10家企业或组织"第七届广东省政府质量奖"，授予广州白云电器设备股份有限公司等36家企业或组织和黄文铮"第七届广东省政府质量奖提名奖"。

希望获奖企业或组织和个人珍惜荣誉，再接再厉，持续推动质量创新，扎实抓好质量管理，充分发挥质量标杆示范引领作用。广大企业或组织及质量工作者要认真学习借鉴获奖组织和个人的先进质量管理经验，弘扬"守信于品 重质于行"的广东质量精神，全面加强质量管理，持续推动经济高质量发展。各地、各部门要高度重视质量工作，进一步加强政策引导，激发质量创新活力，持续深入开展质量提升行动，推动质量变革、效率变革、动力变革，为广东在全面建设社会主义现代化国家新征程中走在全国前列、创造新的辉煌作出新的更大贡献。

附件：第七届广东省政府质量奖和提名奖获奖名单（略）

广东省人民政府

2022 年 8 月 23 日

这是一份表彰通报。

第一部分仅一句话三个层次，分别使用"为""根据""决定授予"等惯用语交代通报的目的、依据，宣布表彰对象与表彰事项。第二部分三句话，分别用"希望""要认真学习借鉴""要高度重视质量工作"向表彰对象提出希望、向同类对象提出学习要求、向受文单位提出相关工作要求。获奖组织和个人以附件提供。

这份表彰以规范性文件《广东省政府质量奖管理办法》作为依据，通报没有介绍先进事迹、分析积极贡献和先进思想，但同样发挥了表彰先进、示范引领、推动工作的目的。"文有法而无定法"，前述各类通报写法介绍的是一般写法，一份通报内容的取舍要依据表彰目的、表彰对象、表彰事迹、表彰事项等实际灵活处理。

【训练】

一、单项训练

学完本课，对本任务情境中的问题应该有答案了吧。如果这份公文选用通报文种，你认为主体部分要写哪些内容？请列出简易提纲并在纲目下分别写出若干惯用语和关键词。

二、综合训练

班级团支部组织开展"青春寻访·身边的榜样"主题活动，在全校范围内寻访崇德守信、勤学上进、创新创业、见义勇为等方面的先进同学或校友，在充分了解其中一个方面的事迹后，以校团委为发文机关拟写一份表彰通报。

三、拓展训练

学完本课我们知道，表彰通报与情况通报在内容、写法上区别明显；同为表彰通报，因具体情况不同，其内容也各有侧重。请扫描下列二维码，阅读《河南省人民政府关于表扬中国建筑第七工程局有限公司的通报》《贵州省人民政府办公厅关于 2020 年第一季度全省政府网站和政务新媒体检查情况的通报》这两份通报，思考两者有哪些区别，同时比较两者中的表彰通报与本课例讲的表彰通报有哪些异同。

表彰通报

情况通报

（徐宏辉　朱桂华）

任务三

报告写作训练

【情境】

情境一

日常工作中我们常听到"打报告"一词。一般下级或下属在请求上级或领导解决问题或审批事项时,领导常说"你们先打个报告来"或"你们写个报告吧"。如果你是某部门办事人员,请问你应该拟写一份"报告"吗?

情境二

某市某中等职业学校收到该市教育局转来的反映该校违规收费的信访处理件,市教育局要求该校说明情况。该校拟起草报送《××中等职业学校关于收费情况的报告》,请问报告起草前应做哪些调研工作,起草时写什么内容?

【知识】

一、报告的适用范围

报告适用于向上级机关汇报工作、反映情况,回复上级机关的询问。

报告是下级机关向上级机关、执行机关向权力机关汇报工作、反映情况、答复询问时经常使用的陈述性上行公文。报告旨在下情上报,为上级机关了解掌握下级机关工作情况并为其提供支持、领导决策和处理问题提供依据。用好报告,利于上下级机关沟通协调和下级机关接受上级机关的监督与指导。

二、报告的种类

根据性质的不同,报告可分为综合报告和专题报告;根据时间期限的不同,可分为定期报告和不定期报告;根据内容不同,可分为工作报告、情况报告、建议报告、答复报告和递送报告等。

需要说明的是,有些专业部门使用的报告文书,例如"调查报告""审计报告""咨询报告""立案报告""评估报告"等,虽然标题也有"报告"二字,但其概念、性质和写作要求与党政公文中的报告不同，不属于党政公文范畴，应予以区别。

三、报告的结构和写法

1. 标题

一般采用要素完整的公文标题写法，由发文机关名称、事由和文种构成，如《人力资源和社会保障部关于2021年法治政府建设情况的报告》；也可以只写事由和文种，如《关于第十三届全国人民代表大会第一次会议代表提出议案处理意见的报告》。

2. 主送机关

一般是发文机关的直属上级机关。如有必要报送其他上级机关，可采用抄送形式。

3. 正文

（1）工作报告。正文围绕主旨展开陈述，内容一般包括基本情况、主要成绩、经验教训、下一步工作安排或提出有关建议等几个部分。不同类型的工作报告，汇报的侧重点会有所不同。如果内容较多，则应分条列项写，或分若干部分写，各条项、各部分之间要逻辑清晰，避免无序、重复和交叉。

（2）情况报告。一般是报告正常工作运行过程中的新情况新问题，如突发事件、意外事件等。正文围绕主旨陈述事件发生的原因、经过、性质，及处理情况、处理意见或建议。陈述要素齐全，情况实事求是，原因分析准确，内容详略得当。

（3）答复报告。依据上级要求答复问题。正文包括答复依据（上级来文来电）和答复事项两部分内容。有些答复事项还应陈述下级单位为答复问题所开展的工作。

4. 结语

报告的结语一般都有习惯用语。报告的内容不同，习惯用语也不同。提出建议并要求上级机关批转给下级机关的工作报告，常以"如无不妥，请批转有关单位执行"等请求式用语作结，其他报告常以"特此报告""专此报告""以上报告，请审批（审议）"等用语作结。

5. 落款

按公文格式要求，写明发文机关全称或规范化简称，标明成文日期。

四、报告的写作要求

1. 材料真实典型

报告是陈述性文体。在写作时,汇报工作、反映情况要选择真实、典型的材料和数据,事实叙述要清楚准确简明,不用刻画细节。

2. 少用议论分析

报告的内容要求以摆事实为主,要客观反映具体情况,不要过多地采用议论和说明,表达方式以陈述为主,语言要有概括性,分析要画龙点睛,语气要委婉、谦和,不宜用指令性语言。

3. 不得夹带请示事项

报告中不能夹带请示事项,请示内容应另文单独呈递。

五、报告与请示的异同

"报告"和"请示"都是上行文文种,是下级机关向上级机关呈报的公文。二者都需要反映情况,陈述理由或意见。在结构上,都由标题、主送机关、正文、落款组成。二者的区别在于以下几点。

1. 行文目的不同

请示旨在请求上级批准、指示,需要上级批复,重在呈请。报告要向上级汇报工作、反映情况、提出意见或建议、答复上级询问,无须上级答复,重在呈报。

2. 行文时间不同

请示需要事前行文,报告一般在事后或事中行文。

3. 事项的多少不同

请示必须"一文一事",报告可以"一文一事"或"一文多事"。

4. 受文机关处理方式不同

请示属于办件,受文机关必须及时批复。报告多属阅件,不要求上级回复,除需批转的建议报告外,受文机关对其他报告都可不行文。

5. 写作侧重点不同

虽然都要陈述、汇报情况，但报告的重点在汇报工作情况，报告中不能夹带请示事项；请示所陈述的情况只是作为请示的原因，即使反映情况以及阐述缘由所占的篇幅较大，其重点依然是请求上级批准或指示。

【例讲】

第十三届全国人民代表大会第一次会议主席团
关于《中华人民共和国宪法修正案（草案）》审议情况的报告

全国人民代表大会：

3月7日，各代表团全体会议、小组会议审议了《中华人民共和国宪法修正案（草案）》（以下简称修正案草案）。现将审议的总体意见和修改建议报告如下：

一、关于审议的总体意见

代表们一致表示，坚决拥护党中央关于宪法修改的决策部署。一致认为，宪法修改是党中央从新时代坚持和发展中国特色社会主义全局和战略高度作出的重大决策，是全面推进依法治国、推进国家治理体系和治理能力现代化的重大举措。这次宪法修改工作坚持党中央集中统一领导，坚持中国特色社会主义政治发展道路和中国特色社会主义法治道路，充分发扬民主、集思广益，严格依法按程序推进，是以习近平同志为核心的党中央依法治国、依宪治国的生动实践，充分体现了坚持党的领导、人民当家作主、依法治国有机统一，充分体现了中国特色社会主义的政治优势和制度优势，具有坚实的政治基础、法理基础、实践基础和社会基础。这对于全面贯彻党的十九大精神和习近平新时代中国特色社会主义思想，在法治轨道上更好坚持和发展中国特色社会主义，更好发挥宪法的国家根本法作用，实现"两个一百年"奋斗目标和中华民族伟大复兴的中国梦，具有重大而深远的意义。

代表们一致赞同党中央确定的这次宪法修改的总体要求、原则和修正案草案的各项内容。一致认为修正案草案把党的十九大确定的重大理论观点和重大方针政策特别是习近平新时代中国特色社会主义思想载入宪法，体现了党和国家事业发展的新成就新经验新要求，确认了党和人民在实践中取得的重大理论创新、实践创新、制度创新成果，反映了全党全国各族人民的共同愿望。一致赞成把科学发展观、习近平新时代中国特色社会主义思想写入宪法；一致赞成把"中国共产党领导是中国特色社会主义最本质的特征"写进宪法第一章《总纲》第一条；一致赞成对国家主席任职任期作出新的规定；一致赞成关于监察委员会的各项规定；一致赞成对宪法序言和条文部分作出的其他修改。代表们一致认为修正案草案已经成熟，建议本次会议审议通过。

二、关于修正案草案的修改建议

在充分肯定修正案草案的同时，有些代表也提出了一些修改完善的意见建议。总的看，这些意见建议都是积极的、建设性的。大会秘书处对代表们的审议意见和有关方面意见连同之前十二届全国人大常委会第三十二次会议上常委会组成人员提出的意见，一并进行了认真研究。

党的十九届三中全会审议通过的《深化党和国家机构改革方案》提出，将"全国人大法律委员会"更名为"全国人大宪法和法律委员会"。本次会议审议过程中，先后有2952名代表以各种方式提出意见，赞成设立宪法和法律委员会，认为党中央的决定有利于完善全国人大专门委员会的设置，有利于加强宪法实施和监督。由于上述调整涉及宪法第七十条中法律委员会名称的规定，因此，代表们普遍建议，在修正案草案中增加将宪法第七十条第一款中的"法律委员会"的名称修改为"宪法和法律委员会"的内容。大会秘书处经认真研究，赞同上述补充修改内容。同时，综合考虑宪法第六十四条规定和已经形成的符合宪法精神、行之有效的修宪工作程序和机制，结合本次修宪的具体情况，大会秘书处认为，拟补充修改的内容，以不在修正案草案中单列一条为宜，建议在修正案草案中与之最接近的位置来表述拟补充修改的内容，即在修正案草案第四十四条中增加一款，作为第二款："宪法第七十条第一款中'全国人民代表大会设立民族委员会、法律委员会、财政经济委员会、教育科学文化卫生委员会、外事委员会、华侨委员会和其他需要设立的专门委员会。'修改为：'全国人民代表大会设立民族委员会、宪法和法律委员会、财政经济委员会、教育科学文化卫生委员会、外事委员会、华侨委员会和其他需要设立的专门委员会。'"

此外，有些代表还提出了一些其他意见建议，对每一条意见建议，大会秘书处都作了认真研究。这次宪法修改，党中央确定的原则是对宪法作部分修改、不作大改，非改不可的进行必要的、适当的修改。代表们提出的意见建议，在这次宪法修改工作开始后，有的地方、部门和专家也提出过，已经过反复研究、论证。有的内容，已在党章、党的全国代表大会文件、中央全会文件、党中央和国务院文件、有关法律法规中有明确规定和全面阐述，这次就不再在宪法中表述了；有的可以通过宪法解释等有关文件予以明确和澄清，有的需要在有关法律中加以规定，目前以不对宪法有关规定再作修改为宜。

宪法修正案草案修改稿和以上报告，请审议。

第十三届全国人民代表大会
第一次会议主席团
2018年3月8日

这是一份专题性的情况报告。

宪法修改，事关重大。从程序上而言，第十三届全国人民代表大会第一次会议主席团收集整理各代表团全体会议、小组会议审议《中华人民共和国宪法修正案（草案）》相关情况，并向大会报告，供大会审议。这份报告是修宪过程中的必要文件。

在格式方面，标题、主送机关、正文、落款要素齐全，格式规范。在内容方面，先概述各代表团全体会议、小组会议审议情况，用"……报告如下"领起下文具体的"审议的总体意见和修改建议"，再从"审议的总体意见""修改建议"两个方面，用"一致表示""一致赞同""一致认为""赞成""大会秘书处认为"等表达观点的词语，一一引出意见建议的阐述，最后以"宪法修正案草案修改稿和以上报告，请审议"作结，内容完整，结构清晰。在语言风格上，庄重严肃，典雅大方，要言不繁，术语准确，表述严谨。

【训练】

一、单项训练

1. 禁止主送的同时抄送给下级机关的文件有（　　）。

   A. 主送给上级机关请求批准的请示

   B. 主送给平级机关的商洽性函件

   C. 主送给有关下级机关的政策性批复

   D. 主送给上级机关请求指示的请示

2. 需要在首页标注签发人的公文文种是（　　）。

   A. 通知　　　　　　　　　　B. 请示

   C. 指示　　　　　　　　　　D. 命令

3. 下列说法正确的是（　　）。

   A. 为减少发文，在向上级机关呈送的报告中，可附带请示问题。

   B. 在答复询问的报告中，可以同时汇报本机关的最近工作进程。

   C. 请示的内容必须是属于本机关职权范围之内的事。

   D. 在报告中不能夹带请示事项。

二、综合训练

阅读下列材料，请你就"'联合河长制'运行的基本模式"问题，拟写一份情况报告。

材料1　太浦河流经两省一市，全长57.62公里，江苏吴江段有40余公里，浙江嘉善段有1.53公里，上海青浦段15.5公里。一条太浦河，把青嘉吴三地串联在一起，三地百姓同饮一河水。但正因如此，情况变得有些复杂，比如，嘉善县与吴江区的边界，把太浦河沿线的汾湖一剖为二；又比如，嘉善县西塘镇的钟葫村，站在村子北首的太浦河边向北望，对岸左边是江苏，右边是上海，若没有省界牌，本地人也难分哪儿是苏浙沪。

青浦、昆山、吴江、嘉善四地，界河有69条。吴江境内就有大小河道2600多条、50亩以上的湖泊320多个。吴江境内河道长度占了大头，又处于上游，治水治污压力更大。2016年前，经济发展方式和管理粗放，吴江境内的太浦河沿线遍布着大量"散、乱、污"企业，水葫芦在河道中常年滋生蔓布，水体污染严重，到了雨季水流大时，水葫芦往往会借着水势流到中下游；过了一夜，潮汐或风向变化，水葫芦又漂回来了，于是双方的打捞人员都懒得费时费力，任由水葫芦随波逐流。

水葫芦还是小事，饮水安全与防汛抗旱可是大事。同一条河流，上游认为，太浦河是太湖的泄洪通道，下游则认为，你要保证我饮用水备用水源的标准。如何协调？2016年11月，大家看着漂来源去的水葫芦们很快集聚，继而遍布大半个河道。到了2017年，河道污染问题更是全面爆发。河道水质也严重下降，无法达到标准。那时河水是五颜六色的，看颜色就知道是哪类工厂的污水，光靠一地根本难以整治。两省一市相关部门只能坐下来协商共治。太浦河战线这么长，怎么治？三方2018年初建立"联合河长制"，推动太浦河共治。

三地水务部门启动协同治水行动，先将三地毗邻地区"各自为战"的水系图合并，成为"一图治水"。首先向污染源开战：仅吴江区就腾退拆除太浦河周边"散""乱""污"企业3000多家；而隔河相望的浙江嘉善，也先后拆除40多个码头堆场，800多家钢铁经营户。通过三地协同治理，目前太浦河水质稳定在Ⅲ类。2019年10月，三方联合青嘉吴三地区（县）、镇（街）、村（社区）三级河长，共同制订责任清单，不以省界为单位，而以河段为单位重新划定了"包干区"，开展定期联合巡河、交叉巡河。河长们建立了专门的联合河长群，三地河长在交叉巡河时发现问题，第一时间拍照上传留言，不少问题一下就解决了。如今，河道出现了水葫芦和垃圾，大家都主动出手，不再有推诿敷衍。2020年8月，交界河吴江段水葫芦泛滥，嘉善的河长马上调来设备增派人手，原本半个月的工作量，3天就完成了。

材料2 交界河湖水环境共同治理，一直是个难题。"流经张家港与常熟两地的走马塘，弯弯绕绕，一段是张家港的，一段是常熟的，交界区有十几处。推行联合河长制后，我们意识到，虽然行政区域河段交错融合，但河道保洁工作是可以分的，于是按照岸线长度比例来划分保洁任务，确定集中边片河段为各自的保洁区域。"常熟市河道管理处陶主任介绍，走马塘在常熟境内12.13公里，张家港境内15.59公里，通过测算，最终在张家港枢纽下游800米划界区分上下游保洁任务。

黄花泾北岸为苏州高新区，南岸为姑苏区，是一条界河，也是两区行洪、排涝河道。过去底泥淤积，还有大量围网养殖、乱搭乱建、住家渔船等。2017年，黄花泾蓝藻大爆发，两区痛定思痛，联手对水岸面貌进行综合整治。联合河长制改变了黄花泾的面貌。为避免出现以往南北岸责任不清、分工不明等情况，黄花泾河道保洁由姑苏区和高新区轮流负责，每两年轮换一次。2020年7月，黄花泾首次实施大规模彻底清淤。此次不光对黄花泾4.21公里的河道全程疏浚，还将垃圾、砖屑瓦砾、沉积性淤泥土、杂草、沉船等彻底清除。黄花泾治理工作还牵涉到杂船处置问题，涉及姑苏区和高新区共97条杂船、57户人家、100多位船民。72岁的戴老汉以前一直生活在船上，靠在黄花泾里打鱼为生，此次黄花泾整治时，他获得了10多万元的赔偿，即将搬进安置房。"我在街道的帮助下摆摊做些水产生意，每个月能赚两千多块钱，再加上我们老两口每人每月一千多元的农保，生活不成问题。"截至2020年7月底，97条船只无一遗漏，全部签约交船，5万平方米受污染水面随着围网与地笼的清理焕然一新。

2019年10月，青浦、吴江、嘉善联合启动示范区协同治水，三地区级总河长联合发文互聘联合河长，实现了示范区省际交界河湖联合河长制全覆盖。9月30日，《长三角生态绿色一体化发展示范区重点跨界水体联保专项方案》印发，为重点跨界水体的保护和治理提供了基本遵循依据，10月30日，太浦河共保联治江苏先行工程启动，"联合河长制"信息化平台上线。2019年开始，吴江与上海青浦、嘉兴秀洲、湖州南浔等地召开水葫芦联防联控会议，目前，水葫芦联防联控工作已在吴江周边地区全覆盖。2020年9月，昆山花桥水利站和上海青浦区白鹤水务所对界河虹江河联合巡河时发现，岸坡存在垦种及违章建设等问题。双方联合执法，共同到达现场，很快将所有违建全部拆除。

材料3 非法采砂多发生在交界水域，具有"流窜作案"的特点。上海新江村整体嵌在花桥地域中，一开始单方面整治，花桥执法人员来时他们就把东西拖到青浦，青浦执法人员来了他们流窜到花桥，和执法人员打"游击战"。2020年4月，"两岸四地"联合打击长江非法采砂座谈会在苏州举行，苏州、无锡、南通、泰州"两岸四地"共同构筑起长江采砂管理协议。协议签订后，四地共同搭建联动执法平台，合力打击交界水域非法采砂、采砂船只非法移动等行为，对发现的非法采（运）砂船，通过联动执法平台，按照谁发现谁处理的原则处置，或由两地支队落实属地处理，跨区域非法采砂活动得到有效遏制。

三、拓展训练

"报告"在应用文领域使用得非常广泛。除公文中有"报告"这一文种外，还有些专业部门使用的报告文书,如"调查报告""审计报告""咨询报告""立案报告""评估报告""验资报告""述职报告"等标题中也有"报告"二字。请你结合本课所学,查阅相关报告文书,看看它们和本课所学"报告"相比,其概念、性质、格式和写作要求有哪些不同。

(张孝友)

任务四

请示写作训练

【情境】

2022年，××县接受第二轮中央生态环境保护督察，完成了市委专项巡察移交问题的整改，先后5次接受省环委办、鄂中专员办到县开展环保问题整改督办和销号工作。上述工作支出因未列入年度预算，导致××市生态环境局××县分局运行经费严重不足。为确保该县切实履行生态环境保护属地管理责任，亟须解决资金缺口55万元。

如果你是该分局办公室工作人员，你认为资金缺口问题该怎样解决？如果拟写公文，该用什么文种、写哪些内容？

【知识】

一、请示的适用范围

请示适用于向上级机关请求指示、批准。

本单位无权、无力决定和解决的事项，即超出了本单位的权力、能力范围的事项，需要向上级请示。如：对上级有关方针、政策、指示或法规、规章不够明确或有不同理解，需要上级机关作出明确解释和答复；从本地区、本单位的实际情况出发，需要对上级的某项政策、规定作出变通处理，有待上级重新审定，明确作答；在工作中出现新情况、新问题需要处理而无章可循、无法可依，需要上级机关作出明确指示；需要请求上级解决本地区、本单位的某一具体问题和实际困难（主要是涉及人财物方面）；按上级机关和主管部门有关政策规定，未经请示有关部门批准，本单位无权自行处理的问题；工作中出现了一些涉及面广而本单位无法独立解决的困难和问题，必须请示上级领导或综合部门，以求得他们的协调和帮助。

为避免工作失误，必须经常向上级机关请示，但又要避免事无巨细，什么都向上级机关请示。凡本单位职权范围内的工作都应自行解决，不要动辄请示、上交矛盾。

二、请示的种类

根据请示的内容不同,可将其分为两类。

(1) 请求指示的请示。对上级机关制定的有关政策、规定中尚未明确的问题,或者在工作中遇到新情况、新问题和难以把握的问题,或需上级作出决定的重大问题,请求上级机关给予指示。

(2) 请求批准的请示。多涉及人、财、物、机构、编制等以及工作中遇到需由上级审批的事项等,请求上级机关予以批准。

三、请示的结构和写法

请示由标题、主送机关、正文、落款组成。

1. 标题

标题由发文机关名称、事由和文种构成,如《荆州市人民政府关于监利至江陵高速公路东延段设站收取通行费的请示》。也有的只写事由和文种,如《关于建立湖北省计量工作厅际联席会议制度的请示》。但不可只写文种,一定要写明事由(请示的内容)。

不能将"请示"写成"报告"或"请示报告";因"请示"已包含"申请""请求"之意,标题中尽可能不要出现"申请""请求"之类的词语。

2. 主送机关

请示的主送机关只有一个,即直接的上级主管机关,不能多头请示。

如需同时送其他机关,可以用抄送的形式。若需多级请示,应按机关的隶属关系,逐级报送。在一般情况下,不得越级请示。若因特殊情况必须越级请示,也要抄送被越过的上级机关。

3. 正文

(1) 缘由。主要说明请示的原因,要突出请示事项的必要性和迫切性。缘由是请示的重点,要写得充分,有理有据。只有这样才能顺理成章地提出请求事项。写明缘由后,用惯用语过渡到下文,如"现将……问题请示如下""特请示如下"等。

(2) 事项。这是请示的主体,主要写明请求上级机关批准或指示的具体事项。这部分说明的事项须明确,要进行具体细致的分析,还可提出处理意见和倾向性意见,供上级机关参考。内容要符合有关方针、政策并切实可行。这部分内容要单一,条理要清楚,结构上多用条款式。

(3) 请求语。这是请求的结尾，另起一行空两字书写，一般用"妥否，请指示（批示）""妥否，请批准""如无不妥，请批准"。

4. 落款

按公文格式要求，写明发文机关全称或规范化简称，标明成文日期。

四、请示的写作要求

1. 严格遵循"一文一事"原则

为便于上级机关批复，请示应一文一事，不能一文数事。如确有多个问题或事项需要请示，就要分别行文。只能写一个主送机关；如需同时送其他机关，可以用抄送的形式。除领导个人交办的事项外，请示不得直接呈送领导者本人。

2. 必须逐级请示

除非行文规则中规定的特殊情况，不能越级请示，若需多级请示，应按机关的隶属关系，逐级报送。若因特殊情况必须越级请示，也要抄送被越过的上级机关。

3. 材料真实，理由充分

不要为了让上级领导批准而虚构情况，也不要没有认真调查而片面地摆情况，提问题；请示事项要明确、具体。

4. 语气要平实，恳切

既不能出言生硬，也不要低声下气，过于谦卑。不要用要挟、命令、催促的口吻。在写请示事项时，只能写"拟"怎么办，不能写"决定"怎么办。

5. 不得抄送下级机关

请示是上行文，不得同时抄送下级机关，更不能要求下级机关执行上级机关未批准的事项。

【例讲】

××省戒毒管理局关于办公用房适用标准的请示

××省司法厅：

根据省厅近日下发的《关于开展办公用房标准自查和检查的通知》精神，为认真落实《党政机关办公用房建设标准》规定，保证文件精神执行不走样、不打折扣，同时又结合现有房屋实际，根据《建设标准》第十一条工作人员办公室使用面积规定注释第二款"省级机关处级直属机构、派出机构、事业单位按市级机关局（处）级单位标准执行"之规定，我局机关、直属机构及所辖省直各强戒所拟按市级机关标准执行。

特此请示，妥否，请批示。

×× 省戒毒管理局（印章）

×××× 年 × 月 × 日

这是一份请求指示的请示。因为下级机关对相关政策的把握不准，需要上级机关作出明确解释和答复。请示的理由部分，先写背景，次写目的，再写依据。事项部分"拟按……执行"。行文简洁，事项明确，结尾部分惯用语运用恰当。

 【训练】

一、单项训练

1. 以下行文做法符合规范的是（　　）。

A. 上级政府部门与同级的下级政府可以联合行文

B. 向一切有审批权的机关请求批准均应写请示

C. 涉密公文的保密期限可以不标明

D. 公文中发文机关名称只能用规范化的简称

2. 下列发文字号标识正确的是（　　）。

A. 沪府办〔2016〕第 1 号　　　　B. 鄂人发（2015）5 号

C. 鄂财字〔2016〕03 号　　　　　D. 国办发〔2016〕8 号

二、综合训练

1. 下面这份公文存在不当之处，请改正。

关于重建税务所办公楼的请示报告

×× 市税务局、城建局、国土局：

我局所属城关镇、大河镇、小河乡三个税务所，因 7 月 28 日受灾被洪水冲毁，现决定重建三个乡镇税务所办公楼三幢，建筑面积八佰平方米，共需资金三佰万元，扩增土地八亩。

特此报告。

×× 县税务局

2022 年 8 月 16 日

2. 阅读下列材料，代 ×× 电子科技有限公司拟写一份请示，拟将公司从上海青浦迁到苏州太仓。

"原本以为公司迁出上海要跑很多部门，递交很多材料，没想到材料提交后，几天就办好了。"最近，×× 电子科技有限公司要从上海青浦迁到苏州太仓，便利的办事手续，让公司负责人十分惊喜。更方便的是，企业原有纳税信用级别等资质信息、增值税期末留抵税额等权益信息均得以承继，到了太仓之后不用再"从头来过"。

企业跨省迁移，一度是件难事——需要来回奔波迁出和迁入两地的多个部门，手续烦琐、材料众多。2019年年底，国家税务总局出台16项支持服务长三角区域一体化发展举措，其中明确规定长三角区域纳税信用级别为A级、B级的企业，因住所、经营地点在区域内跨省（市）迁移涉及变更主管税务机关的，税务机关可为符合相应条件的企业办理跨省（市）迁移手续。作为长三角一体化发展改革"试验田"，示范区率先推动改革举措落地。

"依托数据交互，纳税人向迁出地税务机关申请后，各项数据传输到迁入地税务机关。"上海市青浦区税务局有关负责人介绍，这种模式实现了迁出手续即时办，迁入手续"自动办"，办理时限最短缩减至1个工作日。优化企业自由迁移服务机制，是沪苏浙联合制定的《关于支持长三角生态绿色一体化发展示范区高质量发展的若干政策措施》中一项重要内容，其目的是在不打破行政隶属的前提下，打破行政边界的约束，让市场要素实现自由流动。围绕改革赋权、财政金融支持、用地保障、新基建建设、管理和服务创新等多个方面。

三、拓展训练

2019年2月，中共中央印发了《中国共产党重大事项请示报告条例》，并发出通知，要求各地区各部门认真遵照执行。请扫描下列二维码，阅读《中国共产党重大事项请示报告条例》《加强请示报告工作 保证全党团结统一和行动一致——中央办公厅负责人就〈中国共产党重大事项请示报告条例〉答记者问》，领会《条例》出台的背景和意义，把握"重大事项""请示""报告"等基本概念以及请示报告的程序和方式等内容。

条例

答记者问

（张孝友）

任务五

计划写作训练

【情境】

情境一

某职业学院拟举办一次大学生心理健康讲座，安排该校心理健康协会就落实讲座进行商议并形成方案。如果你是该协会会长，起草方案应做哪些前期工作，方案包括哪些内容？

情境二

如果你是一名职业学院大二的学生，面对即将到来的毕业，你想在专升本和公务员考试两方面同时准备，请结合自身实际拟写一份备考计划。

【知识】

一、什么是计划

计划是机关、企事业单位或个人为实现某一目标、完成某一任务或开展某项活动，为其确定目标、任务、要求，制订实施步骤、方法和措施的一种事务文书。

计划具有目的性、针对性、可行性、预见性和约束性等特点。机关、企事业单位的计划具有上情下达、下情上报和统一步调的作用，如《教育部2022年教育工作要点》《××市2022年全面推进乡村振兴重点工作实施方案》。

二、计划的种类

根据计划的时间跨度、范围大小，计划类文书一般可分为规划类、方案类、安排类，包括规划、纲要、要点、计划、方案、安排等文种。一般来说，规划、纲要比较宏观，时间跨度大、范围广，带有全面性、长期性和指导性；要点也比较宏观，但时间跨度不大、范围不广；计划一般比较微观，时间可长可短；安排、方案多指专项工作，时间跨度小，安排得比较细。上级机关印发的规划、纲要、要点是下级机关制订计划类文书的依据或参考，下级机关制订的计划类文书可根据工作需要报送至上级机关。

计划类文种的适用范围并无明确规定，选用时要依据计划的内容灵活处理。

三、计划的结构和写法

1. 标题

一般由制订机关或适用领域、适用期限、计划内容、文种等要素组成，如《×××省建设绿色低碳高质量发展先行区三年行动计划（2023—2025年）》《××大学学生××年工作要点》。

2. 正文

（1）导语。计划的导语一般交代计划拟订的背景、依据、目的、总体思路等。导语可长可短，可用"特制订如下计划""特制订本工作方案"之类的承启语引出计划的主体。

（2）主体。计划确定的指导思想或总体原则、目标、任务、措施、办法、步骤是计划的主体。其中，指导思想或总体原则、目标应高度概括、要言不烦；任务、措施、办法、步骤应事项明确、措施可行、办法得当、步骤清晰，利于发挥计划"任务书""路线图""时间表"的作用。

计划的写法非常灵活。有的导语三言两语，扼要交代背景、依据或目的后直奔主题；指导思想、总体要求、工作目标等内容有的置于导语，有的置于主体，有的干脆不写；计划的核心是任务、措施、办法、步骤等内容。上述内容的取舍要视制订机关的层级、计划的宏观性与微观性等情况而定，没有固定的模式，但计划的核心内容是任何一个计划都不能缺少的，否则就是一纸空文。

此外，有些计划为了使人一目了然，以表格或清单形式呈现，包括工作（学习）事项、工作标准（要求）、责任部门、完成时间等，这种形式的计划既可独立成文，也可作为文字类计划的组成部分。

3. 落款

计划标题一般包含制订机关，或标题下已署名制订机关或个人姓名及制订日期，所以一般不需要落款。需要落款时，参照公文格式要求，写明制订机关全称或规范化简称（个人计划写姓名），标明制订日期。

四、计划的写作要求

1. 符合政策，遵循法规

制订计划要胸怀大局，了解党和国家的大政方针和上级机关的工作部署，领会本机关、本单位、本部门相关工作的指导思想、总体原则和要求，在法律法规的框架下结合实际思考工作目标和工作重点。如一所省属高校在制订新一年工作要点时，一般会依据或参考教育部、该省教育厅当年的工作要点或其他工作部署、工作意见类的文件。

2. 内容全面，重点突出

要逐项梳理打算完成的工作，仔细思考工作内容包括哪些方面，每一方面有哪些事项，重点难点是什么。工作的各个方面、事项无论大小轻重都是完成工作的有机组成部分，不能缺项。重点工作一般安排在先、着墨较多。

3. 目标明确，措施可行

工作目标要按定量定性原则用具体数字来量化、可评结果来描述。在措施方面要按部门职责做好分工，明确责任部门或责任人，按轻重缓急明确实施路径、时间节点、完成时限及每个节点需要做到什么程度，便于责任部门或责任人有条不紊地安排进度，科学合理地管理时间。

4. 条理清晰，文字简明

要理清工作涉及条块和事项的主次、先后、点面、整体与部分等逻辑关系，做到条目分明，层次清晰。语言表达上要始终紧扣主题，不讲套话空话，一句话能说清楚的决不用两句话，务求简洁明了。

【例讲】

贵州省教育厅巩固教育脱贫攻坚成果推进乡村振兴2022年工作要点

为持续深入推进全省巩固拓展脱贫攻坚教育保障成果同乡村振兴有效衔接有关工作，现制定《省教育厅巩固教育脱贫攻坚成果推进乡村振兴2022年工作要点》如下。

一、总体要求

坚持以习近平总书记视察贵州重要讲话精神和关于乡村振兴系列重要指示精神为指引，深入学习中央农村工作会议精神及省委农村工作会议精神，贯彻落实《中共中央国务院关于做好2022年全面推进乡村振兴重点工作的意见》(中发〔2022〕1号)、《国务院关于支持贵州在新时代西部大开发上闯新路的意见》(国发〔2022〕2号)、《中共贵州省委贵州省人民政府关于做好2022年全面推进乡村振兴重点工作的实施意见》(黔委发〔2022〕1号)等文件精神,全面落实省委、省政府关于巩固拓展脱贫攻坚成果同乡村振兴有效衔接各项决策部署,聚焦"守底线、抓发展、促振兴",深入推进乡村振兴教育,教育振兴乡村,不断提高贵州人民群众在教育领域的获得感、幸福感和安全感。

二、主要内容

(一)聚焦守底线,夯实保障基础

1. 持续巩固拓展控辍保学成果。从严从实完成省委专项巡视巩固拓展脱贫攻坚义务教育保障成果反馈问题整改工作。持续做好控辍保学动态清零工作,确保除因身体原因不具备学习条件外的脱贫家庭义务教育阶段适龄儿童少年不失学辍学。加强深入基层调研指导力度,重点排查控辍保学政策措施是否持续推进、农村家庭义务教育阶段子女失学辍学问题是否反弹。提高学生到校情况精细管理水平,在春季学期和秋季学期开学前,各市(州)和县(市、区)教育局要组织开学检查,督促各义务教育学校摸清学生到校情况。提高控辍保学台账精细管理水平,在今年6月底前,以县为单位制定小升初整班移交工作方案;7月份,以乡镇政府为主,组织小学和初中学校进行整班移交;9月底前,县(市、区)教育局联合公安部门更新6—16周岁户籍适龄人口就读台账,重点摸清在外就读人员真实情况。

2. 全面落实教育资助政策。进一步完善学生资助政策体系,确保从学前教育到高等教育阶段各级各类学生资助政策全面落实到位,保障农村家庭经济困难学生按规定享受资助。强力督促各地按时拨付资金,统筹用好各级各类资助项目,确保精准资助、应助尽助。全面实施农村义务教育学生营养改善计划"提质行动",全面提升供餐质量,进一步改善农村学生营养健康水平。

3. 持续改善乡村教育办学条件。继续实施义务教育薄弱环节改善与能力提升工作,聚焦乡村振兴,加强乡镇标准化寄宿制学校建设,补强提升确需长期保留的乡村小规模学校办学水平,补齐农村学校基本办学条件短板,提升学校办学能力。严格落实"四个不摘"要求,倾斜安排中小学幼儿园有关项目中央和省级补助资金,支持脱贫地区、国家和省级乡村振兴重点帮扶地区持续改善基础教育办学条件,积极促进教育高质量发展。

4. 督促落实教育经费保障。继续深入贯彻实施城乡义务教育公用经费补助政策,统一城乡义务教育学校生均公用经费基准定额。做足每年的预算,并督促财政部门及时足额拨付到位,切实保障义务教育学校正常运转、完成教育教学活动和其他日常工作任务等方面支出,推进义务教育均衡发展。继续将公办幼儿园和公办普通高中生均公用经费财政拨款到位情况作为重要权重列入2022年市县高质量发展绩效评价教育指标监测工作中，通过开展全省综合督导、教育经费保障检查等方式，切实推进幼儿园和普通高中生均公用经费财政拨款制度在市县落地，有效推动我省教育高质量发展。

（二）聚焦抓发展，巩固保障成果

5. 完善学前教育公共服务体系。实施学前教育发展提升行动计划，2022年积极创建学前教育普及普惠县10个左右，建设农村幼儿园集团化管理资源中心100个以上，促进全省学前教育普及普惠安全优质发展。支持引导民办幼儿园提供普惠性服务，完善并落实公办幼儿园生均财政拨款标准及普惠性民办幼儿园补助标准，加大家庭经济困难儿童接受普惠性学前教育资助力度，持续实施农村学前教育儿童营养改善计划。

6. 深入推进义务教育优质均衡发展。实施巩固义务教育成果提升工程，开展义务教育基本均衡"回头看"，支持5个县持续推进县域义务教育优质均衡发展创建工作。着力提高义务教育教学质量，加强教学、教研常规管理。持续实施公办强校计划，加大对第一批公办强校计划项目校跟踪培育力度，遴选培育公办义务教育强校计划项目学校1000所。

7. 加快乡村教师队伍建设。实施师资队伍建设保障提升工程，全面推进"强师工程"。实施中西部欠发达地区优秀教师定向培养计划，实施"特岗计划"，加大农村艰苦边远地区学校及紧缺学科教师招聘力度。推进实施"国培计划"和"省培计划"，加强乡村教师培训力度，不断提升乡村教师教育教学能力和水平，助力乡村教育振兴。落实教师待遇保障和乡村教师生活补助政策，确保义务教育教师平均工资收入水平不低于当地公务员平均工资收入水平。

8. 加快推进教育信息化。巩固学校联网攻坚行动成果，加快学校网络提速扩容。依托国家、省级数字教育资源公共服务体系，助力脱贫地区共享优质教育资源，不断扩大优质教育资源覆盖面。完善数字教育资源公共服务体系建设，丰富数字教育资源和服务供给，推动智慧课堂建设。加强"三个课堂"应用，开展网络精准扶智，促进教育优质均衡发展。全面实施"阳光校园·智慧教育"工程，实现教育教学过程中的数字化、网络化、智能化。全方位推动优质教育资源共建共享，丰富数字教育资源和服务供给，深化网络学习空间应用，提高教师信息素养和现代信息技术教学能力，改进课堂教学模式和学生评价方式，深化信息技术与教育教学融合创新。

（三）聚焦促振兴，提升保障质量

9. 深入实施职教助推乡村振兴。加大中职招生工作力度，帮助脱贫地区未升学青少年掌握一技之长，实现高质量就学就业。加强职业院校基础能力建设，支持有条件的脱贫地区建好办好中等职业学校。统筹中高本协同发展，促进职普融通，实施中职"强基"工程，创建一批中职名校，培养造就一批职教名师高徒。全力完成高职院校"订单班"毕业就业1.5万人的民生实事。以推动"技能贵州",促进贵州职业教育高质量发展为主题,举办"技能贵州"职业教育论坛。强化产教融合,优化职业院校专业结构,加强"双师型"教师队伍建设。开展乡村振兴示范校创建工作。推动职业院校发挥培训职能,与行业企业等开展合作,丰富培训资源和手段,广泛开展面向"三农"、面向乡村振兴的职业技能培训。

10. 深入推进校农结合和高校服务产业革命。实施"校农结合"助推乡村振兴行动计划,加快构建校农结合消费帮扶、人才培养、品牌建设、产教融合、党建引领"五大行动"的"大校农结合格局",扩大"校农结合"覆盖脱贫人口受益面,加快推进脱贫地区乡村全面振兴。持续推进高校服务产业革命,深入实施高校乡村振兴科技创新行动计划,组织高校开展生物育种等农业关键核心技术攻关,加快农业科技创新成果转化应用。在2022年度省教育厅自然科学项目中,主要面向我省特色优势产业,围绕"四新"主攻"四化",设立乡村振兴示范基地项目。扎实跟进高校服务农村产业革命项目,选聘产业导师不少于180名,助推乡村振兴和产业发展。

11. 持续推动东西部教育协作。持续深入推动东西部教育协作,优化帮扶方式,提高教育教学质量。推进粤黔东西部协作教育组团式帮扶工作,加大教师培训和互派交流力度,挖掘一批精准帮扶典型案例,重点推进粤黔教育协作共建100所示范校园工作。深度用好东西部帮扶政策,加强校企合作,探索打造"东部优质企业+贵州资源""东部市场+贵州产品""东部总部+贵州基地""东部研发+贵州制造"等模式提供"贵州双元"技术技能人才支撑模式,与广东省优质职业院校共建10所"粤黔"示范校。严格按照"四个不摘"要求,摘帽不摘帮扶,工作队不撤、帮扶力度不减,稳定现有驻村帮扶力量,继续加大对联系帮扶的荔波县帮扶力度,持续巩固荔波县脱贫攻坚成果。

12. 提升国家通用语言文字普及水平和质量。聚焦民族地区、农村地区,紧扣"七大工程",实施国家通用语言文字普及提升工程和推普助力乡村振兴计划。推进学前儿童普通话教育"童语同音"计划。聚焦国家乡村振兴重点帮扶县和我省乡村振兴重点推进县,开展中小学、幼儿教师国家通用语言文字应用能力培训。实施"经典润乡土"计划。持续开展"同语同心·乡村振兴"语言文化品牌活动,举办中华经典诵写讲比赛。做好学校语言文字规范化达标创建工作及示范校建设。

这篇年度工作要点共两个部分。
第一部分明确"总体要求",即贯彻落实党中央、国务院,省委、省政府,教育部等部门关于巩固拓展脱贫攻坚成果同乡村振兴有效衔接的决策部署。上级机关的决策部署是制订计划的政策依据和指南,同时贯彻落实上级机关的决策部署也是工作的总体要求。

第二部分围绕"聚焦'守底线、抓发展、促振兴'"的总体思路，从"夯实保障基础""巩固保障成果""提升保障质量"三个大的方面、十二个小的方面及若干具体事项明确"主要内容（任务）"。具体事项紧扣小的方面，小的方面紧扣大的方面，由面到点，由总到分，环环相扣，层次清晰，全面具体。在具体事项上，上接上级机关的决策部署，下接本省省情、结合本省教育脱贫攻坚成果与教育发展实际逐项安排。在具体要求上，有的用时间节点或具体指标等数字予以明确，有的用结果描述予以明确。

【训练】

一、单项训练

请为本课例讲《贵州省教育厅巩固教育脱贫攻坚成果推进乡村振兴2022年工作要点》制作一个四级思维导图，或将该要点制作成一份表格。要求：（1）全面反映该要点的主要内容；（2）层次分明，一目了然。

二、综合训练

根据下列材料，假如你是某地级市教育局工作人员，请借鉴L县经验，提出全市利用互联网优化教育资源配置工作的要点。

要求：内容全面，观点鲜明，层次分明，格式规范，不超过300字。

    L县是国家级贫困县，师资力量和办学条件整体比较落后。县一中虽然是该县的示范中学，但高考成绩并不是很理想。"其实我们的孩子都很勤奋，可总体成绩就是不如城市里的孩子。"吴副校长说，"孩子们都梦想着能接受和城里同龄人一样的教育，进行公平的竞争。"

    得益于这两年脱贫攻坚进程的加快，县一中的软硬件有了较大改善。经过反复调查研究，县政府决定选择一家网络教育公司，在一中设立网络直播班，同步直播省城七中的课堂教学在网络直播课程中，每门课都有线上线下两位老师，线上的是省城七中的优秀老师，负责课堂授课，线下的是一中的老师，负责课后辅导，学生们跟着省城七中同步上课、同步作业、同步练习。

    罗同学是一中的高三学生，他对自己刚接触网络直播课程的情形记忆犹新，"那边的教学特点就是密度大，知识面广。我刚开始有些不适应，感觉差距还是有些大的。这种教学模式有它的特点，6门学科有了12名指导老师。经过老师的辅导和自己的努力，不久就跟上了那个课堂，自信心也上来了。"

    网络直播班班主任杨老师观察到，新教学模式带来成绩上的提高，更给学生提供了参照和动力。"他会觉得，在追梦的路上自己和省城七中的同学享有均等的机会，剩下的就看自己的奋斗了。"

何同学去年从一中网络直播班毕业，考入了一所名牌大学。她回忆说，"从省城七中的师生身上我学到很多东西，打开了我的视野，让我觉得有一个清晰的目标，考什么大学，想去什么样的地方。好像是一道光，它照亮了我的梦想，让梦想变得明亮清晰。"

从最初引入一个班试点，逐渐发展到一中、二中两校30个网络直播班1500多名孩子，越来越多的孩子们参与到了网络课堂中。关于网络直播班的教学效果，教育局王局长介绍说，当地普通班本科上线率大概在45%左右，而网络直播班的本科上线率达到99.9%，其中一本上线率达到了60%。

网络直播授课模式是"互联网+教育"的产物，在一定程度上打破了地区和学校之间的资源壁垒，使优质教育资源可以跨时空配置，王局长说，"网络直播授课模式能取得目前的成效，本地教师的课后教学辅导也很关键，他们的工作量是普通班的3倍，很多教师要连续加班，这对教师的责任心是一个考验。"吴副校长认为这对教师来说也是锻炼和学习的机会。"我们的教师逐年分批次进入这种教学模式里锻炼，并且把省城七中的资源本土化，让它适合我们学生自己的特点，在这个过程中，我们教师的教学水平也得到了提升。"

三、拓展训练

2021年，在迎来中国共产党成立一百周年的重要时刻，我国脱贫攻坚战取得了全面胜利，完成了消除绝对贫困的艰巨任务，创造了又一个彪炳史册的人间奇迹！为了使脱贫基础更加稳固、成效更可持续，党和国家随即就切实做好巩固拓展脱贫攻坚成果同乡村振兴有效衔接各项工作作出一系列决策部署。请扫码阅读《中共中央国务院关于实现巩固拓展脱贫攻坚成果同乡村振兴有效衔接的意见》（2020年12月16日）、《教育部等四部门关于实现巩固拓展教育脱贫攻坚成果同乡村振兴有效衔接的意见》（教发〔2021〕4号），思考这两个"意见"内容方面的关联关系，并结合本课例讲想一想"意见"对计划类文书"要点"的作用及二者的异同。

中共中央国务院意见

教育部等四部门意见

（孙雅丹）

任务六

总结写作训练

【情境】

情境一

党的二十大胜利召开后,中共中央作出了关于认真学习宣传贯彻二十大精神的决定。请研读党的二十大报告,看看报告是从哪些方面总结新时代十年的伟大变革的。

情境二

老师上完一次课,下课前一般会做个小结。观察一次课,看老师是如何做小结的。

【知识】

一、什么是总结

总结是党政机关、其他机关和单位或个人在实施计划、完成任务或开展活动后,对某一阶段的工作、学习或思想进行归纳概括、分析评价,从取得的成绩和存在的问题中找出经验和教训,用以指导今后工作或学习的一种事务文书。

总结具有回顾性、归纳性、全面性、典型性和评价性等特点。回顾性是指对前一阶段已完成实践的做法、成效进行梳理分析;归纳性是指已完成实践的分类、概括、提炼,不能将总结写成"流水账";全面性是指紧扣总结主题、全面总结已完成实践的各个方面,不要出现"漏项";典型性是指突出重点或特色实践,不要在实践的各个方面平均使用笔墨;评价性是指对实践的理性思考、体会,从实践中得出对以后的实践具有指导或借鉴价值的经验教训。

二、总结的种类

总结按不同角度可分为多种类型。按主体不同可分为个人总结和单位总结。按客体即内容不同可分为工作(活动)总结、学习总结、思想总结等;其中,工作总结按内容范围不同可分为专题性工作总结和综合性工作总结，按内容侧重不同可分为一般总结和经验总结。按时间范围不同可分为半年总结、年度总结、五年或更长时间的总结等。下面仅就三类总结扼要说明。

专题性工作总结的内容具有单一性，综合性工作总结的内容具有全面性。比如一所高校的工作包括党的建设、队伍建设、教学科研、人才培养、招生就业、社会服务、后勤保障等多个方面，对上述工作的全面总结就是综合性工作总结，仅对学校的党建工作进行总结就是专题性工作总结。无论是专题性工作总结还是综合性工作总结一般都要体现前述总结的五个特点，都要反映主要成绩、存在问题、经验教训和下一步或来年的设想，除专题性经验总结外，都属于一般总结。

经验总结是专题性总结的一种，是归纳、提炼工作或学习中的感受、认识从而展示有关经验的总结，兼具实践性和理论性。经验总结偏重于对某一具体工作或某一问题具有规律性、示范性和借鉴意义的经验进行总结，内容比较集中，多用于宣传、交流。因其内容侧重于经验，总结的内容一般不涉及存在的问题、教训和今后打算等。

各类总结的写法尽管有所不同，但基本上大同小异。下文将对总结的结构与写法做一般性说明。

三、总结的结构和写法

1. 标题

总结的标题拟制没有固定格式，既可用单标题，也可用双标题，可按总结的类型和表达需要灵活选用，总的原则是标题要概括反映总结的主要内容。

（1）单标题。"单位＋时段＋内容＋文种"的公文式单标题，如《××职业学院2022年党建工作总结》；"做法＋目标（成效）"的文章式单标题，如《明确目标抓细节，立体教学求实效，全力做好××市高校毕业生岗前培训工作》。

（2）双标题。由正标题和副标题组成，正标题概括主要做法或经验，揭示总结的中心思想，副标题交代总结的内容，正副标题虚实相生、相互补充，如《台前演武展雄姿　幕后保障亦堪豪——××学院参加全省监狱戒毒人民警察岗位练兵成果展示活动工作总结》。

2. 正文

（1）开头。也称基本情况，一般扼要交代时间范围、相关背景、工作依据、工作思路、主要成绩等，重在归纳取得成绩的原因。开头要文字凝练、高度概括并为总结的主体做好铺垫。

（2）主体。一般回答"做了什么"（工作内容）、"怎么做的"（具体做法）、"做得怎样"（工作成效）、"怎么评价"（工作体会）、"怎样打算"（工作设想）等内容。工作内容要分清主次、抓住特色，不能面面俱到，要详略得当；具体做法要体现特点、突出创新；工作成效既包括主要成绩也包括短板弱项；工作体会侧重经验总结，也要反思不足、明确需要改进的方面、提出改进措施；工作设想既要立足补短板、强弱项，又要围绕下一步的工作目标。

下面仅举两种工作总结的主体结构和写法做一些说明。

结构一：成绩—问题—体会—打算。这种结构以不同类型的工作内容为行文线索，先分条列点概述各项工作的做法与成绩，再分析工作中存在的问题，接着集中谈工作体会或经验教训，最后谈下一步或来年的工作设想。体会或经验以议论方式表达，必须基于上文的工作概述，不能"顾左右而言他"，也就是说，做法、成绩同体会或经验是材料与论点的关系，即"摆事实"和"讲道理"的关系，道理是从事实中抽象概括出来的具有一定理论性的观点。

结构二：体会＋成绩—问题—打算。这种结构以工作体会或经验为行文线索，体会或经验一般做总结的小标题或者隐性小标题（段落的首括句），即总结分论点。行文上先列出分论点，再紧扣该论点"摆"出某些工作的做法与成绩的"事实"来论证和说明，接着说问题、谈设想。如某企业关于建设绿色矿山的经验总结用"规划先行，保障有力"做第一个小标题，再用"战略上确立方向，战术上科学规划""跟进各项保障措施，确保目标如期实现"等隐性小标题引出具体实践的事实；为证明"保障有力"，总结摆出了"组织保障""资金保障""制度保障""人才保障"四个方面的工作做法与成绩，层次分明，逻辑严密，使人信服。

前述总结主体的内容在不同类型的总结中取舍不同、详略安排不同、结构顺序不同，一切服从于总结的主题及总结的运用范围或场所。总结主体的结构不一而足，以上两种为常用结构，在学习运用中要学会举一反三、触类旁通。

（3）结尾。结尾有话则长，无话则短。可在安排今后的工作后收束全文，亦可用号召、决心、展望等内容结尾。

3. 落款

若单位或个人已包含在标题中或已署名于标题下，则无须落款。需要落款时，参照公文格式要求，写明总结机关全称或规范化简称（个人总结写姓名），标明撰写日期。

四、总结的写作要求

1. 注重平时积累，充分占有材料

材料积累贵在平时、重在全面。一是养成平时积累的习惯，用日志、周报或月报记录、小结日常工作、学习；二是养成平时思考的习惯，分析工作、学习取得成绩和存在不足的原因；三是动笔前对前一阶段的工作、学习进行全面梳理，查漏补缺，分门别类，排定顺序。这样才能充分占有材料，让总结有"话"可说。

2. 把握工作重点，突出工作特色

总结是对某一阶段工作、学习的全面展示，但全面展示不是面面俱到，更不是记"流水账"。以年度工作总结为例，要围绕本单位的中心工作和重点工作，对大事要事、工作亮点、工作创新要浓墨重彩地写以突出工作特色。

3. 坚持实事求是，真实反映成绩

实事求是既是思想路线又是工作方法，也是总结文书的生命。总结是对过去实践活动的回顾，事实来不得半点虚构，评价来不得虚美拔高。不能将"计划做的"写成"做了"、将"正在做的"写成"做成了"、将按部就班的一般工作评价得天花乱坠。反映成绩能用数据说话的用数据说话，能用标志性成果说话的用成果讲说话，切忌空洞无物、事虚理空。

4. 分析结果成因，提炼经验教训

总结旨在通过回顾和分析前一阶段的实践活动，实现肯定成绩、积累经验、发现问题、吸取教训、认识规律、指导实践的目的。总结具有一定的理论性，符合"从实践到理论再到实践"的认知规律。因此，总结不是事无巨细地机械罗列过去的实践活动，而是要分析实践的目的、路径、措施、效果、意义等，从中提炼出可资借鉴的经验、可供汲取的教训，从而指导今后的实践。

5. 重视谋篇布局，结构严谨完整

动笔前进行整体构思并列出撰写提纲。一是立意明确，理清总结要表达的主题或总的观点，以及阐述观点要使用的材料；二是谋篇清晰，理清总结从哪些方面展开、按什么顺序展开，每个大的方面由哪些小的方面支撑、运用哪些材料等；三是布局合理，搭建总结的结构，做到层次分明、详略得当、逻辑严密、结构完整。

【例讲】

加强自身建设　提高理财能力　努力发挥财务部门职能作用
××省军区后勤部财务处

一年来，在省军区和后勤部两级党委的正确领导下，我们坚持以科学发展观为统揽，以"理财文化、理财能力、理财基础"三项建设为重点，打基础与求发展并重，抓管理与抓建设同步，遵循建设发展内在的渐进规律，转变理财观念，创新管理机制，加强队伍建设，突出服务主导，较好地完成了各项工作任务。主要做法如下。

一、找准职责定位，理清工作思路

思想是行为的先导。针对人员成分新、学习任务重的实际，我们坚持从统一思想认识、理清工作思路入手，工作建设一起抓，统筹谋划财务工作的建设和发展。

以知责求尽责。知责是前提，尽责是要求。我们坚持把熟悉职责要求作为履职尽责的必修课，引导全处人员强化"财务处是党委理财的办事机关、经费供应保障的职能部门、机关形象建设的窗口"意识，熟悉职责要求，打牢为党管好财、为部队服好务的思想基础。

用定位促作为。思想定位工作才能到位。通过集思广益，我们主要找准"四个定位"：在履行机关职能上为财务处定好位，端正工作态度；在机关干部素质排序上为自己定好位，激发上进心；在具体分管工作上为角色定好位，切实履行好职责；在自身做人做事上为标准定好位，树立自己的品牌，增强工作的主动性和创造性。

向思路要出路。思想前瞻，工作才能居前。按照"一年抓几项，三年抓一遍"的工作思路，我们制订出台了《财务工作三年建设规划》和《自身建设规范》，将具体建设内容分解到每个月份，并形成年度工作统筹图，明确工作目标、实施步骤和保障措施。为确保规划落实，我们总结提出"长远建设抓规划、日常工作抓计划、队伍建设抓学习、业务管理抓规范、服务保障抓质量、承办事项抓问责"的"六抓"要求，督促全处人员按标准、按时间节点完成工作任务。

二、立足胜任本职，提高综合能力

工作出成果，能力是支撑。实践工作中，我们注重"以才兴财"，将管理视角由事务性指导向人力发展延伸，着力培养和提高全处人员的综合素质。

确立学习"第一要务"思想。坚持把学习作为人生的第一需要，作为履职尽责的前提，破除"专业知识够用""学多了没用"等模糊认识，强化"学习力"是"第一竞争力"，引导自主性学习，营造全程学习、全员参与的浓厚氛围，用工作牵引学习，以学习促进工作，发挥学习的最大功效。

强化集体成长成才理念。打造"忠诚、团结、进取"的团队精神，建立督学制度，努力创建学习型集体。将每周六定为集体学习日，突出应知应会能力培养，设立业务管理、应用写作、自动化办公等专题，聘请专家教授举办讲座；以课题引导学习，由助理员围绕分管工作，按照基本概念、工作流程、操作方法、质量标准轮流授课，增强学习的针对性；每月轮流承担处月、周工作情况汇报，帮助全处人员实现由基本称职向完全胜任转变。去年有3篇要讯分别被总后、军区刊发，3份工作经验被军区转发，2项财务专项工作成果分别被军区评为一、二等奖。

建立阳光下的竞争机制。强化"凭能力立足，靠政绩进步"意识，按照"精艺事"的标准衡量人才和工作。健全日常业绩登记制度，量化业绩考评标准，建立日常业绩和大项工作完成相结合的考评机制，实行动态管理。大力开展财务人员和财务工作称职达标活动，出台实施方案和考评标准，把业绩考评成绩作为立功受奖、推荐先进的依据，不搞论资排辈和平衡照顾。

三、强化精品意识，实现创新发展

创新是推动工作发展的原动力。实践中我们感到，财务工作必须适应新形势、寻求新发展，只有大胆改革滞后的思维定式、管理方式和运行机制，才能实现财务工作有突破、出精品。

在解决难点问题上求创新，难点既是工作的薄弱环节，也是影响整体水平提升的"短板"。为有效解决预算编制与执行"两张皮"问题，我们研究推行预算项目控制、"双指标"综合控制、收支过程控制、定额限额标准控制"四监控办法"，提高了综合管控实效。着眼规范财经运行秩序，制定出台《机关财务管理办法》《机关直（附）属单位财务监管办法》《银行卡使用管理办法》和《关于进一步加强部队财经管理若干规定》，使科学理财有了制度保障。

在完成大项工作上求创新。大项工作既是挑战，又是机遇。为高标准完成全军统一部署的财经管理专项整顿任务，我们成立领导小组，组织全处同志连续加班两个多月，按照整顿要求，对本年度收支情况进行全面清理，对发现的问题及时整改，清理回收机关遗留欠款1800多万元；为提高部队整顿时效，专题召开了直供单位自查情况汇报会，组建复查组，采取分片包干的办法，对直供单位的整顿情况进行复查，查纠各类问题68个，责成96个单位签订了《无遗留经济问题认证书》并制订《遗留经济问题处理计划》。总部要讯、军区简报两次转发了我们的经验做法介绍材料。

在整合军地资源上求创新。建立"外联内调"五项机制是军区党委"整合资源，服务发展"的重大举措，也是合力推进应急行动准备的迫切需要。去年受领军区的"建立军地投资协调机制"试点任务后，我们一手抓谋划，一手抓协调，在省军区首长亲自组织指导下，以省委、省政府、省军区名义联合制发了《××省军地投资协调工作实施办法》，试点成果得到了军区主要首长的充分肯定，并指示以军区文件形式转发××、×××两省；试点经验在"军区与××三省投资协调工作会议"上做了主题介绍。

四、树好窗口形象，提高服务质量

服务保障既是职责所系，也是机关形象的窗口。实践工作中，我们自觉当好机关"代表队"，努力为部队、为官兵服好务。

端正服务思想。坚持把为军事斗争准备服务、为部队建设服务、为官兵服务作为工作的出发点和立足点，贯穿于财务工作的始终，工作筹划时谋服务之事，工作实施中讲服务质量，工作落实后查服务效果，把服务到位、部队、机关和官兵满意作为检验工作的重要标准。

改进服务方法。服务方法决定服务水平。我们借助科技手段，利用金融网络平台，开通"网上银行"，缩短资金在途时间，提高保障时效；协调安装POS机，推广使用商务银行卡支付工具，简化结算报销程序，规范业务处理流程，减少业务经办人员，规避资金风险；建立了"要事速办追责制"，要求请示、答复问题做到有记录、有过程、有结果、有回音。

提高服务质量。坚持重心向下，关注基层官兵呼声。针对边防部队标准经费保障缺口大和基层官兵津贴补贴结构不合理、标准偏低的问题，我们先后两次协调总部、军区联合展开专题调研，为下一步顺利解决上述问题提供了基本依据。同时还积极协调军区财务部，将边防"三团一队"一线执勤点干部休月假往返差旅费纳入探亲路费实报实销，每年可减轻边防团（队）经费负担70多万元。

这是一篇经验总结。

开头用"坚持……""以……为重点"和两个主谓短语句、五个动宾短语句扼要交代了工作依据、思路等，语言简练明了。

主体部分以论点统率、引领材料。一是用四个小标题归纳提炼四点做法并融入体会，将总结分四个大的方面、四个分论点展开。二是每个大的方面用若干小的方面予以支撑、说明，每个小的方面用隐性小标题细化经验，再用具体实践证明。如第二方面"立足胜任本职，提高综合能力"的做法，用"工作出成果，能力是支撑""确立学习'第一要务'思想""强化集体成长成才理念""建立阳光下的竞争机制"四个段落首括句细化经验，分别引出具体事例，从四个小的方面来证明第二方面的经验，理从事来，以事明理，使人信服。

这篇总结叙议结合，以叙为主。简明的叙述回顾了一年来财务工作的重点、亮点和特点，精当的议论提炼了工作体会与经验，体现了总结文书回顾性、归纳性、全面性、典型性和评价性的文种特点。

【训练】

一、单项训练

研读党的二十大报告，回顾"过去五年的工作"的第二段共有七个句子。请思考这段总结是从哪些方面展开的，并分析这七个句子间的关系。

二、综合训练

根据下列材料，总结D公司的成功对于企业适应新常态有哪些值得借鉴的经验。

要求：① 全面、准确、简明；② 层次分明、条理清晰；③ 不超过300字。

中国车市在经历了迅猛扩张，成为世界最大单体市场的同时，也渐渐放慢了自己向前的步伐，如同中国经济一样，步入新常态阶段。从12年前的白手起家，到如今已经赫然位居行业第一集团，D公司创造的速度奇迹在业界声名显赫。从最初的单一车型开始,到如今已经成功完成了主流市场区间的全产品布局;从最早只有一个工厂,到现在的四地八厂;从初始的单一合资品牌,到现在坐拥主流合资两大品牌;从零起步到600万保有客户,这一切只用了12年的时间,D公司就快速地完成了从"小字辈"到"大体系"的转变。

然而,在中国车市进入"新常态"已然不可逆转的今天,D公司过去单纯的快速发展模式已经不适用了,对此,该公司周总表示:"车市的新常态只是意味着车市进入到一个新的发展阶段,速度下了一个台阶,并不意味着车市发展的黄金时代已经结束。在新常态下,快是一种质量,慢是一种智慧。未来我们要从'要素驱动'转化为'创新驱动',对企业体系进行全面的优化升级,努力实现'快'与'慢'的平衡,以更稳健、更具核心竞争力的姿态,去应对车市新常态。"

随着互联网、信息技术的发展,消费观念的成熟,中国车市进入了以用户为中心的精细化、个性化时代,D公司顺应时代变化,通过基于大数据分析的营销管理和创新,继续保持迅捷的市场反应速度、高效的体系反应能力、迅速的消费响应能力。公司专门成立了数据营销部门,打造国内首个汽车品牌自建的线下线上一体化开放式平台,通过互联网手段持续跟踪、收集、洞察消费者的需求变化趋势,根据所得结论及时制订和推进符合用户兴趣点的营销计划;同时,产品年轻化的节奏也依然保持着"快"的本色,不断推出符合年轻人口味的高颜值产品。

与此同时,为了实现企业高效的执行力,D公司在其内部进一步提升企业的全价值链体系竞争力,着力打造高效务实具有凝聚力的经营团队,整合企业及合作伙伴资源,充分挖潜,增强每个工作环节的协同效应,让所有部门为同一目标共同发力,实现体系竞争力的最大化。

如果说D公司过去的发展模式是"要素驱动",那么如今的全新体系竞争力的打造,就是以"创新驱动"为核心,推动品牌建设、产品营销、技术研发和人才体系等每一个层面的发展。D公司坚持品牌向上战略,升级创新自主品牌,不断引进最新技术的国外品牌,以更具时代感、互联气质的品牌印象去赢取更多年轻用户的心。公司旗下的某品牌早已启动了以纯电动汽车为方向的发展战略,利用新能源技术开拓汽车行业新领域。未来将以"用户体验"为核心,通过一系列的创新营销手段,逐步将先机转化为市场优势,全面推进该品牌的市场普及,形成新的市场增长点。人才体系的全面升级是确保体系竞争力向卓越跨越的最基础保障。对此,D公司启动了被称为"企业大学"的人才培养计划,针对不同阶段、不同类型的员工精心设计培训项目,努力打造核心人才团队,通过一揽子人才提升战略去挖掘年轻人才,充分发挥优秀年轻员工的创新活力,让新思想、新创意成为D公司下一阶段发展的核心驱动力。

三、拓展训练

党的历届全会报告、国务院政府工作报告均是应用文写作的典范，研读这些报告、了解这些报告的诞生过程，对我们学习党的创新理论、了解国家的大政方针、培养公文写作语感、训练逻辑思维能力大有裨益。请扫码阅读《推动中华民族伟大复兴号巨轮乘风破浪、扬帆远航——党的二十大报告诞生记》，领会党的二十大报告起草的宗旨、依据及背后的艰辛，感悟报告中思想的来源。扫码阅读《2022年政府工作报告》，想一想该报告对总结和计划写作有哪些启示。

党的二十大报告诞生记　　　　2022年政府工作报告

（贾珈）

任务七

讲话稿写作训练

【情境】

回忆一下你参加过的开学典礼，典礼上一般有学生代表发言和学校领导讲话。

如果你是学生代表，你认为代表老生发言应该讲什么？如果你是校长，你认为代表学校讲话应该讲什么？讨论一下：发言稿就是讲话稿吗？

【知识】

一、什么是讲话稿

广义的讲话稿包括党政机关、其他机关和单位的领导或个人在某种场合用于讲话、发言、演讲、致辞、汇报、述职等方面使用的文稿。

狭义的讲话稿是指党政机关、其他机关和单位的领导在各种重要会议或重大活动场合以职务身份讲话时使用的文稿。这种讲话体现组织意志，也可融入领导个人的思想情感，具有宣传政策、部署工作、号召动员、沟通交流等重要作用。本教材主要讲授狭义的讲话稿，训练兼顾讲话稿提纲拟写与发言稿写作。

讲话稿一般具有政策性、权威性、指导性、针对性、鼓动性等特点。政策性是指讲话遵循的是党和国家的大政方针和决策部署；权威性是指讲话体现的是领导机关的工作意图；指导性是指讲话一般涉及工作部署及其措施和要求；针对性是指讲话要适应当前的形势和听众的特点；鼓动性是指讲话要增强听众认同感，使之明确目标、增添信心、产生共鸣。

党政机关、其他机关和单位的领导讲话稿可根据工作需要，以通知印发下级机关或所属部门（单位）学习贯彻执行。显然，讲话稿可以是公文的组成部分，具有下行文的特点。

发言稿则是发言者就某项工作、某个问题、某个场合交流做法、发表看法、表达意愿或情感时使用的文稿，发言稿具有平行文或上行文的特点，但一般不看作公文的组成部分。

二、讲话稿的种类

讲话稿的种类繁多，下面仅按讲话的内容和功用不同讲几种常见种类。一是部署性讲话，主要安排今后一段时间的工作，提出目标、任务和要求。二是总结性讲话，主要回顾过去一个阶段的工作情况，包括取得的成绩、存在的问题和经验教训等。三是动员性讲话，主要是某些工作启动前阐述其意义并提出希望、发出号召以鼓舞士气。四是礼仪性讲话，如就某项重大活动致辞，有开幕词、闭幕词、贺词等，主要阐述活动开展的意义、活动取得的成果，表达祝贺和感谢等。五是说明性讲话，如就关系工作全局的重大决策出台、重要文件制定说明背景、过程、意义、目的等，以体现民主决策、形成统一意志。

三、讲话稿的结构和写法

1. 标题

讲话稿的标题和总结的标题一样，没有固定格式，可用单标题，也可用双标题。

（1）单标题。由讲话人姓名、会议（活动）名称、文种组成，如《×××在2023年春季学期全体教职工会议上的讲话》。也可将讲话人姓名署在标题及讲话日期下，分行居中排列，如"在2023年春季学期全体教职工会议上的讲话／（2023年2月10日）／×××"。

（2）双标题。正标题概括主题，副标题由讲话人姓名、会议（活动）名称、文种组成，如《贯彻新发展理念，推动学校工作高质量发展——×××在2023年春季学期全体教职工会议上的讲话》。

2. 正文

（1）开头。讲话稿的开头因类型不同写法不一，开头的作用在于引出话题、引起注意，一般写法是说明会议或活动的背景、主题、宗旨或任务，有的还要介绍与会人员、会议时间，有的从眼前的环境、心情、感想说起，有的直奔主题。

（2）主体。讲话稿的主体是讲话的核心部分。因讲话内容侧重不同、场合不同、讲话人身份不同、其写法各有不同，下面说几种主体结构方式。部署性讲话一般由工作回顾、意义分析、任务和要求组成，工作回顾略讲，其他详讲；总结性讲话参照总结的结构；动员性讲话一般由认识、任务与要求、希望与号召组成；礼仪性讲话一般由意义评价、成果总结、祝贺和感谢等组成；说明性讲话一般由背景介绍、过程说明、意义揭示、结果评价等组成。

（3）结尾。讲话稿的结尾一般表达希望、发出号召、展望未来、提出要求、表明决心、抒发感想，等等，不一而足，没有定式。讲话稿的结尾和一般文章的结尾一样，要卒章显其志，增强讲话的深刻性、感染力和鼓舞性。有的讲话稿在主体内容完结后直接收束。

四、讲话稿的写作要求

1. 准确体现组织意志

领导讲话是一种职务行为，是为其所代表的组织"立言""代言"。领导讲话虽然带有个人的风格风采，但其思想必须与党中央的决策部署保持高度一致，其主旨必须体现所在组织的集体意图，其内容必须符合所在区域所在机关所在部门所涉工作的实际。因此，为领导起草讲话稿要"身在兵位，胸为帅谋"，通过收集资料、请教领导等多种方式把握领导意图、领会组织意志。

2. 突出组织的权威性

领导讲话体现的组织意志从根本上说是党和国家的大政方针、决策部署与本区域本部门工作实际相结合的产物。领导讲话稿必须理出有据、事出有因，这个"据"就是党和国家的大政方针，这个"因"就是所在组织的集体决策，这些都要体现政策的权威性和领导机关的权威性，以发挥领导讲话的效力。

3. 突出讲话的针对性

领导讲话的针对性重点是了解下情，重视调查研究，摸清历史与现状、成绩与问题、条件与约束，理清目标与任务、措施与要求，了解与会人员总的思想和认知状况，全面掌握实际情况，不说大话、空话、套话，使讲话有的放矢，把话讲到人的心坎上。

4. 突出主题的鲜明性

讲话的主题是讲话稿的灵魂，要根据会议或活动主题、领导的身份角色，结合上情与下情的来确定。主题的鲜明性，一是要始终围绕中心话题，明明白白讲清依据什么政策、针对什么问题、表达什么观点、安排什么任务、提出什么要求等，否则让人不知所云；二是突出重点，紧扣关系全局的中心工作、重点工作和工作的重要组成部分进行阐释，不能面面俱到，胡子头发一把抓，容易让人不明就里。

5. 注重语言的生动性

领导讲话稿虽然具有公文庄重严肃的特点，但因其面向听众口头传播，唯有语言生动才能引起听众的兴趣和注意。一是要适应口头表达的特点，多一些口语特色，多使用短句，多一些群众语言，少用书面语和文言，少用长句，不打官腔；二是适当使用修辞，如比喻、谐音、排比等，增强语言形象性、生动性和感染力；三是正确处理语气语调语速，不居高临下、不声嘶力竭，增强讲话的亲和力。

【例讲】

在广东省高质量发展大会上的讲话

同志们，朋友们：

今天是农历新春上班开工的第一天，我们云集方方面面的代表、纵贯省市县各级，隆重召开全省高质量发展大会，就是要在这春意盎然的日子擂起奋进催征的金鼓，奏响走在前列、当好示范的强音。

在这开耕的时节，以高质量发展实现广东现代化建设新跨越的具体实践，与我们每个人紧紧联系在了一起。这时候，这片土地上无数先烈先辈先贤的奋斗在我们身上延续。这时候，我们不禁思接今古、感怀春秋，回望漫漫来时路，充满信心再出发。

莫道君行早，更有早行人。自古以来，广东人民在这片土地上繁衍生息、薪火相传，一路耕耘、一路向前，书写了波澜壮阔的历史篇章。改革开放之初，习仲勋老书记向中央争取"特殊政策、灵活措施"，得到邓小平等老同志的大力支持。从那时候起，广东以"敢为天下先"的担当"杀出一条血路"，率先改革开放，率先创办经济特区，取得举世瞩目的发展成就。往事越千年，是先贤先辈逢山开路、遇水架桥，造就了今天的广东。这片革命的热土、改革的热土、发展的热土在生生不息的传承中不断演绎精彩、书写传奇，在历久弥新的演进中始终充满魅力、绽放活力。

历史川流不息，发展永无止境。党的十八大以来，习近平总书记高度重视广东、时刻关心广东，对广东高质量发展谆谆指引。总书记寄望广东"在推动高质量发展上聚焦用力，发挥示范引领作用"，要求我们"扎实推进广东高质量发展"。在总书记亲自谋划、亲自部署、亲自推动下，党中央接连赋予广东建设粤港澳大湾区、深圳先行示范区和横琴、前海、南沙三大平台等重大机遇，部署建设大湾区国际科技创新中心、综合性国家科学中心和高水平人才高地等重要项目，为广东高质量发展注入强劲动力。我们要牢记总书记殷殷嘱托，把握高质量发展根本要求，着力推动质量变革、效率变革、动力变革。在危与机、稳与进、攻与守的纵横捭阖中，全省上下形成了强烈共识，广东经济的"危"源自高质量发展不足，"机"要靠高质量发展才能紧紧抓住。贯彻新发展理念、推动高质量发展是广东的根本出路。此时此刻，我们更加感佩于总书记的高瞻远瞩，更加体会到"根本"二字的千钧之重。我们必须进一步增强责任感、使命感、紧迫感，振作起来、行动起来，全力以赴、集中精力推动高质量发展，努力勃发新气象、闯出新路来。

这是广东实现现代化的必由之路。广东人口数量多、资源约束紧，提高发展平衡性和协调性的任务又很重，不可能继续拼土地、拼价格、拼劳动力,对这个问题,全省都要有清醒的认识。从外部看,我们现在又面临你追我赶的激烈竞争,这个时候,躺平不可取、躺赢不可能、奋斗正当时。唯有通过高质量发展向上突围,才能奔向发展的新蓝海;唯有以高质量发展的确定性应对外部环境的不确定性,才能任凭风浪起、稳坐钓鱼船。实现现代化,广东只此一路,别无他途。

这是广东实现现代化的光明之路。过去,我们用40多年的时间,在量的积累上打下非常坚实的基础,全面超越了亚洲"四小龙"。现在,量的增长到了平台期,质的突破还处在酝酿期,我们同发达经济体的差距主要也在质上。只要质的提升取得新的突破,我们就可以迎来量的井喷,可以开启新一轮发展和赶超。改革开放是广东最鲜明特征,高质量发展是广东最光明前途。我们坚定不移往前走,强化在国内国际两个循环中的关键功能,依托粤港澳大湾区这一重要动力源,发挥横琴、前海、南沙等重大平台作用,扎扎实实抓好今年,抓好5年,再深耕10年、30年,必定能再造一个新广东、再创让世界刮目相看的新奇迹。

这是广东实现现代化的奋进之路。高质量发展绝非风平浪静下的马到成功,也不可能是鲜花掌声中的乐享其成,而注定是一条需要迈过重重险滩、陡坡、难关的艰辛道路。如果广东是慢步或者原地踏步,不敢迎难而上,不愿放开手脚大干一场,我们心里应当感到不安。我们今天的奋斗,就是为了打造更多享誉世界的广东产品、广东企业、广东产业,建成国际一流的广东机场、广东港口、广东公路,涵育多彩多姿的广东山水、广东湖海、广东花木,传承充满浓浓乡愁的广东城乡、广东文化、广东韵味,让父老乡亲脸上充满幸福的笑容和希望。

千里之行,始于足下,系于你我。我们正在书写历史,或挺立潮头、不息求索,或懈怠不前、碌碌无为。呈现什么样的未来,要看今天的行动。

仰观大局,我们肩负着沉甸甸的责任。当前,世界之变、时代之变、历史之变正以前所未有的方式展开。面对百年变局中更多逆风逆水的外部环境,广东如何化危为机、行稳致远;面对新一轮科技革命和产业变革深入发展,广东如何抢占先机、赢得主动;面对转变经济发展方式、优化经济结构、转换增长动力的重要关口,广东如何率先突破、示范引领;面对推进中国式现代化新的更高要求,各地各单位的思考谋划是否切合实际,工作的体制机制是否科学可行,党员干部的素质能力、精神状态能否跟得上;面对日益激烈的市场竞争,我们的企业能不能练好内功、提升核心竞争力,有没有力争上游、赶超一流的骨气与志气,这些的关键就在于我们推动高质量发展的谋划、担当与作为。我们要在应对挑战、攻坚克难中不断探索新路径、激发新动能,以广东的高质量发展更好服务大局、应对变局、开创新局。

瞻望未来,我们的奔赴十分荣光。从今天起,我们每个人努力多一分,广东高质量发展就会向前多迈一大步;我们每家企业领先多一点,广东现代化产业体系就能在全球价值链上有所攀升；我们在高质量发展上开拓进取，就意味着广东现代化建设的物质技术基础在不断夯实。在全面建设社会主义现代化国家开局起步的关键时期，我们必须以每个人、每个企业的奋斗，努力开创广东高质量发展新局面，在中国式现代化这一人类文明史上最为雄壮的史诗中写上精彩一笔。

立足当下，我们最需要的是实干。推动高质量发展，没有捷径，唯有务实务实再务实。必须只争朝夕、迅速行动，以奋斗姿态抢时间、抢机遇，一刻不耽误地埋头苦干，把各方面的力量组织起来，把确定的任务落实下去。全省各级党组织、广大党员干部特别是领导干部既要当好指挥员，还要当好战斗员，对重点任务亲自上手亲自抓，力戒形式主义、官僚主义，把工作抓紧抓细抓实。要大兴调查研究之风，走好新时代党的群众路线，深入基层认真倾听企业、群众等各方面意见，用心用情为企业、群众办实事、解难题。要想方设法把群众的积极性创造性调动起来，引导每个人、每个企业都积极投身进来，为高质量发展献计出力、建功立业。全省上下都要振奋干事创业的精气神，让广东高质量发展在万马奔腾当中做到一马当先、力争步步领先。

一年之计在于春。希望大家团结一心加油干，以钉钉子精神抓落实，把手中的"施工图"转化为大地的"实景画"，让春天播下的种子转化为高质量发展的累累硕果！

同志们、朋友们。征途漫漫、唯有奋斗！让我们坚定不移贯彻落实总书记、党中央决策部署，增强历史自信、发扬历史主动，群策群力、苦干实干，共同开创更加美好的未来！

2023年1月28日，春节后首个工作日，广东省委、省政府召开全省高质量发展大会。本文系广东省委书记黄坤明在大会上的讲话实录，有删节。

这篇讲话开宗明义，指出推动广东省高质量发展这一主题与"每个人"的紧密联系，继而从回顾过去、着眼现实、展望未来三个方面，对广东全年重点工作作出了动员部署。

讲话围绕广东改革开放以来举世瞩目的发展成就，和党的十八大以来党中央对广东发展的重视关心、重大部署两个时间节点回顾过去，落笔"贯彻新发展理念、推动高质量发展是广东的根本出路"这个"根本"。

讲话在着眼现实中展望未来，一是紧扣"这个'根本'"，运用内外部环境对比、过去与现在对比、原地踏步与踔厉奋发对比，从"必由之路""光明之路""奋进之路"三个方面，深刻分析了贯彻新发展理念的重大意义，阐释了把握高质量发展根本要求、推动广东实现现代化的必要性以及把握光明未来唯有努力奋斗的紧迫性。二是围绕工作落实，从"肩负的责任""奔赴的荣光""最需要实干"三个方面提出要求，指出全省各级党组织、广大党员干部特别是领导干部要勇于面对复杂形势，知重负重、担当作为，务实苦干、书写精彩。

讲话最后提出希望、发出号召，语言简洁，干净利落。

讲话贯彻党中央决策部署，着眼广东发展实际，分析研判形势，谋划部署工作，明确了"干什么""为什么干""怎么干"，脉络清晰，逻辑严谨。讲话大量运用排比、对比、引用、对仗等修辞，整句、散句结合运用，文言、口语交相使用，借用"躺平"、化用"躺赢"等网络流行语，生动自然，说理深刻，这些都使讲话产生了极强的鼓舞性和感召力。

【训练】

一、单项训练

下列段落是习近平总书记 2022 年 10 月 23 日在党的二十届一中全会上的讲话的节选，讲话的题目是《为实现党的二十大确定的目标任务而团结奋斗》。请分析下列内容的题旨和层次。

> 扎实贯彻全面建设社会主义现代化国家各项部署，着力实现高质量发展。实现高质量发展是"十四五"乃至更长时期我国经济社会发展的主题，关系我国社会主义现代化建设全局。未来 5 年是按照党的二十大部署全面建设社会主义现代化国家开局起步的关键时期。全党要聚焦实现高质量发展这个主题，进一步统筹推进"五位一体"总体布局、协调推进"四个全面"战略布局，完整、准确、全面贯彻新发展理念，把新发展理念贯彻到经济社会发展全过程和各领域，抓紧解决不平衡不充分的发展问题，协调推进创新发展、协调发展、绿色发展、开放发展、共享发展，着力提高发展质量和效益。要用好改革这个关键一招，坚持社会主义市场经济改革方向，加强改革系统集成、协同高效，巩固和深化解决体制性障碍、机制性梗阻、创新性政策方面的改革成果，在重要领域和关键环节取得新突破。党的二十大把握国内外发展大势，在党和国家事业发展布局中突出教育科技人才支撑、法治保障、国家安全工作。我们要把教育、科技、人才作为全面建设社会主义现代化国家的基础性、战略性支撑，坚持科技是第一生产力、人才是第一资源、创新是第一动力，深入实施科教兴国战略、人才强国战略、创新驱动发展战略，不断塑造发展新动能新优势。要坚持走中国特色社会主义法治道路，建设中国特色社会主义法治体系、建设社会主义法治国家，全面推进国家各方面工作法治化，更好发挥法治固根本、稳预期、利长远的保障作用。要坚定不移贯彻总体国家安全观，统筹发展和安全，把维护国家安全贯穿党和国家工作各方面全过程，确保国家安全和社会稳定。

二、综合训练

某省出版发行集团拟召开部分下属企业负责人参加的座谈会，根据从下列材料中得到的启示，为出席会议的集团总经理草拟一份推进信息时代企业转型升级的动员讲话提纲。

要求：① 列出一级提纲及要点；② 切合主题，内容具体；③ 条理清楚，层次分明；④ 500字左右。

  只需缴纳99元押金，便可免费把书从书店带回家，10天内归还可享免费借阅，押金随时退还；3个月内读完12本书可享返还押金的8%作为"阅读奖学金"。……日前，W省新华发行集团旗下的某书店以首创"共享书店"的身份正式亮相。这家书店一度走红网络，有着"全国最美书店""全国首家O2O智慧书城"等称号，"共享书店"实现了由买书到借书，把书店变成自家书房，由个人阅读到共享阅读的重大转变。

  基于对用户需求的分析和把握，"共享书店"依托实体书店的原有资源，通过运营模式的颠覆式变革，实现阅读服务的转型升级。该集团总经理说："近年来消费者阅读习惯和购买方式发生巨大变化，我们相信未来所有的书店都会实现共享。如今，我们的'阅+线上平台'已经进驻100多家全国知名泛娱乐自媒体、新媒体，未来还将推出更多理财产品、研学游产品等，打造'阅+生态圈'"。

  与W省新华发行集团异曲同工，商务印书馆的《新华字典》APP日前正式上线。据了解，这款APP提供了单字、词语、汉语拼音、部首、笔画数、四角号码等检索渠道，并且支持手写、摄像头取字和语音输入等功能，全面满足了用户查字、输字需求。它还具有两大特色功能：一是提供了动态和静态两种标准笔顺，并支持屏幕跟写，用户可识别、掌握3500个基础汉字的笔画；二是由专业播音员对1万余个汉字进行播读，用户也可以点击"朗读"键测试自己普通话的准确性。此外，该APP还开发了生字本、知识问答、汉字游戏等增值服务，并完整收录《新华字典》最新纸质版全部内容，提供数字版与纸质版对照查阅功能。但该APP每天仅有2个字免费体验、完整版需付费40元的情况也引发了争议。有媒体认为《新华字典》的收费行为是"思维落后""缺乏诚意"，单靠权威不足以赢得市场；也有媒体称，"《新华字典》作为一本工具书，具有较强的社会服务功能，但它本身也是一种文化产品，是商品。通过有偿服务来维护版权以及促进软件研发是行业通行惯例，有其合理性"。从现有的手机应用市场来看，国际流行的语言字典价格均在百余元甚至数百元人民币，远超《新华字典》的40元定价。

  知识付费近年来已被社会逐渐接受，这是对知识的一种尊重，也是保持产品持续发展、服务用户的必要方式。《新华字典》作为有价值的知识产权，出品方推出APP时考虑营利因素，无可厚非。但是，直接向用户收费的方式是否与现阶段新媒体产业的发展有些脱节？开放和共享是互联网经济的主要特征，一款收费的APP既相对封闭，也无法体现共享精神。《新华字典》要在互联网时代取得成功，前提是满足互联网产品的逻辑、适应互联网发展生态。

三、拓展训练

在没有进入职场以前,我们与起草讲话稿可能无缘,但阅读重要讲话对我们学习政治理论并从中学习发言稿的写作是很有帮助的。请研读习近平总书记《在庆祝中国共产党成立 100 周年大会上的讲话》,并在高校官网或官微上搜索一篇开学典礼上的学生代表发言稿,分析讲话稿与发言稿的区别并进行讨论。

在庆祝中国共产党成立 100 周年大会上的讲话

(贾珈)

任务八

实习报告写作训练

【情境】

假设你是一名项目主管,手下有两名实习生,其中一名勤勉好学,但领悟能力稍弱,需要多教几遍,而另一名经常会有一些奇思妙想,喜欢另辟蹊径,不爱循规蹈矩,多数时候会有较好的效果,少数时候也会在工作中出现一些纰漏,甚至影响到项目的顺利进行。作为主管你需要对两名实习生作出评价,并帮助他们改进。

【知识】

毕业实习是大学生必须经历的过程,通过实习让大学生增强对社会的了解、巩固知识,帮助大学生从学校走向社会,成为一个具备专业知识和动手能力的社会人。实习为大学生走向社会打下坚实的根底,能帮助毕业生增强行业认知、树立团队协作理念、学习处理人际关系,是走向工作岗位的第一步。

因而,实习报告在整个实习过程中占有重要地位,可以通过书写实习报告来总结整个实习期间的经历、认识、成长和体会,引领职业发展方向。

一、什么是实习报告

实习报告是对顶岗实习期间个人的学习过程,知识、思想、能力、技能的提升情况,在克服困难过程中采用的措施,存在问题以及今后发展方向等进行叙述总结的文本,属于应用文体。实习报告是对实习工作的整体记录和总结。

二、实习报告、实习总结、实习小结的区别

实习报告,属于应用文中的报告文体,有基本格式要求,撰写实习报告的目的是通过报告向老师反映实习情况,侧重于报告实习的过程、措施、成绩、存在问题及今后方向等。

实习总结,是实习完成后进行的整体性总结和概括。在实习工作中遇到的困难,如何克服,总结从中获得的经验和解决问题的方法。总结可不需汇报工作过程、采取措施等过程性内容。

实习小结,是在实习的过程中,就某个时间段的小范围的回顾,对以后的实习

和工作有指导性的作用，也可作为实习报告的资料。实习小结不是总体性的总结，更为细化。

三、实习报告的结构和写法

1. 基本情况（实习时间、地点、目的、任务、岗位）

实习报告的开头应对实习单位做简单情况介绍，对个人实习情况进行概述。

以实习时间、地点、任务作为引子，或把实习过程的感受、结果，用高度概括的语言概括出来以引出报告主要内容。

2. 实习过程（实习内容、环节、做法）

将学校里学到的理论、方式方法应用到实践；观察体验实习单位工作流程，以及所展现的方式、方法、形态、面貌等，如部门职能、工作过程、人际关系处理等。

3. 实习体会（经验教训、努力的方向）

本部分应对实习期间进行整体回顾并总结，是实习内容的进一步凝练与升华，能够体现学生在实践过程中是否进行了独立的思考，其内容包括实践过程的总述、遇到的问题及其解决方法、实践课程的收获与心得、实践过程中存在的不足、将来有待进一步学习和改进的地方以及对未来从事相关实践活动的展望等。

也可用实习体会、收获为条目来作为本部分的结构。在实践中发现自己的优势，如善于根据自己的知识能力挑战新工作、善于总结等；从实践中看到自己的不足，如专业知识不够扎实、动手能力较差等。用实习体会、经验教训将自己实践的过程内容串联成一篇文章。

4. 实习建议（对自身、专业、学校以及单位）

最后写对个人、本专业的学生、学校、实习单位的建议。对于学校和单位如无建议可不写，建议必须客观。因实习时间短，所见较为表面，建议时应该避免指责、发泄情绪等，保持客观、善意的态度。

四、实习报告写作的要求

1. 描述客观，数据可靠，善于提炼，重在得失

报告必须写自己的实习经历，不可抄袭，须真实可靠。通过实习，看出问题，发现得失，分析利弊，归纳总结，因此，不能有不真实的描述和数据。总结得失最好写出实例，由实例到总结再到体会，水到渠成，令人信服。

2. 文字简练，有条有理，分清主次，详略得当

报告需层次分明，逻辑严谨，理论正确。基本情况需要简明扼要书写，实习的过程和体会两个板块是重点和主体部分，需要详写，也应该是文章的精华部分，结尾部分要照应中心，言简意赅。想要将文章写得语意顺畅，条理清晰，重点突出，唯一办法是平时多看多写，注意揣摩用词用句技巧，写作时用心研究文章谋篇布局，做到逻辑结构严谨。

3. 格式规范，内容全面，抓住特点，用途明确

一般实习报告字数要求在3000字以上，符合公文格式要求。

【例讲】

××物流公司实习报告

在整个实习过程中，我认识到物流业虽是一个新兴产业，具有很大的发展空间和市场潜力，就业前景非常可观，但就目前的形势，物流专业的学生，在就业上并不具有相当明显的优势。因为国内物流企业普遍规模较小，信息化水平低，物流操作基本上处在人工阶段，对人才的需求更多地倾向于实际操作。因此，在大学期间我们除了应具备扎实的专业知识外，还应该培养吃苦耐劳、团结协作的精神，这对我们今后就业、择业更有帮助。

一、基本情况

（一）实习时间

20××年××月××日—20××年××月××日。

（二）实习地点

××物流公司。××物流公司位于××郊大明物流园区，是一家以干线运输为主营业务的货运公司，成立于20××年××月，公司目前属于起步阶段，员工车辆若干，有较成熟的工作体制，公司效益良好，预计在今年内开展仓储业务，在5年内转为全面的第三方物流公司。因公司处于起步阶段，人员不足，并且了解我院学生在物流方面有良好的基础，因此招聘我院学生来公司实习。

（三）实习目的

作为物流专业学生，为了以后能更好地适应工作和学习，本次为期140天的实习在物流配送中心开展。实习目的主要是熟悉物流的作业流程，掌握物流的工作流程，以便对我国的物流业能有更深的了解。

（四）实习要求

了解物流特点、物流工作流程、工作设备，并针对实践依靠自己所学

的理论提出自己的观点和看法。

二、实习过程（内容及做法）

主要工作职责有以下内容：

（1）托运单的填制：……

（2）单据整理：……

（3）接货：……

（4）查货：……

三、实习体会

（一）对于行业的认识

随着世界经济一体化步伐的加快，国际经济贸易发展日益活跃，我国的物流行业得到迅速发展。虽然这次实习时间很短，却给我上了人生历程中不可或缺的一课。对于物流，我从学校里知道它是运输、储存、搬运、包装、流通加工、配送、信息处理等基本功能的有机结合，但没有想到实际操作中却相当复杂，通过本次实习对于物流这个行业有了更直接的认识。

货物运转速度慢，差件货损率非常高，高层货架利用率差，是一直困扰行业的难题。中国的物流业发展较晚，虽然一些不可改变的外在问题（如中国劳动力廉价的国情）严重地制约了中国物流业信息技术化的发展速度，野蛮的装卸态度更是中国物流业发展的瓶颈之一，但中国物流业发展的前景是广阔的。本次实习让我从实践中了解物流行业，使实践与理论更好地结合。在这里我深刻地领悟到了一句话：推动你的事业，不要让你的事业来推动你。中国物流行业需要找到自己的优势，在借鉴他国先进经验的基础上，因地制宜，因时制宜，以服务行业的高标准、高要求来促进物流行业的发展。

（二）实习中的个人体会

（1）实习使我学会处理人际关系。每个人首先是一个社会性的人，只有融入这个社会才能体现价值，创造价值，所以和谐的人际关系必不可少。严于律己，宽以待人，处理好人际关系，才能搭建友谊的桥梁，建立事业的根基。

（2）实习让我学会正确认识自己。常言道"旁观者清"，能读懂别人未必就能认识自己。在校我是一个优秀的学生，走出社会才发现，过于自信反而会阻碍自身进步，正确认识自己才能推动自己不断向前。

（3）实习锻炼我的学习能力。实习锻炼了我的口才和为人处事能力，锻炼我的处事灵活性和情商，让自己变得更强大。

（4）实习让我学会了拼搏精神。人生的道路有起有伏，犹如参加比赛，有开心，有失意，要经得起考验，到达终点，需要不断的拼搏。在21世纪的今天，人们的工作和生活水平都在提高，不拼搏的人自然会被社会所淘汰。

（5）实习让我学会了忍耐。"忍耐"是大学生步入社会的基本功。社会与学校不同,初出茅庐的我们对社会认识不深,很多观点较幼稚,不忍耐很容易与人发生口角,使自己不能愉快地工作,久而久之,就会形成紧张的人际关系,这样一来,就会给自己的工作带来压力,严重的还会使自己根本无法开展工作。

四、实习结论及建议

(一) 给自己的建议

通过实习,让我清楚地认识到工作其实是一个简单而重复的过程。以前对工作不切实际的想象也变得现实。努力认清自己,为自己和以后的工作做一个最适合的搭配。这是这次实习给我最大的体会,也是现在必须重视的问题。因为这对我以后的道路有深远的影响。虽然这次实习顺利结束了,但我的职业生涯才刚刚开始。在与从事工作多年的同事的交往中,结合自己的工作体会,总结出专注、坚持、能吃苦,是通向成功的必要条件。希望在自己职业的起点,能携带着这些优秀的精神开始自己的旅程。

(1) 实习教会我主动。不管在工作还是在生活中,能主动地向前辈请教,主动地表达要求,主动地帮助别人,主动地与他人接触,对我们非常有益。现在的社会,时间越来越珍贵,工作中没有多余的时间顾及别人,如果要学习,要进步,有需求就必须自己主动。

(2) 有付出就有回报。从量变到质变,需要时间的积累。只要有付出就一定会有收获的一天。在工作中,勤勤恳恳地工作,与你工作的同事都会看在眼里,上级领导也会关注,虽然他们不说,但并不代表不知道,只要时机成熟,相信会有收获的一天。

(二) 给××物流公司的建议

(1) 进货堆放货物时不能只顾着一时方便,应该考虑到出货时的方便,按照标准把货物堆起,堆放要整齐合理,以免倒塌,可以节省时间提高效率。

(2) 严格按照仓储管理的要求,对于过期的货物要实时与厂家联系,得到允许后及时销毁,不应堆积在仓库中,浪费仓库容积,更不要和正常的商品放在一起,影响正常货物的进出货。单独建立仓库,堆积暂时无法销毁的货物。

(3) 整合产前物流、企业内部物流、销售物流、退换货物流,使得四大板块成为一个完整的链条,运转通畅。加大各部门之间沟通和联系力度,合理分配各部门之间的物流作业,有效利用物流配送中心的作业区域,利用空间、设备、人员和能源;最大限度地减少物料搬运;简化作业流程;缩短内部运转环节周期;营造一个舒适、安全和卫生的工作环境。

(4) 提高企业利润和职工待遇,利用机械化操作来解决高层货架的利用率过低的问题;可用奖励机制,强化服务意识,将货物运转速度提高,货架利用率提升,降低货损,以超高效率在物流行业中脱颖而出,创造物流品牌效应,提升物流服务价格,进入企业发展的良性循环。

五、实习总结

　　实习的过程短暂而充实,当即将离开这座美丽的象牙塔,感受外面的世界时,才真正体会到大学时光的珍贵,社会竞争的现实和残酷。曾经的我们不食人间烟火,不知生活的复杂与艰辛,将大把美好的时间挥霍。而如今,现实摆在面前,让我们不得不重新审视自己,反省自己的大学生活。专业知识的贫乏,操作技能的短缺,让我们与社会需求的脱节。此时的我们更应该清楚地认识到大学生已不是这个社会的稀缺资源,真正有专业技能和管理能力的复合型人才才是社会最需要的。虽然我们的身份由学生转变为社会人,但是学习的心态不会自动转变,这就需要我们主动来适应社会,努力将自己打造成为真正的人才。

　　这篇实习报告从五个方面完整介绍了到××物流公司实习的过程,报告详略得当,善于提炼思考,重点书写实习中对个人、对单位的认识和能力、技能的提升,建议的部分将个人思考结论有条理地展现,其对行业存在的问题有着较深入的思考,为大学生融入社会成为一个合格的社会人,提出了较好的、有启发性的建议。文章结构完整,符合公文要求,语言简练,逻辑清晰。

【训练】

一、单项训练

　　请扫描下列二维码仔细阅读《文化传媒公司实习报告》,指出该报告中不恰当的地方并说明理由(不少于三处),然后提出修改方向。

文化传媒公司实习报告

二、综合训练

　　请扫码阅读下列病文《商务英语实习报告》,仔细揣摩批注中所提及的问题,有针对性地进行修改。要求:字数在 3000 字以上,格式规范,符合实习报告写作要求。

商务英语实习报告

三、拓展训练

党的二十大报告提出，"实施积极应对人口老龄化国家战略，发展养老事业和养老产业，优化孤寡老人服务，推动实现全体老年人享有基本养老服务"。如何应对人口老龄化、养老事业和养老产业如何发展……这些关系到民生的话题再次成为社会关注和热议的焦点。

请扫码阅读《二十大报告强调发展养老事业及产业　物业发力居家养老未来可期》，小组讨论你所知道的新兴产业，结合自己所学专业技能和个人特长，展望一下，在这些新兴产业中，你能做哪些工作，需要具备什么样的能力和技能。

物业发力居家养老未来可期报告

（吴珺琴）

任务九

产品说明书写作训练

【情境】

情境一

某款剃须刀客服接到顾客咨询电话,抱怨完全看不懂该剃须刀说明:"当剃须刀充电时,充电指示灯会呈白色持续亮起。而当剃须刀充满电时,充电指示灯依然呈白色持续亮起。"顾客问:"到底怎样才能知道剃须刀是充好电还是没充好呢?"请思考问题出在哪里,该如何修改?

情境二

李明半夜发烧39度,妈妈匆忙到药店购买退烧药,该药品说明书没有明确用法用量,妈妈只得再次前去药店询问。请思考产品说明书应该具备哪些内容。

【知识】

一、什么是产品说明书

产品说明书是介绍产品构造、用途、性能、规格、特征、使用和安装保管方法,及其他注意事项知识的文本,是一种使用范围很广的说明文。

产品说明书让人们了解产品的各种特性,以便正确地使用和保管产品,使产品的使用价值得到最大的实现。

二、产品说明书特点

(1)规范性。需符合国家、行业规定的标准。如《药品说明书和标签管理规定》于2006年3月10日经国家食品药品监督管理局局务会审议通过,予以公布,自2006年6月1日起施行。所有药品说明书都须遵循该项规定。

(2)实用性。产品说明书最大的目的是对产品进行说明,指导消费者使用,因而必须让消费者快速找到使用方法,如失去实用性,则产品说明书就失去了它本质的功能。

（3）知识性。产品说明书的目的是指导消费者正确地认识和使用产品。当产品说明书伴随着产品走向消费者群体的时候，它所包含的知识、技术，也为大众所了解。

（4）客观性。必须真实客观准确地反映产品，不能进行虚假宣传。产品说明书与广告不同，叙述应冷静客观，不能夸张渲染，不能具有明显的主观色彩和艺术性。

（5）条理性。复杂产品的产品说明书需要条理清晰、层次分明，依据一定的规律撰写，否则不方便阅读。常见的规律顺序有操作顺序、结构顺序等。

三、产品说明书分类

根据产品性质不同，可分为：硬件说明书、软件说明书。

根据产品种类不同，可分为：食品说明书、药品说明书、家用电器说明书、生产设备说明书等不同种类。不同种类的产品，行业标准不同，因而说明书中需要具备的要点也不相同，如《药品说明书和标签管理规定》中详细规定了药品的外标签、内标签及说明书中必须包含哪些基本内容。该规定要求凡是在中华人民共和国范围内销售的药品，其说明书和标签必须经过国家食品药品监督管理局予以核准，符合本规定要求。

根据包装不同，可分为：包装式说明书、内装式说明书。如食品一般不会自带纸质说明书，多将说明书内容印在包装上，尤其是产品成分、生产日期是顾客选购时极为重要的信息，不应放在包装内；而家用电器多采用内装式说明书，只有购买后才能对照观看。

根据写法不同，可分为：条款式说明书、叙述式说明书、表格式说明书等。条款式说明书逐条逐项加以说明，逻辑性较强；叙述式说明书，重在阐释、解说、介绍概况，知识性科学性较强；表格式说明书以表格形式展示，更直观。

根据质地不同，可分为：纸质说明书、电子说明书。一般产品使用纸质说明书，而电子产品因更新换代较快，为更快捷方便地更新和展示，多使用电子说明书。

四、产品说明书的结构和写法

1. 标题

通常由产品名称加文种组成，部分标题可省略文种，只有产品名称，内装式说明书有时会省略产品名称，只留《产品说明书》作为标题。

2. 正文

正文要写明产品的基本情况。包括产品性能、用途、结构、规格、技术指标以及吊运、安装、使用、操作、保养、维修和存放等使用方法、保养维修知识，部分说明书还会加上警示内容。

不同类型的说明书侧重点不同，如食品说明书一般存在于包装上，需要说明原料构成、食用期限、食用方法、食用禁忌等；而机械产品说明书需要着重说明产品构造、操作方法、维修保养方法以及常见故障排除方法；而药品说明书则要着重强调药品成分、适应病症、药物功能、服用方法，以及不良反应等。

正文内容需要根据说明产品的特点而定，其呈现方式可采用以下三种。

（1）条款式说明书。条款以相应的顺序进行排列，逐条逐项加以说明。条款式说明书的特点是全面，便于查找，缺点是内容多，全面阅读较花费时间。

（2）图示类说明书。用图片形式将产品构造、操作步骤以及使用方法加以说明，其特点是直观，对照图示很容易找到相应的部位进行操作，但展示复杂结构有一定难度。

（3）视频说明书。用视频或者 APP 引导软件的形式将操作步骤及产品效果进行展示说明，其特点是环保、快捷，可针对其中一种功能，缺点是只含常规操作，无法解决过程中出现的突发问题。

这三种说明方式各有优势，可根据产品特性及顾客需求来选择其中一种。

3. 落款

落款要注明生产、经销等相关企业或单位的名称、联系方式，以便消费者直接同生产者或经销者进行沟通。

部分落款还需包括商标、保修条款、批准文号及有效期限等内容。

五、产品说明书的写作要求

因产品种类的不同，产品说明书的写作可以有很多种不同方式，可根据不同产品的需要选择不同的方式。因而，产品说明书的写作要求与其他文书不同，较为强调对产品的全方位的了解。

（1）要对产品有深入的了解。产品说明书需要全面、客观准确的描述，对产品无深入了解无法写出符合要求的产品说明书。

（2）要对产品所属行业的国家标准或行业标准有深入的了解。部分产品说明书需要通过行业审批。

（3）要充分展现产品设计特点和优势。产品说明书虽不是广告，但对于产品的用途和性能也起着重要的传播作用。

（4）要明确产品使用区域，确定说明书是否需要多国语言。如若使用产品者无法读懂说明书，势必影响该产品的销售和使用情况。

（5）语言要准确、通俗、简洁，内容条理清楚，充分考虑使用者的阅读需要。

【例讲】

多维元素片（21） 说明书

请仔细阅读药品说明书并按说明使用或在医师指导下购买和使用。

商品名称	21金维他多维元素片
通用名称	多维元素片（21）
主要成分	本品为复方制剂，每片含：维生素 A 2500IU、维生素 D2 200IU、维生素 E 5mg、维生素 B1 2.5mg、维生素 B2 2.5mg、维生素 B6 0.25mg、维生素 B12 0.5μg、维生素 C 25mg、烟酰胺 7.5mg、泛酸钙 2.5mg、重酒石酸胆碱 25mg、肌醇 25mg、铁 5mg、碘 50μg、铜 0.5mg、锰 0.5mg、锌 0.25mg、磷酸氢钙 279mg、镁 0.5mg、钾 5mg、L-赖氨酸盐 12.5mg。
作用类别	本品为维生素及矿物质类非处方药药品。
适应症	用于预防和治疗因维生素与矿物质缺乏所引起的各种疾病。
不良反应	尚不明确。
禁忌	尚不明确。
注意事项	1. 应按推荐剂量服用。 2. 服用本品后尿液色变黄，但不影响使用。 3. 对本品过敏者禁用，过敏体质者慎用。 4. 本品性状发生改变时禁止使用。 5. 请将本品放在儿童不能接触的地方。 6. 儿童必须在成人监护下使用。 7. 如正在使用其他药品，使用本品前请咨询医师或药师。
孕妇及哺乳期妇女用药	建议服用前咨询医生或谨遵医嘱。
用法与用量	12岁以上儿童及成人一日2片，12岁以下儿童一日1片，饭后服用。
药物相互作用	1. 抗酸剂可能影响本品中维生素A的吸收，故不宜同服。 2. 如与其他药物同时使用可能会发生药物相互作用，详情请咨询医师或药师。
贮藏	遮光，密封，在干燥处保存。
执行标准	国家药品标准 WS1-XG-005-2000-2010
有效期	24个月

这是一份药品的说明书，文字表述科学、规范、准确，符合《药品说明书和标

签管理规定》，同时该说明书还属于内装式说明书以及表格式说明书。针对使用者的需求该说明书内容包括药品的品名、主要成分、适应症、作用类别、用法、用量、孕妇及哺乳期妇女用药、儿童用药、不良反应、执行标准、有效期等注意事项，内容全面，文字清晰，标识清楚醒目。

【训练】

一、单项训练

请为你手机里最常用的一款软件拟定一份简要产品说明书。

要求：（1）选择好说明书体例；（2）以目录形式罗列出软件的主要内容。

二、综合训练

以小组形式，选择一款常用的购物软件，编写一份软件的产品说明书。

要求：（1）介绍软件功能、性质、使用方法、购物流程及常见问题；（2）可用文字形式或图文结合形式；（3）书写完成后，分小组进行角色分配，构建完整的软件平台购物流程并模拟各种问题的产生及解决，进行公开展示。

三、拓展训练

收集生活中遇到的各种说明书，按照本文分类确定说明书类型，并思考其对应的产品特性，说明一下为什么选择此类型来书写该产品的说明书，是否与产品特性相吻合，是否还有更适合产品的说明书类型。

（吴珺琴）

项目二 申论写作训练

一、申论

"申"在国家《通用规范汉字表》中为一级汉字,根据所处语境不同分别有延伸、说明、报告等意;"论"也是一级汉字,意为分析和说明事理,引申意为评议、评论。"申论"作为独立的词汇古已有之,一般用作动词,意为申发论述,指对某一个政务话题、事件、观点展开分析、议论并得出结论的过程。"论由申起,申由论成",认清申论的动词属性对申论思维的形成具有重要意义。

"申论"作为考试专用名词使用,起源于20世纪90年代国家公务员录用制度改革。各级党政机关通过考试的形式公开选拔人才,将申论设置为各级各类公务员招录考试的公共科目,主要测查从事公务员工作应当具备的相关能力和素质。演化为考试科目后,申论试卷的命题理念仍体现申论的动词内涵,考务部门通过题目设计将考生认识事物的思维过程显性化,将其分析和解决问题的能力量化,实现对人才的科学选拔。

二、申论考试

(一)申论考试内容

申论考试经历了从综合考试走向分级分类考试的演化过程。综合考试指不同职位考相同的申论试卷,分级分类考试指根据职位级别与类型设计不同的申论试卷进行考试。近年来人岗匹配要求越来越高,分级分类逐渐细化。中央机关及其直属机构录用公务员申论考试(以下简称国考)按照中央机关及其省级直属机构综合管理类职位、市(地)级及以下直属机构综合管理类职位和行政执法类职位,分别命制试题。多省市录用公务员联考以及各地方单独招录考试(以下简称省考)以国考为参照,结合实际,不断调整分级分类的方法。

申论考试以能力为导向。不同级别和类型职位对于考生的能力要求不同,通常职位级别越高能力要求越高,不同类型的职位测查的能力要素也有所不同。考试大纲对能力测查提出了具体的要求,是命题的出发点和基本依据。不同的能力测查对应不同的基础题型。如阅读理解能力对应的基础题型是归纳概括题,综合分析能力对应的基础题型是综合分析题,提出和解决问题能力对应的基础题型是提出对策题,文字表达能力通过文章写作题集中考查等。这些题型有时会单独考,有时会融合考,不管哪种情况,基本解题思路都有相通之处。

近年来贯彻执行能力成为国考行政执法类职位以及省考县乡级职位、行政执法类职位测查的重点,贯彻执行能力对应的基础题型是应用文写作题。应用文写作在本书模块二项目一中进行了专题的讲解和训练,在项目二中不再涉及。

（二）申论考试形式

申论考试采用闭卷考试的方式。不管哪一级别和类型考试，试卷的结构一致，都由注意事项、给定资料和作答要求三部分构成。

注意事项是申论作答的总提示，主要提示考试时间、书写要求等。国考申论考试时间是 180 分钟，省考申论考试时间一般是 150 分钟。书写要求有："一律使用现代汉语在答题卡上作答"，"请在答题卡各题指定区域内作答"等。

给定资料是申论作答的依据。给定资料由若干则相对独立的资料构成，每则资料的篇幅、内容有所不同。给定资料是作答的主要依据，通常一则资料对应一小题（除文章写作题以外的题），也存在多则资料对应同一小题，或者一则资料对应多小题的情况。申论文章写作题通常要把握全部给定资料。

作答要求体现命题人意图，是测查考生能力的题型设计。不同类型的试卷题型、题量有所不同。国考试卷题量比较稳定，为 5 道题，题型设计灵活，能力要求较高，思辨性较强，测查角度比较宏观。省考试卷多为 4 道题，少数省和地区为 3 道题，能力要求相对降低，测查角度相对微观，更加贴近实际工作。

三、申论写作

广义的写作指为一定的目的，运用书面语言进行表达的实践行为，狭义的写作指写文章、创作作品。所有的写作行为都涉及语言文字的组合运用，都会反映一定的思想内容，起到保存与传递信息等作用。

申论写作指考试环境下按照特定要求用书面语言组织答案，体现个人能力与素养，实现以文辅政的过程。它既包括一般性题目的作答，也包括申论文章写作，是主观性和客观性兼具的写作行为。主观性表现为可以对给定资料进行个性化的理解、分析与表达，尤其是申论文章，可以任选角度，自拟题目，表达考生思想观点以及情感。客观性表现为要尽量接近评分标准，符合命题人要求。

主观性作答与客观性评分几乎是对立的，所以申论写作是封闭式写作，而非开放式的写作。答案的组织与观点的表达受制于给定资料与作答要求，这恰恰也给考生指明了备考方向，认真分析考试大纲，寻找作答要求的共性之处，可以总结考试的规律与趋势，明确申论写作训练的基本方法。

（朱桂华）

任务一

归纳概括写作训练

【情境】

情境一

某班召开"聚焦'双碳'目标，共建绿色校园"主题班会，班会结束前主持人一般要做总结发言。如果你是会议主持人，你将如何总结？

情境二

某试卷试题：根据"给定资料2"，请概括L县"苹果产业后整理"的主要举措。要求：全面，准确，有条理；不超过200字。如果你是考生，你的作答思路是什么？

【知识】

一、什么是归纳概括

"归纳"是归拢并使之有条理，多用于抽象事物，如"大家刚才的发言，归纳起来主要有三点"；"归纳"还是一种思维形式，是从个别的认识前提出发，推出一般性认识结论的推理，其思维方向是由特殊到一般。"概括"是指"把事物的共同特点归结在一起"且"简单扼要"，让人了解主要内容、主要观点、主要问题等。

在工作和学习等语言运用情境中，归纳概括常用于会议小结、工作总结、知识归结，比如主持人在报告讲座结束时或会议结束前对报告讲座或会议内容的小结、单位或个人的年度工作总结、师生对某次课所授所学知识点的归结，其共同特征是中心明确、要点突出、逻辑清晰、言简意赅。

在申论考试中归纳概括是一种常见题型，主要测查考生阅读理解能力。归纳概括的对象为全部或部分"给定资料"，其共同的"作答要求"是"准确""全面""简明""有条理"，并有字数限制。归纳概括的内容有泛指"主要内容"的，也有特指"主要问题""主要原因""主要矛盾""主要观点"或"主要做法"的。

归纳概括表面上是反映阅读（含"听"）理解能力、文字（含"说"）表达能力，本质上是测查逻辑思维能力——语言是思维的物质外壳、是思维的外在形式，思维是语言的思想内容。因此，听说读写等语言文字实践活动要高度重视思维能力的训练。

二、归纳概括写作的方法

基于上述认识，掌握归纳概括的方法就是要掌握正确的思维方法。归纳概括是说和写，是信息的输出，是表达。任何表达都"其来有自"，本任务情境中的"主持人总结"和"考生作答"，一个来自主题班会，一个来自给定资料；前者需要认真地倾听，后者需要用心地审读。听和读是信息的输入，从信息输入到信息输出，中间有个信息处理的过程，这个过程就是运用正确的思维方法整理加工信息的过程。

无论是口头发言、即兴讲话还是文字表达，凡言之有序、言之有物、言之有理者，都有其表达的中心与逻辑。口头表达一般也先打腹稿或围绕中心边想边说。因此，归纳概括的方法探究、归纳概括的能力训练，无论口头还是书面，其理相同——都要抓住中心、理清逻辑。下面我们仅以公务员考试申论试卷的归纳概括题为例来谈归纳概括写作的方法。

1. 理解考试大纲

不同级别和类型的职位对考生的能力要求不同，申论考试大纲的具体表述也随之不同。归纳概括题作为申论试卷的基础题型，主要测查考生的阅读理解能力。下面以2022年国考省级职位申论考试大纲为例，对该级别职位的阅读理解能力测查要求进行解读，进而探究归纳概括写作的一般方法。

> 阅读理解能力——全面把握理解给定资料的内容，把握给定资料各部分之间的关系，准确理解给定资料的含义，对给定资料所涉及的观点、事实作出恰当的解释，准确提炼事实所包含的观点，并揭示所反映的本质问题。

解读：给定资料各部分之间的关系包括不同给定资料之间的逻辑关系和同一给定资料内部的逻辑关系。把握上述逻辑关系是准确理解给定资料的含义、全面把握理解给定资料的内容的前提。有此前提才能恰当解释给定资料所涉及的观点、事实，进而准确提炼事实所包含的观点，并揭示所反映的本质问题。

逻辑关系一般包括由因到果、由主到次、由整体到部分、由现象到本质、由抽象到具体等，在复句或句群结构上呈现为因果关系、并列关系、解说关系、条件关系、转折关系等。

2. 明确概括内容

要准确审清归纳概括题的作答要求，分清概括对象是全部给定资料还是指定的部分给定资料，分清概括内容是泛指的"主要内容"，还是特指的"主要问题""主要原因""主要矛盾""主要观点"或"主要做法"等。比如：

1. 认真阅读给定资料，概括政府在移民搬迁安置工作中需要着重解决哪些问题。要求：准确，简洁，不超过150字。

这道题的概括对象没有指定，概括内容特指"政府在移民搬迁安置工作中需要着重解决的问题"；概括对象虽未指定，但实际仅涉及包含特指内容的部分给定资料。

2. 根据给定资料2，归纳提炼改革开放以来赵家村发生的变化。要求：分条归纳概括，表述准确完整，不超过200字。

这道题的概括对象为指定的"给定资料2"，概括内容特指"改革开放以来赵家村发生的变化"。

3. 阅读给定资料

（1）区分资料类型。申论试卷的给定资料大致有政策文件型、人物访谈型、案例陈述型、理论分析型、数据列举型、图表说明型等，现就各类资料的特征和作用简述如下。

① 政策文件型。这类资料直接或间接引用党政机关文件，提示申论试卷的主题方向和申论作文的论点，为表达思想观点提供政策理论参考。

② 人物访谈型。这类资料记录党政干部、专家学者、基层群众对某种社会现象或问题进行的或集中或分散的谈话，一般包含现象归纳、问题分析、对策举措，考生可通过提炼为申论作答提供要点或素材。

③ 案例陈述型。这类资料以陈述为主并具有一定的情节，大多是某种社会现象或问题的事实陈述，考生要透过现象看本质，分析问题成因，思考解决对策。

④ 理论分析型。这类资料以"某文章指出""某专家认为""某评论强调"等引出对某种社会现象或问题的理论分析，有的直接从理论文献中摘引，观点鲜明，说理透彻，启发考生全面准确理解给定资料的含义。

⑤ 数据列举与图表说明型。这类资料以直接数据或可视化数据描述或反映社会问题，要求考生通过数据分析来揭示数据所反映的本质问题。

（2）把握阅读视角。申论试卷的给定资料来自主流媒体的时政新闻、时政评论和党政公文、专家专著、理论文献等，其特点是围绕某一主题方向、相对零散、非整篇文章、以序号排列。阅读给定资料，可以从如下视角切入。

① 问题视角。一是从"作答要求"的题干中明确要概括的问题，带着问题阅读给定资料；二是在阅读给定资料中发现问题，理清问题的表现、成因、影响等。

② 对策视角。一是在正面案例、政策理论、人物访谈等资料阅读中发现思想观点和解决问题的措施；二是在反面案例中逆向思考，提炼思想观点和解决问题的措施。

③ 辩证视角。给定资料常出现对比型案例、冲突型观点，要运用普遍联系的观点、运动发展的观点和对立统一的观点深入思考，抓住主要矛盾和矛盾的主要方面，准确理解给定资料的含义，准确提炼事实所包含的观点。

④ 宏观视角。不能局限于给定资料的某个事实或观点，要跳出局部看资料整

体。比如"做不做"与"怎么做",前者是宏观层面,后者是微观层面;没有确定"做不做"就无须讨论"怎么做",确定了"做",即使产生争议也是"怎么做"的意见分歧。

(3) 掌握阅读步骤。主要的步骤有两个,即读作答要求和读给定资料。

① 读作答要求。

作答要求包含了给定资料的主题方向和需要考生分析解决的问题。先读作答要求旨在让资料阅读有的放矢,明确阅读的关注点和思考点,区分关键信息、辅助信息和干扰信息,避免主次不分、详略不分、囫囵吞枣。

② 读给定资料。给定资料一般字数较多,阅读过程中要抓住以下三点。

一抓关键信息。读出给定资料所涉领域、对象、现象、做法、影响、问题、成因、各种观点等内容。案例陈述型、人物访谈型资料应速读,通过去粗取精抓关键信息;"粗"指事实的细节,"精"指事实包含的问题与原因、做法与效果等。理论分析型资料要精读,重点抓观点和论据。数据与图表型资料应略读,提炼数据背后的本质问题即可。

读给定资料要善于抓住标志性词语和关联词。标志性词语如:"表示""认为""指出""强调"等一般引出观点,"结果显示""实践证明""总之"等一般引出结论,"开展""制订""方案""经验"等一般引出举措。关联词如:"虽然……但是……"表转折,意义重点在转折之后;"因此""从而"表因果,意义重点或在因或在果;"只有……才……""只要……就……"表条件,意义重点在前提。诸如此类,不一而足。

二做标注笔记。标以符号,注以文字。符号如横线、波浪线、方框、圆圈、着重号等,心中有分类,自己明白就行;文字如"问题""原因""对策"等,简短明了。

三读关键信息。再读给定资料,只需关注标注的重点,根据作答要求整理思路,组织语言,完成写作。

4. 书面组织语言

(1) 确定中心内容。中心思想就是题干要求归纳概括的核心内容,如"概述中国文化创意产业的现状""概括目前汉语生态环境面临的主要问题","现状""主要问题"就是中心内容。

(2) 梳理关键信息。围绕中心内容将与之关联密切的关键信息按同类归并、异类分列的思路进行梳理、排序。

(3) 明确写作层次。依据关键信息的内在逻辑、外在逻辑和思维规律、认识规律确定表达的顺序。

(4) 注重起承转合。恰当运用关联词、承启语,使句与句之间、段与段之间上下连贯、衔接自然、不显突兀。

三、归纳概括写作的要求

（1）紧扣中心内容。不偏离题干的要求，不脱离给定材料。

（2）全面准确简明。与中心关联紧密的内容不漏项，关键词语尽量引自给定资料，不能援引的要遣词恰当，少用或不用不影响语义表达、可要可不要的限制语、修饰语，力求语言简明。

（3）逻辑层次清晰。分清主次、先后，尽量用"首先""第一""一是"等序次语标示逻辑层次；即使不用序次语，语言表述也应有条有理。

（4）语言表达流畅。遣词造句准确规范，无用词不当、无病句、无前后不连贯。

【例讲】

一、阅读给定资料（一），依据加点和画线词语表达的关键信息概括段落大意。

给定资料（一）

1. 文化创意产业是指依靠创意人的创新思维、智慧才华和技能，<u>借助高科技</u>对<u>文化资源</u>进行创造与提升，<u>通过知识产权的开发和运用</u>，<u>生产出高附加值产品</u>，具有创造财富和就业潜力的产业。一般包括影视、动漫、网游、音乐创作、表演艺术、广告设计、时装设计、视觉艺术、出版等行业。

2. 在当今世界，文化创意产业已不再仅仅是一个理念，而是有着巨大的经济效益，因而被视为新世纪的朝阳产业。全世界创意经济日均产值已达到220亿美元，到2010年，全球的核心创意产业年产值将达到4.1万亿美元，2020年将达到8万亿美元。瑞典家居用品、韩国影视、日本动漫等创意产品、营销和服务，形成一股蔚为壮观的创意经济浪潮。

3. 作为一个新兴产业，创意产业在中国已经引起了高度重视。在一些发展较快、国际化程度较高的大都市，创意产业的发展初具规模，并形成了各具特色的创意产业园区。北京、上海、深圳、杭州、苏州等许多城市<u>纷纷把创意产业的发展列入"十一五"规划，将其作为支柱产业予以重点扶持</u>。国务院2009年7月颁布的《<u>文化产业振兴规划</u>》，对文化创意产业的发展将起到纲领性的指导和推动作用。2010年1月14日至17日，中央总书记、国家主席胡锦涛赴上海考察，来到"8号桥"创意园区时，对当地负责同志说："创意产业蕴藏着巨大发展潜力。要进一步做好园区规划，不断完善服务体系，努力营造创新氛围，真正把创意产业培育成经济发展的新亮点。"

段落大意概括如下。

第一段，说明文化创意产业的内涵与外延。

第二段，说明世界文化创意产业的发展态势，文化创意产业将形成创意经济浪潮。

第三段，说明我国高度重视文化创意产业，国家和许多城市都将该产业列入了发展规划，一些大城市的创意产业已初具规模的现状。

二、阅读下列经缩写后的给定资料（二），结合给定资料（一），概述中国文化创意产业的现状。要求：概括准确，条理清晰，不超过 200 字。

给定资料（二）

1. 福建文化资源丰富，文化底蕴深厚，文化产业发展有着良好的基础和条件，大力培育和发展文化产业渐渐成为共识。目前福建省各地的文化创意产业正呈现朝气蓬勃的景象。福州市形成了高新技术产业主体区，以发展应用软件为基础，重点推进动漫娱乐、软件设计、信息传媒、工业设计、专业咨询为主的创意产业发展。厦门市积极推进以工业设计研发、软件研发及产业化、游戏设计、会展旅游、时尚消费、科技咨询、影视传媒为重点的创意产业发展。泉州市则形成了一批以工业设计、时尚设计、文艺演出为特色的创意产业集聚区。莆田市充分挖掘、保护妈祖文化，"妈祖祭典"、眉州妈祖庙被分别列为国家非物质文化遗产和全国重点文物保护单位。

2. 就在影迷们津津乐道于影片《阿凡达》的视觉冲击、3D效果和超高票房时，我们是否应该思考一下为什么我们的文化产品不能获得如此显著的收益？"技术落后是其中一个原因，但这不是最主要的。"A省一位政协委员如是说。他认为除了文化产品本身，完善文化产业链条非常重要，最重要的是市场化运作。"文化产业虽然是产业，但无'文化'，不成产业。"该委员说，充分挖掘本土资源，延长产业链条，多出精品，A省文化产业的发展就会充满希望。

3. 美国没有悠久的文化历史，但在动画产业上却成果不断，创造了巨大的收益；中国拥有数千年的历史，动画产业效益却不尽如人意。中国传统文化中的题材如此丰富，为什么动画产业效益却这么差呢？W认为这是多方面的原因造成的。首先是现有的原创动画对传统文化的应用没有真正实现古为今用，很多动画都是简单的改编；其次是优秀的动画片应当是东西方文化交流的产物，而我们在具体运用中却不太关注国际因素，没有东西方文化的融合。

4. 2008年以来，由于全球金融危机的冲击，经济困难加剧。我国的文化创意产业却在逆势中升温，产业总量跃居世界第3位。由于具有科技含量高、环境污染小、资源消耗少等优势，文化创意产业发展十分有利于推动经济结构调整和发展方式的转变。实际上，正在蓬勃发展的文化创意产业，已成为不少地方经济可持续发展的重要支柱，并对相关产业发展起到重要的带动作用。

5."文化创意产业的灵魂是创意,而创意的核心是创新型人才,因此文化创意产业的国际竞争,归根到底是人才的竞争。"统计资料显示,纽约的文化创意产业人才占工作人口总数的12%,伦敦则是14%,东京更是达到了15%,而中国能与之相提并论的是北京和上海。在针对政府如何推动文化创意产业发展的问题上,有专家认为政府应当深化改革,"绝大部分文化事业单位转为企业,在市场竞争中发展,而不是在国家的保护下,一味靠国家政策支持"。还有专家针对当前某些地方盲目上马、重复建设、互相攀比等现象,希望政府加强规划和指导,以免浪费资源。

第一步,审明题意,明确要求。从对"中国文化创意产业的现状"的表述中,明确范围是"中国"、对象是"文化创意产业",理解"现状"应包括"做了没有""做得怎样""有何问题"。

第二步,阅读资料,提炼要点。将资料(一)和(二)中反映"中国文化创意产业的现状"的要点分别概括如下。

资料(一):我国高度重视文化创意产业,国家和许多城市都将该产业列入了发展规划,一些大城市的创意产业已初具规模。

资料(二):福建省各地的文化创意产业正呈现朝气蓬勃的景象;我国文化创意产业存在"技术落后""产业链条不完善""市场化运作水平低,未能真正走向市场"等问题;我国文化创意产业对传统文化的应用没有真正实现古为今用,没有实现东西方文化的融合;我国文化产业总量跃居世界第3位,远超经济增长速度,已成为不少地方经济可持续发展的重要支柱,并对相关产业发展起到重要的带动作用;我国创意人才缺乏,还存在盲目上马、重复建设、互相攀比的现象。

第三步,分析要点,理清思路。分析以上要点发现,资料中包括做法、成效以及问题。按同类归并原则和一般认识规律,先写做法与成效,再写存在的问题;前者按"认识+行动+效果"的逻辑展开,后者按问题罗列、兼顾主次的逻辑展开。

第四步,组织语言,完成写作。要求简洁明了,不超字数。

参考答案:

当前,文化创意产业在我国已引起高度重视,国家和许多城市都将其列入了发展规划。一些大都市的文化创意产业已初具规模,我国文化创意产业总量已跃居世界第3位。蓬勃发展的文化创意产业,已成为不少地方经济可持续发展的重要支柱,并对相关产业发展起到重要的带动作用。

同时,我国文化创意产业还存在技术落后、产业链不完善、传统文化发掘不深、东西方文化融合不够、创意人才缺乏及盲目上马、重复建设、互相攀比等问题。

【训练】

一、单项训练

分小组召开一次座谈会，主持人由小组推荐，主题由小组商定，会议时间 30 分钟。座谈会结束前由主持人做会议小结。小组成员按优、良、中、差四个等次对会议小结进行评价，主持人做自我评价；评价指标由小组商定。

二、综合训练

阅读给定资料（三）（四）（五），概括目前汉语生态环境面临的主要问题。要求：紧扣给定资料，条理清楚，全面准确，不超过 200 字。

给定资料（三）

1. 小签原是某大学法律系学生，大二的时候就以高分通过了英语六级考试，本来想出国，但家里舍不得她这个宝贝女儿独自去外国打拼，去年硕士毕业应聘进入一家大型国企做行政助理。

2. 说起自己的成长经历，小签感慨万分："家里为了培养我，当初上幼儿园的时候就花了好多钱，上了我们那儿最有名的双语幼儿园。上了小学和中学，我还上过各种各样的英语辅导班，大多是父母替我报名的。高考的时候，我的英语成绩差 3 分满分，可惜我的语文成绩拖了后腿，要不然我可以考上更好的大学。现在工作了，英语没怎么用得上，倒是每天处理各种各样的文件，写稿子，对我的汉语写作能力要求很高。我记得很清楚，第一次给我们领导写一篇讲话稿，被领导狠狠骂了一顿，因为里面好几个错别字，还有用词不当的地方。我现在真的认识到，我是中国人，学好自己的母语是首先的，必须的。"

3. 记者问她："你现在是不是特别后悔当初花了那么多精力和时间，还花了很多钱去学习英语？"

4. 小签说："后悔谈不上，英语学好了还是有用的。有一次我们单位收到一份外文资料，第二天开会要用，碰巧我们单位专门负责英语翻译的同事生病住院了，领导很着急，我就主动接过来翻译了，领导很满意，还表扬了我。特别是最近我刚刚在网上看到一篇对国内某著名大学陆教授的访谈，对我触动很大。他说我们对于语言，要有一种尊重、敬畏、护卫、热爱。作为中国人，我们一定先要重视学好汉语。"

5. 记者问她："如果让你送一句话给那些正在拼命学外文的学子们，你会怎么说？"

小签想了想："还是陆教授说得好，学好外国语，做好中国人。"

给定资料（四）

1. 据统计，目前全世界 75% 的电视频道是英语节目，85% 的国际组织的工作语言是英语，85% 的网页是英语网页，80% 的电子邮件用英语传递，英语已成为全球通用的"国际普通话"。对于英语语言的主导地位，美国某未来学家曾说过："美国目前所具有的第一大优势是语言，英语是在数十个领域内通用的世界性语言。未来世界政治的魔方将控制在信息强势者的手中，他们会使用手中掌握的网络控制权、信息发布权，利用英语这种强大的语言优势，达到暴力、金钱无法征服的目的。"

2. 世界上许多国家，为了各自的民族文化利益纷纷采取文化保护政策，建立防范机制，维护本民族语言安全，以色列为了建国，决定恢复希伯来语作为日常通行语言，过去希伯来语只在宗教仪式中才使用，现在不仅已成为耶路撒冷大街小巷人们交流的工具，而且也逐渐成为美国纽约犹太人追寻文化根源的凭借。

给定资料（五）

1. 眼下，在某些中国人的日常生活中，频繁使用外来语，尤其是普通话夹杂着英语单词，被认为是时尚的说话方式；一些国产商品的取名和在媒体宣传时任意洋化的现象十分严重，纯粹的国货也要起一个不知所云的洋名；在学术论文中，照搬命题，袭用概念，大量引用外文，对外文的盲目使用甚至到了迷信程度；而西方大众文化在中国的流行，也导致不少充满淫秽、暴力色彩的语汇被制造出来，严重污染了汉语生态环境。

2. 某学者尖锐批评道：某些部门在招生、聘用、晋级等方面，往往把是否掌握、能否运用英语作为首先考虑的因素，而能否说好汉语、写好汉语文章反而退到其次，甚至根本不作为衡量因素，他认为，强制性地普及英语教育让学生学习花费的时间和金钱超过了任何一门课程，从幼儿园到大学，英语都是主课，大学语文在很多高校被边缘化，这是一种很令人担忧的倾向。他说，在我们的生活中，随意简化汉字，任意生造字，滥用省略语等现象屡见不鲜。年轻人对传统和古典文化资源的舍弃和漠视现象随处可见，不读古代经典，不懂文言，再加上大量不合规范的网络语言受到年轻人的追捧，对汉语形成巨大冲击，消解着传统汉语的尊严和韵味，割裂了文化传承脉络，威胁着国家语言文字的严肃性和规范性，但也有不少人对此不以为然。

三、拓展训练

选择一篇你喜欢的、字数2000字以上、公开发表或出版的非文学作品，将其缩写为1000字以内的文章。提交作业时请附原文电子档。

（徐宏辉）

任务二

综合分析写作训练

【情境】

情境一

人口老龄化成为全社会普遍关注的问题。你社区在重阳节开展"敬老爱老"活动,要了解当代大学生对我国人口老龄化问题的看法。如果工作人员电话联系你,你会怎么回答?

情境二

某试卷试题:给定资料中说:"我们不仅仅是为乡村群众唱几场戏,更重要的是要'种戏'。"请你根据给定资料,谈谈对"种戏"的理解。要求:分析全面,条理清晰。如果你是考生,你的作答思路是什么?

【知识】

一、什么是综合分析

综合与分析是辩证的思维方法,两者对立统一于认识过程。分析是指在思维中把认识对象分解成为各个部分、方面、要素,以便分别加以研究的思维方法。综合是指将有机的各个部分、方面、要素联合成一个统一的整体加以研究。分析是综合的前提,综合是分析的结果。分析的意义在于具体细致地考察,找出事物内在的、深层次的、多方面的本质、特征、作用、意义等。综合的意义在于总体把控,找出事物共有的属性、规律,做出整体性的认识、判断。

综合分析作为全面客观地认识世界的思维方法,在工作、学习、生活过程中使用频率极高,适用范围很广泛。工作中遇到一些复杂的局面与任务,运用综合分析的思维,可以抓住关键环节,系统性地解决问题。学习中运用综合分析的思维,可以解决复杂的难题,或者开展科学的研究。生活中许多事情也需要运用综合分析的思维来处理与面对,譬如投资决策、人身安全、人际交往,等等。

申论考试语境下的综合分析指通过一定的题型设计,来考查考生运用综合分析的思维方法认识问题的能力和水平。综合分析题在公职招录考试中十分常见，且分值较高，掌握这类题型的解答方法，对于备考有很大的帮助。

二、综合分析的写作方法

考试语境下的综合分析写作，既具有综合分析写作的共性特征，又有其特殊性。共性之处在于必须遵循认识规律，即全面客观地进行分析，提炼出对事物的看法、观点，并有逻辑地解释、阐释与表达。其特殊性表现在综合分析题写作是限制性写作。一是限制时间。时间总量的控制要求考生合理分配每一题的作答时间。二是字数限制。申论作答要求都有明确的字数限制。综合分析题虽然需要多角度思考，尽可能全面客观看待问题与事物，但不能过度发散、关联与纵深挖掘，只能结合作答要求简明、精准地组织语言。三是内容限制。综合分析题的作答要建立在对给定资料的阅读以及作答要求的理解上，无论是观点的提炼还是内容的分析，都受给定资料和作答要求的约束，不能有先入为主的观点，更不能脱离材料泛泛而谈。

综合分析题出题手法多样，题型变化多端，作答要求侧重点不一样，忌套用模板答题。但是事物的发展变化都其自身规律，规律不等于模板，而是引导我们由具体到抽象、由现象到本质认识问题的路径。探讨综合分析题的写作方法，既要遵循综合分析的基本规律，又要遵循写作规律以及考试规律。具体来说，有如下方法。

1. 理解考试大纲

近年来，国考省级以上职位以及省考省市级职位考试大纲，都将综合分析能力列为必考内容。其他职位考试大纲虽然没有将该能力列为测查项，但不意味着不考查综合分析能力。2022年国考行政执法类职位试卷第二题就是一道理解型的综合分析题。事实上，综合分析是解答归纳概括、贯彻执行、申发论述等题型的重要思维方法，是一种通用能力，因此会融合到各种题型中进行考查。

现以2023年湖北省公务员招录考试省市机关职位考试大纲为例，对综合分析能力进行解读。

大纲原文：

综合分析能力——对给定资料的全部或部分的内容、观点或问题进行分析和归纳，多角度地思考资料内容，作出合理的推断或评价。

解读："对给定资料的全部或部分的内容、观点或问题"指的是分析的范围和对象，即要求考生审清题意，明确分析的范围是给定资料的全部还是部分，明确分析的对象是内容、观点还是问题。"进行分析和归纳"指的是进行分析的同时必须进行归纳提炼，分析的本质是归纳，分析的过程是将对象进行归类并加以提炼的过程。"多角度地思考资料内容"指的是全面客观地把握材料，不能孤立、片面，更不能断章取义。"作出合理的推断或评价"指对内容、观点或问题进行分析后，要得出合乎逻辑的结论或看法，或者提出解决问题的对策、建议。

2. 明确作答要求

一般情况下，考生可以先快速浏览材料再审题，也可以先审题再阅读给定资料。但由于综合分析题作答任务较为复杂，一道综合分析题的答题内容可能涉及现象、问题、原因、影响、对策等，答题信息有可能出现在不同的材料里，也有可能分散在同一则材料的各处，为提高答题效率，节约阅读时间，建议先审题再阅读材料。通过审题明确作答范围、作答任务以及具体要求，再带着问题去进行有针对性的阅读。有些题目如果作答范围不明确，在进行微观审题后，还有必要做宏观审题，即将整套题目作为一个整体来考量，看看其他题目都对应哪些材料，题干中的关键词语又出现在哪则材料中，其他题目没有对应的材料和关键词出现的那则材料，通常就是答题范围。

综合分析题出题手法多变，特征却较为明显。一方面，当题干中出现"理解""认识""阐释""看法""看待""解释""含义""内涵"等词语，就可以判断是综合分析题；另一方面，当作答要求中出现"分析准确""分析恰当""逻辑性强"时也可以判定为综合分析题。

例1 "给定资料5"中有学者指出"制造业是未来经济繁荣的关键"，请结合"给定资料5"，谈谈你对这个问题的认识。

要求：全面、准确、简明，有条理，不超过200字。

例2 请结合"给定资料3～4"，对"人口诅咒"做一全面解释。

要求：全面准确，逻辑性强，不超过300字。

例3 谈谈"预先失败"这一概念在"给定资料4"中的含义。

要求：全面、准确，不超过200字。

以上3题题干中出现"认识""解释""含义"等词语，属于理解类综合分析题。综合分析的对象分别是句子和词语。

有些综合分析与归纳概括、提出对策、贯彻执行融合在一起出题，考生要同时完成多个任务，难度加大，应该具体问题具体分析，看题目重点要求答什么。

例4 G县拟在全县范围内开展信用村创建工作，请结合"给定资料3"谈谈龙台村的经验对这项工作有何启示。

要求：理解准确，分析恰当，条理清楚，文字简练。不超过350字。

例5 "给定资料2"中有专家提到："政府在加强公共安全管理时，要用'智'，也要用'情'。"请结合全部给定资料，谈谈何为公共安全管理的"智"，何为公共安全管理的"情"？二者是何关系？

要求：紧扣资料，内容具体；分析准确，措施可行；不超过350字。

例4是综合分析与提出对策的融合题型，要求考生在分析的基础上，提炼明确的启示。例5是归纳概括、综合分析与提出对策融合题型。

3. 多角度展开分析

角度可以理解为视角、维度，从不同的视角和维度看待事物和问题，就是条分缕析的过程。考试语境下，分析的角度主要有主体的角度和要素的角度等。所谓主体指完成一件事情或者处理一个问题的参与者或者利益方。譬如个人、家庭、学校、企业、政府等。所谓要素指完成一件事情或者处理一个问题必须具备的条件和重要元素。条件有资金、技术、人力、制度以及思想观念、政策保障等，元素有现状、问题、原因、影响、对策等。综合分析时可以从主体的角度进行分析也可以从要素的角度进行分析，或者将两者进行结合。

考生要注意，同一题不是所有的角度都得用上，具体还需要根据作答要求和给定资料的内容来确定。如果题干中的关键词是消极、否定的，那么综合分析时要重点分析问题、危害、后果，以及提出解决的办法。如解释"人口诅咒"和"预先失败"，"诅咒"与"预先失败"都是贬义，分析时就要抓住问题、原因、危害以及提出解决问题的对策。如果关键词是积极的、肯定的，那么应该重点分析意义、作用以及如何宣传推广。比如"智""情"都是褒义词，分析时就要重点分析两者的意义以及相互作用，提出智慧管理和人文关怀有机结合的对策。还有一些分析对象既包含积极的词汇也包含消极的词汇，这时候就要结合题意和给定资料内容来确定分析重点。如"科技是一种创造性的毁灭力量"，这句话中指出科技有创造性的一面，也有毁灭性的一面，但结合上下文会发现命题人主要肯定其创造性，给定资料绝大部分内容都在谈科技的意义和作用，少部分内容谈科技的加速发展带来的挑战，组织答案时意义和作用应该是重点，挑战和问题应该略谈，最后还要指出"发挥科技创新驱动作用"。

4. 封闭式提炼观点

综合分析题要求有推断或评价，也就是说必须要有观点。观点既指观察事物时所处的立场或出发点，也指从一定的立场或角度出发，对事物或问题所持的看法。不同类型的综合分析题观点的表述方式以及在答案中所处的位置有所不同，但观点提出的原则基本一致，即必须立足给定资料，必须符合国家法律以及大政方针。归根到底必须把握出题规律，把握时代的特征和使命，以习近平新时代中国特色社会主义思想为指导分析和解决问题。

综上，综合分析题观点的提炼是封闭式的思维加工过程。其封闭性体现在以下三个方面。

一是立足作答要求。看题目要求做什么。譬如"理解"和"解释"，观点的提炼与表述是不一样的。解释一般采取下定义的方式，多用判断句揭示本质。理解则既要揭示内涵，还要顾及外延。此外，"谈认识""谈看法"又跟"谈理解"有所不同，前两者一般对事而言，材料中会出现案例，要求考生就具体的案例进行分析，而不是理解或者解释词语与句子。

二是立足给定资料。有些观点资料中有明确的提示，或者有专家、学者、政府官员总结性的言论，这种情况下只用摘抄或者进行转化。有些观点隐含在材料中，比较零散，需要考生自行归纳提炼，不管摘抄、转化还是自主表达，都要建立在对材料的充分理解和整体驾驭基础上，不能任意发挥，尤其注意自主表达不是随意表达，而是代表官方、命题人表达，因此要体现一定的政策理论素养。

三是立足材料主题。申论命题基本属于主题先行，即在命题之前，命题组专家会根据近来的热点事件和国家战略来确定考试主题，根据主题再组织材料进行命题。这个主题是整套试卷的灵魂与统率，是看似无关联的各则资料之间的隐秘联系，找到这个主题，可以明确观点提炼的方向，这一点不仅适用于答综合分析题，也适用于贯彻执行题和申论文章写作。贯彻执行题要明确组织意图，组织意图跟申论主题高度相关。申论文章的立意以及论点也同样要契合命题人确定的主题。

5. 条理化组织答案

综合分析作答要有"条理"和"逻辑"。条理与逻辑既有联系也有区别，联系在于都要遵循事理，即事物的本质和规律。区别在于条理更加侧重于答案的组织结构，即形式上要分条陈述，或者分层表达，而逻辑更加强调分析的严密性，即论据是否能支撑论点。在实际答题中，逻辑性是通过条理来呈现的，结构是形式和内容的结合体，既反应条理也蕴含逻辑。

综合分析答题的基本结构是"是什么—为什么—怎么办"，"是什么"指观点，是对事物和问题的总体判断，"为什么"是论据，说明得出观点的理由，"怎么办"是解决措施，是更高层次的"为什么"，只有知道"怎么办"，才说明对事物和问题的看法很深入。这个结构不是模板，而是认识事物的思路与方法，考生应该在实际答题中灵活应用。比如，如果材料是"总分总"结构，那么组织答案时可以按照"是什么—为什么—怎么办"顺序来表述，如果材料结构是"分总"或者"分总分"，那么"是什么"可以放在前面，也可以放在后面。此外，"怎么办"是否要作为答案的内容，也要视材料而定，如果材料谈到了解决措施，那么这部分应该成为答题内容，如果没有，就不要强行添加，或者一笔带过。基于高速阅卷的实际，编者推荐观点前置，尽量不要把观点后置或者藏在答案中间。

综上，答案的组织结构与材料的组织结构高度相关，如果材料结构清晰，考生应该把结构提炼出来，作为答题参考。如果材料十分凌乱，那么就有必要梳理材料的结构，将分散在材料各处的答题信息进行调整，再组织答案。

三、综合分析的写作要求

1. 观点明确

支持什么或反对什么观点要明确,不能模棱两可。观点不明主要表现有:一是对问题的性质、主要表现形式、成因、影响、后果和解决的必要性等缺乏明确概括;二是未能遵循"由具体到抽象""由现象到本质"的原则,或罗列问题的外在形式,或列举问题的具体表现,或就事论事,不见对问题的定性或本质的揭示;三是虽有"透视",但因以偏概全或认识偏颇造成观点错误。

2. 分析合理

一要明确分析对象。明确分析的对象前提是认真审题,切忌偷换概念,扩大或缩小答题范围或者对象不明即下笔。二要符合逻辑。即符合事物发展的规律以及人的认识规律。具体来说,一是符合"由低到高、由简到繁、由显到隐、由外到内、由重到轻、由主到次"的认识顺序;二是符合辩证法关于联系发展、内因外因、量变质变、对立统一、原因结果、偶然必然、现实可能、内容形式、现象本质等的原理。

3. 条理清晰

从形式上来说,条理清晰包含两方面内容:一是按"总—分""总—分—总""是什么—为什么—怎么做"等结构组织答案;二是使用"首先,其次,再次,最后""一是……,二是……,三是……,四是……""一方面……,另一方面……,此外……"等层次性词汇来显示条理。

从内容上来说,条理清晰是指单句之间、复句之间、句群之间在排列上符合人的思维规律,上下文之间必定存在并列、承接、条件、假设、因果、递进、转折、解说等逻辑关系,诸如内容不连贯、出语突兀等问题,其实质是句子之间或段落之间不存在任何逻辑关系。思维混乱,答案也将杂乱无章。

【例讲】

一、阅读给定资料(一),谈谈你对我国人口老龄化问题的看法。

要求:全面准确,有条理。不超过100字。

给定资料(一)

1. 截至2021年底,全国60岁及以上老年人口达2.67亿,占总人口的18.9%;65岁及以上老年人口达2亿以上,占总人口的14.2%。

2. 城镇地区老年人数量比农村多,但农村地区老龄化程度比城镇地区更高。按照2020年数据,全国60岁及以上人口占辖区人口比重超过20%

的省份共有10个,主要集中在东北、川渝等地区。

3. 到2050年前后,我国老年人口规模和比重、老年抚养比和社会抚养比将相继达到峰值。随着老年人口持续增加,人口老龄化程度不断加深,给公共服务供给、社会保障制度可持续发展带来挑战,应对任务很重。

4. 国家卫生健康委老龄司司长王海东表示,据测算,预计"十四五"时期,60岁及以上老年人口总量将突破3亿,占比将超过20%,进入中度老龄化阶段。2035年左右,60岁及以上老年人口将突破4亿,在总人口中的占比将超过30%,进入重度老龄化阶段。"下一步,我们将认真实施积极应对人口老龄化国家战略,坚持积极老龄观,促进健康老龄化,努力走出一条中国特色应对人口老龄化的道路。"王海东说。

第一步审清题意。题目要求阅读给定资料(一),该则资料有4个自然段,所有的内容都要看,不能顾此失彼。题目中出现"看法""有条理",可以明确作答任务是综合分析题,"人口老龄化"作为题干限制部分,指明了作答对象,不能脱离对象进行分析。"问题"是消极的词汇,阅读时要注意问题表现、危害、解决措施等关键信息。

第二步阅读材料。第一段是数字型材料,此类材料不必纠结具体的数字,只用透过数字看实质:即我国老龄人口基数大;第二段是概述型材料,两句话分别有两层意思。第一句是讲老龄化问题存在城乡差别;第二句话讲老龄化问题存在区域差别。这段话总体意思是老龄人口分布不均,老龄化程度存在差异。第三段也是两句话,第一句讲老龄化发展趋势;第二句讲老龄化带来的挑战。第四段有两层意思,第一层讲未来老龄化程度会不断加深;第二层讲应对措施。注意王海东司长是代表官方讲话,他讲的措施就是我们应对老龄化问题的官方措施。

第三步组织答案。通过阅读材料,我们提炼出老龄化问题的几个具体表现,在实际答题时,不能把这些问题直接堆砌上去,应该透过问题表象抓住问题实质,从而提炼出观点,然后按照"是什么—为什么—怎么办"的结构来答题。

参考答案:

我国人口老龄化形势严峻。表现为老龄人口数量多,老龄化增速快,存在城乡区域差异,给公共服务和社会保障带来挑战,应对任务繁重。应该实施积极应对的国家战略,走中国特色应对人口老龄化的道路。

二、给定资料(二)中画线句子说:"我们不仅仅是为乡村群众唱几场戏,更重要的是要'种戏'。"请你根据"给定资料"谈谈对"种戏"的理解。

要求:分析全面,条理清晰。不超过300字。

给定资料(二)

1. "曹团长今天下午又要来教戏了。"消息一大早就在新民县刘村传开了,刘桂英放下碗筷,稍做收拾,来到村头大舞台,争分夺秒练习,等待老师前来指点。

2. 刘桂英不出村就能得到名师指点，得益于新民县实施的文化惠民工程。虽然仅新民县花鼓戏团每年就到乡下演出100多场，但要让戏曲在乡村扎下根，最好的办法是让群众"自娱自乐"。因此，除了政府出钱，群众看戏之外，新民县还鼓励戏曲艺术表演团体与乡村戏曲团队开展"结对子、育骨干"活动，通过"搭台子、指路子、给梯子"等方式，鼓励民间文艺团体发展，对乡村文艺人才进行传帮带，帮助他们提高创作水平和表演能力。

3. "戏曲是在民间产生的，又在民俗活动的氛围中逐步发展起来。要在乡村推广普及戏曲艺术，就要借助民间的生活礼仪，培育戏曲在乡村生存发展的文化土壤。"曹文君说。

4. 怎样确保唱的戏是乡村群众欢迎的？一份乡村演出节目单，一份乡村演出调查问卷，是新民县探索让"戏"对味和受欢迎的举措。"每隔一段时间，我们会和院团沟通，制定乡村演出节目单下发到村里，村民从中选出最喜欢的5个，我们汇总需求后反馈给院团，他们以此安排接下来的演出。"新民县文化和旅游局副局长张学敏拿着一份调查"菜单"说，"去年县里做了3次调查，下发3000多份调查问卷。调查结果是乡村的青年观众更喜欢现代戏，而中老年观众更喜欢传统戏曲，尤其是贴近乡村生活的戏。"

5. "目前乡村的戏曲观众仍以老年人为主，要吸引年轻人的关注，有必要对戏曲剧目进行现代化创新。"于是，针对不同年龄段观众的不同需求，新民县花鼓戏团在乡村演出的不仅有经典的花鼓戏，还有现代戏。"我们以现代戏吸引年轻观众来现场，再演几出有趣的花鼓小戏，很快，一些人就被花鼓戏'圈粉'了。"曹文君说，"戏曲院团也应根据乡村演出市场的规律安排自己的演出计划。既然观众需求不一样，我们就不能一成不变，所以大家花心思加入了许多现代元素。我们以进乡村为契机，采集了许多贴近乡村生活的民间故事，创排了《五朵村花》《鹅匠》等现代戏曲作品，不仅老年人喜欢，年轻人也看得津津有味。只有把戏唱在群众心坎上，才能吸引乡村观众，让戏曲在乡村真正留得下。"

6. 每次演出前，花鼓戏团的演员都会给观众介绍一下剧目的内容、作者、创作背景等，一点一滴地为他们普及戏曲知识。对此，曹文君解释道："除了要为乡村观众唱好戏，我们还要培养乡村观众，让他们了解戏曲、认识戏曲、喜欢戏曲。"

7. 盛夏的一天，花鼓戏排练厅的温度接近40摄氏度，15岁的婷婷和20多个同龄的孩子，还在这里集中训练。他们是花鼓戏团与新民县职业高级中学联合创办的戏曲表演班的第一期学生。经过近一年的学习，婷婷的一招一式已经颇有味道。听说要经常下农村演出，很辛苦，她不假思索地说："我们本来都是农村里的孩子，所以去农村演出就是回家，并不会觉得辛苦。""从乡村挖掘有潜力的孩子加以培养,以后再反哺乡村,乡村的戏曲才能得以持续。"曹文君说道。

8.<u>"我们不仅仅是为乡村群众唱几场戏,更重要的是要'种戏'。"</u>张学敏说,"戏曲生长在民间、活跃在民间、变革在民间。戏曲的生存与发展有其自身的规律,只有回归民间,回归群众,才能在乡村留得住、传得开、唱得响。"

第一步审清题意。作答范围是给定资料(二)。作答任务是"谈谈理解",理解对象是"种戏"。"分析全面"是内容要求,"条理清晰"是结构要求。通过审题,可以明确这是一道典型的理解型综合分析题,且感情色彩是积极的,解答思路是回到资料中,联系上下文寻找"种戏"的含义、做法、意义、效果等。"种戏"是动词,所以初步判断答案重点要谈措施。

第二步阅读材料。这是一则案例材料。案例型材料基本属于速读材料,重点要抓住案例中的人物,人物的态度、言论、行为,行为的目的与效果,然后从具体到抽象,看这些人物代表什么群体或者组织,体现了什么样的群体意愿、组织意图,关联什么样的政府方针、时代潮流等。

第三步提取信息。第一段核心意思是戏剧名家教村民唱戏,村民很期待;第二段交代文化惠民工程:政府出钱,群众看戏;鼓励民间文艺团体发展,对乡村文艺人才进行传帮带。第三段讲借助民间的生活礼仪,培育戏曲在乡村生存发展的文化土壤。第四段讲提供多样化选择和进行问卷调查,确保所唱戏曲受群众欢迎。第五段讲戏剧曲目要进行现代化创新,吸引年轻人,要尊重乡村市场演出规律,要采集贴近乡村生活的民间故事进行加工。第六段讲要对村民普及戏曲知识,培养观众。第七段讲从乡村挖掘戏曲人才进行培养再反哺乡村。第八段是总结,指出戏曲的生存与发展的规律。

第四步展开分析。分析材料脉络,可以看出本则材料是"分总"结构,前面七段材料从不同方面介绍了如何"种戏",第八段材料进行总结。题干中的关键词句出现在第八段,考生要进行重点分析,本段是提炼观点的重要依据。"戏曲生长在民间、活跃在民间、变革在民间"交代戏曲的特性,亦即"戏曲的生存与发展规律",回答了为什么要"种戏","回归民间,回归群众"交代如何"种戏","戏曲才能在乡村留得住、传得开、唱得响"交代"种戏"的意义。语言转化能力差的考生,可以直接摘抄以上关键信息作为观点。想拿高分则要进行提炼与转化,指出"种戏"是传统戏曲在乡村传承发展的必由之路。其他材料从不同方面谈如何"种戏","怎么办"是答题重点。涉及答"怎么办",应该分条陈述,即对第一至第七段进行归纳概括,提炼出明确具体的措施。有些综述性的段落信息集中,意思明确,段落大意就是答案,有些描叙性的段落意思不明确,可能需要跟其他段落进行整合。答题可以分两步进行,第一步是概括各段大意,并对关键信息进行标注或者摘抄。第二步是对答案进行加工,重点是梳理逻辑关系,并进行文字的删减或者增补。

第五步组织答案。可按"是什么—为什么—怎么办"的逻辑结构组织答案。"是什么"揭示"种戏"内涵,"为什么"谈"种戏"的意义,"怎么办"是举措,是答题重点,可以按"宏观—微观""抽象—具体"等逻辑顺序进行排列,也可以遵从材料自身逻辑来排列。

参考答案:

"种戏"指尊重戏曲生存与发展规律,让其在乡村传承与发展。戏曲生长在民间、活跃在民间、变革在民间,只有回归民间,回归群众,才能在乡村留得住、传得开、唱得响。具体可以采取以下举措:(1)实施文化惠民工程。政府出钱、群众看戏;发展民间文艺团体,对乡村文艺人才传帮带,提高其创作水平和表演能力。(2)培育戏曲文化土壤。借助民间生活礼仪,普及戏曲知识,让观众了解、认识和喜欢戏曲。(3)尊重戏曲市场规律。制定节目单和问卷,调研群众喜好;采集民间故事,创新、创排现代戏曲作品;针对不同需求安排演出,吸引不同年龄层次的观众。(4)推进戏曲进学校。与学校联合创办戏曲表演班,挖掘培养有潜力乡村孩子,反哺乡村。

【训练】

一、单项训练

阅读给定资料(三),分析全球气候变暖的影响。

要求:分析全面、准确。不超过100字。

给定资料(三)

1. 气候系统的综合观测和多项关键指标表明,全球变暖趋势仍在持续。2021年,全球平均温度较工业化前水平(1850—1900年平均值)高出1.11℃,是有完整气象观测记录以来的七个最暖年份之一。中国升温速率高于同期全球平均水平,是全球气候变化的敏感区。1951—2021年,中国地表年平均气温呈显著上升趋势,升温速率为0.26℃/10年。近20年是20世纪初以来中国的最暖时期,2021年,中国地表平均气温较常年值偏高0.97℃,为1901年以来的最高值。

2. 未来全球地表温度将继续上升,极端高温、海洋热浪、强降水和部分区域农业与生态干旱的频率和强度、强热带气旋比例将增加,北极海冰、积雪和多年冻土将减少。持续的全球变暖还会进一步加强全球水循环,包括其变率、全球季风降水以及干湿事件的严重程度。

二、综合训练

阅读给定资料(四),谈谈你对文中画线句子"新技术是一种创造性的毁灭力量"的理解。

要求:分析准确、全面、有条理;不超过150字。

给定资料（四）

1. 1867年，约瑟夫在加利福尼亚一个牧场工作，常常一边放羊一边看书。在他埋头读书时，牲口经常撞倒放牧的铁缝栅栏，跑到附近田里偷吃庄稼。牧场主对此事十分恼怒，威胁要将他辞掉。约瑟夫经过观察发现，羊很少跨越长满尖刺的蔷薇围墙。于是，一个偷懒的想法浮上心头：何不用细铁丝做成带刺的网呢？他把细铁丝剪成小段缠在铁丝栅栏上，并将铁丝末端剪成尖刺。这下，想要偷吃庄稼的羊只好"望网兴叹"，约瑟夫再也不必担心会被辞退了……

2. 约瑟夫恐怕做梦也没有想到，他的小发明竟然造就了这样宏大的景观，也没想到他最初用来限制羊的带刺铁丝网，不久就被用来限制人了：带刺铁丝网除了在监狱、集中营、战俘营中用来圈住人外，还在战场上得到了广泛应用。有人把这种铁丝网列为"改变世界面貌的七项专利之一"，因为这项技术的创新，带来了制度的创新。有经济学家说，铁丝网催生了美国西部的早期产权制度（铁丝网帮助牧场确定了边界，并因此推动了经济和社会的发展），这才是铁丝网最大的贡献。

3. 铁丝网的发明也由此启示人们，新技术的创意和发明，与人们的生活方式以及制度的改变，都有直接的关联性。

4. 近百年来，人类的科技只能用突飞猛进这样的词汇来形容，如果让一个1900年的发明家来看今天的世界，他会认得汽车、电话、飞机，也能想象出宇宙飞船、深海潜艇，但他绝对会对计算机、互联网、基因工程、核能一无所知。现在，知识爆炸给人类带来前所未有的自信和乐观，有位作家这样写道："我真诚地相信，我们生活在人类历史上最伟大的知识时代，没有任何事物我们不了解……只要是人能想到的事，总有人能做到。"20世纪是科学技术空前辉煌的世纪，人类创造了历史上最为巨大的科学成就和物质财富。这些成就深刻地改变了人类生产和生活的方式及质量，同时也深刻地改变了人类的思维、观念和对世界的认识，改变并继续改变着世界，也使人类思考的方向有所变化。由此带来的，是对人类不断创新的深刻认识。而技术的更新具有一种加速度的特质，尤其是新世纪以来电子产品例如电脑、手机等的更迭，更是呈现出几何级数的速度，更新换代往往在两三年内就得以完成。以致有人认为：新技术是一种创造性的毁灭力量。

5. 习近平总书记在2014年6月9日召开的中国科学院第十七次院士大会、中国工程院第十二次院士大会上强调，我国科技发展的方向就是创新、创新、再创新。实施创新驱动发展战略，最根本的是要增强自主创新能力，最紧迫的是要破除体制机制障碍，最大限度解放和激发科技作为第一生产力所蕴藏的巨大潜能。要坚定不移走中国特色自主创新道路，坚持自主创新、重点跨越、支撑发展、引领未来的方针，加快创新型国家建设步伐。习近平总书记强调，今天，我们比历史上任何时期都更接近中华民族伟大复兴的目标，比历史上任何时期都更有信心、有能力实现这个目标。而要实现这个目标，我们就必须坚定不移贯彻科教兴国战略和创新驱动发展战略，坚定不移走科技强国之路。科技是国家强盛之基，创新是民族进步之魂。中华民族是富有创新精神的民族。党的十八大作出了实施创新驱动发展战略的重大部署，强调科技创新是提高社会生产力和综合国力的战略支撑，必须摆在国家发展全局的核心位置。这是党中央综合分析国内外大势、立足我国发展全局作出的重大战略抉择。面对科技创新发展新趋势，我们必须迎头赶上、奋起直追、力争超越。历史的机遇往往稍纵即逝，我们正面对着推进科技创新的历史机遇，机不可失，时不再来，必须紧紧抓住。

三、拓展训练

当前，网络直播带货非常火热，催生出网红经济新模式，同时也暴露了诸多问题。请你围绕"网络直播带货"写一篇评论。

要求：全面、深刻，有条理；800字左右。

（朱桂华）

任务三

提出对策写作训练

【情境】

情境一

5月25日是全国大学生心理健康日，班上要出黑板报，向全班同学征集稿件，要求分析大学生常见的心理问题，并提出应对措施。如果你要投稿，打算写什么？

情境二

某试卷试题：阅读给定资料，梳理当前K县农村寄递物流体系存在的问题，并提出相应的改进措施。要求：问题梳理全面、准确、有条理；措施具体明确、切实可行；字数不超350字。如果你是考生，你的作答思路是什么？

【知识】

一、什么是提出对策

"策"古时指写字的竹片，后逐渐演化成一种考试文体，指应试者就政事撰写的策议或策论，相关考试也叫"策试"。由于"策"追求解决实际问题，且多以对答的形式进行，常与"对"并用而成为"对策"。思考与形成对策的过程就是提出对策的过程。有效地提出对策是考生学识修养、思维水平、能力才华的综合体现，所以"策试"这种考试形式贯穿科举考试的历史，也影响到当今各种人才选拔考试。

世界是发展变化的，实际工作与生活中会不断出现新问题、新任务，需要及时采取应对之策。问题、任务的性质不同，对策也就不同。因此"对策"是泛称，不同的语境下，会有不同的具体说法。当谈及抽象、宏观层面的对策时常常用规划、思路、路径、意见等，当谈及具体、微观的对策时常常说举措、措施、方法、办法、建议等。不管是提出哪类对策，都要遵循正确的世界观和方法论，不能违背真理和常识。

申论考试语境下的提出对策写作，主要指立足申论材料，梳理出材料中的问题，根据问题的性质、主次等提出有针对性的、可操作性的对策；或者对材料中已有的做法进行归纳概括，提炼出具有普遍意义的对策。申论对策的提出，要以习近平新时代中国特色社会主义思想为指导，吻合试卷的主题，并且符合具体的作答要求。由于申论试卷主题具有强烈的时政性，所涉问题或者做法也都来源于现实，所以对策通常要体现时代特征与要求，考生要充分理解材料，结合对现实的观察和思考，调用知识储备和理论素养，才能提出优质的对策。

二、提出对策的写作方法

提出对策题出题频率较高。就国考来说，自2020年将"用习近平新时代中国特色社会主义思想指导分析和解决问题的能力"写入考试大纲以来，提出对策题连续三年出现在市（地）级机关职位考试试卷中。省考以湖北省为例，该题型在近三年省市县乡机关职位考试试卷中均有出现。

不同级别的考试对提出对策的能力要求是不一样的。譬如，国考省级职位试卷的要求是："准确理解把握给定资料反映的问题，提出解决问题的措施或办法。"该级别的考试要求考生既要会提出问题还要会解决问题。地市级试卷的要求是："对给定资料所反映的问题进行分析，并提出解决的措施或办法。"该级别的考试通常只要考生对资料中明确的问题进行分析并提出对策。总体来说，提出对策写作有以下方法。

1. 理解考试大纲

提出对策写作首先必须充分理解考试大纲。现对湖北省2023年省市机关职位申论考试大纲中提出对策的能力要求进行解读，以期引导考生掌握相应题型的基本答题思路。

大纲原文：

> 提出和解决问题能力——借助自身的实践经验或生活体验，在对给定资料理解分析的基础上，发现和界定具体问题，作出评估或权衡，提出解决问题的方案或措施。

解读："借助自身的实践经验或生活体验"，这句话有两层意思：一是在提出问题的时候，不能仅仅只看材料表面，还要调用自身积累，去发现资料中隐含的问题；二是在解决问题时，并不是所有的措施都可以在给定资料中找到或者根据问题推导，还需要考生联系实际得出措施。

"在对给定资料理解分析的基础上，发现和界定具体问题，作出评估和权衡，"这句话要求提出对策时必须充分理解和分析材料，先梳理问题，进而抓住问题的本质界定问题的性质，进行轻重缓急的评估和决策权衡，在此基础上提出理性的、科学的对策。

2. 明确作答要求

提出对策题题型特征比较明显，当题干中出现"对策""措施""举措""建议"

"意见""做法""方法"等作答任务时，就可以判断为要提出对策。考生要注意不同的作答任务，可能暗含不同的定位，有的对策站位要高，有的只要根据题目具体的语境提出对策。

这类题还会出现"针对性""可行性""可操作性""对策切合实际"等具体要求。"针对性"是提示考生要有问题意识，根据问题提出对策。"可行性""可操作性""切合实际"指要立足现实条件提出能产生实际效果的对策，不能空谈。如对策是否符合国家和社会发展的总体战略，是否能以最少的成本高效解决问题，是否符合现实经济条件、技术条件等。

提出对策题有的是单一任务，有的是复合任务。单一任务只需要提出对策，不需要提出问题，即"一问一答"。复合任务一般既要提出问题也要提出对策，即"一问两答"或者"两问两答"。

例1 根据"给定资料4"中的媒体报道，针对H区爆发狂犬病疫情以及"屠狗"行动的前前后后所暴露出的问题，请提出你的解决建议。

要求：所提建议具体明确，条理清楚，具有针对性和可行性；不超过200字。

例2 根据"给定资料4"中的媒体报道，针对H区爆发狂犬病疫情以及"屠狗"行动的前前后后所暴露出的问题，请提出你的解决建议。

要求：对存在问题的概括要求准确、扼要；所提建议要具体简明，有针对性；不超过350字。

例1是单一对策题，例2是复合对策题。还有些题目没有明确地要求提出问题，但字数限制较宽松，且出现"分析合理"的要求，也可以默认为需要提出问题，考生只需简单点明问题，答案要以对策为主。

提出对策题还有一个共性要求是"有条理"或者"条理清晰"，这要求分条作答，且体现逻辑性。考生在分析问题时既要抓住直接的、表象的问题，也要挖掘内在的、本质的问题，只有问题界定清楚了，对策才能有条理。

3. 精准提炼问题

所谓问题就是材料中反映的矛盾、困境、困难、不足等。考生可以根据消极词汇快速锁定关键信息，以精准提炼出问题。问题信息有两种情况：一种是材料中明确提示了问题，考生只需要归纳概括。还有一种是案例型材料，问题信息不是那么明确，或者只是很表面化的问题，这时需要考生提炼，并且调用自身积累去挖掘深层次问题。

挖掘问题的基本思路是去找问题产生的原因。一般来说，原因就是深层次的问题，原因有内因、外因、主要原因、次要原因等，在梳理问题信息时，既要提炼问题的具体表现，也要梳理问题产生的原因，进而找出根本性的问题。只有如此，才能"对症下药"，提出有针对性的对策。

例3 村里的板栗、核桃、鸡蛋、蘑菇等农特产品要往外发，不到乡镇网点，根本办不成。如果请快递员来"取货"，每一单都要加收费用，有的干脆嫌远，或嫌路难走，根本不愿意进村来。一些售价低廉便宜的农产品，其本身价格可能还不如物流费高。

这是一段事例型的问题材料，消极词汇有"办不成""加收""嫌远""嫌路难走""不愿""不如"等，锁定这些消极词汇很快可以梳理出如下问题：农特产品只有到乡镇一级网点才能发；快递收费不合理，快递员服务意识差；交通不便，快递费用高等。但这些都是表面化的问题，仅仅根据这些问题反推对策，不能实现标本兼治，也不能体现对策的逻辑性。因此要找出根本性的问题，即农村寄递体系不完善。结合材料上下文进行分析思考，可以得出导致这一根本问题的主要原因有两方面：一是地方政府缺乏统筹规划，基础建设投入不足，对快递企业引导与管理不够。二是寄递业不发达，企业服务质量不高，服务能力不强。找出两个主要原因，才能提出治本之策。

4. 合理表述对策

不管是单一对策题还是复合对策题，考生应该根据问题性质、主次提出标本兼治的对策，不能"头痛医头，脚痛医脚"。对策写作时要体现逻辑条理，厘清条理是一个复杂的思维过程。其复杂性主要表现在不同的考生会有不同的思维方式，同一个问题会得出不同的解决对策；也表现在一个问题可以用多个方法来解决，一个方法有时也可以解决多个问题；还表现在对策要统筹兼顾，既要考虑对策的针对性，还要考虑可行性。由于考试时间非常紧，通常阅读资料过程中或者通读一遍材料后不太可能立即理清逻辑条理，考生没有必要把所有对策以及条理想清楚了再动笔，而应该具体情况具体分析，采取灵活的方法先在草稿纸上草拟对策，誊写答案时再进行整合加工。

如例3根据问题出现的顺序，可以先在草稿纸上拟出如下对策：增加村一级的快递网点，让村民在家门口发货；规范快递收费，进行价格公示；提高快递企业服务意识和服务能力；完善道路等基础设施，实现村村通公路。

以上对策有的实施主体是快递企业，有的则需要政府规划与引导，所以在誊写答案时应该厘清政府与企业的不同责任，提炼出中心对策，再以中心对策统领其他具体的对策。

参考答案：

坚持市场主导与政府引导相结合，提升农村寄递服务能力和效率。一方面，企业要创新服务模式，增加村级快递网点，规范快递收费，提升服务意识，建设基础设施和配送渠道；另一方面，地方政府要做好顶层设计，加大"村村通"等基础设施建设，推进农村寄递业与现代农业、农村电商统筹发展。

【例讲】

一、根据给定资料（一）中划线句子所反映的问题提出改进建议。

要求：条理清晰，100字左右。

给定资料（一）

1. 近年来，中国综艺节目一直处于"搬运工模式"，甚至出现了多家卫视为<u>争夺</u>同一个<u>外国节目版权</u>大打出手的情形，仿佛一个综艺节目没有点<u>外国血统</u>就没法在本土立足。一位电视节目制作人无奈地摇头："为什么老用外国版权的节目呢？还不是被'<u>急功近利</u>'这四个字给逼的。"的确，别人都在赚快钱，捞热钱，你还能有心思老老实实搞原创，坚持慢工出细活吗？

2. 也不是没有人愿意走心搞原创，但这些可爱的原创人往往原创不起。比起很多国家，我们的电视娱乐产业起步较晚，<u>节目试新、试错机制建设</u>相对于产业的井喷式的发展是滞后的。受名气、资金等限制，<u>原创节目本来就没有宣传优势</u>，甚至可以说占尽了<u>后发劣势</u>，这要是播出效果不理想，电视台遭受的损失，谁来负责？所以说，原创人根本原创不起。

这则资料分为两段。第一段主要从主观方面谈国内综艺节目领域存在的问题，表现为电视节目制作人急功近利，崇洋媚外，主动充当"搬运工"。第二段从客观方面谈问题，主要有节目试新、试错机制建设滞后，原创节目存在名气、资金限制等劣势，得不到保护与支持。据此，可以从主客观两方面提出改进建议。

参考答案：

（1）树立文化自信，发扬原创精神。摒弃急功近利、崇洋媚外的思想，改变"搬运工模式"，精益求精打造高质量节目。

（2）加强对原创综艺节目扶持与保护。健全试新试错机制，加大对原创节目的宣传和资金支持，营造宽容环境。

二、阅读给定资料（二），根据画线句子梳理问题，并提出对策。

要求：条理清晰，有针对性；不超过400字。

给定资料（二）

1. 随着市场化进程的日益深入，经济收入成为社会地位的重要指标之一，青年阶段正处在一个百需待补的特殊时期，<u>金钱"焦虑"成为一种很现实的心态</u>。在传媒发达、信息爆炸的今天，青年接受信息的速度和数量在一定程度上都超过了中老年人，但是，<u>这种"现在感"的过于强大</u>，则造成了青年对于国家历史，甚至是近现代史上一些重要事件和人物的知识量很少。近年来，诚信问题成为社会关注的焦点和学术研讨的热点，<u>青年中的"失信"现象也时有"曝光"</u>，如个人贷款中的违约现象等。当今青年由于出生和成长在较优越的生活环境当中，所以，<u>心理承受力便显得相对较弱</u>，而这一点则又会成为导致心理疾患的重要原因。

2. 在社会转型日益加剧的情况下，<u>有些青年人在价值观念和社会心态上出现了某些困惑</u>。由于社会的日益开放所带来的多样化，往往造成一种相对化情境，于是，便会产生某种不确定性，从而导致青年出现困惑感。所以，尽快减少和消除青年的这种困惑感，增加确定性，是当今社会的文化建设和价值体系建设所面临的主要任务。

第一步审清题意。题目要求根据画线句子梳理问题，相当于指出了问题所在，所有的画线句子都包含了问题，只需要将问题提炼出来。题目中出现"并"，提示有两个作答任务，一是梳理问题，二是提出对策。两问要作两答。

第二步阅读材料。直接阅读画线句子，抓住消极词汇提炼问题。材料中没有现成的对策，必须根据问题推导。

第三步组织答案。按照题目要求，先说问题，再结合个人经验，提出标本兼治的对策。整体把握画线句子，不难看出心理问题是根本问题，不同的画线句是问题的具体表现。问题不是个别人的，而是青年群体的，因此要引起高度重视。问题产生的原因比较复杂，材料有所探究，归纳起来既有个人认知局限、缺乏正确的价值观、道德观等主观原因，也有社会转型带来不确定性、压力、诱惑等客观原因。原因是深层次的问题，要结合问题表现以及原因推导出对策。

参考答案：

材料指出了青年人的心理问题，表现为：金钱"焦虑"，"现在感"过于强大，存在"失信"现象，心理承受力弱，在价值观和社会心态上出现"困惑"。

要多方联动、多措并举促进青年人心理健康：一要加大人财物投入，建立健全心理健康干预机制，通过心理咨询、心理治疗等手段，及时干预青年人心理危机。二要加强宣传教育，铸牢防护机制。引导全社会关注青年人心理健康，营造青年人成长的和谐环境。学校要加强历史、道德、理想信仰教育，帮助青年人树立正确的历史观、价值观、道德观；家庭要给予孩子一定的挫折教育，增强其心理承受能力。三要完善社会保障，建立健全心理健康支持机制。在教育、就业、晋升、收入等方面给予青年人支持与保护，缓解其生存焦虑。四要树立远大理想，学会自我调适。青年人自身要有理想抱负，正确看待社会转型期问题，学会自我减压。

【训练】

一、单项训练

请根据给定资料（三），提出创新乡村治理体系的措施。

要求：措施具体，有可行性；不超过50字。

给定资料（三）

1. 经过一年多的试点实践，大碶全面深化农村"对账理事"工作制度。38个村集体"亮账"，主动亮出换届当选后的履职账单，公开"承诺"2018年度重点任务账单，这既是一张张农村工作的任务账单，更是一道道治村干事的"军令状"。

2. 作为Z省陆域面积最大的一个街道，大碶辖区内有38个建制村，农村面积约90平方公里。去年以来，该街道探索实施"对账理事"工作制度，以村两委干部为责任主体，对照"党建、发展、民生"三本账单，通过"定、履、核、结"四个环节，把上级的工作任务、村两委会商定的工作目标、村班子承诺事项、"村民说事"说议的相关问题，作为村班子年度工作任务，做到"定人、定责、定标准、定进度"，推进村里大事小事落实落细。

二、综合训练

阅读给定资料（四），针对G市存在的工作作风问题提出改进建议。
要求：紧扣资料，条理清晰，有可行性；不超过300字。

给定资料（四）

1. "每天不是在开会，就是在开会的路上。"频繁又非必要的会议，让G市水云村党支部书记老武很是头疼。老武工作的村子地处沿海，夏秋之际，台风频繁。"大家白天入户排查情况，宣传防台风要求，还得抽时间应付各种会议。"老武告诉记者，"有的会议只是花几分钟传达一下文件精神，其实用电话或者材料就能通知到位。"

2. "刚刚签订战略合作协议，实质项目还没落地，就要准备一堆汇报材料。"G市阳华街道干部小李对报送"材料"的苦恼，也引起了扶贫干部小吴的共鸣。小吴2018年起驻村负责57户建档立卡贫困户的工作。回想近两年的工作，小吴说，驻村扶贫工作不易，但最让人头疼的，却是应付各项检查以及反复整理、填写、修改各种资料和表格。"最多的时候，我手里同时有20多个表格要填。有一个表，因为检查要求不同而反复修改，弄了大半年。"如果遇到过于重视迎检资料的领导，可能出现以资料多寡、"痕迹"是否明显来定绩效的情况，基层干部就不得不加班加点找资料，熬更守夜补台账。

3. 2020年，G市纪检监察机关紧扣"四风"问题，设立了转变作风"曝光台"。采取有奖举报、外聘专家、记者采访等形式，对工作不实、作风漂浮的给予定期曝光。被曝光的单位或个人，市纪委监委将回访跟踪、督促整改。市新区小学师生则是这一举措的直接受益者。该小学位于土塘路交叉口，2018年新建了一座高架桥，由于未设置隔音屏，800多名师生不得不在滚滚车流带来的噪音中上课。工程完成伊始，学校和学生家长就多次反映问题,希望加装隔音屏。该街道筑建科负责人表示,隔音屏属于高架桥附属工程,高架桥是谁建的,隔音屏就该谁来建,而建设主体市建委则表示,该段高架已移交市城管委养护,应由该委负责加装隔音屏。市城管委称,隔音屏在工程建设过程中,是由原建设单位负责实施的,需要增补应由属地政府负责落实。这次一上"曝光台",市建委马上邀请市信访、城管、环保等部门和街道进行协调。一个多月后,长达近两年的问题得以解决。

4. 市纪委张副书记说,在作风建设方面,近期,G市一举推出了"六项机制",重点整饬"闭门施策""推诿扯皮""政令空转""留痕管理""督考过多""文山会海"等六大顽疾。"我对这样的措施表示肯定。"G市党校刘教授说,不少面向群众的基层政府人员,依然存在不作为、慢作为等现象,而这绝不是小事,甚至会在一定程度上影响政府威信。

三、拓展训练

请立足校园,调查食堂就餐,宿舍用水、用电过程中存在的浪费问题,向学校有关部门撰写一份调查报告。

要求:(1)以小组为单位完成本次实训;(2)调查内容切合实际,调查手段科学高效;(3)报告的问题真实全面,提出的建议合理可行。1000字左右。

(朱桂华)

任务四

申论文章写作训练

【情境】

情境一

班上举行语文思维导图比赛，要求根据本教材阅读训练中的篇目绘制思维导图。如果你要参赛，会选择哪一篇文章，又如何创造性地设计思维导图，做到梳理文章内容和逻辑层次，探究文章的主旨和表现手法？

情境二

某试卷试题：给定资料中提到"信用既是一种道德品质，也是一种制度和规则"，请以信用的"柔性"与"刚性"为主题，自拟题目，写一篇议论文。要求：自选角度，立意明确；联系实际，不拘泥于给定资料；思路清晰，语言流畅；总字数1000字左右。如果你是考生，你的作答思路是什么？

【知识】

一、什么是申论文章

申论文章指申论试卷中按要求写作的文章。它具有双重属性，一方面是一种命题形式，一般是最后一题要求文章写作，分值最高，是试卷的重要组成部分，也是相对固定的一种题型；另一方面，它也是一种文章体裁，要求考生根据材料进行申发论述，总体可归属于议论文范畴，具备议论文的一般性特征，要求有论点、论据、论证方法三要素。但申论文章明显区别于普通的议论文。

首先，申论文章是应试文章。不同级别不同类型的试卷，写作要求不完全相同。作答要求一般限定了文章的写作主题，有的还限定了观点。申论文章还必须立足给定资料进行写作，给定资料提供了写作素材甚至是写作思路，考生必须深挖资料，而不能任意发挥，尤其是总论点和分论点，不能与材料中蕴含的命题人意图、倾向相左。申论文章在阅卷过程中有比较客观的标准，阅卷人按标准进行判分，只有符合评分标准才能得高分。

其次，申论文章是"官样文章"。这里的"官样"不是指"打官腔"或者写"官样八股文"，而是说考生在写文章时站位要高，以公务员的身份思考问题和解决问题，文章要具有一定的政治性、政策性和指导性，不能仅谈一己之见，更不能夹杂个人情绪。申论文章的语言风格也比较官方，不能说大白话，也不能过于深奥晦涩，而要用规范、通俗、朴实、明快的语言进行表达。

再次，申论文章是"务实文章"。申论命题一般以问题为导向，所涉问题大都是党政机关工作、经济社会发展的实际问题，要求考生不能纯粹地发议论，而应该立足于实际问题的解决进行论述。因此写文章时，考生不仅要吃透材料，还要善于联系实际，将材料中的问题与现实问题关联，用现实乃至当下的政策理论来指导材料中问题的解决。

最后，申论文章也是"个性文章"。申论文章虽然有诸多约束，并不代表有固定的模式，也不排斥文采，相反，要求考生在吃透材料的基础上，写出视角独特、观点新颖、雅俗共赏、文理兼备的文章。考生切忌套用所谓"万能模板"去写作，要大胆展示个人积累和思想洞见，体现个人化风格。

二、申论文章的写作方法

申论文章写作虽然不能套用模板，但可以依据文章写作的规律总结出基本方法。文章写作包括明确立意、谋篇布局、文字表达等，具体到议论文写作，要有论点、论据和论证方法。论点要求正确、鲜明、深刻、新颖，论据有事实论据、理论论据、数字论据等，论证方法有举例论证、道理论证、对比论证、比喻论证、归纳论证、演绎论证、类比论证、因果论证等。因此可以根据写作规律，结合考试要求，梳理出申论文章的写作方法。

1. 理解考试大纲

申论文章写作是对考生归纳概括、综合分析、提出对策、贯彻执行、文字表达能力的综合测查，集中、重点测查的是文字表达能力。不同级别的考试对文字表达能力的要求不同。现以 2023 年湖北省考省市机关职位申论考试大纲为例进行解读。

> 文字表达能力——熟练使用指定的语种，运用说明、陈述、议论等方式，准确规范、简明畅达地表述思想观点。

解读："熟练使用指定的语种"一般指考生熟练使用现代汉语的能力，"运用说明、陈述、议论等方式"要求考生能够运用多种表达方式，可以理解为申论文章以议论为主，杂以说明、陈述。"准确规范、简明畅达地表述思想观点"要求考生提出思想观点，要对事物有深刻的认识。此类命题通常理论性、思辨性比较强，重在考查考生提出问题、分析问题的能力。

2. 明确作答要求

申论文章写作通常是最后一大题，卷面总分不同，其分值存在差别，一般占比 40% 左右。题型变化较为复杂，不同级别、不同类型的试卷具体要求也有很大差别，考生务必审清题意。

（1）审清题型。申论文章命题大致有三种情况。一是给定标题，考生不得擅自更改题目。这类题型难度系数较低，考生在理解标题的基础上联系材料进行立意，进而谋篇布局，一般不会出现跑题的情况。二是给定主题。这类题型会给出主题词或者主题句，要求考生围绕主题进行写作。这类题比命题作文开口要大，题意欠明确，难度系数有所提升，考生要紧扣主题并联系材料自行命题和架构文章。三是给定话题。这类题通常在题干中给出一句话或者几句话，要求考生在理解句意的基础上联系资料进行立意。由于给定语句通常思辨性比较强，语意深奥晦涩，需要用哲学思维来解题，难度系数最大。

例1　通读"给定资料"之后，你对当代中国农村正在发生的深刻变化一定有所感触。请你以"守望家园"为题，写一篇文章。（40分）

要求：紧扣"给定资料"，结合个人体会；观点鲜明，语言流畅，议论深刻，结构严谨；总字数 800~1000 字。

这是一道命题作文，考生必须以"守望家园"为题，不得另起炉灶，且必须联系给定资料弄清"守什么""望什么""家园是什么"，不能望文生义。

例2　根据你对"给定资料5"中画线部分的理解，以"文化共享与传承"为主题，自拟题目，写一篇议论文。（40分）

要求：自选角度，立意明确；思路清晰，语言流畅；联系实际，不拘泥于"给定资料"；字数 1000 字左右。

这是一道给定主题的作文，必要围绕"文化共享与传承"进行立意。考生要注意，"文化共享与传承"观点并不明确，不宜直接将主题定为标题。"文化共享与传承"属于关系类主题，此类题型考查比较频繁，需要考生在揭示"A与B"关系的基础上拟定论点。

例3　"给定资料"结尾写道："我们或许应该如作家米兰·昆德拉所言，要'慢下来'，因为自在有为的生活是急不得的。"请结合你对这句话的思考，联系自己的感受和社会实际，自拟题目，写一篇文章。（40分）

要求：自选角度，见解深刻；参考"给定资料"，但不拘泥于"给定资料"；思路清晰，语言流畅；总字数 1000~1200 字。

这是一道给定话题的作文，考生必须抓住句中"应该""慢下来""因为""自在有为""急不得"等关键词句，联系上下文进行全面深入的理解，明确"自在有为""慢生活"的真正内涵，不能挂一漏万，一味强调要"慢生活"，否则会导致跑题。

（2）审清要求。不同题型要求不同，要求是制定评分标准的重要依据。考生务必审清每一题的具体要求，并按要求的提示进行写作才可能得高分。譬如：前述例1要求"紧扣'给定资料'，结合个人体会；观点鲜明，语言流畅，议论深刻，结构严谨；总字数800～1000字"，例2要求"自选角度，立意明确；思路清晰，语言流畅；联系实际，不拘泥于'给定资料'；字数1000字左右"，例3要求"自选角度，见解深刻；参考'给定资料'，但不拘泥于'给定资料'；思路清晰，语言流畅；总字数1000～1200字"，以上要求用语存在差别，写作指向不同，评分侧重点也不同。

不管哪类写作题型，都应遵循文章写作的基本规律，即要有观点、内容、结构、语言等要素。梳理上述要求，可以找到共性。譬如对观点的要求有：观点鲜明、立意明确、见解深刻。对内容的要求有：紧扣给定资料，结合个人体会；联系实际，不拘泥于给定资料；参考给定资料，不拘泥于给定资料。对结构的要求有：结构严谨、思路清晰。对语言的要求有：语言流畅。此外，都有字数要求。这些共性要求的含义如下。

① 观点："观点鲜明""立意明确"要求文章必须要表明观点、立场与态度，也就说要有论点，且论点必须明白、正确，不能模棱两可，不能离题万里。"见解深刻"要求透过现象看本质，抓住主要问题，提出有高度、深度的观点、看法。

② 内容：内容主要涉及分论点和论据。分论点其实也是论据，在考试语境下，宜将二者分开。"紧扣给定资料""参考给定资料"指定了作答范围，一般来说分论点要依据给定资料提出，部分论据也可以改编给定资料中的论据。"结合个人体会""联系实际""不拘泥于给定资料"要求增加材料之外的素材，不能纯粹抄材料。此三者内涵有细微区别，考生要进行区分。

③ 结构："结构严谨"要求标题、开头、主体、结尾各部分完整，且逻辑严密。有些文章虽然有开头、主体、结尾，但缺乏提出问题、分析问题、解决问题的内在逻辑，或者各部分关系混乱，不能算结构完整。"思路清晰"要求的也是逻辑与条理，观点以及对观点的解释、分析、论证等要体现清晰的思维脉络。段与段、段内各句群要体现"总分总""总分""分总""并列""递进"等逻辑关系。

④ 语言："语言流畅"指语言流利通畅，没有病句，不啰唆，不晦涩。一般来说语言简洁、精准，读起来就会有流畅感。

⑤ 字数："总字数800～1000字"，不得低于800，不得超过1000，接近1000得高分可能性更大。"1000字左右"左不宜少于900字、右不宜超过1100字。接近1100字信息量更丰富，得高分可能性更大些。

3. 整体把握资料

申论文章要求"参考给定资料"或者"结合给定资料"，这里的"资料"通常指全部的资料，考生不能狭隘地根据某一则材料进行立意，更不能脱离材料立意。整体把握资料，梳理材料之间的逻辑关系，可以挖掘主题，得出全面、深刻的观点，也可以明确行文思路，还有助于开阔思路，拓宽视野，增强文章的说服力。由于考试时间有限，写作字数有限，整体把握材料必须快速与精准，考生可根据个人阅读习惯、阅读能力与水平找到适合自己的方法，这里介绍一种题文结合、精读与泛读结合的方法。

（1）通过宏观审题把握题文关系。国考申论试卷是5道题，大多数省考申论试卷是4道题，极少数省和地区是3道题。宏观审题是相对微观审题而言，即在逐个审清题意后，将所有的题作为一个整体来审。宏观审题要审清楚下面两个方面的内容。

一是弄清楚题目和材料的关系。不同的题目会指定考生阅读不同的材料。宏观审题过程中看题目分别指定阅读哪些材料，是否有跨材料的题，是否有非指定材料。通常文章写作题中主题词句涉及的材料以及非指定材料是文章写作的重点材料。

二是弄清题目与题目的关系。每个题目都包含有关键词，有不同的作答任务，将关键词和作答任务进行梳理，可以发现题目之间内在的联系，这种联系极可能指向文章写作。譬如，所有的题目都在申论大主题的框架下设计，围绕大主题，有些题目在探讨现象，有的探讨问题或对策，有的探讨原因或影响等，找出了题与题的内在关系，也就找出了文章写作的系统性思路。有的题甚至隐含了分论点与论据，考生只需在小题（相对于作文大题而言，指前面字数少、分值低的题）答案的基础上进行整合与转化。

（2）通过梳理文意明确写作思路。申论试卷有大主题，这个主题比较隐晦，除了宏观审题外，还需要整体梳理材料才能有精确发现。整体梳理材料第一步是明确每一则材料的大意，根据材料大意，结合写作要求，再确定阅读主次，看哪些材料要精细梳理，哪些材料只用泛读。如小题对应的材料在解每一小题时进行了精读，并且形成了答案，文章写作时只需做到心中有数，根据写作需要加以合理利用即可，小题没有用到的材料则应该成为阅读重点。尤其是文章写作题提到的材料要精读，从中梳理出关键信息，这些关键信息对立论以及谋篇布局意义重大。

4. 草拟写作提纲

除非时间非常紧或者胸有成竹，否则在动笔写作前都应该草拟提纲。草拟提纲与梳理材料可以同步进行，一边阅读一边写下思路或者灵感，然后通过拟定提纲来进一步明确写作思路。如果时间充裕，可以理出细纲，即包括标题、论点、分论点乃至论据及其组合排列，如果时间很紧，可以理出粗纲，大致明确论点以及论证结构，进行最基本的布局，然后一边写一边进行优化。应试情境下，有如下方法可以快速拟定提纲。

（1）依据试卷自有逻辑列提纲。不同试卷难易程度不同，有的试卷逻辑结构非常明显。这些逻辑结构有以下两种体现方式。

一是通过题目体现。如：

> 请深入思考"给定资料5"划线句子"科学、艺术和古文化对于想象力都起着非常重要的作用，构成了想象力的源泉"，自拟题目，自选角度，

联系实际，写一篇文章。

通过审题，可以明确题目中包含逻辑结构，即：科学、艺术、古文化都是想象力的源泉，列提纲时可以抓住三者与想象力的关系进行拟定。又如：

"给定资料4"中提到："从某种意义上说，好的政策不仅仅是对公民意愿的满足，更是对公民理性乃至德性的滋养。"请你从对这句话引发的思考说开去，写一篇文章。

"不仅仅是……更是……"表示递进关系，前后两句都是对好政策内涵的界定，所以列提纲时可以抓住好政策的三重属性进行基本架构：好政策要满足公民意愿，好政策要滋养公民理性，好政策要滋养公民德性。

二是通过重点句段体现。有些逻辑结构隐含在理论性强的句段或者领导讲话中。如："党的十八大以来，党和国家高度重视诚信建设。习近平总书记在多个不同场合围绕诚信主题发表了一系列重要论述，从战略高度为新时代中国的诚信建设提供了基本遵循。他从历史维度、价值维度、实践维度对诚信问题进行了深刻阐述，进一步指出中华文化关于诚信的思想和理念，不论过去还是现在，都有其鲜明的民族特色，都有其永不褪色的时代价值。他强调，要运用法治手段解决道德领域突出问题。对突出的诚信缺失问题，既要抓紧建立覆盖全社会的征信系统，又要完善守法诚信褒奖机制和违法失信惩戒机制，使人不敢失信、不能失信。对见利忘义、制假售假的违法行为，要加大执法力度，让败德违法者受到惩治、付出代价。"习近平总书记关于诚信建设的论述为大作文定下基调，提供了关于诚信建设的基本遵循，因此，历史维度、价值维度、实践维度应该成为列提纲的参考。

（2）根据一般论证结构列提纲。议论文常用论证结构有总分式、并列式、对比式、层进式。总分式指论证的段落、层次结构中引入总说和分说的论证方法。总分式一般有"总分总""总分""分总"等几种形式。并列式指围绕主旨拟定互不包含的分论点从不同角度进行阐述。层进式指进行逐层论证，可以理解为观点之间是由此及彼、环环相扣、层层深入的关系。对比论证指将相反或者相比较的观点、事实进行对照式论述。

无论是哪种论证结构，都要先明确主题，只有总主题明确了才能提纲挈领，纲举目张，在实际论证时才能围绕主题和突出主题。以上四种论证结构并非互相排斥，而是有很大的兼容性。譬如当文章整体结构是"总分总"时，段内论证结构可以是"并列""递进"或者"对比"。同理，当总体结构是其他论证结构时，段内结构也可以是"总分总"。总体来说论证结构与论证方法有重叠之处，实际论证时要将结构与方法进行结合，以营造文意跌宕起伏的效果。

需要注意的是，申论文章写作有严格的字数要求和时间限制，有限的篇幅和时间不允许做过于复杂的结构设计，或者追求面面俱到。通常在对主题进行分解，或者提炼中心论点、分论点时有三种基本走向，即政论方向、策论方向、策议结合方向。政论方向指将文章写成政论文，即围绕资料中的时政问题重点分析表现、原因、影响、意义、关系等，对策不做详细阐述（参看本教材文选《依靠学习走向未来》)。策论文指重点阐述解决问题的对策。策议结合指按照"提出问题—分析问题—解决问题"的思路,兼顾问题分析与解决(参看本教材文选《健全农村金融服务体系》)。

5. 精准流畅表达

论证结构是文章的骨架,语言表达是文章的肤貌。申论语言要求规范、精准、通俗以及有适度文采。这几项要求主次不能颠倒,首先是规范,不能写病句、错别字,除非特别要求,不能写生编硬造的网络语言、游戏语言。其次是精准,要求精确简洁表达,忌拖泥带水,啰唆混乱。再次是通俗,要求明白易懂,忌深奥晦涩。最后是文采。申论文章可以用引用、对仗、排比、比喻等修辞方式,但忌只有华美的辞藻而内容空洞、思想贫乏。

语言表达能力的提高需要日积月累,考生要增强阅读,加以吸收与转化,形成自己的语言风格。应试环境下,考生要重点打磨文章的标题、开头、分论点以及结尾。标题最好包含主题词,并且表达明确的观点,在此基础上再追求新颖有文采。开头奠定文章基调,最好开门见山,直奔主题。通常可以对标题进行阐释,也可以引经据典或联系实际后直接揭示中心论点。分论点应该采取构式化的语言,即既体现逻辑结构,又体现思想观点。如:共享是文化工作的加速器;传承是文化工作的落脚点。这两个分论点既揭示了共享与传承的关系,又体现了文章的结构。文章结尾要短小精悍,忌尾大不掉。一般可以对主题进行升华、强调,或者表达决心、展望等。

【例讲】

一、对下列题目进行宏观审题,梳理出文章的写作思路。

(一)根据"给定资料一",请概括小张家乡出现的新变化。

(二)省里召开扶贫工作座谈会,邀请小赵介绍发展花椒酱产业的经验。根据"给定资料二",请为小赵写一份发言提纲。

(三)根据"给定资料三",请分析小吴发生了哪些变化,使得村民们对她的称呼从"那个大学生"变成了"小吴"。

(四)"给定资料四"中的座谈会上,主持人说:"如果不能打破这种种'遮蔽',就拿不出有分量的作品。"请谈谈你对"种种'遮蔽'"的理解。

(五)"给定资料五"提到"跟着时代的大潮往前走,尽到我所有的力量,做好我要做的事情",请深入思考这句话,自选角度,联系实际,自拟题目,写一篇文章。

宏观审题:这套题(2019年国考申论试卷·地市级)题文对应关系清晰,对应顺序为正序。第一题对应材料一,作答任务是概括,作答对象是"家乡新变化",隐含成绩。第二题对应材料二,作答任务是"写发言提纲",作答对象是"介绍产业经验",经验是成功的做法,隐含对策。第三题对应材料三,作答任务是分析,作答对象是"小吴变化",变化可以是"好变坏"或者"坏变好",分析题干可以确定是后一种情况,既然是"坏变好",就包含问题与对策。第四题对应材料四,作答任务是"谈理解",作答对象是"种种'遮蔽'"。"遮蔽"为贬义词,暗指问题,打破"遮蔽"包含对策。第五题提到材料五,作答任务是"写文章",作答对象是"跟着时代的大潮往前走,尽到我所有的力量,做好我要做的事情"。考生在思考这句话时要弄清楚"时代的大潮"是什么,"我"是谁,"要做的事情"是什么。梳理前面的小题,不难发现乡村振兴是时代的大潮,"我"为泛指,既包括报考公务员考试的考生,也包括以"小张、小赵、小吴"为代表的赶潮青年。要做的事就是像"小张、小赵、小吴"那样投身乡村振兴与基层建设。据此,考生可初步确定论点为,个人要担当时代重任,就要投入到基层去锻炼,实现乡村振兴,实现自我提升。据此行文,文章也会像材料一样,宽视野,微角度,接地气。

二、阅读给定资料(一),根据对划线句子的理解,结合给定资料,自选角度,联系实际,草拟一份写作提纲。

给定资料(一)

1. 自古以来,我们的祖先就关注现实,关注生命,关注生命层次的提升,将"为国利民"作为至善的人生追求。

2. 中国核潜艇第一任总设计师彭士禄,在他3岁时,母亲蔡素屏不幸被捕就义,第二年,父亲彭湃在上海被捕,慷慨赴死。年仅4岁的彭士禄成为孤儿,过起了姓百家姓、吃百家饭、穿百家衣的逃亡生活。1962年,这位历尽苦难长大的孩子,开始主持我国潜艇核动力装置的论证和主要设备的前期开发。当时,他手里仅有的参考资料是从报纸上翻拍的两张模糊不清的外国核潜艇照片和一个儿童核潜艇模型玩具。1967年起,他在大西南深山组织建造潜艇核动力陆上模式堆。那些日子里,他吃住在阴暗潮湿、毒蛇蚊虫肆虐的工地上,靠着原始的计算尺和手摇计算器验证了核潜艇数不清的数据。1974年8月,我国自行研制的第一艘核潜艇正式服役。从投身核潜艇研制到项目解密,隐姓埋名近30年,彭士禄始终忘不了周总理嘱咐他的话:"小彭,记住,无论什么时候,无论走到哪里,你都要记住你姓彭,是彭湃的儿子!"

3. 苏和被誉为"沙漠愚公"。2004年,曾任阿拉善盟政协主席的苏和,回到老家额济纳旗,在大漠中的黑城遗址旁植树造林,那一年他57岁。黑城遗址是一座有着近千年历史的西夏古城,沙化严重。苏和回忆说,小时候听长辈们讲,这附近林草茂密,胡杨、红柳密得骆驼进去都找不见,可20世纪五六十年代后,生态日趋恶化,大片植被枯死,风沙天气越来越多,额济纳旗甚至成了沙尘暴的策源地。他说:"周围风刮过来的沙子堆得和城墙一样高,眼看黑城快要被埋掉了。我当时有个想法,黑城不能在我们这辈人手上消失。"10年间,他种植的梭木林一点点扩大,达到了3000

亩。最初在房后种植的两棵胡杨也长成了大树，老人被太阳和风沙磨砺过的坚毅的脸上刻满皱纹，满是伤痕的大手上，老茧褪了一层又一层。

4. 从河南南阳市镇平县城出发，一路向北，经高丘镇，沿山路盘旋而上，攀至海拔1600多米的山顶，再顺山路蜿蜒而下，下到海拔600多米的谷底，才能到达张玉滚任教的黑虎庙小学。这所学校被层层大山包围，村里流传着一句顺口溜：上八里、下八里；羊肠道、悬崖多；还有一个尖顶山。从学校走到镇上，需要10多个小时。然而，就是在这样的环境下，当年21岁的小伙张玉滚来到这里当小学教师，一直坚持到现在。张玉滚之所以选择留下来，是因为前任校长吴龙奇的一句话："玉滚，泥巴砖头垒个灶台，顶多能用个十年八载。咱们教学生认的每个字，他能用一辈子。你要不来，这个班就开不了课，孩子们就得上山放羊去。"17年间，张玉滚教过500多名孩子，村里出的大学生从1名增加到了16名。

5. 阎肃是我国著名的艺术家，作品影响了几代人。他曾经感慨说："我没有决定过自己一生的道路，或者说去想我这一生必须要怎么样。<u>跟着时代的大潮往前走，尽到我所有的力量，做好我要做的事情。不要去挑生活，让生活来挑你</u>。时代也好、组织也好、环境也好，需要你做什么事，努力把它做好，对你自己就是一件非常快乐的事情，别人也会觉得快乐。我的一生作品不少，只要能在老百姓的心里留下一点记号，那我此生无憾。我对我的子女也是这样的要求，不去安排自己的人生道路，听时代的招呼，做一个对社会有用的人，对得起这个时代就够了。"

第一步，逐段梳理文意。第一段，观点性材料。强调关注现实，关注生命，关注生命层次提升，以"利国利民"作为至善之人生追求。第二段，讲述核潜艇之父彭士禄的故事：30年如一日隐姓埋名，练就过硬本领，历经千辛万苦，实现核潜艇之梦。第三段讲述沙漠愚公苏和的事迹：10年奉献于艰苦地带，实现环境的改善。第四段讲述张玉滚的故事：17年大山支教，战胜艰苦的环境，成功培养学生。第五段讲述艺术家阎肃对人生的看法：响应时代号召，实现价值提升。

第二步，明确材料结构。第一段总起，第二、三、四段从不同领域、角度说明个人与时代的关系。第五段借阎肃的话进行总结，点名主旨。明确材料为"总分总"结构。

第三步，拟定写作提纲。

参考答案（提纲）：

  标 题——让生命在时代潮流中绽放光彩

  中心论点——当代青年要跟上时代潮流，担当时代大任，在奋斗中提升生命的价值。

    分论点一——青年人要识潮。

    分论点二——青年人要顺潮。

    分论点三——青年人要弄潮。

【训练】

一、单项训练

1. 请在理解以下题目的基础上，拟出合适的文章标题。

"给定资料5"结尾写道："城市文明和乡村文明，人造文明和自然文明，都是应该而且可以互补的；理想的生活状态可能还是在城、乡之间自由游走。"请结合你对这句话的思考，自选角度，联系实际，自拟题目，写一篇文章。

2. 以下标题语意不清，请进行修改。

（1）科技与人文交融美丽生活新篇章

（2）文化遗产保护传承中华文明

（3）指挥棒作用推动干部能上能下发挥考核

（4）制度建设以保障教育公平

二、综合训练

阅读下列给定资料（二），根据对画线句子的理解，联系实际，自选角度，草拟一份写作提纲。

给定资料（二）

1. 人无信不立，业无信不兴。诚信不仅是个人安身立命的根本，也是社会良序发展的基石。

2. 党的十八大以来，党和国家高度重视诚信建设。习近平总书记在多个不同场合围绕诚信主题发表了一系列重要论述，从战略高度为新时代中国的诚信建设提供了基本遵循。他从历史维度、价值维度、实践维度对诚信问题进行了深刻阐述，进一步指出中华文化关于诚信的思想和理念，不论过去还是现在，都有其鲜明的民族特色，都有其永不褪色的时代价值。他强调，要运用法治手段解决道德领域突出问题。对突出的诚信缺失问题，既要抓紧建立覆盖全社会的征信系统，又要完善守法诚信褒奖机制和违法失信惩戒机制，使人不敢失信、不能失信。对见利忘义、制假售假的违法行为，要加大执法力度，让败德违法者受到惩治、付出代价。

3. 为全面推进诚信建设，党和国家作出了一系列重要部署。中共中央办公厅印发的《关于培育和践行社会主义核心价值观的意见》强调："以诚信建设为重点，加强社会公德、职业道德、家庭美德、个人品德教育，形成修身律己、崇德向善、礼让宽容的道德风尚。"中央文明委发布《关于推进诚信建设制度化的意见》，明确规定通过曝光失信当事人、限制严重失信者高消费行为等手段打击失信行为。这是我国第一份强调从制度层面推进国家诚信建设的中央文件。国务院先后发布《关于建立完善守信联合激励和失信联合惩戒制度加快推进社会诚信建设的指导意见》《关于加快推进失信被执行人信用监督、警示和惩戒机制建设的意见》，建立起社会诚信奖惩制度，并进一步完善了失信惩戒制度。<u>诚信建设从注重教育走向教育与制度建设并重。</u>

三、拓展训练

移动阅读时代，浏览新闻成为生活日常。在纷繁复杂的信息中，总有一些事让我们高度关切，深入思考。请根据你印象深刻的新闻事件，自拟题目，自选角度，写一篇议论文。

要求：观点明确，见解深刻；思路清晰，语言流畅；1000字左右。

（朱桂华）

模块三

口语训练

项目一 公职招录面试口语训练

一、公职招录面试概述

面试是在精心设计的场景下,以测试者和被测试者面对面的交谈与观察,评价被测试者有关素质与能力的考试方式。面试场景包括考试的实际环境与题目中的虚拟环境。测试者与被测试者通常是"多对一"的关系,也存在"一对多""一对一"或者"多对多"的情况。面试过程中,主要通过交谈来判断被测试者的知识、能力与素养,与此同时,被测试者的肢体语言、表情、仪态也在考察之列。

公职是公共职务的简称。主要指国家立法机关、司法机关、行政机关、中国共产党和各个民主党派的党务机关、各人民团体、国有企业、事业单位的职位。公职人员录用一般要经过资格审查、笔试、面试、体检、实地考察、公示等环节。

根据相关规定,结合考试情况分析,公职人员招录面试测评要素主要有:求职动机与拟任职位的匹配性、综合分析能力、人际交往的意识与技巧、计划组织协调能力、应急应变能力、创新能力、语言表达能力、举止仪表。通过具体的提问和观察,由表及里地对这些测评要素进行评估。

近年来,公职人员招录面试的主要形式有结构化面试、半结构化面试、无领导小组讨论等。其中公务员招录以结构化面试最为常见,国企、事业单位人员招录多采用半结构化面试,公务员遴选多采用无领导小组讨论的考试形式。本教材主要介绍结构化面试并进行相关训练。

二、结构化面试简介

结构化面试也称标准化面试,是根据预先制定的评价指标,运用特定的问题、评价方法和标准,严格遵循特定程序,通过测评人员与被测试者进行语言交流,对被测试者进行评价的标准化过程。具体包括测查内容的结构化、评分标准的结构化、考官构成的结构化。从测查内容上来讲,相同职位应试者的试题相同;从评分标准来讲,不同的测评要素权重系数不同,考官不能随意打分;从考官构成来讲,根据用人需要,从专业、职务、年龄及性别等方面对考官进行科学化配置。

(朱桂华)

任务一

人际交往类题型训练

【情境】

情境一

你是某职业学院信息化管理办公室的一名专职网络管理员,你部门的领导却经常安排你去做与网络无关的杂事,学院的网络又时常出故障,为此,院领导及同事都对你很有意见,你怎么办?

情境二

你和同事小王合作完成一项工作,由于小王的工作失误影响了工作的进度,领导却将你狠狠地批评了一顿,你怎么办?

【知识】

人际交往是指在生产或生活过程中人与人之间的各种交往。在现实生活与工作中,人际交往对个人、对组织以及个人与组织之间的关系都有着极大的影响。因此,在公务员考试面试或事业单位招录考试面试(以下简称公职面试)中,人际交往类题型时常会出现。

人际交往题主要考查的是考生通过语言表达出来的处理冲突的能力、建立关系的能力、说服与影响他人的能力、团队合作与协调的能力、倾听与沟通的能力,等等。在处理人际交往类题型时,应着重从如下几个方面着手。

一、确定人际交往类题型的具体类型

根据人际交往类题型中出现的矛盾关系的不同,可以按照矛盾的主体,将人际关系题分为以下几种。

1. 双边关系类

(1) 与领导的关系。从性质上说,公职人员与领导是工作关系;从组织上说,是上下级关系;从政治上说,是同志关系。与领导相处要尊重服从,虚心请教,多请示汇报,能接受正确的批评。

（2）与同事的关系。从性质上说，与同事是工作关系；从组织上说，是平级关系；从政治上说，是同志关系。与同事相处，要尊重关心，虚心学习，多交流沟通，积极配合工作。

（3）与下属的关系。从性质上说，与下属是工作关系；从组织上说，是上下级关系；从政治上说，是同志关系。与下属相处，要尊重关怀，以身作则，公正真诚，多教育帮助，践行民主与集中的工作原则。

（4）与群众的关系。从性质上说，与群众是服务与被服务的关系；从组织上说，是政府与百姓的关系；从政治上说，是平等关系。与群众相处，要尊重关切，耐心倾听，换位思考，多安抚帮助，细心悉心落实正当的诉求。

（5）与亲友的关系。从性质上说，与亲朋好友是私人关系；从情感上说，是互助互爱的关系；从政治上说，是平等关系。与亲朋好友相处，要尊重关爱，感同身受，多引导鼓励，主动支持帮助。

2. 多边关系类

多边关系矛盾主体涉及三边及以上的人际关系。本质上是以上人际关系的杂糅。

二、明确人际交往类题型的测评要素

（1）人际交往的主动性。主动沟通，主动承担责任。
（2）角色定位的准确性。准确定位自身角色，兼顾他人角色。
（3）复杂情境的适应性。能够建立和运用工作联系网络，有效运用各种沟通方式。
（4）沟通的有效性。营造良好氛围，团结和自己意见不同的人一道工作。
（5）处理问题的原则性和灵活性。具体问题具体分析，既坚持原则又不死板。

三、遵循人际交往类题型的重要原则

面对人际交往类题型中的矛盾关系，考生在处理过程中要善于甄别，灵活处理，同时遵循一定的原则。

1. 基本原则

（1）真诚原则：对交往的主体不隐瞒自己的真实观点，不掩饰自己的真实感情，诚实并乐意为之服务。

（2）信用原则：与人交往，言而有信，不卑不亢，谦虚有礼，谦让有度，不轻易许诺他人。

（3）宽容原则：对非原则性问题不斤斤计较，与人交往应以德报怨，宽容大度。与人产生矛盾时，需要求同存异，互学互补，相互包容。

（4）谦虚原则：能够正确认识自己的长处和不足，虚心听取不同意见；能够勇于自我批评，及时改正错误；能够勤奋学习，不断提高自我。

（5）平等原则：人与人之间没有高低贵贱之分，每个人都拥有自尊及被人尊重的权利。

（6）互利原则：即互利互惠，包括物质与精神两个方面。为此，交往的双方都应有所付出和奉献。

2. 答题原则

（1）阳光心态：在回答人际交往类面试题时，要善于从积极的角度去发现问题并最终解决问题。心态直接反映了一个人的人格特征和内在品质，也决定了从什么样的角度思考和回答问题。因此，题中无论设置的是什么矛盾，作答时都要往好的方面想，把自己最积极、最阳光的一面展示给考官。

（2）沟通交流：面对矛盾或问题，应该积极主动地进行沟通交流，并尽快调整自己的工作方式和交往方式，采取相应措施改变现有人际关系的紧张状态。在沟通过程中，首先应选择合适的时机和场所；其次要及时主动地与对方取得联系；再次要注意态度和方法；最后要不断积累工作经验，提高工作效率。

（3）自我反思：在处理人际关系时，首先要反思自己在哪些方面做得不足，分析问题产生的原因。面对这些问题，自己要及时改正和调整，同时寻找合适的时机向对方进行解释和说明，采取相应的措施化解双方的矛盾。

（4）权属意识：所谓权属意识主要是指在一个组织中对上下级权属关系和服从意识的理解和认同。下级应当服从和执行上级作出的决定和命令，面对上级作出的错误决定或提出的不符合实际的要求时，一般情况下首先表明自己对领导有服从意识，尊重领导的决定，然后再寻求时机进行解释或提出建议。

（5）回避冲突：回避冲突是指在冲突的情况下采取退缩或中立立场的倾向。面对人际交往中的冲突时，可以采取暂时回避的措施，待冲突趋于平静后再找恰当的时机及场所进行解释和沟通，从而避免冲突升级，并更好地化解矛盾。

四、理清人际交往类题型的答题策略

1. 基本思路

在人际交往类题型中，解决问题的最基本方法就是沟通。答题前应明确：与谁进行沟通，沟通什么问题，采用什么方法进行沟通，并在此基础上调整双方的利益和关系，使之分工协作，互相配合，和谐有序地完成相关任务。

2. 具体方法

（1）明确表态：对发生的矛盾进行简要的概括，同时表明自己的处理态度；或是在保证工作顺利进行的前提下，解决好他人的诉求。

（2）查找原因：先从自己的角度谈谈对该矛盾的看法，再从他人的角度谈谈对该矛盾的看法；或先从自己的身上查找原因，再从他人身上查找原因。

（3）提出措施：对原因进行分析，提出切实的解决办法；或征求他人意见，协商解决问题，进而化解矛盾。

（4）事后总结：总结经验，吸取教训，申明今后的做法或改进的思路。在以后的工作中，要学习和借鉴好的经验，坚持以工作为重，同时维系好人际关系。

【例讲】

你单位处长、副处长关系紧张，你深受处长赏识，后来他调走了，副处长对你挑剔、刁难，你怎么办？

这是一道与上级的人际交往试题。答题思路是：首先表态，每个人都有不同的处事风格，也有他独特的办事方式；其次查找原因，弄清楚副处长的挑剔和刁难的根源，面对批评，反思自己；再次提出解决措施，针对矛盾的根源提出具体解决问题的措施；最后，端正态度，服从安排，努力学习。

参考答案：

每个人有每个人的处事风格，也有他独特的办事方式。处长的赏识是对我工作的肯定，而副处长的挑剔和刁难，很可能是他对工作一丝不苟、严格要求的表现。因此，我会立足工作，以积极的心态来处理好这件事情。

第一，面对现任领导的批评和刁难，我会从自身找原因，有可能是我工作有做得不好或者不到位的地方，我会重新审视自己的工作态度和方法，找个合适的时间和地方，和领导进行沟通，让领导提出宝贵的意见和建议。

第二，我会结合领导的意见和建议，全面慎重地开展自己的本职工作。相信经过领导指点和自我改正后，工作态度和工作方法一定可以让领导满意。

第三，在今后的工作中，我一定会服从领导的工作安排，一切以工作为重，以积极的心态做好自己的本职工作，绝对不会把个人情绪带到工作中。我会虚心学习，努力完善自我，多向老同事请教。

我相信，只要我们能从大局出发，互相付出真诚和努力，开诚布公，互相理解，就一定能把工作做好。

【训练】

一、单项训练

1. 你和同事小王在工作中出现了矛盾，你会怎么处理？
2. 如果你的领导斤斤计较、爱批评人，你还会给他提合理化建议吗？为什么？

二、综合训练

1. 你刚入职，领导让老张带着你一起完成一项工作，但在工作过程中，你没有完成应由你独立完成的一部分工作，结果领导认为老张没有安排好工作，批评了老张，老张对你不满。面对这种情况你该怎么办？

2. A组和B组同样出色，但年终考核中A组拿到了所有的奖，B组没有得到表彰，B组组员抱怨身为组长的你没有积极争取，有的人还质疑考核标准，领导认为你没有管理好下属，你该怎么办？

三、拓展训练

以小组为单位召开座谈会，目的是增强团体凝聚力，促进同学们互相了解。座谈会分为两个阶段进行：第一阶段，寻找话题拉近同学关系或开展批评和自我批评；第二阶段，梳理共同关注的话题，收集同学之间相互批评的意见，进行深度探讨与沟通。

要求：每位组员都要发言；活动结束后进行总结。

（李保清）

任务二 计划组织协调类题型训练

【情境】

情境一

为纪念"一二·九"运动,增强大学生的时代责任感和使命感,激发全校同学的爱国热情,校团委将举办以"弘扬一二·九精神,践行爱国理想"为主题的演讲比赛。如果你是校团委负责人,你会如何组织此项活动?

情境二

单位准备在元旦期间举行羽毛球比赛,从现在起直到比赛开始,由你负责你部门的球队组建及训练工作,你将怎么做?

【知识】

计划组织协调类题型,主要是考查考生在管理活动中的计划组织协调能力。计划组织协调能力是指对自己、他人、部门的各项活动作出计划,合理高效地安排时间和相关资源,并对在此过程中可能出现的矛盾冲突,按照一定标准进行协调的能力。

在公职面试中,计划组织协调类题型出现的频率较高。在处理此类题型时,可从如下几个方面着手。

一、确定计划组织协调类题型的具体类型

在公职面试中,根据题目中设置的任务不同,可以将计划组织协调类题型进行细分。

1. 调研类

调研即调查研究,是指通过各种方式有计划、有目的地收集相关资料,进而对材料进行加工处理,以获得对客观事物本质和规律的认识的活动。

2. 宣传类

宣传是指通过一定的方式向他人传播相应的信息以达到某种目的的活动。

3. 会议类

会议是指在限定的时间和地点按照一定的程序进行的有组织、有领导、有目的的议事活动。

4. 参观类

参观是指到某地进行实地观看，或是对各种情况加以比较观察的活动。

5. 策划类

策划是指个人、企业、组织为了达到一定的目的而积极主动地想办法、定计划的活动。

6. 接待类

接待是指一定的社会组织对公务活动中的来访者所进行的迎接、接洽和招待活动，或是指社会组织之间人员相互交往的方式。

7. 比赛类

比赛是指通过一定的组织形式来比较参赛者某个方面所具有的本领、技能的高低或优劣的活动。

8. 晚会类

晚会是指一种以情感交流为手段、组织起来的较为轻松的文艺集会。

9. 培训类

培训是指通过培养训练，使受训者掌握知识技能的教学方式。

10. 专项整治类

专项整治是指相关机关依据法律、法规的规定，对某类突出的问题，在一定时期内集中人员、集中精力针对特定内容和对象开展集中打击或整治的活动。

二、明确计划组织协调类题型的测评要素

计划组织协调能力包括计划、组织、协调三个方面的测评要素。计划指为实现一定的目标，对未来一定时期内的发展和工作作出安排。组织指对现有资源进行优化运作，从而高效完成工作目标。协调指围绕工作目标，积极主动地协商和调解各人员、各环节之间的关系。计划是预案，组织是执行，协调是方法，三者统一于执行工作任务的全过程。

实际考试中,三个测评要素有时一起考,有时只考其一。具体有两种出题形式:一是创设一种情境,要求考生在这种情境下负责组织一项活动或者完成一项任务,或者做好其中某一个阶段的工作;二是假设正在开展某项活动或进行一项工作,突然出现了某种问题、困难、冲突,要求考生排除压力和困境完成任务。两种形式各有侧重,有的重点考计划能力,有的重点考组织能力,有的重点考协调能力,有的进行融合考查,考生要具体问题具体分析。

三、遵循计划组织协调类题型的重要原则

面对计划组织协调类题中的压力、困境以及矛盾,考生在处理过程中要善于甄别,灵活处理,同时遵循一定的原则。

1. 基本原则

(1) 公正公平原则:坚持以事实为依据,以相应的法律、法规、规章、制度为准绳,实事求是,合理合法。

(2) 调查研究原则:做到事实清楚,真相明确,防止主观武断。

(3) 全局考虑原则:从全局着手,通盘考虑,力求损失最小、效果最好。

(4) 预防为主原则:做到防患于未然,提倡互谅互让。

2. 答题原则

(1) 依据工作目标,预见未来的要求、机会和不利因素,并作出计划。

(2) 计划切实可行,具有可操作性。

(3) 依照计划执行,执行过程中具有变通能力。

(4) 组织实施周全严密,条理清晰,主次分明。

(5) 合理调配、安置人、财、物等有关资源,做到人尽其才、物为其用、财尽其力。

(6) 善于总结提高,把感性认识上升到理性认识,更好地开展工作。

四、理清计划组织协调类题型的答题策略

1. 基本思路

为了确保人才选拔的客观公正,命题过程中会尽可能地通过情境创设,来考查考生的真实水平。因此,计划组织协调题答题要避免套路化,不能面面俱到,而是要突出重点,细化关键,答出特色与亮点。

2. 具体方法

不同的计划组织协调题答题的具体方法不同。现根据计划组织协调的不同阶段,

介绍突出重点和细化关键的基本方法。

（1）确立核心：突出计划组织协调的目的性、针对性、可行性、科学性、全面性、有效性，做到公平公正，确保最终效果。

（2）事前准备：拟订计划组织协调的计划，明确相应的目的、主题、内容、对象、时间、地点、参与人员、职责分工、资金预算、所需设施设备、相关资料的准备、采用的方式、应急措施、安全保障等，向领导汇报准备情况。

（3）具体实施：对人员进行分工，按计划实施。要深入一线，通过多种方式进行宣传，采取相应的奖励方式调动客体参与的积极性。在活动过程中，注意收集信息，积累资料，对发生的各种意外情况或突发事件进行监督、协调或处理，做好相应的文字记录、音像拍摄等工作。

（4）事后总结：做好收尾工作，对所获得的信息进行分析和处理，形成相应的报告并上报。

【例讲】

你是单位老干部处工作人员，领导安排你带领100名退休老干部去参观工业园区，请问你怎么组织？

这是一道组织参观类试题，属于全过程考查的传统题型。首先要明确老干部参观工业园区的目的，在于丰富老干部的业余生活，开阔老干部的视野；其次要根据老干部的身体、心理特点做好参观的准备工作；再次在参观过程中，要尽量照顾到每一位老干部，确保整个过程安全、愉快并有收获。最后，做好返回工作，积极进行总结。以上每个工作环节都可以根据自身生活经验与积累，突出重点，答出特色，尽量于细微之处显真情，于关键之处显能力。

参考答案：

假如由我来组织100名退休老干部参观工业园区，由于老干部人数较多，为了方便照顾老人，我会采取分批次参观的方式来安排这次参观活动。

第一，我会确定好此次参观工业园区的老干部的名单，了解老干部们的基本情况，统计好他们的个人信息，尤其要对身体条件特殊、需要照顾或有特殊要求的老干部进行备注，进而有的放矢地做好前期准备工作。在准备工作中，尤其注意要配备医护人员，请他们随时注意老干部的身体状况，对感到身体不适的老干部及时进行治疗，保障他们的出行安全。

第二，我会与工业园区方面做好对接工作，确定本次参观活动的具体时间、参观内容、路线规划、食宿安排及往来交通等具体事宜。

第三，我会召开专门的会议，为本次参观活动制订详细的工作方案并落实好人员分工。

工作方案主要明确以下信息：本次参观活动的具体时间是周末；地点为工业园区；活动行程分为两天，第一天参观工业园区的老区，主要是传统行业，如钢铁、煤炭、机械制造等，第二天参观新兴工业园区，主要是生物医药、电子商务等；参观景点与详细路线根据工业园区的路线合理规划；参观活动的食宿统一安排在园区旁边的快捷酒店；统一租赁大巴车来负责接送老干部。

人员分工方面，我会请同事帮忙配合我的工作，共同组织好本次活动。安排专人负责通知老同志，确定集中地点和方式。我本人与工业园区进行对接，负责联系车辆交通等。确定以上工作安排后，我会做好经费预算，将工作方案交给领导审阅，在领导审阅后落实好交通、人力财力安排。

第四，在老干部参观园区过程中，我会安排工作人员做好服务工作，老干部们将在现场看项目、听汇报、解难题，了解工业园区的产业发展优势、特色项目、运营模式、成功经验等。对于老干部提出的问题，我会让工作人员做好记录，我也会全程做好统筹协调工作，确保本次参观活动顺利进行。

第五，在每批老干部参观结束之后，我都会清点人数、物资，安排好回程车辆，确保老干部们都安全到家。在所有批次的参观活动都结束后，我会将本次活动的具体情况向领导汇报，总结经验教训，便于今后更好地开展此类工作。

 【训练】

一、单项训练

1. 你是某派出所的一名社区民警，所领导安排社区民警在各自负责的社区开展一次防电信诈骗宣传活动，你如何开展？

2. 你单位要组织新入职人员进行为期一个月的岗前培训，领导将这项工作交给你，你如何开展？

二、综合训练

1. 单位有一项重要的工作任务要完成，包括收集资料、分析数据、撰写材料、总结汇报等环节。五位同事态度如下。

（1）按照环节进行分工，每人完成各自的工作。

（2）工作有难有易，大家一起干。

（3）自己能力弱，手头还有其他工作，不参加。

（4）能力强的多干，能力弱的少干。

（5）你们不干我干，好坏我担着。

假如领导让你负责这项工作，你会怎样分工？

2. 近年来，城市品牌宣传成为热门话题，如苏州古今传承，青岛啤酒溢香，昆明四季如春……但有人说，优秀的城市不需要宣传。理由如下。

（1）花香蝶自来，城市不需要宣传。

（2）城市不是商品，不应该过分宣传。

（3）所有的城市宣传都是找噱头，都是闹剧。

请你对以上观点进行逐条反驳。

三、拓展训练

阅读下面的材料，按要求答题。

  小张和同学一起去偏远山区当支教老师。快过春节的时候，学生小明气呼呼地回到学校，小张询问缘由，小明说在外打工一年的父母回家了，给自己买了礼物，他不想要礼物，不愿被他们"收买"，与其给他买礼物，不如平时多跟他联系。小张和几位支教同学随后进行了家访，发现当地很多孩子都是留守儿童，父母大多都是一年一回，有的几年才回来一次。家访结束后，作为支教小组的组长，小张要召开一次小组会议，讨论在新的学期里如何帮助留守儿童与父母保持联系。

假设你是小张，你打算讲哪几个方面的内容？

要求：分组模拟，选择一位同学扮演支教组长小张，其他同学进行点评。组长发言时间3~5分钟，每位组员点评时间1~2分钟。

（李保清）

任务三　应急应变类题型训练

【情境】

情境一

你是政府机关工作人员，一天你去上班，同事以异样的眼神看着你，接着你发现网上有一个帖子，是关于你工作生活的批评言论，还留了你单位的地址和电话，你该怎么做？

情境二

上级机关要举办年中工作总结会。你陪单位的领导去开会，会议前 20 分钟，领导发现汇报材料中的数据有问题，而材料是你起草的，你会怎么办？

【知识】

应急应变能力是指面对突发情况或意外事件等压力时，能迅速地作出反应，并寻求合适的方法妥善解决问题的能力，即应对紧急情况或事件变化的能力。

应急应变类试题可以说是公职面试的各大题型中最灵活的一类。它要求考生立刻解决题中设定情境下的突发事件和棘手状况，预设的情境具有突发性、紧急性、不确定性等特点。考生要对面临的情境进行快速精准的分析，才能采取相应措施解决问题。具体来说，可以从如下几个方面着手。

一、确定应急应变类题型的具体类型

在公职面试中，根据题中情境设置的不同，可以对应急应变类题型进行具体的划分。

1. 公共危机类

公共危机是指一个事件突然发生，并对广大人民群众正常的生活、工作以及生命财产构成威胁，如自然灾害、事故灾难、突发公共卫生事件、社会安全事件等。

2. 工作协调类

工作协调是指管理人员在其职责范围内或在领导的授权下，调整和改善组织之间、工作之间、人与人之间的关系，促使各种活动趋向同步化与和谐化，以实现共同目标的过程。

3. 尴尬事件处理类

尴尬事件处理类的情境大致有两种：一种是把考生放在理智和情感两难抉择的境地；另一种是把考生放在一种不利的境地，借以考查考生在压力环境下的心理素质和反应能力。

4. 复杂场景处理类

复杂场景处理往往是针对初入公务员队伍或事业单位的人而设置的情境，即业务不熟，任务又很重，在同一时间段内又接到多个工作任务，以此考查新入职的人员通过任务转换同时处理多个任务的能力。

二、遵循应急应变类题型的重要原则

面对题中的突发事件或意外情况，考生在处理过程中要周密思考，分清主次，迅速处理，同时遵循一定的原则。

1. 基本原则

（1）稳定性原则。做到心态稳，语气稳，答题稳。
（2）快速性原则。做到思考快，入题快。
（3）有效性原则。仔细审题，认真思考，确保有效、合理、妥善地解决问题。
（4）全面性原则。尽可能提出更多的解决问题的办法。

2. 答题原则

（1）有效掌握工作相关信息，及时捕捉带有倾向性、潜在性的问题，制订可行预案，并争取把问题解决于萌芽之中。
（2）正确认识和处理各种社会矛盾，善于协调不同利益关系。
（3）面对突发事件，头脑清醒，科学分析，敏锐把握事件潜在影响，密切掌握事态发展情况。
（4）准确判断，果断行动，整合资源，调动各种力量，有序应对突发事件。

三、明确应急应变类题型的测评要素

应急应变类题型主要通过对应试者的回答及其现场表现的观察和记录，考查考生处理突发事件的能力，应对变化的能力，自我情绪控制能力。

处理突发事件的能力要求在有压力的情况下，积极稳妥地化解危机，解决问题。应对变化的能力要求面对压力，能多角度思考问题，体现思维的敏捷性、灵活性、方法的有效性。自我情绪控制能力要求在突发事态下能保持冷静、理智、宽容、忍耐的心态。

四、理清应急应变类题型的答题策略

1. 基本思路

答应急应变类题型的基本思路是先根据题目中设置的情境确定具体状况，及时控制状况，避免情况继续恶化，随后根据实际情况分清轻重缓急，按照先后顺序采取相应的措施。事后进行反省，避免类似事情的发生。

2. 具体方法

（1）分析情况。分析这是一个什么样的危机，涉及哪些人员，"我"在危机事件中扮演的角色，"我"所承担的职责，试题中突然发生的这件事情或状况其真实性、紧急性、严重性、重要性等方面的情况如何，这场危机解决的好与坏所产生的影响如何等。

（2）确定任务。通过分析情况确定自己的任务。明确在这场危机中"我"能够做什么，"我"应该做些什么。

（3）解决问题。在面对突发状况与事件时，"我"应该通过不同的方法来查找矛盾的根源，提出解决问题的办法，进而达到解决问题的目的。

① 主体分析法。即针对试题中给出的不同主体，一一进行分析，并根据矛盾主体的轻重缓急有序进行破解，最终达到化解全部矛盾的目的。

② 层层假设法。即对试题中设定的问题提出多种假设，对每一种假设给出相应的解决办法。

③ 事件追寻法。即针对试题中设定的突发情况，从整个活动过程中查找突发情况产生的原因，从而得到解决问题的办法。

④ 要素调换法。即对试题中设定的时间、地点、场景、人物、事物等要素进行调换，从而解决问题。

（4）总结提高。将试题中设定的突发事件解决以后，考生可结合自己的报考岗位进行总结，对突发事件产生的深层原因进行深刻反思，做到查漏补缺，未雨绸缪，同时也为今后处理类似事件积累经验。

【例讲】

单位开展党史教育活动，组织党员学习。聘请的党校老师和领导都已经到会场了，但党员同事都没有来。你发现是你短信通知的时候时间通知错了，本来是16点学习，却通知成下午6点了，这时你该怎么办？

这是一道尴尬事件处理类试题。首先明确会议时间通知错了，如果不及时纠错将导致会议无法正常进行；其次为缓解尴尬局面，确保会议如期进行，应立即采取补救措施；再次在实施过程中应做好安抚及解释工作，避免产生新的矛盾；最后，认真进行反省，积极进行总结。

参考答案：

　　会议时间通知错误，而领导和老师已经先行到了会场，这是我工作上的失误，为了维护单位形象，确保活动顺利进行，我将采取如下措施。

　　首先，快速冷静下来，主动去和领导、老师如实说明情况，并致以歉意，承诺积极稳妥应对，争取快速平复领导和老师的心情。

　　其次，立即和参加此次学习活动的党员进行联系，一方面可以采取在微信群群发通知的方式，向大家承认错误，重新说明准确时间，争取让大家尽快到达会场。另一方面，分别与各党支部支部书记电话联系，请求各支部书记务必以最快的速度通知到所在支部的全体党员，力争在最短的时间内赶到会场参会。由于会议时间与通知的时间相差不多，党员同事们仍然在岗，相信会有很多人能够及时到场。

　　再次，为防止有些党员不能及时到现场听课，我会安排工作人员做好会议记录，同时采用录像的方式将老师讲授的内容全部录下来，事后让没有参会的党员同事查看会议记录和观看视频。

　　最后，会议结束，我会妥善送走老师，并向领导再次道歉，反思自我，必要时写情况说明和检讨，交给领导，保证日后绝不会再犯。

【训练】

一、单项训练

1. 陈教授是农科院专家，应邀到你乡进行特色种植技术讲座。因身体原因，讲座前一天陈教授突然通知说要取消讲座，而讲座通知早已发到了各村组。你是这次活动的组织者，你会怎么办？

2. 你是一名新入职的公务员，在山区调研过程中，碰到突发暴雨，有可能会引发山洪。你会怎么处理？

二、综合训练

1. 假设你是某机关单位工作人员，周一上班面临以下三件事。
（1）群众投诉，投诉内容正好是你负责的事情，群众就在楼下等待回复。
（2）给领导写一份工作总结，下午使用，中午之前务必完成。
（3）同事小李提干，组织部约你谈话，了解小李平日的工作表现和为人。
请问你如何安排这三件事，并说说具体如何做。

2. 假设你在某区政务服务窗口工作，该区正在评选政务服务先进窗口单位，有观摩团来你单位参观，这时有群众与一个窗口的工作人员发生争吵，周围群众指指点点，观摩团也有人在录像，看到这种情况你会怎么办？

三、拓展训练

假设你是城管局的工作人员,有人举报他们社区有违章建筑,要求你们前去拆除。你和同事前往现场,确认是违章建筑,告知举报者,根据相关规定,该违章建筑需要经过审批才能拆除。举报人情绪激动,要求马上拆除,并与违建者产生冲突,引起群众围观。作为现场负责人,你要发表讲话平息事态。你打算如何讲,请模拟。

(李保清)

任务四

综合分析类题型训练

【情境】

情境一

一些大学生在选修课程的时候总是关心课程难不难,老师严不严,考试好不好过。对这种现象你有什么看法?

情境二

2022年5月10日,在庆祝中国共产主义青年团成立100周年大会上,习近平总书记指出:"实现中国梦是一场历史接力赛,当代青年要在实现民族复兴的赛道上奋勇争先。"结合实际,谈谈你的理解。

【知识】

综合分析能力不仅是公职招录考试笔试测查的要素,也是面试必考的要素。有关综合分析的内涵在申论写作训练中进行了介绍,不再赘述。综合分析能力面试测查方式与笔试有所不同。笔试中综合分析的对象主要是指给定资料,且通过书面语言作答。面试过程中,综合分析能力通过口头表达来体现,测查的范围和对象摆脱给定资料的约束,涉及各种社会现象、观点以及政策。因此,综合分析面试题型灵活多样,处理此类题型时,应着重从如下几个方面着手。

一、确定综合分析类题型的具体类型

1. 社会现象类

广义的社会包括政治、经济、文化、民生和生态等多方面要素。社会现象类综合分析题涵盖以上各领域的时事热点,重点关注教育、医疗、就业、养老、收入分配、社会治安、基层治理等方面的具体问题。社会现象类题型一般以时事热点问题来考查考生对该问题的看法,或者直接提问该问题产生的原因和解决对策等。此类试题又可分为积极社会现象类、消极社会现象类和辩证社会现象类等。

2. 观点类

观点类试题主要包括古代和现代的名言警句、领导人语录、社会普遍看法、焦点人物的言论等。此类题目主要考查考生对观点的理解分析能力。题中观点或单一、或对立、或多元，需要考生在综合分析的基础上形成自身的看法、理解和认识。

3. 公共政策类

公共政策类综合分析题主要考查考生对于国家政策、方针的理解、认识。一般表现为让考生就题中所述的政策、方针谈谈自身的理解、认识和看法。所述政策既有中央政府出台的政策，也有各地方政府出台的政策，既包括积极支持类的政策，也包括辩证分析类的政策。

二、明确综合分析类题型的测评要素

（1）政治鉴别能力。考查考生的政治敏锐性和洞察力，贯彻执行党的路线、方针、政策等能力。

（2）依法行政能力。考查考生的法律意识、规则意识、法制观念及依法办事、准确执法、公正执法、文明执法等能力。

（3）思维能力。考查考生思维的高度、深度和广度。

（4）社会责任感。考查考生能否承担起管理国家事务的重任。

（5）解决问题的能力。考查考生针对不同的问题提出对策、作出决策、化解矛盾等方面的能力。

三、遵循综合分析类题型的重要原则

面对题中涉及的现象、观点以及政策，考生在处理过程中要周密思考，分清主次，准确判断，作出回应，同时遵循一定的原则。

1. 基本原则

（1）宏观原则：对事物能从宏观方面进行总体考虑。
（2）微观原则：能从微观方面对事物的各个组成部分予以分析。
（3）辩证原则：能注重整体和部分之间的相互关系及各部分之间的有机协调组合。

2. 答题原则

（1）全面客观表明态度。考生在答题之时，首先要对试题中的观点表明自身看法，对辩证性的观点表明自己的主体倾向性。

（2）精练语言表述思路。论证的过程语言要精准，逻辑要严谨，思路要清晰，适当使用名人名言、格言警句及能体现政治素养的词汇。

（3）阳光心态匹配岗位。结合自己报考的岗位，用阳光的心态表明立场，体现积极的价值观和人生观，表达履职期望。

四、理清综合分析的答题策略

1. 基本思路

答综合分析题的总体思路是站在公务员的角度，用辩证的思维，发展的眼光，对具体问题进行具体分析。

2. 具体方法

（1）表态：充分了解试题中所谈到的内容，通过其表象看清其本质，一针见血地指出试题中所谈问题的实质，进而表明自己的态度和观点。

（2）分析：从多角度、多层次来进行分析。可以采用主体分析法，即从国家、社会的宏观角度，从相关机构、组织、部门的中观角度以及从个人、家庭的微观角度进行分析；亦可采用维度分析法，即从制度、观念、舆论、政治、经济、文化、执行、监督、礼仪等维度进行分析。

（3）对策：注重整体和部分之间的相互关系及各部分之间的有机协调组合，并结合自己所报考的岗位，提出解决问题的相应措施或意见、建议。

【例讲】

习近平总书记在庆祝中国共产党成立100周年大会上的重要讲话中指出："江山就是人民、人民就是江山，打江山、守江山，守的是人民的心。"请谈谈你对"江山就是人民、人民就是江山"的理解？

这是一道观点类试题。首先应表明对观点的认同，指明观点的实质；其次要对观点进行分析，阐明其深刻的内涵；再次要指明观点在现实中的应用；最后进行概括。

参考答案：

总书记的这句话充分体现了党的人民情怀，充分展现了党"以人民为中心"的执政理念，为广大党员干部立足岗位为民服务，提出了明确要求，提供了基本遵循。可以从以下三个方面理解。

第一，"江山就是人民、人民就是江山"，充分体现了党的性质和宗旨。人民性是马克思主义最鲜明的品格，我们党作为以马克思主义武装起来的无产阶级政党，自成立之初就将"人民"二字置于心中最重的位置，把为中国人民谋幸福、为中华民族谋复兴作为自己的初心和使命，虽历经百年而始终未曾改变。

第二，"江山就是人民、人民就是江山"，要在党性政德中加以规范。政绩观说到底就是党性问题、立场问题，它犹如一面镜子，映照出的是党员干部的党性修养、宗旨意识。党员干部有什么样的政绩观，就会有什么样的价值追求、政治立场，就会有什么样的行动举措、现实结果。牢记"江山就是人民、人民就是江山"，就是要将"人民"二字熔铸到政绩观之中，从政绩观上解决好从政"为什么、干什么、留什么"的问题，要时刻把群众利益放在首位。

第三，"江山就是人民、人民就是江山"，要在履职尽责中落地见效。群众利益无小事，一枝一叶总关情。党员干部的工作能否经得起历史、实践和人民的检验，归根结底要看其能否给人民群众带来实实在在的利益，特别是能否有效解决群众普遍关心的、反映强烈的重点突出问题，让群众有获得感、幸福感、安全感。

总之，我们要始终将"人民"放在心中，找准自身工作与服务人民、造福人民的结合点，善于以人民群众的视角审视自己的工作，善于以人民群众的需求校正自己的工作，就是对"江山就是人民、人民就是江山"最好的阐释。

【训练】

一、单项训练

1. 有人说，君子要见义勇为；也有人说，君子应不立于危墙之下。谈谈你的看法。

2. 一块冰在沙漠中被融化到很小，它抱怨自己待错了地方，说要是在南极就不会融化了。沙子对它说："沙漠里缺少冰，你在沙漠里是非常珍贵的，南极的冰很多，你到那里就失去了价值。"请结合自身实际谈谈故事对你的启示。

二、综合训练

阅读下面的材料，概括主要内容，并就所概括的内容谈谈你的看法。

教育部发布《义务教育劳动课程标准（2022年版）》。其中根据不同学段制定了"整理与收纳""家庭清洁、烹饪、家居美化等日常生活劳动"等学段目标，于2022年秋季学期开始执行。不少70后80后网友直呼：多年前的劳动课，如今又回来啦！

有观点认为，既然要推广劳动课，就要确保每一个学校和学生，都能参与进来，实践起来，如果做不到，那就与劳动课的初衷相违背了。此事引发关注后，我们发现，绝大多数家长都是认可和支持的，但家长们也有不少疑虑。比如，这些劳动课会占用孩子太多的学习时间，让孩子输在了起跑线上；这些劳动课又会变成回家作业，又要发视频又要拍照打卡，最后的结果就是，学生摆拍，折腾家长，让劳动课变了味，沦为形式主义。

三、拓展训练

我国于 2021 年开放三孩政策，允许一对夫妻生育三个子女。这有利于提高出生率，缓解人口老龄化的趋势。但一些年轻的夫妻生育欲望并不高，原因在于有些用人单位在招录员工时对育龄女性有歧视，且生活压力大，培养孩子成本高。面对这些现实问题，很多省市出台了延长产假、增加生育津贴、禁止就业歧视等政策。假设你的亲友中有一对心怀顾虑的育龄夫妻，现在要你对他们进行政策解读，以消除他们的顾虑，你会如何进行劝说，请模拟。

（李保清）

项目二 求职面试口语训练

一、大学生就业新形势

大学生就业是社会普遍关注的问题。我国正处于转型发展的关键时期,受各种因素综合影响,就业环境发生变化,就业问题呈现新的发展趋势。

首先,大学生就业压力持续增大。近年来,我国高校毕业生人数屡创新高,整体就业压力及求职竞争激烈程度有所增加,本科生就业问题尤为突出。

其次,党和国家高度重视大学生就业工作。2022年6月,习近平总书记作出重要指示,要求"千方百计帮助高校毕业生就业"。各级政府与职能部门协同发力为高校毕业生拓宽就业市场,挖掘岗位资源,形成了全社会关心和支持大学生就业工作的氛围。

再次,企业招聘渠道与人才需求发生变化。一是招聘渠道多样化,除传统的线下招聘外,网络平台招聘、直播带岗等成为新的招聘渠道;二是人才需求有侧重,受国内外多种因素影响,企业多寻求转型调整,传统岗位用人需求相对疲弱,新业态人才需求增强。

最后,大学生就业观念日趋多元。新时期的大学生就业观念差异化明显。一些人对职业的稳定性需求增强,倾向于公职就业。多数人倾向于大城市、大型私企就业,到偏远地区或者小微企业就业意愿低。也有人主动选择创业、"慢就业"或者灵活就业等。

二、求职面试新要求

随着互联网技术的不断升级,企业招聘方式招聘渠道发生变化,求职面试由线下变成线上,对人才的评估由主观判断变成数据分析,人岗匹配更加精准,这给求职面试提出了新的要求:一是要掌握信息化技术,熟练使用各种软硬件设备;二是要足够诚信,所提供的求职信息能通过大数据分析;三是要更加注重细节,线上面试都是全程录像,面试官可以反复回看,不能因小失大;四是要有更加开阔的视野,线上面试不受空间限制,可以跨区域甚至跨国界,求职者有更多机会,也面临更大的竞争压力。

(朱桂华)

任务一

求职面试礼仪训练

【情境】

小红是一名大学应届毕业生,向好几家公司投了简历,只有 L 公司通知她参加面试。小红非常想得到这份工作,知道面试过程中言行举止很重要,却不知道如何表现才会给考官留下好的第一印象。如果你是小红的朋友,会从面试礼仪方面给她哪些建议呢?

【知识】

礼仪是人们在社会交往活动中,为了相互尊重,在仪容、仪表、仪态、仪式、言谈举止等方面约定俗成的、共同认可的行为规范。面试礼仪是考试环境下的特定礼仪。求职面试礼仪侧重指求职者体现对考官尊重,实现求职目标应遵守的行为规范。在竞争激烈的人才市场,要想脱颖而出,获得理想的工作,除了具备良好的专业素养以外,必须掌握一定的求职面试礼仪。

一、面试的见面礼仪

1. 遵守面试时间

准时到达面试地点参加面试,这是最基本的面试礼仪。对于参加面试的人来说,提前 10—15 分钟到达面试地点稍做休息,可以提前熟悉环境,稳定情绪,调节好临场状态,做足心理准备,确保在考官面前能气定神闲。比面试规定时间来得早的人,不仅因准备充分从容应试,而且会给考官留下重视、珍惜应聘岗位,工作勤勉、负责的良好印象,给人可信、可靠的感觉。如果在面试时迟到或者是匆匆赶到,不管有什么理由,也会被视为缺乏自我管理和约束能力,会给面试官留下非常不好的印象。为了确保能在预定的时间到达面试地点,建议提前一两天先去探一次路,熟悉交通路线、地形。只有做一个非常守时的人,才有可能得到对方的信任,继而被委以重任。

2. 留下良好的第一印象

(1) 礼貌进门。进入面试室之前,应检查自己的装束,理清思路,平静心境,然后叩房门两三下，待得到考官的应允后方可入室。入室后，侧身将房门轻轻带上，然后缓慢转身，轻松自然地走向考官。

（2）热情问候。面对面试官应点头微笑，热情地问候，有礼貌地打招呼，这是最基本的礼貌。如果不知道对方各自的姓名和职衔，决不要自作聪明，随意猜测后就称呼对方，如果出现差错，将十分难堪，会给对方留下轻率无礼的印象。最好先自我介绍一下，再有礼貌地请教对方的姓名和身份。如果考官主动伸出手来，就报以坚定而温和的握手。如果考官不主动握手，求职者切勿伸手向前和对方握手，以免对方没有思想准备而出现尴尬局面。待主考官已经坐下并示意自己坐下时方可坐下。若无主考官邀请或示意，切勿自行坐下。对方示意坐下时，切勿噤若寒蝉或扭扭捏捏，应说"谢谢！"。坐下时要放松自己，但要坐得挺直端正，目视前方，精神饱满，可以将双手交叉放于桌上或平放于双膝。

二、面试的态势礼仪

1. 举止礼仪

举止是一种形体语言，透露人的内心世界。观察一个人的举止，有助于把握人的真实状况。面试时应该注意如下举止礼仪。

（1）站姿。面试中站姿要显得精神饱满。头要正，腰要直，肩要平，挺胸收腹，面带微笑。不可过于严肃、僵硬死板，也不可过于懒散，毫无生气。站立时，两手自然分开放置身体两侧，或双手交叉置于腹部位置。不要双手插入口袋，更不可将双手抱在胸前，否则会给对方轻慢之感。

（2）坐姿。面试中坐姿要端庄、大方、自然。入座时应当轻而稳，不要给人毛手毛脚不稳重的印象。坐的位置要适中，通常只坐椅子的1/3或2/3。坐下后上身要挺直，不要左右摇晃，腿的姿势配合要得当，一般不能跷起二郎腿。跷二郎腿会显得过于随意，抖腿更不可取。面对交谈对象时，上身要些许前倾，表示对对方的尊重和自己的专心。面试时间较长时，可根据座位的高低，调整坐姿的具体姿势，上身需要后仰时，幅度不能太大，否则会给人困扰、无聊、想休息的印象。男士可以双脚分开至不超过肩宽，女士则应双膝并拢，双腿可适当斜侧，不要把腿向前伸直，也不要大大地叉开。

（3）走姿。面试中走姿要沉着自信、稳健有力。上身要挺拔向上，双臂自然地前后摆动，幅度不要过大，也不要过小，头不要昂得过高，也不要过低，以目光平视前方为宜。还要注意不要像平时走路那样随意地左右摇动，要保持步伐节奏均匀，不快不慢，无须小步快跑，但也不要拖拖拉拉；不应紧张得来回踱步，也不可兴奋得蹦蹦跳跳，要给人一种冷静、胸有成竹的感觉。在进入面试场地时，求职者可稍微加快脚步，迎向面试官。

（4）手姿。面试过程中可以恰当地运用手势来表达自己的思想感情。手势不宜单调重复，也不能动作过多，幅度过大。应避免不稳重的手姿、失敬于人的手姿和不卫生的手姿。另外要注意的是，若面试官主动握手，求职者应该保证手心无汗的同时单手或双手迎上，用适中的力度和摇摆幅度握手。在接受或递送资料时，求职者应双手奉上。

2. 服饰礼仪

服饰除了满足穿戴需求外，还能反映思想观念与审美品位。面试官们或多或少都会对求职者的穿着打扮进行评价。因此，求职者在面试前应根据个人的具体情况和求职目标，选择得体的服饰，给面试官留下良好的印象。

（1）符合职业特质。服饰搭配要符合应聘的岗位特质。例如，金融、银行、法律、咨询、销售等岗位的职场人士要展现稳重、专业、成熟、干练、值得信赖的特质，可以通过着正装或商务套装凸显这些特质。从事新闻、娱乐、广告、平面设计、动画制作等工作的职场人士可以穿得简约休闲。

（2）衣着整洁大方。面试是一种正式场合，衣着应规整得体，修饰自然有度，给人以朴实整洁、得体大方的感觉。一般来说，套装较为适宜。男士着一套深色的西服，能给人一种干练、精明的专业化感觉；白衬衣要干净，长裤要整洁，一定不能皱巴巴；黑色皮鞋要擦亮，鞋带勿松脱，袜子太短或颜色太浅都不适宜。此外，头发要整洁，胡须要剃干净。对于女性而言，剪裁简单的套装是面试首选，装束以朴实、庄重为好，切忌衣着过于华丽，忌太多纽扣或花边的装饰，忌珠光宝气，忌浓妆艳抹，忌太露太透的衣服，鞋跟高度要适中，佩戴首饰要少且款式简单，尽量不要使用香水，尤其不要用味道浓郁的香水。

3. 表情礼仪

面试时，要善于使自己的表情随着交谈内容的变化而变化，切忌一脸茫然、冷漠。表情不宜过分夸张和激烈，要让人感到自然、真实。

（1）微笑。微笑是最能赋予人好感的表情，也是人与人之间最好的一种沟通方式。对人微笑能体现出热情、修养和魅力，也能得到他人的信任和尊重。在面试中微笑不仅可以掩饰甚至缓解自己紧张的情绪，还能拉近与面试官的距离，有利于沟通的进行，增加应聘的成功率，同时还可以提升外部形象，体现乐观、阳光的精神面貌和热情、充实的工作干劲。当然，微笑首先必须真诚、自然，只有真诚、自然的微笑，才能使对方感到友好、亲切和融洽；其次，微笑要适度、得体，适度就是要笑得有分寸，恰到好处。总之，真正的微笑是发自内心的，表里如一的。

（2）眼神。眼神是无声的语言。在面试交谈中，求职者要学会用眼睛说话，把真实的感情流露在眼睛里，随时运用眼睛与面试官交流感情。在和面试官交谈时，要以目光的真诚来显示求职者内心的真诚。目光不要游移，那会使对方感到求职者心不在焉；听对方讲话时，眼睛不要时开时合，那会使对方猜疑求职者厌倦交谈；不要斜视对方，那会使人觉得求职者很傲慢；当对方提问时，要以亲切、热情的目光看着对方，不要将目光移往别处。当面试官不是一人的时候，求职者的目光不能只注视主考官，虽然仍是以主考官为主，但也要兼顾到在场的其他人。

三、面试的交谈礼仪

如果说外部形象是面试的第一张名片，那么交谈就是第二张名片，会客观反映出一个人的文化素质和内涵修养。面试时要在现有的语言水平上，尽可能地发挥口才作用。对所提出的问题对答如流，恰到好处，妙语连珠，耐人寻味，又不夸夸其谈，夸大其词。具体应把握以下几点。

（1）口齿清晰，语言流畅，文雅大方。交谈时要注意发音准确，吐字清晰，语速适度。交谈时吐字不清、语言不畅、语调呆板都会减少说服力和吸引力；说话太快，像机关枪一样没有停顿，会使别人无法了解表达的意图；说话太慢，会让对方听得烦躁。遣词造句要谦虚、委婉。

（2）语气平和，语调恰当，音量要适中。面试时要注意语言、语调、语气的正确运用。自我介绍时最好多用平缓的陈述语气，不宜使用感叹语气或祈使句。音量的大小要根据面试现场情况而定。声音过大令人厌烦，声音过小则难以听清。

（3）简明扼要，重点突出。回答问题要抓住要点，要用最少的语言传递尽可能多的信息。克服啰唆重复的语病，戒掉口头禅。坚持以事实说话，当不能回答某一问题时，应如实告诉对方，含糊其词和胡吹乱侃都会导致失败。

（4）语言要含蓄、机智、幽默。说话时除了表达清晰以外，适当的时候可以插进幽默的语言，营造轻松愉快的气氛。尤其是当遇到难以回答的问题时，机智幽默的语言会显示自己的机智聪明，有助于化险为夷，并给人良好的印象。交谈时，可以辅以点头、微笑、合适的手势增强感染力。

（5）注意掌握时间。如果面试考官规定了时间，一定要注意时间的掌握，既不能太过超时，也不能过于简短。

【例讲】

阅读下面的案例，分析求职者失败的原因，并提出改进建议。

一家公司招聘办公室文秘。小秦马上就要毕业了，因为专业对口，其他条件也非常符合，便信心百倍地去应聘。面试当天，她为了给招聘官留下好的印象，精心打扮，选了一条大花的连衣裙，穿上高跟凉拖鞋，戴上项链、耳环，还化了一个流行的烟熏妆。面试途中堵车，她匆忙来到面试室，一进现场看到考官对面有一把椅子，马上就坐下。考官提问后她陡然紧张，什么都答不上来，急得抓耳挠腮，在座位上扭来扭去。面试完毕，她被通知不录取。

原因分析：第一，没有遵守面试时间，对堵车等突发情况没有提前估计；第二，装扮不合适，大花连衣裙、凉拖、夸张的首饰以及浓妆给面试官留下不稳重、不成熟的印象；第三，准备不充分，对考官的提问没有做好内容与心理上的准备；第四，举止不得当，进面试室以及交谈过程中没有注意基本的行为礼仪。以上这些原因让考官认为小秦能力素质与岗位不匹配，不是最佳人选。

改进建议：首先，遵守面试时间，对交通等问题提前做好预案，确保准时参加面试；其次，注意服饰礼仪，化妆宜淡雅，穿着应端庄大方；再次，注意态势礼仪，进门、入座以及交谈过程中举止应该得体，体现对考官的尊重；最后，注意交谈礼仪，认真做好面试内容和心理上的准备，沉着冷静地回答考官问题。

【训练】

一、单项训练

1. 小张不爱说话，面试过程中考官问他个人情况，他让考官直接看简历，结果10分钟的面试2分钟就结束了。如果你是考官，会给小张怎样的评价？

2. 在某公司招聘面试中，一位男士穿着花衬衣与西装短裤面试财务部门主管，他学的是财会专业，还有4年相关的工作经验，不等考官提问他就大谈以往的工作成绩，结果被面试官打断并失去了工作机会。请你说说他失败的原因，并给出改进建议。

二、综合训练

阅读下面的材料，指出小琴在求职过程中值得学习的地方以及存在的突出问题。

> 为了成功就业，小琴精心制作了简历，在得到面试机会后，认真了解招聘企业的工作环境与岗位职责，并就可能被问到的问题准备了答案。面试头一天晚上，她背诵答案至深夜。第二天昏昏沉沉睡过了点，急急忙忙赶到面试地点时衣衫不整，头发凌乱。发现迟到后，她冲进面试考场，在没有跟考官说明原因的情况下，直接坐下。考官提问后，她总想把背诵的答案都用上，不正面回答考官的问题，不与考官进行眼神的交流，一边自说自话一边整理头发与衣衫。结果考官打断了她，问她是不是在背答案，如果是请立即离开面试考场。小琴这才如梦初醒，勇敢地承认了错误，并说明了迟到的原因，保证接下来的问题会如实作答。考官肯定她知错就改，看在她简历做得很认真的分上，给了她回答最后一个问题的机会。

三、拓展训练

以小组为单位，搜集、整理一些面试成功的案例，探讨这些案例成功的经验，总结出对本专业同学求职应聘具有指导意义的启示。

要求：案例具有代表性；经验具体明确；启示具有针对性、指导性。

（李颜）

任务二

自我介绍类题型训练

【情境】

小红跟 L 公司人力资源部工作人员确认面试事宜时，了解到她要应聘的文秘岗位竞争十分激烈，而客服岗位招的人多，报名人数相对较少。小红决定调整求职计划，应聘客服岗，但她所学专业跟客服岗位匹配度不高，也没有相关实习经历，她打算通过自我介绍来展示自身良好的沟通协调能力以及服务意识。如果你是小红的朋友，是否支持她临时调整求职计划呢？如果支持，在没有专业优势的情况下，你认为她的自我介绍应该突出什么？

【知识】

自我介绍是面试过程中必不可少的环节，是深入面试的前奏。招聘方会根据求职者的自我介绍，了解基本信息，考察其品质、能力与素养。因此，自我介绍是打动面试考官的敲门砖，也是展示自我的好机会，应该好好把握。

一、明确自我介绍的内容

（1）开场问候。开场问候决定整个面试的基调。进入面试室时，求职者应该面带微笑，主动、有礼貌地与面试官打招呼。

（2）报出姓名和身份。即使面试官能从求职者的报名表、简历等材料中了解基本信息，面试时仍要主动提及个人姓名与身份。这是礼貌的需要，也可以加深考官对求职者的印象。

（3）介绍学历和工作经历。学历和工作经历是面试官判断求职者是否合格的重要信息。在介绍这部分信息时，应简明扼要、条理清晰、有所侧重。应多谈一些跟所应聘职位有关的工作经历和所取得的成绩，以证明有能力胜任，其他可以简略。

（4）介绍求职动机与职业规划。介绍求职动机时不能过于功利，应重点突出职业理想，其中所包含的个人价值观、职业观，应与招聘单位的价值观及岗位要求相符合。求职者还可以谈谈如果被录取，会有怎样的职业规划，可以为招聘单位作出哪些贡献等。

（5）结束语。结束语是自我介绍完毕的提示，以便面试官进入提问程序。结束语要简短，不应占用太多时间。

二、注意自我介绍的细节

自我介绍相当于商品广告,要求求职者在有限的时间里,针对"客户"的需要,将自己最美好的一面,毫无保留地表现出来,不但要给对方留下深刻的印象,还要引发即时"购买欲"。面试官一般经验丰富,反感过分夸张的自我包装,看重从细微之处捕捉的信息,所以自我介绍时要把握一些关键细节。

(1) 内容要真实。真实性是自我介绍的第一原则。学历、工作经验等内容切不可随意捏造,否则影响的可能不是一次面试,而是整个职业生涯。自我介绍的内容要与简历一致,不能互相矛盾;自我介绍的内容要体现个人特色,忌千人一面。

(2) 语言要精确。自我介绍时要言简意赅,用词准确,吐字清晰,语言流畅,不能含糊不清、吞吞吐吐。为了实现流畅表达,面试之前可以提前写好自我介绍并反复练习,尽量用最少的语言传递尽可能多的信息。面试时自然应答,不能让面试官认为求职者是在"背答案"。

(3) 条理要清晰。自我介绍的内容要有条有理,体现层次。基本信息、性格、爱好、特长、学习经历、工作经历、未来打算等内容应该逐条表述,一层意思说清楚后再说另一层意思,做到重点突出,不能颠三倒四,重复啰唆,让人抓不住重点。

(4) 用事实说话。自我介绍既是推销,也是说服,要用真实的事例和数据说明自己的经验与能力,忌夸夸其谈或者说空话、大话、假话,也忌跑题,讲与岗位要求无关紧要的话。

三、了解自我介绍的类型

自我介绍用时不能太长,要让面试官在最短的时间内认识、了解并欣赏自己,面试者必须采取一定的策略,做到重点突出且有个性特色。每个人的实际情况不同,面临的面试环境也不一样,应该根据不同的面试要求采取不同的策略。了解自我介绍的不同类型,有助于确定面试策略。

(1) 直白式。指自我介绍的内容简单直白,有什么说什么,原原本本、直截了当。这种介绍轻松洒脱,不会造成太大的心理压力,但忌与简历完全雷同,要突出重点和特色。

(2) 文雅式。指自我介绍的内容含蓄且有文采,显示出求职者的涵养与水平。这种介绍对求职者的学识修养要求很高,忌东施效颦,故作高深。

(3) 成果式。指自我介绍的主体内容着重展示成果,如所获奖项、成绩,完成的重点工作等,以突出个人优势。这种介绍应届毕业生慎用,除非成绩出众,确实具有说服力。

(4) 幽默式。指生动、风趣地进行自我介绍。幽默式的自我介绍能体现个人特色,给面试场合增添轻松愉快的气氛,能在短时间内引起招聘方的注意,产生强烈的第一印象。但要把握好度,切忌过分夸张、搞笑。

（5）职务式。指将任职经历作为自我介绍的主体内容，尤其强调所任的重要职务，以显示学识水平、技术能力等。职务式介绍虽简单直接，却非常让人信服。

【例讲】

阅读下面的自我介绍材料，进行简要分析，指出其成功与不足之处。

各位考官好！我叫王雪，是Y大学中文专业的应届毕业生，今天来应聘记者。我十分喜爱记者这个职业。在我眼中，记者肩负着神圣的使命。她是联系普通百姓和各级政府的桥梁纽带；是宣传真理、引导舆论、激励群众的喉舌；是把五光十色的世界展现在世人面前的信使。所以，我怀着强烈的社会责任感，希望当一名记者，参与社会舆论工作。

我认为自己能够胜任记者一职的理由有四点。

第一，我有较强的口语表达能力，多次参加学校的演讲比赛，两次荣获一等奖。

第二，我有很强的写作能力，发表过多篇论文，在校期间经常给一些报刊投稿，已有两篇稿件被省级报刊采用。

第三，我有做记者的实际工作经验，我加入校学生会宣传部并在校报当了两年的记者。

第四，我性格外向，担任过学生干部，有良好的管理能力、组织能力、协调能力和团队合作精神。

以上是我的个人情况，期待贵报给我一次实现梦想的机会。谢谢大家！

这是一则直白式的自我介绍。成功之处有以下几点：一是主题突出，始终围绕应聘记者职位展开陈述；二是语言精确，全篇开门见山，内容精简，用词准确；三是条理清晰，主体内容首先交代应聘的目标岗位，其次谈岗位认识，再次谈任职理由，最后有结束语。四是谦逊有礼，开头问候，中间言辞恳切，最后表示期待与感谢，给人留下非常深刻的印象。不足之处在于对岗位的认识缺乏时代气息，结尾缺乏总结，导致亮点不足，特色不突出。

【训练】

一、单项训练

1. 求职场合的自我介绍与日常社交场合的自我介绍有许多差别，你认为主要差别有哪些？

2. 在一次面试中，一位求职者这样介绍自己："我读的是一所很一般的学校，但我高中的时候成绩非常好，只是高考时没有发挥好，我相信自身能力不比任何一所名牌大学的学生差。你们录取我是绝对正确的选择。"这位求职者最终没有被录取，你能指出他自我介绍时存在什么问题吗？

二、综合训练

阅读下面的材料,对东方朔的自荐书进行点评,并谈谈获得的启示。

  东方朔是西汉时期著名文学家。汉武帝刘彻即位初年,发布告示征召天下英才,鼓励士人直接上书自荐。年轻的东方朔在自荐书里说:"臣东方朔从小失去父母,由哥哥嫂子抚养长大。十三岁开始读书,三年时间文史知识都可以运用自如了。十五岁时开始学习剑法。十六岁时开始学习《诗经》《尚书》,熟读了二十二万字。十九岁时开始学习孙吴兵法,里面的用兵之道、指挥教令也熟读了二十二万字,臣总共熟读四十四万字。我时常佩服子路说的道理。臣今年二十二岁,身高九尺三寸,我的眼睛像珍珠一样明亮,牙齿像编贝一样整齐洁白,勇敢像不避狼虎的孟贲,奔跑的速度像骑马也追不上的庆忌,廉洁像公正无私的齐国大夫鲍叔牙,诚信像为情抱柱而死的尾生。像我这样的人,可以成为天子的大臣。臣东方朔冒死再拜向皇上禀奏。"汉武帝刘彻读完东方朔的自荐书后,赞为奇才,便命令他在公车署中等待召见。

三、拓展训练

根据所学专业的目标岗位撰写自我介绍稿件,然后以小组为单位开展自我介绍互评活动,评出小组优秀人选并进行班级汇报。

要求:每个人发言不超过3分钟,自我介绍既体现个人特色又符合实际,且有针对性。

(李颜)

项目二 求职面试口语训练

任务三

能力岗位匹配类题型训练

【情境】

小红准备好了自我介绍，如期去 L 公司参加面试，应聘客服岗。进入面试考场后，考官却没有听她做自我介绍，而是直接给她一部电话，电话里客户正在情绪激动地投诉，而且说的是方言。小红听不懂，却知道面试已经开始，考官在考验她的临场应变能力。她请求对方说普通话，对方不配合，情绪更加激动，说话速度更快。小红没办法，只好推脱说向上级反映情况，便将电话还给了考官。事后，小红沮丧地向你讲述面试经过，请你分析她的表现，你如何回答？

【知识】

能力岗位匹配是用人单位招聘的重要原则，指人的能力与岗位要求的能力相一致。能岗匹配属于管理学范畴，其内涵并非简单的因岗用人。实际工作中，岗位的职责是不断调整更新的，能力要求也随之变化。因此，能岗匹配还包含对人才的培养、教育、考核等，跟单位、企业的管理理念、人才观念高度相关。

一、能岗匹配基本原则

不同的单位、企业发展定位不同，管理理念与人才观念差异明显，但从社会经济发展的宏观层面看，不管何种性质的岗位都带有一定的时代特征，负有一定的时代使命，其对人才的需求有着共性的一面。当前来说，创新型人才、个性化人才、复合型人才、合作型人才普遍受管理层欢迎。在人力资源管理活动中，能岗匹配一般遵循以下几个原则。

（1）按需配岗，因岗用人。根据任务目标的需要设立工作岗位，根据工作岗位的需要配置相应人员。

（2）明确层序，划分能级。合理架构岗位的组织层次，明确不同岗位的能级水平和能力结构。

（3）用人所长，避人所短。合理使用人力资源，创造发挥作用的条件，提高人力资源投入产出比。

（4）互补促效，动态调整。在能岗匹配过程中，在考虑个体与岗位相互适应时，同时也要考虑个体与个体之间产生的互补作用对管理效率的促进。能岗匹配是不断调整的动态平衡过程。

二、能岗匹配测查要素

在自我介绍环节，面试官初步了解了求职者的求职动机，了解了其学习工作经历，对面试者已有了初步的判断。在深度面试环节，则会通过提问设计或者情境模拟等方式考查求职者已有的能力以及发展潜力，确保有足够的学习力、执行力适应岗位要求，并与岗位形成良性互动关系。面试过程中，一般会重点考察以下几个方面的能力。

（1）语言表达能力。语言表达能力主要考查的是面试者是否能够将自己的思想、观点、建议和意见等清晰而流畅地用言语表达出来，语言表达能力强有助于在工作沟通中获得良好的效果。其实，在整个面试阶段，自我介绍、回答问题和交流沟通就是面试官考查求职者的语言表达能力。考查的具体内容包括表达的流畅性、逻辑性、准确性和感染力等。

（2）综合分析能力。即面试中，面对面试官提出的问题，求职者是否能通过分析抓住本质，并且说理透彻、分析全面、条理清晰，并给出适当的解决方案。

（3）抗压能力。在职场中做任何事都会有压力，对压力采取积极进取的态度才是成功关键。所以在面试中，通常会给求职者施加一定的压力或精神刺激，以考查其抗压能力。

（4）创新能力。创新能力指在实际工作中提供各种新思想、新理论、新方法和新发明的能力，是发展的第一动力。面试过程中，面试官通常会设置问题，考查求职者是否有新的想法、观点，是否善于打破常规。

（5）学习能力。学习能力是能够进行学习的各种能力和潜力的总和。面试中，面试官会考查求职者的学习能力，因为学习能力决定求职者是否能够顺利适应岗位，并在岗位中获得提升。

（6）人际交往能力。人际交往能力是现代人适应社会不可缺少的素质，包括人际感受能力、人际理解能力、合作协调能力等。在面试中，通常会提出一些假设的人际交往情境，尤其是一些尴尬的两难困境，考查求职者的人际交往倾向和与人相处的技巧。

【例讲】

企业招聘一般采取半结构化面试。所谓半结构指面试官提前准备重要问题，但不按照固定次序提问，且在面试过程中出现需要进一步调查的问题时进行追问，有一定的开放性。如：

问题一：你为什么来我们公司应聘？

面试官提出这个问题主要是考查求职者的求职动机以及对公司的了解程度，看求职者对应聘的工作是否重视或感兴趣。

回答示例：

第一，贵公司在业内知名度高，口碑和信誉都很好，在管理制度和企业文化方面的成就也为业内人士津津乐道；第二，我的专业和岗位十分匹配；第三我喜欢挑战，这是最重要的原因。新的工作岗位就是新的挑战，相信在贵公司我能取得成功。

这个回答值得肯定的地方在于对于招聘公司事前有了解，搜集了相关信息。不足之处在于过分强调个人与挑战，显得自负与自傲，容易引起考官追问。

问题二：请举一个你挑战失败的例子。

这个问题意在考查求职者的应变能力、分析能力、抗压能力、解决问题能力，评估求职者面对失败时是否能够吸取教训，并找到解决问题的办法。

回答示例：

我曾在×公司实习，曾承担了某品牌的用户调研分析工作，这项工作让我面临很大的挑战，一是这是我的第一份实习工作，我还不够成熟，不太适应职场工作的节奏和与团队相处的方式，对客户心理了解不多；二是这是我第一次独立做调研，缺少经验与方法，人际关系上也不熟。所以，我做了两周才勉强提交了一份报告，被领导否定了，后来我反复修改了报告，结果还是被否定。我当时感受到巨大的挫败感，自尊心受到打击。冷静下来后，我并没有泄气，而是做了以下几方面的改进：第一，认真分析失败的原因，寻根溯源发现调研的手段不对，获取的信息不全面，分析过程也不太科学；第二，向他人学习，我观察了有经验的前辈的工作方式，并主动向他们请教，参考他们的调研报告，掌握了调研的必要因素与要求等；第三，对自己提出更高更严格的要求，不把自己当无关紧要的实习生，而是公司的重要一员，把实习经历看作重要的成长过程，此后我加倍努力工作和学习，完成了领导交办的其他任务。所以调研工作虽然失败了，但因此得到激励，以后面对挑战时更加从容。

回答这样的问题时，求职者应该保持冷静，坦承失败，不要隐瞒缺点与过错，重点要交代如何弥补过错，走出失败阴影，凸显面对挫折的乐观和战胜困难的勇气。

【训练】

一、单项训练

1. 小张找工作屡屡受挫，于是请求亲友推荐。在面试中，考官问他为什么来公司应聘。他回答说："我亲戚张某某是你们公司的部门主管，是他介绍我来的，你们认识吗？"考官面露尴尬，小张却不知道自己说错了什么。你能告诉他吗？

2. 小李去参加面试,考官问他有哪些业余爱好,小李回答说:"我没有爱好,在学校只爱读书,将来只会一心工作。"考官意味深长地笑了,说:"视其所好,可以知其人焉!"你能理解考官是什么意思吗?

二、综合训练

假如你参加一次求职面试,考官问你:"作为应届毕业生,你工作经验欠缺,如何能胜任这份工作呢?"你如何回答?

要求:根据所学专业目标岗位回答;陈述三个以上的理由;表达流畅,合乎情理。

三、拓展训练

收看求职类电视节目,搜集有代表性的案例,开展交流探讨活动。

要求:以小组为单位整理视频资料;分析求职者成功与失败的原因;撰写500字左右的个人心得体会。

(李颜)

任务四

薪资福利类题型训练

【情境】

在 L 公司的面试接近尾声时,考官对小红说:"你接待客户投诉处理失当,但是我们还是愿意给你工作的机会,只是薪酬要比别人低,只能按照地方最低工资标准结算,你同意吗?"小红既开心得到工作,又觉得没有享受大学生应有的工资待遇,一时不知如何回答。考官让她回去思考,然后再行回复。小红回来后跟你商量薪资的问题,你有什么好的建议?

【知识】

在面试的时候我们不可避免地会谈到薪资福利问题。个人薪资是与其能力、作用、表现和贡献等息息相关的,是一个人工作价值的最直接体现。所以在回答薪资问题时,不能乱答一气,要事前做好准备。在用人单位尚未了解你的情况之前,如果你开的价过高,用人单位自然不会轻易答应;但若你开的价太低,他们会认为你对自己没有自信,从而对你的工作能力产生怀疑。要想取得双赢的结果,就有必要掌握谈薪的技巧。

一、提前做好准备

1. 了解业内行情

在职场中,同行业的管理经营模式都差不多,薪资水平也会有一定的区间。在面试前,要先把自身所处行业内的整体薪资水平了解清楚,最低不能低于多少,最高不能超过多少,整理出自身可以参考的薪资数据。

2. 清楚薪资构成

尽管有区间范围可以参考,但不同公司的发展水平、经济实力、在业内所处位置是不同的,这些都会影响到薪资水平。面试前要了解应聘单位的薪资结构,了解基本工资、绩效工资、奖金、福利、保险等情况。

3. 评估自身实力

个人的经验和能力是薪酬定位的决定性因素，也是薪酬谈判的重要筹码。因此，要结合自己的学历、工作经验、行业背景以及市场行情，合理地分析自己的优劣势，正确地评估自己的能力和水平。

二、注意交流细节

1. 不要主动问薪资问题

切忌面试时一开口就问薪资情况，要先问企业发展、行业形势、入职培训等情况，等待招聘方主动谈薪资问题时再进行商谈。如果招聘方不主动提报酬，那就要找合适的时机，以合适的措辞提出。

2. 给出薪资待遇的范围

与面试官谈薪资问题时，不宜说出具体数字，可以把个人想法说成一个范围，这样既表明了个人的要求，也留下谈判空间使面试顺利进行下去，不至于因为要求太高而失去工作机会。

3. 不要二次讨价还价

在薪资谈判过程中，如果与招聘方已经达成了协议，就不要出尔反尔。假若认为招聘方对薪资要求答应得过于爽快，马上进行二次讨价还价，会给用人单位留下非常不好的印象。

4. 职业发展重于薪资

谈薪资的时候要保持平和的心态，要把眼光放远一点，明确职业发展重于薪资。如果有明确的个人职业发展规划，那么就不要过于纠缠薪资。如果应聘的工作非常符合个人规划与兴趣，那就也不要太计较薪资待遇的不满意。

【例讲】

你希望得到的薪资是多少？

有些面试官可能一开始就会提出这个问题。如果事前做过功课，对这一行业相关岗位有所了解，对薪资就会有较为准确的估计。如果开的价过高，用人单位自然不会轻易答应；假若开价太低，用人单位不但不会高兴，反而可能会认为求职者没有自信，从而对其工作能力产生怀疑。因此，回答这个问题时务必小心，既不能让主考官觉得你脑中只想着钱，亦不要装出一副完全不计较钱的样子。说到底，除了工作上的满足感外，生计仍是很实际的问题，没有必要刻意回避这一事实。另外，有些应届毕业生觉得没有太多的工作经验，而且就业形势严峻，能找到一份工作已经很好，对于薪资问题不敢进行讨论，于是回答"无所谓""都可以"，这样也是不可取的。薪资是对求职者自身能力水平的衡量，也是用人单位对求职者应有的回报，对薪资都无所谓的人，工作动力容易受质疑。所以，对于薪资问题，应届求职者最好不要主动提出来或者要求过多，但也不能持无所谓的态度。另外，面试官对应届毕业生提出这个问题，可能并不真正在乎答案，而是要看求职者怎么回答这个问题。所以在回答时最好表现得诚恳、机智、果敢。

回答示例：

> 作为应届毕业生，在工作经验方面的确有所欠缺，但在大学期间我一直利用各种机会在这个行业里实习或做兼职。我有较强的责任心、适应能力和学习能力，也比较勤奋，所以在实习或兼职中均能圆满完成各项工作任务，我相信凭借学校所学知识和我的工作经验，能胜任这个职位。我期望的工资标准是……不知道这是否在贵公司的预算范围之内，毕竟我刚出校门，贵公司也有自己的标准，我尊重贵公司的标准，相信对于一个有能力的人，贵公司是不会埋没和亏待的。

 【训练】

一、单项训练

1. 求职者在面试时一般都会涉及薪资问题，在谈薪资前我们应该提前做好哪些准备？

2. 针对薪资待遇常见的提问有以下几种："你上一份工作的薪水是多少？""其他公司给你承诺的待遇是多少？""你期待的薪资是多少？"请结合自身专业，选定一个目标岗位，思考个人的薪酬期待。

二、综合训练

阅读下面的材料，指出求职者在谈薪资待遇时存在什么问题，又有哪些地方值得我们学习。

> 面试官：面试到此结束，请回去等候正式录用通知。
> 求职者：我可以问问贵公司给我什么样的工资待遇吗？
> 面试官：我只负责面试，没有权限决定新人的薪资。不过你可以说说你上一份工作的收入情况，以作为我们薪资部门确定你薪资等级的参考。
> 求职者：我上一份工作除去五险一金月薪10000，此外还有季度绩效和年终奖。年收入20万左右，我希望贵公司能在此基础上上浮20%。
> 面试官：我这里有一份行业薪资调查报告，你刚刚离职的公司薪资水平整体偏低。你原岗位月薪是7000元，年收入不可能有20万。此外，我公司薪资管理十分规范，薪资等级评定有严格的程序，不能随意上调。
> 求职者：……抱歉，我说的月薪是两年前的，那时整个行业发展非常

好，我的年收入也的确接近过 20 万，只是后来降下来了。贵公司平台大，在行业领域排名靠前，相信我一定会有更大作为，恳请您考虑到我的价值，而非单纯考虑我的价格。如果可以的话，我能否和您的直属上司聊聊？

面试官：今天的面试全程录像，我的上司会自己决定他要见谁。现在，我要通知下一位面试者进来。

三、拓展训练

结合本专业就业环境，以班级为单位举办模拟面试。具体流程如下。

1. 各小组推荐面试官，面试官负责确定测评要素，明确面试方案。包括设置自我介绍、能力测查、以及薪资待遇等问题。

2. 其他同学扮演求职者，认真准备简历和自我介绍。条件具备，还可以准备面试着装。

3. 布置面试考场，明确面试序号以及时间限制等。

4. 求职者模拟从敲门到进入面试室入座、回答考官问题，直到离开面试室的系列过程。

5. 考官对求职者进行点评，并撰写总结报告反馈给班级指导老师。

（李颜）

项目三 职场沟通口语训练

一、职场

职场具有双重含义。狭义的职场指职业场所,广义的职场指跟职业定位与工作相关的各种场所、组织以及人际关系的总和。

社会的发展,技术的进步,带来职业的分化与变迁。职业的场所、组织以及人际关系也不断发生变化。互联网时代的职场具有工作场所数字化、组织发展全球化、人际关系多元化等特征。

职场发展的新趋势对于职业人士提出全新挑战,突出表现为职业能力要求更高。现代职业核心能力包括沟通表达能力、信息处理能力、计划组织能力、解决问题能力、团队合作能力等。在这些能力项中,沟通表达能力是维持良好的竞争与合作关系的关键。

二、职场沟通

沟通是人们分享信息、思想和情感的过程。沟通的载体包含口头语言、书面语言、形体语言、物质环境等。沟通的目的是实现信息分享,寻求思想一致和感情的通畅。

职场沟通特指跟职业相关的信息、思想和情感的分享与互动。沟通的主要内容有求职应聘、商业谈判、职业演讲、日常交流、客户公关等。

口头语言作为职场沟通的重要载体,有着突出的优势。口语沟通交互性强,比书面沟通更加方便快捷,能及时得到反馈,且能及时修正或补充阐释;口语沟通亲切自然,可以用表情、语音、语调等增加沟通的效果;口语沟通还可以融入物质环境等非语言因素,利用技术、工具等形成共鸣和共识。良好的口语沟通能力是职业人士综合素质高的表现。

互联互通时代,口语沟通有两种模式:一是同步沟通。如当面对话、会谈、电话沟通、视频沟通等;二是异步沟通。譬如微信、QQ语音留言等。多模式多渠道的口语沟通要求职场人士掌握更多的沟通知识与技巧,本教材按照职场沟通的主体进行分类,分别介绍与领导、同事、客户、媒体沟通的知识与技巧,并进行模拟训练。

(朱桂华)

任务一

与领导沟通口语训练

【情境】

小张是某老板高薪从别家公司挖来的高级人才,公司里的高层领导都非常器重他。刚入职时,老板和部门经理都曾对他说过"多提宝贵意见,促进公司发展再上新台阶"。此后,小张三天两头便去找领导"提意见",刚开始,领导还会给予一些回应,可是次数多了,总让人感觉小张像在找碴儿,领导们也逐渐表现出不耐烦,久而久之,小张的职业发展也受到阻碍。小张觉得自己很委屈:"明明是领导要我多提宝贵意见的呀,为什么会是这样的结果?"你能帮小张找找原因吗?

【知识】

沟通是展现一个人气质、才华、素质和能力的重要方式。在职场中,与领导打交道是每个人都不可避免的,总有一些人因为善于与领导沟通而得到赏识,当然,也有一些人明明德才兼备却因为不善与领导沟通而一直默默无闻,不被重用。可见,掌握与领导沟通的技巧是工作顺利的重要保障。

一、与领导沟通的原则

1. 积极主动

惧怕与领导打交道是许多职场人的"通病",反映在职场新人身上尤为普遍。例如,见到领导不敢打招呼,总是绕道走,或者装作没看见,又或者因为担心遭到同事的非议而不敢主动与领导交谈,或在会议中不敢发表自己的看法,而这些有时会被人认为是一种对领导不尊重、没礼貌的表现,同时也会使自己失去很多表现自我的机会。在日常工作和生活中,在遇到领导时,作为下级要端正自己的心态,明白领导和员工一样,都是普通人,没有什么好害怕的,也不需要刻意在乎周边人的看法,只要在与领导打交道的过程中表现得自然坦率就好。如果能够找准合适的机会主动与领导交谈,在增进对领导的了解的同时,也可以加深领导对自己的印象。此外,能够主动向领导汇报工作,遇到关键问题主动向领导请教,也是工作积极、负责的一种表现。因此,积极主动就是要经常向领导汇报自己的工作进展情况,不要坐等领导去找你问情况;对领导交代的事情要积极回应,完成任务后要及时告知领导；与领导之间产生了误解，要及时寻找合适的时机向领导解释清楚，进而化解领导的"心结"。

2. 不卑不亢

在与领导打交道时，有些人太在乎别人的眼光和评价，结果让自己做事放不开手脚，犹犹豫豫，进而失去了自己的个性。其实，在任何时间、任何地点都要相信自我，珍爱自己，欣赏自己。在与人相处时，不要因为别人有权有势而随声附和，也不要因为别人的地位低下而另眼相看。不要自以为是，也不要自作聪明，注意提升自我的修养，多理解，多包容。不卑不亢就是在领导面前要谦逊有礼，既不能因为觉得对方的职位比自己高就唯唯诺诺、一味讨好、曲意逢迎，也不能仗着自己学历高或者有"后台"而盛气凌人、飞扬跋扈、咄咄逼人，要做到自信、自然、从容自若，才能逐步被领导认识，进而被领导了解，最终得到领导的认可。

3. 服从第一

服从是指个体在社会要求、群体规范或他人意志的压力之下，被迫产生的符合他人或规范要求的行为。对于军人而言，服从是天职；对于下级而言，服从就是欣然接受上级的指令和任务，不讲条件、不问原因、不计较报酬、不折不扣地完成；对于员工而言，服从是必须具备的最基本的素质。服从是行动的第一步，服从也是一种美德的体现。下级服从上级是组织中的基本原则。积极配合领导的工作，共同促进任务的有效达成，是推动团队发展的前提。在日常工作和生活中，即使和领导之间有过个人恩怨，也要以工作为重，以大局为重，摒弃私利，从团队利益出发，坚持服从第一。有些人因为害怕困难，觉得自己不能胜任某项任务而拒绝服从领导的安排，但如果勇于承担责任，敢于接受挑战，就会体现出自己的胆识与勇气，也才更易令领导刮目相看。

4. 善于倾听

倾听有两个方面的意思：一是指侧着头听；二是指认真仔细地听。其实，倾听不仅仅是用耳朵来听说话者的言辞，而且还需要用个人全部的身心去感受对方在讲话过程中所表达的言语信息及非言语信息。倾听是一个人道德修养的体现。在倾听过程中，倾听者不但要克制住想插话、评判的冲动，而且还要学会调动对方的说话欲望，让对方感到在被倾听、被理解、被肯定。当领导在讲话时，下级要集中注意力来倾听。面对领导的表扬，不要沾沾自喜，甚至得意忘形，而是谦虚谨慎、诚实低调，更加努力。面对领导的批评，不要急于去解释自己犯错的原因，而是待领导的话讲完后向领导承认错误，并表达自己将如何改正。如果领导是在布置或者指导工作，则要适时做好记录，事后及时落实，确保工作圆满完成。

5. 维护领导尊严

尊严也有两个方面的意思：一是指尊贵庄严；二是指可尊敬的或者不容侵犯的

身份或者地位。印度近代作家普列姆昌德说:"对人来说,最最重要的东西是尊严。"由此可知,人人都有尊严。领导的尊严即领导的权威,领导的权威是不容挑战的,作为下级,凡事要多替领导着想,时时要尊重和维护领导的权威。在领导面前不要计较个人得失,太过计较会显得心胸狭隘。作为职场新人,要将每次领导交付的工作都当作是历练的机会;作为老员工,不计较则是成熟、大度的体现。不要故意在领导面前显摆,否则会给领导留下自恃才高、狂妄自大的印象。要谨慎对待领导的失误,即便是领导犯了错,也不要当众给领导难堪,让其下不来台;不要当面顶撞领导,也不要对领导的错误冷眼旁观,甚至幸灾乐祸。如果情况允许,可以替领导挺身而出,这样不仅可以帮领导化解窘境,更是一个表现自己的绝好机会。

二、与领导沟通的技巧

1. 汇报简明扼要

简明扼要就是抓住要点,简单明了。领导的工作一般都比较忙碌,时间也很宝贵,如果汇报工作时繁复啰唆,则会耽误不少时间。因此,简明扼要地汇报工作,就是帮领导节省时间、创造效益。能否简明扼要地表达清楚重点内容也是一个人归纳概括能力的体现。在向领导汇报工作时,首先不必事无巨细,可以事先捋清楚自己要讲的内容,挑出重点,理清层次,将语言尽量简化。其次,要事先整理好完备的资料,以便领导问话时可以随时回答,而不至于浪费时间。最后,重结果,轻过程,一般情况下只需要汇报关键节点和结果就可以了,其他的则根据领导的要求灵活变通。

2. 说服有理有据

当与领导的意见有分歧时,需要采用沟通的方式来解决。与领导沟通必须理由充分、依据翔实,能够以理服人。要做到以理服人,一要有明确的目的,如果自己都不清楚自己说话的目标是什么,很可能会语无伦次,不知所云;二要找准问题的症结,只有弄清楚问题的原因和关键在哪里,才能有针对性地找到解决的突破口;三要尽量使用可靠的事实,俗话说"事实胜于雄辩",摆出事实才能使语言更具有说服力,更让人难以反驳,这些"事实"可以是真实的案例、数据、图片等。

3. 陈述占据主导

与领导交谈时,要开门见山、直陈事实,不"绕弯子"、不"兜圈子",多用陈述句,少用转折句,不要把问题抛给领导。要学会换位思考,主动替领导分忧,自觉承担起责任。如果真的面对难题,不妨把问题直接陈述出来,然后给出自己的解决方案,询问领导是否可行,最好能够有两个或以上解决方案供领导选择。

4. 意见巧妙提出

偶尔给领导提点意见，是善意的表现，是为集体着想的体现。但若是不间断地给领导提意见，则会给人一种故意找碴儿的感觉，难免招人反感。因此，给领导提意见要追求质量，而不是盲目地追求数量。即使你所在的单位或者部门真的存在很多问题，也不能一股脑儿把意见全部提出来，而应当在恰当的机会、合适的场所一个一个地提出来，并一个问题一个问题地解决。如果问题有很多，那就按照问题的轻重缓急，把最为重要的、最关键性的、最根本性的问题先提出来。另外，在提出意见的同时最好给出相应的、可行的建议，真心实意地协助领导解决问题，进而让领导心甘情愿地接受这些意见。

5. 注重说话内容

为了保证对领导所布置的工作内容理解的正确性，在领导指示完工作之后，可以用自己的话，把自己接下来需要做的事项列出来，给领导原原本本再复述一遍。把能想到的细节都列出来，反复确认，直到领导挑不出毛病为止。

6. 征询领导意见

凡事要多与领导沟通，寻求领导的意见和建议，不能擅自做主，更不能替领导做决定。如果对于某项工作任务你有自己的见解，可以向领导提出来，并询问领导这样做是否可行，以示对领导的尊重。若是领导与你有不同的想法，正好可以与领导进行讨论，共同商讨出更加合适的方案。

7. 巧借领导之口

若在与领导的交谈中你察觉到领导对待某项工作的看法或意见与自己一致，可以不必急着将自己的想法外露，而是借领导之口陈述出自己的观点，并给予认可和适度的赞扬，让领导感觉到这是他自己的观点，给足领导面子的同时也可以在无形中获得领导的好感。

8. 把握建议技巧

简单地说，就是在需要指出问题或给出意见时先赞扬做得好的地方，甚至可以重点夸奖做得好的部分，然后再提出不足。这样的说话方式更加温和，也更容易让人接受。

三、与领导沟通注意事项

1. 注意场合

与领导交谈的语气、态度、内容要根据场合适时把握。也许你和领导私交不错，但是工作场合，尤其是其他领导、同事或客户也在场时，就不能说话太随便，也不要开太过分的玩笑，要维护领导的面子和威严。

2. 把握时机

同样的话在不同时机说可能会得到不一样的效果。当领导心情不好的时候，去找领导商量棘手的问题，可能会遭到领导的呵斥，而领导心情好的时候会更容易答应你的请求。作为下属要懂得察言观色，如果不是很紧急的情况，尽量不要在领导工作紧张的时候、心情不好的时候，或者休息的时候去打搅领导。选择合适的时机来谈论工作，往往可能事半功倍。

3. 保持独立性

前面我们说到要多征询领导的建议，要服从领导，但这并不表示事事要依赖领导，对领导唯命是从，这样反而显得没有主见。领导在提拔用人的时候是绝对不会考虑让一个没有主见的人带领团队的，所以要体现出自己独当一面的能力。在询问领导的想法之前最好先提出自己独立的见解，并且聪明的人会尽可能把握住可以独立承担任务的机会。

4. 掌握分寸

与领导交往要把握一定的尺度，既不能太过疏远，也不能太过亲密。如果太过疏远，就容易成为领导眼中的"小透明"，失去了领导的关注，必然也就丧失了晋升之路。如果太过亲密，有时可能得意忘形，也会带来不好的结果。最好能够有一定的距离感和分寸感，做到亲疏有度、张弛有度。

【例讲】

阅读案例材料（一），对小陈的言行进行简要分析。

案例材料（一）

小陈是某高校应届毕业生，毕业后顺利入职了一家短视频制作工作室，工作室的工作人员不多，老板为人随和，时常组织大家聚餐、团建。小陈性格外向，几次接触后也逐渐和老板熟悉起来，并自认为和老板的关系非常好。一天，工作室开会时小陈向老板汇报了一份项目策划，老板听完后表示小陈的策划案中预算做得不够精细，要求其补充完整后再给他过目。心直口快的小陈当即便说："这还不够细吗？你怎么那么懒，是不是连饭都要我喂你啊？"老板没有说话，而是继续会议流程。但几天后，小陈便收到人事的通知，告知他被开除了。小陈心里很疑惑，认为这只是一件小事，老板小题大做了，便将此事发到贴吧里。

分析：小陈性格外向，这本是优点，但在与领导交流的过程中对自身身份拿捏不准，不注意说话的场合，不服从领导的安排，用语粗俗没有礼貌，严重影响了领导权威，导致被辞退。小陈应该认真反省，吸取教训，在今后的工作中注意以下几点。

首先，在领导面前要谦逊有礼，说话要把握分寸。小陈在会议上与老板说话的语气，颇有长辈教训小孩的意味，即使是作为普通朋友、同事，也不应该这样说话，更何况是与领导交流呢？尊重他人本身就是一种美德和教养，尊重领导更是下属应该遵循的职场原则。

其次，作为下属要懂得维护领导的尊严。领导要指挥大局，必须树立自己的权威，即使再英明、宽容、随和的领导，也会在乎在下属面前的尊严。在部门会议中，小陈当着其他员工的面开老板的玩笑，完全没有顾及领导的颜面和威望。虽然领导若无其事地继续会议流程，但是不表示没有往心里去。聪明的职场人都要明白维护领导尊严的重要性。

最后，要遵循服从第一的原则。作为被领导者，服从领导的安排是职场工作的首要原则，每个人都必须做一个"执行职员"。小陈面对老板的要求第一反应并不是服从，而是顶撞，这就必然导致他不会成为老板欣赏的员工。

案例材料（二）是电视剧《杜拉拉升职记》中的一个场景，请对主人公杜拉拉的表现进行简要分析。

案例材料（二）

人力资源副总监玫瑰因病请假，人力资源总监李斯特开会指派临时代理人，并讨论解决符合预算的公司搬迁问题。在会议上，当李斯特询问人事行政专员麦琪能否接替玫瑰完成任务时，麦琪面露难色，说："啊？我啊，我当然是义不容辞啦。但是你也知道，现在部门的日常行政事宜都由我在打理，就怕影响了装修的进度。"于是李斯特转头问另一行政专员文华，文华撇嘴说："我倒是没有什么问题，只不过得赶紧找个人把招聘这个摊子给接起来。"李斯特皱眉，又问道："那么关于预算的调整，大家还有什么对策？"这时，杜拉拉充满自信地说："其实，我觉得不调整预算任务还是可以完成的，既要维持原来的预算，服务器IT部门那边又一定要换，就只能从牙缝里挤了。比如说废物利用、材料翻新，这些都不是大问题。其实大头投入是机电这块，所以可能要减少一些经理的房间。这个就需要各部门的配合了。"李斯特询问杜拉拉是否有把握，杜拉拉说："我在以前的公司主持过一次装修，当然了，那个规模非常小，不过我们当时也用的是最省钱的办法。这样吧，回头我具体给您一份报告。"在杜拉拉说话的过程中，李斯特频频点头表示赞同。最后，李斯特说："好吧，我看也只能这样了。拉拉，你来协助麦琪负责这次的装修。""好，没问题！"杜拉拉回答。

分析：杜拉拉没有过硬的身家背景，但受过较好的教育，她凭借自己出色的能力，不断地努力，在职场中一步一个脚印，逐渐实现了职场生涯的华丽逆转，而公司搬迁装修正是她获得领导认可的关键环节之一。她成功的原因是多方面的，包括出众的业务能力、沟通能力、执行力等，我们重点分析这一场景中她与领导沟通的技巧。

第一，汇报简明扼要。杜拉拉能够主动积极接过领导抛出的任务，直陈自己的想法，从客观事实入手，不绕弯子，并且能简洁明了直击要害，指出解决问题的关键点，也就是要"省钱"。

第二，说话前有充分的准备。在提出解决问题的关键点后，也能给出"废物利用、材料翻新"等答案，而不是只提问题，不给对策。

第三，说服有理有据。提及自己曾在以前的公司主持过装修，虽然是小型的，但是确实有实战经验，也让她说的话更具有说服性，更容易被领导信任。

第四，交流不卑不亢。在整个交流的过程中，杜拉拉的谈吐充满自信，也没有过分自负和自大。在交流中，她尽量避免使用绝对化的词语，更多地表现出谦逊的一面，多用"我觉得""可能""不过"等词语。虽然她有一定的装修经验，但也坦言规模并不大，并且说话给自己留有余地，表示问题的解决需要靠"各部门的配合"，而不是盲目自信。

第五，维护领导尊严。杜拉拉以尽快给李斯特出具一份报告为结束，既避免了现场草率作出决定的尴尬，也把决定权最终抛给了领导，给足了领导面子，保证了领导的威严。

第六，服从第一。对于领导交给自己协助负责装修的任务，杜拉拉爽快回答"没问题"，这与另外两位同事的反应形成鲜明的对比，也体现出杜拉拉是一个善于服从和执行的下属。

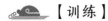【训练】

一、单项训练

1. 与领导沟通时，倾听的技巧包括：（　　　）。（多选）

A. 选择性地倾听

B. 不要轻易打断对方

C. 集中注意力倾听

D. 适时做笔记，事后积极落实

2. 列举不同场合、情境中与领导说话的礼貌用语。

二、综合训练

阅读案例材料（三），按要求答题。

案例材料（三）

王堂是某中学总务处负责人，为给学生提供更好的学习环境，该中学打算购置一批空调安装在教室。按照采购计划，需要进行供应商招标。王堂打电话联系了分管此事的校领导，但校领导当时手头较忙，并未在电话中给予准确的答复，王堂却误以为校领导是表示默认，擅自开始着手准备此项工作。最终因经费不足，该计划中止。在校务会上，该领导就此事严厉批评了王堂，但王堂言辞激烈地为自己进行辩驳，称自己已经事前向其汇报过，是领导不够重视，还想推卸责任。自此，王堂和这位校领导的关系开始变得紧张起来，自己的工作也变得消极被动。

王堂在与领导沟通的过程中出现了很多问题，请你谈谈他的做法都有哪些不妥。

三、拓展训练

你所在的部门最近接了一个很重要的项目，下周将有公司领导来你部门听取该项目的工作汇报，可是部门负责人下周要出差，安排你接待公司领导并做汇报，你认为应该提前做好哪些准备？

（李晗）

任务二

与同事沟通口语训练

【情境】

小娟是个腼腆的女孩,虽然话不多,但性格随和,在学校里和大部分同学都关系融洽。大学毕业后,小娟顺利找到了一份理想的工作,但她发现职场跟校园有很大区别,同事之间关系复杂,自己难以交到好朋友,虽然入职已有一个月了,和同事打交道还是感到很局促。她想改变这种状况,你能帮帮她吗?

【知识】

在学校里我们接触的对象很单纯,只有老师和同学,且同学们都是自己的同龄人,朝夕相处下来,很容易打成一片。但职场不同于学校,在职场中我们要面对形形色色的人,年龄跨度也较大,初入职场可能与同事沟通时会有些许不适应,这是正常的,掌握一些与同事沟通的方法能够帮助你更好更快地度过这一时期。

一、与同事沟通的原则

1. 虚心向同事学习

美国著名的思想家爱默生曾说过:"聪明的人能拜一切人为师。"中国古代伟大的思想家孔子也曾说过:"三人行,必有我师焉。"这两句话的意思都是说人各有所长,无论他人是何身份,都要看到别人身上的长处,善于取长补短,向他人学习。在职场中,要经常虚心向同事学习,尤其是那些前辈、长者,不能因为学历或者年纪而轻视对方。一方面,前辈和长者的经验比你丰富,多学习他们的工作方法,吸取他们的经验教训,一定会受益匪浅;另一方面,多向人请教和学习,也能让同事感受到你的谦虚好学以及对他人的尊重和仰慕,也有利于加深对方对你的好感。

2. 赞美和欣赏同事

赞美和欣赏同事是发自内心地表达对同事的肯定和喜欢。心理学研究表明,每个人都希望得到别人的认可和赞赏。在职场中,赞美和欣赏同事能够营造融洽的同事关系,并提高工作的效率,因为保持愉悦的心情,能够使人工作态度更加积极。赞美和欣赏同事,要找准时机,不能随时随地说好话;要注意细节,不能太笼统,更不能生搬硬套。要发自内心、实事求是、有理有据，不要无中生有，也不要用一些夸张的词语，如果把优点过度放大，就是阿谀奉承、巴结讨好。

3. 对同事真诚相待

人与人之间的沟通，最忌讳的是掩饰和伪装。作为职场新人，在与同事交往当中以诚相待，是做人的基本素质，也是人际交往的准则。与同事真诚相待，一方面能够赢得信任和尊重，另一方面也更容易取得理解和体谅。要做到与同事真诚相待，应该建立良好的社交关系，做到积极与人互动，让别人了解自己，同时也加深对别人的了解。

二、与同事沟通的技巧

1. 多点关心帮助

人都需要被关注和关心，这是从婴儿时期就开始的。给予同事一些适当的关心问候，是沟通感情的需要，也可以赢得同事的接纳和好感。上班见面问声好，下班时和同事道个别，当同事脸色不好或情绪低落时适当表达关切，同事生病痊愈后复工询问身体状况如何，同事生活中遇到困难询问是否需要帮助，记住同事的生日并送上祝福，关系要好的同事还可以赠送一些小礼物等。你的语言和行动，可以让同事感觉到被放在心上，感受到温暖和关怀。

2. 善找共同话题

要想交谈愉快，可以寻找一些双方都感兴趣的共同话题。现场能看到的某物或发生的某事，近期的热点新闻或周围发生的大家比较关注的事等都可以成为双方共同的兴趣点。如果交谈对象是女性，还可以聊聊女性感兴趣的美容、瘦身、购物等话题，要知道，女性相关的话题在有女人的地方一定是受欢迎的。

3. 善用"共赢"技巧

同事之间若是产生分歧或者矛盾，很容易影响自己的工作情绪和工作效率。如果选择让步，往往自己心里觉得委屈，可如果与同事争得面红耳赤，又会给人留下不好的印象，影响自己的人际关系。其实在发生矛盾的时候如果能够转换一下思考方式，从对方的角度去看待和思考问题，那么问题可能会好解决得多。从对方的立场去审视问题，找到对方的兴奋点，以此"要害"作为切入点，去说服对方，让对方认为你确实和他站在同一阵线，设身处地为他着想，并使得双方都能够获得一定的利益，最终结果就是"共赢"。

4. 善用"先扬后抑"法

当同事存在缺点和错误需要向其指出时，或是主动向对方提出意见时，表达不要太直接，否则可能会伤到对方，或者令对方难以接受。为了不引起对方的反感，此时最好采用"先扬后抑"的方法，即事先准备一些赞美、肯定的话，先表扬对方，然后再委婉地转入正题，同时注意察看对方的态度，随时准备调整说话的方式和语气。

5. 培养诙谐幽默感

一个具有诙谐和幽默感的人必定是受欢迎的，因为和诙谐幽默的人交流总会使人感到轻松愉悦。用诙谐幽默的方式与人交流，不仅可以广聚人缘，在遇到麻烦时还可以缓解矛盾，调节情绪，因此要多培养自己的诙谐和幽默感。但是，诙谐和幽默不是哗众取宠，也不是人身攻击，开玩笑的同时一定要注意分寸。

6. 对事不对人

发生矛盾时，总有一些人喜欢用贬低的语言谴责对方，甚至进行人格侮辱。假设团队中有人犯了明显的错误，拖累了其他成员，注意说话时不要对别人造成心灵的伤害。所谓"对事不对人"，就是只针对对方做错的事，而不要去侮辱别人的人格。批评对方的时候，只针对事情，错在什么地方，需要怎样解决，要清清楚楚，不得掺杂半点情感因素在里面。

三、与同事沟通注意事项

1. 不以自我为中心

交谈时要善于寻找话题，要找大家都感兴趣的共同话题，如果只谈自己感兴趣的话题，最终很可能只有你一个人滔滔不绝，而对方对这类话题不感兴趣，或者不熟悉、不了解，就很难接话。有时在谈话中会出现尴尬的沉默，其中一个原因就是至少有其中一方不感兴趣或者不了解，不知道如何把话题继续下去。

不要总是把"我"挂在嘴边。很多人在聊天时习惯说"我觉得""我想"，而应该多用"我们""你""你觉得呢"，这样会让人感受到你的关注点在对方身上。

2. 不做没有意义的争辩

在一些没有多大意义的小事上争强好胜，喋喋不休，即使争赢了也可能失了面子，伤了和气，这样的"胜利"也不会真的给自己带来成功的喜悦，因此凡事总是爱争个高下，是不可取的。如果与同事之间有不同的看法，交流时一定要注意语气和态度，最好是采用商量的口气提出自己的想法。

当然，有时在职场中可能确实会遇到一些心怀恶意的人，会遭受一些恶意的嘲讽，如果你有足够的智商、情商和应变能力，可以用同样充满恶意的玩笑回应他，但是对于大部分人而言，并没有这样的技巧。这时你也不用和他争执，或者暴跳如雷，你可以礼貌地对他笑笑，然后从他身边走开。因为恶意的玩笑，其目的就是为了羞辱，但如果这些话并不能影响你的情绪，得不到你的任何反应，他必然也会觉得这很无趣。

3. 不要背后议论他人

有个词语叫做"祸从口出"，如果同事议论他人是非，最好保持中立，在背后嚼人口舌，传进对方耳朵里，一定会招致他人的反感，影响自己的人际关系。聪明的人都会在背后说人好话，这些背后说的好话一旦传到对方那里，会大大增加言语的可信度和对方对你的好感。

【例讲】

阅读下面的案例材料（一），对当事人的表现进行简要分析。

案例材料（一）

某公司仓库的沈主管接到销售部发来的紧急出货单，需要在当天安排10000件A产品，但仓库当时的库存只有2244件，库存远远不够。沈主管找到生产部的汪主管，希望能够加急生产A产品，但汪主管表示，此时生产线上正有其他产品在生产，临时更换产品非常麻烦，需要一定的时间，且目前正值节假日，生产线上人手不足，一时也难以找到更多的工人来加班完成生产任务。沈主管非常心急，说："这件事情事关公司的业务，如果不能够及时出货，把客户弄丢了，那你说该怎么办？谁来担责？我不管，今天这件事情必须解决好！"汪主管听了这番话，也火冒三丈："你说的什么话？我这里生产的所有产品都是按照公司和领导的计划和要求来的，凭什么你叫我干嘛我就该干嘛？再说，我已经说了加班人手安排不过来，这件事哪有那么好解决的？我自己手头也有任务安排，我肯定是顾好自己手头的任务要紧！你自己的事情，自己想办法解决！"两人闹得不欢而散。最终，这单生意也因没能按时交付货物而谈崩了，销售、保管和生产部门全都因此受到了批评和惩罚。

分析：在这件事情中，沈主管因为订单催得急，而及时主动找生产部门的汪主管进行沟通，做法是好的。汪主管表示难以配合，因为自己手头也有必须处理的任务，且调配加班人员的难度太大，这些理由也无可厚非。但沈主管因此动怒，强迫对方服从自己，这种做法很不可取，是引起冲突的根本原因。双方在交流过程中都太以自我为中心，只考虑自己的利益，而不能进行换位思考，最终导致"双输"的局面。

同事之间进行业务交谈，可以采用的很有效的沟通方式是"共赢"。如果沈主管在与对方交谈时能够从对方的利益出发，心平气和地从交不出货物将对公司和其本人带来的消极后果，以及共同完成任务后对公司和其本人带来的积极后果进行分析，并主动为汪主管解决加班人员的问题献计献策，相信汪主管的态度和做法会大不一样。

【训练】

一、单项训练

1. 以下这些句子在人际沟通中非常不得体,请你换种语气表达。

（1）你这个人太自私了,什么事都只想着自己,这样下去所有人都会讨厌你!

（2）如果你不改掉粗枝大叶的毛病就很难在我们公司混下去!

（3）你这个人优柔寡断、胆小怕事,根本不适合现在的岗位!

2. 沟通中如果发现彼此意见不同,首先应采取哪种策略:（   ）。

A. 绕开这个话题　　　　　　　　B. 增强气势证明自己正确

C. 寻找证明自己观点的证据　　　D. 找到彼此间的共识

二、综合训练

阅读下面的案例材料（二）,按要求答题。

案例材料（二）

陈立和王星是大学同学,毕业后进入同一家公司工作。陈立业务精湛,为人也很热情,因此人缘极好,王星也很乐于与他交往,将他视作朋友,跟他在一起时很放松。一天,王星去财务部办事,走到门口时看见陈立在里面,他刚想进去,却听见陈立在说自己,将他们之间相处的很多小事说给财务部的人听,还包括他不经意犯的一些小错误。王星心里很不是滋味儿,从那以后就开始疏远陈立。

请分析陈立和王星都有哪些不对之处?如果你是王星,听到陈立在背后说自己时,你会怎么做呢?

三、拓展训练

阅读下面的案例材料（三）,按要求开展模拟训练。

案例材料（三）

小曹和小黄分别是某电器公司销售部一组和二组的组长。小曹是公司领导的亲戚,从一入职就备受领导青睐,而小黄没有什么背景,靠实力一步一步走到现在的工作岗位。在公司参与的各类促销展会中,小曹的组总是占据有利的摊位,而小黄的组却被挤在人流少的角落,导致业绩每次都不如小曹。最后,小黄决定去找小曹沟通,但是考虑到领导是小曹的亲戚,且对小曹照顾有加,他不想得罪领导和小曹,所以在如何沟通的问题上犯了愁。

如果你是小黄,会选择怎样的场合与时机跟小曹沟通?你打算对他说些什么?请以小组为单位,进行模拟表演。

（李晗）

任务三

与客户沟通口语训练

【情境】

某汽车销售公司销售部门去公司附近的酒店开庆功宴,用餐期间气氛高涨,叶经理和几位男员工便多喝了一些酒。正在大家聊得愉快之时,一位女服务员推门进来,说:"你们要饭吗?"没有人回答,她以为是自己声音不够大,提高音量又问了一遍:"你们要饭吗?"酒精上头的叶经理指着服务员大喝:"什么?你觉得我们来这里是要饭的?"双方发生了不愉快的争执,庆功宴不欢而散,之后该部门聚餐再未选择过这家酒店。你觉得这件事的问题出在哪里?你有过类似不愉快的消费经历吗?

【知识】

营销工作离不开与客户的沟通,如何能够让陌生人选择你、信任你,成为你的客户,又如何让你的新客户变成老客户呢?这就关系到与客户沟通的效率了。那么,怎样提高与客户沟通的效率呢?

一、与客户沟通的原则

1. 态度真诚

真诚是获取信任的一个绝佳方式,客户信任你,自然也会愿意选择你。在与客户交往的过程中,要体现出真诚,就要注意自己的态度。和某一个人对话时,如果对方表现得漫不经心,或者语气轻浮,不要过多计较,要能够面带微笑,尽心尽力做好对客户的服务。

2. 礼貌谦和

与客户交谈要注重礼貌。礼貌首先表现在仪表上,容貌端庄,衣冠整洁。其次表现在举止上,动作到位,表情愉悦。最后表现在言谈上,用词准确,表述恰当。在态度上要表现出谦和,即谦虚平和,对人谦逊,让人容易接近。

3. 耐心解答

在与客户沟通时,客户免不了对产品和所提供的服务进行问询,有的客户比较谨慎，问得非常仔细。如果客户问了很多问题还犹豫不决，或者对产品提出质疑，有的营销人员就会表现出不耐烦，觉得客户故意找碴儿，对客户甩脸子，这是极不明智的。谁都喜欢被耐心周到地服务，很多时候客户是真的不懂，所以会问得详细一些。面对客户的询问，要耐心解答，哪怕客户对产品提出质疑，也要坦然接受，把真实情况向客户解释清楚，如果是误会，只要解释是合理的，客户自然会消除疑虑。如果产品功能真的不齐全，也不能否认，可以先肯定客户的观点，然后再介绍产品其他的优点。

4. 控制情绪

与客户打交道的过程中，难免会遇到一些刁蛮难缠的客户，一定要克制住自己的情绪，即使你觉得很委屈或者很生气，也不能在客户面前表露出自己的真实情绪。此时，要学会转移自己的注意力，通过做自己喜欢的事情让自己从不良情绪中跳出来；要学会用快乐的事情去弱化自己的不良情绪；要学会宽容他人，明白原谅了别人也就饶过了自己；当自己受到了强烈的刺激时，要学会换一个角度去思考；当自己感觉实在忍无可忍时，要学会找一个地方，用合适的方式来宣泄自己的情绪。

5. 注重专业

专业指专门的学问和技能。作为一个公司或一个单位的工作人员，在推销某一产品或做某一事项时，必须具备跟岗位相匹配的专业素质和能力。这种专业素质和能力，需要在特别条件下经过不断的学习和反复的磨炼才能培养出来。在与客户进行沟通的过程中，如果对客户提出的问题一问三不知，甚至表现出慌张或者不知所措，那么就会大幅降低客户对营销人员的信任度。因此，在面对客户之前一定要熟悉自己的工作业务，随着市场需求的变化而学习不同的内容，不断提升自己的业务水平和专业水平，使自己成为一名合格的工作人员。

二、与客户沟通的技巧

1. 周全准备

在和客户交谈之前，准备工作要做到面面俱到。因为你不知道客户会问出什么问题，也不知道客户对于产品或者项目到底内不内行。一旦准备不充分，可能就会给客户留下不专业的印象。除了充分了解产品和项目本身之外，对于产品的物流、售后等服务也要了如指掌。如果是和客户谈项目，可以提前了解客户的基本情况和需求，选择合适的时间和地点，因为环境和氛围会影响客户的情绪，也会间接影响交谈的结果。

2. 善于倾听

倾听也是一种有效的沟通方式。善于倾听别人讲话，是对他人的尊重。在与客户交谈的时候，不要自己滔滔不绝，要给客户足够的时间去阐述自己的想法和需求。

倾听时要全神贯注,不能打断客户的发言,同时,要适时给予一些回应,重要的内容可以拿笔记下,并在客户表达完后进行复述,这样做的目的一是为了确认自己的理解与客户的要求是否有出入,二是为了让客户感觉到你在仔细聆听。

3. 利用权威效应

权威效应是指如果一个人有身份、有地位、受人尊敬,在某一领域具有一定的话语权,那么他说的话和做的事就都会被人奉为金科玉律,被认为是正确的。有些客户,尤其是高收入的客户,会觉得营销人员还不如自己懂得多。或者有些客户会觉得营销人员为了赚自己的钱,会夸大一些内容,或者说一些不切实际的话,因而产生不信任感。但是如果在与客户沟通的过程中能够巧妙运用一些权威人士说的话、他们的相关经历,甚至是对产品或服务的使用体验,则会大大增加客户的信任感。

4. 利用多看效应

心理学上有一个效应叫作多看效应,是指人们对于越熟悉、见得越多的事物越有好感。广告营销也是这个道理。所以如果想要客户对你有好感,产生信任,可以增加与客户见面、交流的次数,等到你们成为"熟人"之后,再交谈的成功机会就会高很多。

5. 站在客户立场

盲目推荐一些高提成的爆款产品,而不考虑到底是不是客户真正需要的,是不是真正适合客户的,或者运用各种手段让客户在后续服务过程中不断交钱,到头来都只会在客户面前丧失信誉,下次再消费时就不会考虑你了。只有真正和客户站在一边,从客户的视角去考虑,为客户着想,才能让客户体会到你的真诚。

6. 善于规划蓝图

简单地说,就是把客户投资该产品或服务后的利益价值放大,给客户提供强有力的购买理由,让客户感到这正是自己需要的,确实物有所值。要学会在当下的市场环境中快速专业地去判断和分析客户的需求,针对客户的具体情况进行分析,匹配适合该客户的个体需求,然后主动去协助该客户作出规划。

7. 善与客户聊天

与客户沟通过程中,把工作任务先暂时放下,聊聊和产品、服务无关的话题,建立起私人关系,可以使你与客户的关系更加亲密,更受客户信赖,提高成交率。可以以兴趣爱好、近期热点、共同身份等为切入点,寻找共同话题。

三、与客户沟通注意事项

1. 放下偏见

许多营销人员会根据客户的穿着打扮揣测客户的消费能力,如果判断其消费能力不高,则会怠慢客户。这是营销人员普遍存在的一种现象,他们认为这样可以节省时间,提高工作效率,增加成单率。但对于任何一个客户都要尊重、认真地对待,这是营销人员的职业素养。并且,有时人是真的不可貌相的,你瞧不起的客户,有可能也有很强的消费力。

2. 不要过度热情

虽然热情能够让人产生良好的第一印象,但是在服务顾客时,热情还是要有限度。比较典型的例子是,很多人在购物时都很反感导购一直跟着自己。过度的热情会让人感觉受到侵犯,因为面对不熟悉的人,每个人都会想要有一个适度的私人空间和舒适的社交距离。过度热情可能会让客户筑起心理防线,如此一来,所做的一切可能都会徒劳无功。

3. 拒绝身份错位

面对客户的质疑和要求对客户"甩脸子",这就是身份错位的一种表现。有的人甚至会因为客户不想购买自己的产品或服务就指责和教育对方,更有甚者会恼羞成怒,恶语相向,这就更没有认清双方的身份了。有人说"顾客就是上帝",虽然这句话不一定是绝对正确的,但不可否认的是对待客户的态度必须谦和有礼。

四、与客户沟通常用词句

(1) 请。
(2) 您。
(3) 我们。
(4) 您好。
(5) 是的。
(6) 没错。
(7) 谢谢。
(8) 麻烦您。
(9) 我能理解。
(10) 请您稍等。
(11) 请您放心。
(12) 非常感谢您。

(13) 我建议……
(14) 请您不要着急。
(15) 这是我们应该做的。
(16) 我非常理解您的心情。
(17) 如果是我，我也会……
(18) 您的建议很好，我很认同。
(19) 祝您生活愉快/生意兴隆/一路顺风/周末愉快/旅途愉快……

【例讲】

阅读案例材料（一），对主人公与客户沟通的表现进行分析。

案例材料（一）

电视剧《三十而已》中，江疏影饰演的王漫妮在一家奢侈品店担任导购员，来这家店消费的都是一些穿戴奢华的顾客。一天，店里来了一位衣着朴实，背着买菜包包的中年妇女。对于这位顾客，其他店员都懒得搭理，只有王漫妮热情地去迎接。有同事劝她："你还真不怕耽误工夫啊，这人一看就不会买啊！"她只是说："没事的，我来吧！"并为这位顾客耐心地介绍店里的产品，从衣裤、连衣裙，到包包、首饰，即使顾客并没有购买的意思，她也没有表现出不耐烦。尤其是介绍珠宝的时候，王漫妮为其介绍了不同价位的珠宝。当顾客询问某款百万级定制珠宝时，她说："我不能说假话，这个我确实没看过实物，毕竟很少有人会订购的。但是我们集中培训的时候，我有看过视频，非常的漂亮！"随后她又说："其实我觉得，像钻石或者珠宝呢，都承载的是女人的梦想。不管处在什么状况下的女人，都应该拥有梦想的权利。那么好看的东西摆在那儿，所有女人都会心动的！"最终，女顾客笑着说："这个，我定一套。我们一起看看，实物到底是不是真的那么漂亮！"几天后，女顾客带着卡在王漫妮手中刷下了这笔百万大单。

分析：王漫妮对待顾客礼貌、谦和、热情，不因对方的穿着打扮而对顾客产生偏见，面对顾客的犹豫不决，也耐心细致地进行说明和介绍，这些都是对待顾客基本的职业道德。在介绍珠宝时，并不因顾客衣着普通而先入为主地介绍一些低价位的产品，而是向她说明不同片区的珠宝价位的区别。在女顾客询问百万级定制珠宝时，她并没有不懂装懂，而是诚实地说明自己确实没有见过实物，也是对顾客真诚的体现。同时，她也很擅长和顾客聊天，为顾客规划蓝图，抓住顾客的心理，将"珠宝"和"所有女人的梦想"结合到一起，锁定了女顾客的心。

总之，从女顾客进店光顾，到锁定目标并最终敲定订单，王漫妮全程用真诚和共鸣打动顾客的心，让顾客获得良好的服务体验，同时，自己也收获了顾客的信赖。

【训练】

一、单项训练

1. 请你针对以下客户所说的内容给予回答。

(1)"我收入少,也没有存款,没有足够的钱来买保险。"

(2)"我家孩子,连学校的教科书都不感兴趣,还指望他会读课外书?"

(3)"如果你能够在现在价格的基础上再打九折,我就买。"

2. 角色扮演:请一名同学扮演客户,另一名同学扮演营销人员,对教室里的任意一样物品进行推销。

二、综合训练

有这样一种客户,喜欢问东问西,似乎却只为打发时间。无论你怎么热情周到服务,他都不表达明确的消费意愿。当你感到辛苦对他置之不理时,他又会主动找话题跟你纠缠,如果你因为忙碌而对他有所怠慢,他还会投诉。如果你碰到这类客户,打算如何与其沟通?

三、拓展训练

俗话说:"人上一百,形形色色。"意思是人多了就什么样的人都有。和不同类型的人沟通,自然应该有不同的沟通策略。请分组查阅资料并展开讨论,将客户分为几种常见类型,分别说说这些客户的特点,并针对不同类型的客户,谈谈相应的沟通技巧或策略。各组自行决定分类标准,并派一位代表将讨论结果在全班进行汇报。

(李晗)

任务四

与媒体沟通口语训练

【情境】

某心理援助机构计划在 5 月 25 日"全国大学生心理健康日"这天举办心理健康宣传教育活动。活动负责人想邀请几家媒体助阵,扩大宣传教育效果。但邀请函发出去后,媒体反应平平,有记者表示活动没有新意,不愿参加。如果你是负责人,打算如何与记者进行沟通?

【知识】

媒体是传播信息的媒介。传统媒体有电视、广播、报纸、期刊等。随着技术的进步和社会的发展,人类进入信息时代,新媒体迅速崛起,其全球性、即时性、便捷性、交互性、扩散性等特征深刻影响着人类的生产、生活和管理方式。政府机关、企事业单位与媒体联系越来越紧密,既要经常与媒体开展合作,同时也接受媒体监督。尽管媒体技术日新月异,但人们的媒体意识并没有得到同步发展,很多人因缺乏与媒体沟通的经验与技巧而无所适从。

一、与媒体沟通的误区

1. 与媒体沟通意识淡薄

因与媒体的关系定位不准确,或担心表达不当而造成舆论影响,一些单位不愿与媒体接触,以各种借口推脱媒体的采访,导致长时间处于与传媒隔绝的状态,不能享受信息化发展带来的红利。

2. 不正当利益竞争

一些单位把媒体当成自己利益传播的工具,通过各种方式收买媒体,花钱买新闻,甚至各种不正当手段无所不用其极。而有些媒体为了自身利益,也愿意进行有偿回报。这些行为对媒体的公信力造成很大的冲击,不但有害,而且不合法。

3. 非理性表达

随着社会进步,竞争激烈,媒体上一些非理性的表达日益增多。一方面,民众诉求多样，思想开化，容易有偏激言论；另一方面，一些媒体记者缺乏职业道德，对事情不进行深入调查，不认真求证，出现虚假新闻。

二、与媒体沟通的原则

1. 注重修养

媒体报道应该是及时、客观、公正的，我们进入职场，既不能看轻媒体的社会地位，也不能把媒体只当作自身宣传的工具，要尊重媒体，平等相待。与媒体沟通时，要注意修养，理智平和，不要公开诋毁他人，也不要说"无可奉告"之类冷漠、傲慢的言语。

2. 真实诚恳

要获得媒体的尊重与信任，就要对媒体以诚相待，切不要用一些庸俗、贿赂的方式与媒体交往。同时，在媒体面前不要讲假话，如果真的碰到自己不清楚或者需要保密的问题，要诚实告诉记者，否则容易引起不必要的麻烦。当谎言和违法行为被揭穿时，也会使自身和单位丧失公信力。

3. 第一时间

随着信息时代的发展，人人都可以是信息的发布者，有时出现危机事件，更不乏一些造谣者，如果事件主体不能及时站出来公开信息，则可能一些别有用心的人会趁机兴风作浪，造成更加不好的影响。应在事件发生时及时公布情况，随后再根据事件进展连续发布信息。

4. 把握分寸

讲话不能泄密。虽然与媒体沟通要以诚相待，但并不表示一定要"知无不言，言无不尽"，要知道"言多必失"的道理，尤其在工作中会涉及一些机密，一定要绷紧这根弦，谨言慎行。

三、与媒体沟通的技巧

1. 准备充分

"凡事预则立，不预则废。"充足的准备能够帮助缓解应对媒体时的焦虑，让自己更加镇定自若。可以先准备一个接受采访的提纲，把认为媒体有可能会提到的问题列出来，想好回答的思路，反复进行模拟，这样在应答时就不至于不知所措。另外，如果有机会的话，可以事先了解记者的基本情况，包括风格喜好、性格特征，曾经发表过的文章以及忌讳，这样知己知彼，做足功课，才能让谈话更加顺畅、透彻。

2. 简短明了

一些人对与媒体沟通有认识误区，认为说得越多越好。其实，媒体人是非常忙碌的，节目时长和刊物版面也有限制，因此，最好能够让话语尽量简短，在有限时间内尽量传递更多的信息，如果要写新闻发言稿，篇幅也不能太长。

3. 通俗易懂

与媒体沟通的目的是信息传播，而传播的受众千千万万，文化水平和理解能力也不会完全相同。要最大限度地保证信息传播的效率，就需要使内容容易被理解和记住。因此，要简单通俗。

4. 重视逻辑

要让语言容易被理解，逻辑性也是一个重要的条件。富有逻辑性的语言会显得更有条理，层次更加清晰。切忌讲话时绕来绕去，漫无目的。

要让语言更有逻辑性，发言时要保证语言结构的完整。如果需要表达的事物比较复杂，可以采用"橄榄型"说话原则。橄榄是"两头小，中间大"的，因此说话时一要保证开头、主体和结尾的完整，二要保证开头和结尾的简洁有力，三要保证主体内容阐释清楚，也就是常说的"凤头、猪肚、豹尾"。尤其是中间部分，如果中间部分过于复杂，可以用"一、二、三……""第一、第二、第三……"或者"首先、其次、再次……"等富有层次性的逻辑词使内容串联起来。

5. 把握重点

沟通中要抓住谈话的重点和核心，以引起媒体和受众的关注。比较常用的方式就是将重点反复强调，以加深听众的印象。

【例讲】

阅读下面的案例材料（一），指出 N 公司公关部负责人在危机公关中的成功之处。

案例材料（一）

N 公司是业内知名公司，张某是公司公关部负责人。一日他得知某歌手在微博上投诉 N 公司，称其产品广告片中的配乐，有 30 秒与其一首歌曲的旋律一模一样，但他并未收到 N 公司的授权申请。张某紧急与合作的广告公司联系，让他们开展调查，同时在该歌手的微博下留言，说明公司会尽快查清事实，给予他负责任的答复。5 小时后，张某主动联系电视台记者，说明事情的调查处理结果。很快电视台播出对张某的采访报道。张某面对话筒作出诚恳的声明："感谢版权方第一时间指出我公司及我方广告公司工作中的失误；我们将根据版权方要求尽快支付 10 万元版权费用；

N公司历来尊重知识产权，尊重艺术创作。我们在此郑重向版权方致歉。"随后歌手发文表示谅解，并删除了之前发布的微博。

分析：N公司公关部负责人在得知歌手发布对本公司不利言论之时，没有选择沉默，而是把握"第一时间"的原则，及时快速地采取行动：一是给歌手留言，安抚其情绪；二是开展调查，查清事实；三是接受采访，借官方媒体发布声明。三个举措前后顺序得当，环环相扣，效果明显。最为成功的是张某面对记者的采访所作的声明，态度诚恳，语言简洁明了，但信息量却很大。首先，他没有做过多的辩解，而是真诚地承认过失；其次，他明确地提出赔偿；第三，他亮明N公司尊重知识产权的态度；第四，他郑重致歉。张某的发言没有占用公众过多的时间，但重点突出，感染力强，不仅让歌手主动删除了微博，还提升了公司的形象，成功地进行了危机公关。

【训练】

一、单项训练

1. 你认为接受电视台采访时应该（　　　　）。（多选）

A. 语气语调平和，不针锋相对

B. 语言尽量简洁明了，通俗易懂

C. 尽量避免重复使用口头禅

D. 注意自身修养，规范言行举止

2. 对下列与媒体沟通的语言进行修改或转换，以保证与媒体良性互动。

（1）我不接受采访。

（2）你刚没听明白，这次你听好了！

（3）我私下跟你说……

（4）你没有必要这么认真。

二、综合训练

阅读案例材料（二），按要求答题。

案例材料（二）

王星是某县农民专业合作社的负责人，由于合作社知名度低，对农产品宣传不够，导致该社的农产品滞销，他非常着急。得知省里面几家大媒体计划组织采访团，到全省各地探访农民专业合作社发展情况，王星想邀请采访团到他的种植基地来采访，帮忙进行宣传。但各地合作社众多，竞争激烈，他怕无法引起采访团的注意，便决定主动联系采访团负责人，发出邀请，并介绍其合作社的特色以及目前面临的困难。

如果你是王星，在与采访团负责人沟通时你会怎么说？

三、拓展训练

阅读案例材料（三），按要求答题。

案例材料（三）

一日，某中学发生了食物中毒事件，47名学生在午饭后出现上吐下泻、头晕乏力等症状。事后，47名学生全部送医，没有生命危险。教育部门联合食品卫生部门开展调查，发现此次食物中毒的47名学生均在同一个食堂窗口买过餐，该窗口因食物贮存不当导致食材变质。相关领导当场作出处理决定，要求学校严格管理，加强对学生就餐安全的保障，并追究负责人的责任。事件发生后，市民表示极大的关切，家长们尤其希望学校给个说法，有记者到学校进行采访。

假设你是学校办公室人员，请你为领导写一份新闻发布会的发言稿。
要求：内容具体，态度诚恳；语言简洁，条理清晰；500字左右。

（李晗）

后记

  本教材由武汉警官职业学院高职语文课程教学团队编写。编写过程中参考了一些从事大学语文、高职语文教材编写和教育教学工作的同仁的研究成果，这些内容已通过注释和参考文献标注在课文中和书后，在此表达真挚的感谢。还有一部分内容参考和引用了期刊和网络资料，由于时间仓促，未及一一联系作者，特此致歉。

  由于编写组能力水平有限，书中可能还存在错误和不足，敬请批评指正。

编写组

2023 年 6 月

参考文献

[1] 徐中玉，齐森华，谭帆．大学语文［M］．11版．上海：华东师范大学出版社，2018．

[2] 吴满珍．大学语文［M］．北京：中华书局，2004．

[3] 李慧东，李保清．大学语文［M］．修订版．武汉：湖北人民出版社，2006．

[4] 徐中玉．大学语文（应用专科公共课）［M］．上海：华东师范大学出版社，1994．

[5] 钱理群，温儒敏，吴福辉．中国现代文学三十年［M］．修订本．北京：北京大学出版社，1998．

[6] 徐志刚．论语通译［M］．北京：人民文学出版社，1997．

[7] 程昌明．论语［M］．太原：山西古籍出版社，1999．

[8] 余华．世事如烟［M］．北京：作家出版社，2008．

[9] 余尚祥．沟通力就是销售力［M］．南昌：百花洲文艺出版社，2019．

[10] 王石泉．公共行政与媒体关系：领导干部媒体沟通的智慧［M］．北京：人民出版社 2012．

[11] 温儒敏．义务教育教科书 语文（九年级下册）［M］．北京：人民教育出版社，2018．

[12] 刘慈欣．三体2·黑暗森林［M］．重庆：重庆出版社，2008．

[13] 王光华．实用口才交际训练［M］．北京：机械工业出版社，2010．

[14] 李靖．面试官不会告诉你的那些面试技巧［M］．天津：天津人民出版社，2018．

[15] 刘康声，范秀玲．演讲与口才实训［M］．3版．大连：大连理工大学出版社，2019．

[16] 陈光谊．现代实用社交礼仪［M］．3版．北京：清华大学出版社，2017．

[17] 韩速．别让面试输在表达上［M］．北京：人民邮电出版社，2020．

[18] 刘伯奎．口才交际能力训练［M］．北京：中国人民大学出版社，2011．

[19] 徐文武. "夏首"、"夏口"考[J]. 长江大学学报（社会科学版），2011 (2)：1-4.

[20] 郭雪.《星星之火，可以燎原》——思想政治教育新探索[J]. 公关世界，2022（4）：130-131.

[21] 杜勤国. 党史立足"四度"教学哲理着眼"两观"教育——以《星星之火可以燎原》教学为例[J]. 福建教育学院学报，2021，22（6）：1-2，7.

[22] 廖立为.《星星之火，可以燎原》的语言特色[J]. 武警工程学院学报，2010，26（5）：55-57.

[23] 李方明，夏志强."黑暗森林"与"向死而生"：科幻叙事中的两种世界观——以《三体》和《奇点遗民》为例[J]. 湖北工业职业技术学院学报，2021，34（4）：60-63.

与本书配套的二维码资源使用说明

　　本书部分课程及与纸质教材配套数字资源以二维码链接的形式呈现。利用手机微信扫码成功后提示微信登录,授权后进入注册页面,填写注册信息。按照提示输入手机号码,点击获取手机验证码,稍等片刻收到4位数的验证码短信,在提示位置输入验证码成功,再设置密码,选择相应专业,点击"立即注册",注册成功。(若手机已经注册,则在"注册"页面底部选择"已有账号?立即注册",进入"账号绑定"页面,直接输入手机号和密码登录。)接着提示输入学习码,需刮开教材封面防伪涂层,输入13位学习码(正版图书拥有的一次性使用学习码),输入正确后提示绑定成功,即可查看二维码数字资源。手机第一次登录查看资源成功以后,再次使用二维码资源时,只需在微信端扫码即可登录进入查看。

作者简介

万　明　工商管理硕士,中铁建华南建设有限公司副总经济师、投资部长,擅长工程经济与投融资项目经营管理,发表有关财务管理与工程经济的论文8篇,成功组织或参与二十余个投融资项目的运作与管理。多次获得中国铁建股份有限公司财务管理、经营工作、成本管理先进个人称号。

沈晓华　1990年参加工作,高级会计师,现任中铁建华南建设有限公司财务部长。从事财务管理工作三十余年,先后主持制定多个企业财务管理制度,长期参与企业财务管理和生产经营决策,多次参与重大投融资项目的决策和融资方案的制定,并参与项目管理。

李　艳　高级会计师,广州中咨城轨工程咨询有限公司财务总监。多次参与投融资项目的运作和管理,多次被评为中国铁建大桥工程局集团有限公司财务先进个人。

罗　宇　2009年毕业于西南交通大学。在中国铁建工作多年，在项目投融资决策、经济管理、技术管理等方面积累了丰富的工作经验，现任中铁建华南建设有限公司投资部高级工程师。

张　岩　2005年参加工作，高级会计师，现任中铁九局集团有限公司大连分公司财务部长，先后主持修订多个企业财务管理制度，长期参与国内外大型基础设施建设项目财务管理，同时在跨国企业资金管理、税务管理、内控管理等方面积累了丰富的理论和实践经验。多次获得中铁九局集团财务管理先进个人称号。